읽고 쓰는 문해력, 그리고

생각을 여는 기술

ⓒ강병길

읽고 쓰는 문해력, 그리고

생각을 여는 기술

강병길

다산서림

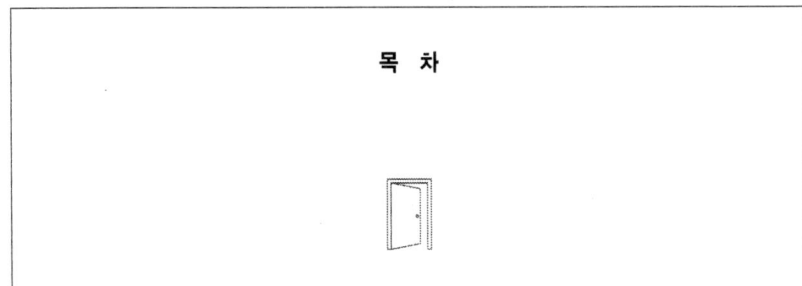

■ 들어가는 말 __ 8

Ⅰ 문장편

■ 생각을 여는 기술—재료 확인하기 __ 16

제1부. 문장을 떠받치는 네 개의 기둥: 주성분

01. 첫 번째 기둥: 주어, 문장이라는 무대의 주인공 __ 16
02. 두 번째 기둥: 서술어, 주인공의 모든 것을 설명하는 해설자 __ 18
03. 세 번째 기둥: 목적어, 주인공의 행동이 닿는 상대 __ 19
04. 네 번째 기둥: 보어, 미완의 설명을 채워주는 조력자 __ 20
05. 기둥 찾기 전략: 복잡한 문장 속에서 길을 잃지 않는 법 __ 21

제2부. 문장을 화려하게 꾸미는 장식들: 수식 성분과 독립 성분

01. 첫 번째 장식: 관형어, 주인공의 옷과 소품 __ 25
02. 두 번째 장식: 부사어, 무대의 시간, 장소, 분위기 __ 26
03. 독립적인 존재: 독립어, 막의 시작을 알리는 목소리 __ 27

제3부. 구조를 파악하다: 문장의 짜임새

01. 하나의 생각, 하나의 공간: 홑문장 __ 30
02. 여러 개의 공간이 얽힌 대저택: 겹문장 __ 31

제4부. 생각의 집, 그 안에 담긴 마음을 읽다: 문장의 심층적 이해

    01. 첫 번째 열쇠: 문장의 표면적 의미 정확하게 파악하기 _ 37

    02. 두 번째 열쇠: 상황의 맥락 속에서 심층적 의미 추론하기 _ 38

■ 종합 훈련: 일상 문장 100선 심층 분석 _ 39

II 문단편

■ 생각의 건축학, 왜 문단을 배워야 하는가? _ 46

제1부. 문단의 해부학: 완결된 생각의 최소 단위

    01. 문단의 정의: 글의 중간 조직체 _ 48

    02. 문단의 심장, 소주제문 _ 49

    03. 문단의 뼈대, 뒷받침 문장 _ 52

제2부. 생각의 건축술: 5가지 문단 설계법

    01. 두괄식: 가장 명료하고 강력한 직선의 미학 _ 56

    02. 미괄식: 독자를 설득하는 점진적 여정 _ 57

    03. 양괄식: 주장을 각인시키는 안정적 균형미 _ 59

    04. 특수 설계: 중괄식과 무괄식 _ 60

    05. 전략적 선택: 언제 어떤 구조를 사용할 것인가? _ 62

제3부. 견고한 건축을 위한 3대 원리

    01. 통일성의 원리: 하나의 문단, 단 하나의 태양 _ 63

    02. 연결성의 원리: 문장을 잇는 논리의 다리 _ 64

    03. 강조성의 원리: 핵심에 스포트라이트를 비추는 법 _ 66

제4부. 문단의 연결과 확장: 글 전체를 아우르는 시야

01. 도입 문단: 독자의 마음을 여는 첫인상 _ 68

02. 종결 문단: 깊은 여운을 남기는 마지막 인상 _ 68

03. 문단과 문단의 연결: 전환의 기술 _ 69

■ 종합 연습 문제: 아는 것을 넘어, 할 수 있는 것으로 _ 71

Ⅲ 글읽기편

■ 잘 읽는 것이 잘 쓰는 것의 시작입니다 _ 110

■ 되돌아보기 ― 문장과 문단을 넘어

01. 문장편 핵심: 단단하고 명료한 생각의 벽돌 _ 111

02. 문단편 핵심: 통일성과 응집력을 갖춘 생각의 벽 _ 112

제1부. 긴 글의 숲으로 들어가기

01. 체계적인 글 읽기 방법 _ 113

02. 긴 글 읽기, 내비게이션을 켜고 휴게소에 들르듯 즐기는 법 _ 117

03. 문해력 향상을 위한 5계명(비문학 독서를 위한 5계명) _ 122

제2부. 목적과 상황에 맞는 글 읽기 전략

01. 일상적 독서: 지혜를 쌓는 즐거움, 느림의 미학 _ 125

02. 시험을 위한 글 읽기: 출제자의 마음을 읽는 기술 _ 127

제3부. 실전 비문학 독해 훈련

01. 독해의 기초 다지기 _ 132

02. 글의 지도를 읽는 법: 첫 문단의 중요성 _ 134

03. 똑똑한 독자의 습관: 전략적 밑줄 긋기 _ 143

04. 뼈대를 보면 구조가 보인다: 글의 구조 파악하기 __145

05. 출제자의 의도 읽기(문제와 선택지 분석) __149

■ 종합 훈련 __159

Ⅳ 글 심층 분석 훈련: 인문편
__175

Ⅴ 글 심층 분석 훈련: 문화/예술편
__245

Ⅵ 글 심층 분석 훈련: 사회편
__299

Ⅶ 글 심층 분석 훈련: 과학/기술편
__357

■ 모범 답안 __428

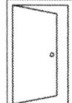

들어가는 말

학교와 학원에서 학생들에게 글 읽기와 글쓰기를 가르치며 30년이 넘는 시간을 보냈습니다. 그 시간 동안 저와 함께 공부했던 많은 학생들이 이제는 우리 사회에서 각자의 자리를 지키며 주어진 역할을 톡톡히 해내고 있습니다. 처음 중학교 선생님이 되었을 때는 가르치고 싶은 열정이 너무 커서, 어린 학생들에게 '논리학'이나 '논술(작문) 이론'처럼 다소 어려운 내용을 가르쳤던 기억이 납니다.

그런데 얼마 전, 그때 제가 가르쳤던 학생 한 명이 이제는 어엿한 국어 선생님이 되어서, 저에게 이런 이야기를 해주었습니다.

"선생님, 그때 주셨던 자료를 보면서 '강병길 선생님은 도대체 무슨 생각으로 이렇게 어려운 자료를 어린 학생들에게 주셨을까?' 하고 동료 선생님들과 이야기하곤 해요."

이 말을 들었을 때, 한편으로는 학생들에게 너무 어려운 내용을 가르친 것 같아 부끄러웠지만, 다른 한편으로는 지난 세월 동안 학생들을 가르치며 쌓아온 저만의 교육 방법, 즉 노하우를 이제는 한번 제대로 정리해 봐야겠다는 생각을 하게 되었습니다.

우리는 살면서 매일같이 많은 글과 정보들을 접하며 살아갑니다. 신문

기사부터 복잡한 보고서, 재미있는 소설에 이르기까지, 글은 우리 현대인들에게 꼭 필요한 소통 도구이자 새로운 것을 배우는 창문 같은 존재입니다. 하지만 글을 읽는 행위가 단순히 눈으로 글자만 보는 것을 뜻하지는 않습니다. 글자로 쓰인 내용을 넘어서, 그 안에 담긴 진짜 의미를 정확하게 알아내고, 심지어 직접 써지지 않은 숨겨진 뜻까지 읽어내는 능력, 이것이 바로 문해력입니다. 이 문해력은 우리가 세상을 바르게 이해하고, 아는 것을 넓혀가며, 더 나은 삶을 살아가는 데 매우 중요한 역할을 합니다. 문해력은 단순히 언어를 잘 다루는 것을 넘어, 생각하는 힘을 기르고, 어려운 문제를 해결하고, 새로운 생각을 떠올리는 데도 큰 도움을 줍니다. 이 책을 통해 읽고 쓰는 행위가 어떻게 우리의 지적 삶을 풍요롭게 하는지에 대해 여러분과 함께 고민하고 싶은 이유가 여기에 있습니다.

실제로 책을 읽다 보면 눈이 자꾸 다른 곳으로 가버리거나, 읽던 곳을 잃어버려서 처음부터 다시 읽어야 했던 경험이 다들 한두 번쯤 있으실 겁니다. 저 역시도 책을 읽다가 어느 순간 시선이 아래쪽으로 흘러내려가 버려, 다시 맨 앞 문장부터 읽기 시작했던 경험이 셀 수 없이 많습니다. 이렇게 우리 눈이 글을 읽을 때 움직이는 방식에 대해 행동심리학자나 뇌 과학자들은 흥미로운 연구 결과를 내놓았습니다. 그 연구에 따르면, 우리의 눈은 글을 읽을 때 생각보다 훨씬 더 복잡하게 움직인다고 합니다. 우리 눈은 글자들을 볼 때 왼쪽에서 오른쪽으로 그냥 스르륵 움직이는 것이 아닙니다. 대신, 글자의 특정 부분에서 잠시 멈춰서 의미를 파악하는 '고정(fixation)'이라는 시간을 가집니다. 그리고 그 다음, 처리된 부분에서 다음 부분으로 재빨리 획 하고 뛰어 넘어가는데, 이것을 '사카딕 움직임(saccade)', 쉽게 말해 '점프'라고 합니다. 이 점프는 너무 빨라서 이때는 글자를 제대로 보지 못하고, 실제 글의 내용을 이해하는 것은 눈이 글자에 멈춰 서는 고정 시간 동안 이루어집니다. 게다가, 어떤 때는 글을 읽다가 내용이 이해되지 않거나 중요한 부분을 놓쳤다고 생각하면, 읽었던 곳으로 다시 시선을 되돌려 확인하기도 하는데, 이것을 '회귀(regression)'라고 합니다. 이런 우리 눈의 움직임은 글이 얼마나 어려운지, 우리가 읽는 데 얼마나 많은 머리 힘 ― 심리학자들 인지적 부하라고 부르는 ― 을 쓰는지, 그리고 왜 글을 읽는지에 따라 다르게 나타납니다. 이러한 눈의 움직임을 이해하는 것은 글에 담긴 겉뜻뿐만 아니라 숨겨진 깊은 의미까지 파악하는 데 필요한 중요한 독서 기술과 깊이 연결되어 있습니다.

예전에 어떤 방송에서 독서 전문가가 책을 읽을 때 의도적으로 눈동자를 글의 왼쪽 시작점에서 오른쪽으로 자연스럽게 흘려보내듯이 움직이는 연습을 해보라는 말을 듣고, 저도 그대로 따라 해 본 적이 있습니다. 놀랍게도 그 전문가의 말처럼, 이런 연습을 꾸준히 했더니 글을 읽는 속도도 빨라지고, 글의 가장 중요한 내용을 놓치지 않고 이해하는 능력이 점점 좋아지는 것을 느낄 수 있었습니다. 단순히 눈을 왼쪽에서 오른쪽으로 정확하게 움직이는 훈련만으로도 글의 내용을 훨씬 더 효과적으로 받아들이고 이해할 수 있었던 것입니다. 물론 이러한 훈련은 단순히 빨리 읽는 기술만을 의미하는 것이 아닙니다. 오히려 글의 겉으로 보이는 의미를 넘어서 더 깊고 중요한 정보를 알아내는 데 필요한 기본적인 힘을 길러주는 과정이라고 할 수 있습니다. 눈이 규칙적으로 움직이면 우리 뇌가 글을 처리하는 데 쓰는 에너지를 줄여주기 때문에, 글의 진짜 의미를 파악하는 데 더 많은 집중을 할 수 있도록 도와줍니다.

글을 읽는 진짜 힘은 단순히 눈앞에 보이는 글의 내용을 이해하는 것을 넘어, 그 글 속에 숨겨진 깊은 의미까지 꿰뚫어보는 능력과 연결됩니다. 단어 하나하나가 가진 속뜻, 문장들이 만들어내는 미묘한 분위기, 그리고 글을 쓴 사람이 의도적으로 감춰놓은 메시지까지 읽어낼 수 있을 때 우리는 비로소 글의 진정한 가치를 발견하게 됩니다. 예를 들어, 똑같은 사건을 다룬 여러 신문 기사를 읽을 때, 그저 사실만 받아들이는 것이 아니라, 각 언론사가 어떤 생각을 가지고 기사를 썼는지, 어떤 단어를 일부러 선택했는지, 또는 어떤 사실을 강조하거나 빼버렸는지까지 파악하는 것이 바로 비판적으로 생각하는 힘의 핵심입니다. 이렇게 깊이 이해하는 능력은 주어지는 정보를 무조건 믿는 대신, 스스로 생각하고 평가하며 자신이 알고 있는 지식 안에서 새롭게 정리하는 데 아주 중요한 역할을 합니다. 이것은 정보가 너무 많아 넘쳐나는 시대에 꼭 필요한 '정보를 제대로 골라내는 능력'과도 직접 연결됩니다.

더 나아가, 문해력은 단순히 글자를 읽고 뜻을 아는 것을 넘어서, 우리 사회와 문화의 큰 흐름 속에서 글의 의미를 이해하고 그 지식을 활용하는 아주 넓은 능력입니다. 문해력을 전문적으로 연구하는 학자들은 글을 읽고 이해하는 것, 즉 독서와 문해력을 특정한 사회나 문화 속에서 이루어지는 활동으로 설명하기도 합니다. 다시 말해, 어떤 글이든 그것이 쓰인 당시의 시대 상황, 글쓴이의 사회적 위치, 그리고 글이 읽히는 문화적 배경을 함께 생각해야만 그 글을 제대로 이해할 수 있다는 뜻입니다. 이런 관점에서 보면 문해력은 그저 언어적인 능력만을 말하는 것이 아니라, 사람과 사회에 대해 깊이 있게 이해하고 생각해야 하는 고차원적인 지적 활동이라고 할 수 있습니다. 우리는 글을 통해 다른 사람들의 경험과 지혜를 간접적으로 배우고, 그로 인해 자신만의 세상을 보는 눈을 더욱 넓혀갈 수 있습니다.

　글을 제대로 읽기 위한 첫걸음은 단어와 문장을 정확하게 읽는 것에서 시작합니다. 어떤 사람들은 문장을 그저 글자들의 나열로만 읽는 반면, 어떤 사람들은 그 문장이 가진 내용을 파악하며 읽습니다. 우리가 지향해야 할 독서 방법은 바로 '내용 읽기'입니다. 똑같은 문장이라도 다양한 상황에서 다른 의미로 쓰일 수 있다는 점을 이해하고, 상상력을 발휘하여 문장이 가진 숨겨진, 더 깊은 의미를 파악하는 능력을 키워야 합니다. 이렇게 단어와 문장의 의미를 깊이 이해하는 것이야말로 글 전체의 뜻을 알아내는 중요한 시작점입니다.

　문단을 읽는 능력 또한 글 전체의 큰 흐름을 이해하는 데 매우 중요합니다. 하나의 문단은 보통 하나의 중요한 생각인 '소주제'를 담고 있으며, 그 생각을 설명하고 뒷받침하는 여러 문장들로 이루어져 있습니다. 글을 효율적으로 읽는 사람은 이러한 소주제와 그것을 설명하는 문장들 사이의 관계를 명확하게 파악하며 글의 논리적인 흐름을 따라갑니다. 소주제는 문단의 대표 얼굴과 같아서 문단이 말하고자 하는 핵심 내용을 짧게 보여주고, 뒷받침 문장들은 그 소주제를 구체적인 예시, 자세한 설명, 또는 증거 등으로 보강하여 독자들이 이해하기 쉽도록 돕습니다. 만약 이 관계를 제대로 이해하지 못하면 글의 가장 중요한 내용을 놓치기 쉽고, 나아가 글쓴이가 전하고자 하는 전체 메시지를 잘못 이해할 가능성이 커집니다. 그러므로 문단의 구조를 파악하는 연습은 글의 전체적인 뼈대를 머릿속으로 그려보면서 입체적으로 이해하는 데 꼭 필요한 과정입니다. 이것은 마치 건물의 '골격'을 파악하는 것과 같아서, 아무리 복잡한 글이라도 그 논리적인 흐름을 쉽게 따라갈 수 있게 해줍니다.

문단과 문단 사이의 자연스러운 연결 또한 절대 소홀히 할 수 없는 중요한 부분입니다. 한 문단이 다음 문단으로 물 흐르듯이 자연스럽게 이어져야 글이 하나의 덩어리처럼 느껴지고, 독자들이 글을 더 쉽게 이해할 수 있습니다. 이러한 응집성은 단순히 '그리고', '하지만' 같은 연결어를 사용하는 것을 넘어서, 앞 문단의 내용을 다음 문단으로 부드럽게 이어주는 생각의 연결까지 포함합니다. 글을 읽는 사람은 이러한 연결되는 지점을 통해 글쓴이의 생각 흐름을 따라가며, 글 전체의 구조를 더욱 명확하게 머릿속에 그릴 수 있게 됩니다. 따라서 문단과 문단 사이의 연결 고리를 파악하는 것은 글의 부분적인 이해를 넘어, 전체적인 의미를 하나로 엮어내는 데 꼭 필요한 기술입니다.

마지막으로, 글을 읽고 쓰는 힘은 우리의 아는 것을 끝없이 넓혀가는 데 아주 큰 도움이 됩니다. 글을 잘 읽고 잘 쓰는 능력은 단순히 학교 공부나 직장에서의 성공을 넘어서, 우리가 살아가는 삶의 질을 높이고 세상을 더 깊이 이해하게 만드는 근본적인 힘입니다. 책을 읽으면서 새로운 정보와 다양한 생각을 배우고, 글쓰기를 통해 자신의 생각을 정리하고 논리적으로 표현하는 과정은 우리가 이미 알고 있는 지식을 새롭게 만들고, 기발한 아이디어를 떠올리는 중요한 과정입니다. 예를 들어, 어려운 철학책을 읽고 그 내용을 자신의 말로 쉽게 정리해보거나, 그 내용에 대해 자신의 생각을 비판적인 글로 써보는 경험은 단순히 정보를 얻는 것을 넘어서 생각하는 힘과 창의력을 동시에 길러줍니다. 또한, 글쓰기는 자신의 생각을 명확하게 구조화하고 논리를 꼼꼼하게 다듬는 과정이기 때문에, 생각하는 힘 자체를 키워주는 강력한 도구가 됩니다.

현대 사회는 끊임없이 변하고 새로운 지식과 정보가 쏟아져 나옵니다. 이런 시대에 '지식'은 더 이상 고정되어 있는 것이 아니라, 계속해서 생겨나고, 연결되고, 새로운 의미로 해석되는 살아있는 존재와 같습니다. 그래서 우리는 새로운 지식을 그저 받아들이는 것에 그치지 않고, 스스로 찾아보고, 비판적으로 따져보며, 자신만의 방식으로 새롭게 만들어낼 수 있는 '기술'을 필요로 합니다. 그리고 그 핵심 기술이 바로 '읽고 쓰는 문해력'입니다. 이 문해력은 우리가 세상의 복잡한 면들을 이해하고, 여러 사람의 다양한 생각을 받아들이며, 궁극적으로는 자신만의 특별한 생각과 깨달음을 발전시키는 데 꼭 필요한 도구입니다. 이 책은 이러한 문해력을 단순히 능력의 차원을 넘어, 우리가 지식을 스스로 얻고 활용하는 '기술'의 관점에서 여러분께 다가가고자 합니다.

　이 책 『읽고 쓰는 문해력, 그리고 생각을 여는 기술』은 여러분이 읽고 쓰는 능력을 효과적으로 배우고 익힐 수 있도록, 딱딱한 이론뿐만 아니라 실제 생활에서 도움이 되는 다양한 예시들을 풍부하게 담았습니다. 단순한 문장 읽기부터 시작해서, 문단과 글 전체의 구조를 파악하는 깊이 있는 방법까지, 여러 단계에 걸쳐 문해력을 높이는 구체적인 방법들을 알려드릴 것입니다. 더 나아가, 글을 읽고 난 후 자신의 생각을 효과적으로 정리하고 논리적으로 글을 쓰는 방법 또한 함께 다룰 것입니다. 이 책을 통해 독자 여러분이 글을 읽는 기쁨을 다시 느끼고, 자신의 생각을 명확하게 표현하며, 궁극적으로 아는 것이 더욱 많아지는 소중한 경험을 하시기를 바랍니다. 읽고 쓰는 기술을 꾸준히 갈고닦아, 여러분의 삶이 더욱 풍요로워지고 생각하는 힘이 자라는 계기가 되기를 기대합니다. 지식을 얻고 활용하는 가장 강력한 기술인 '읽고 쓰는 문해력'을 통해 여러분의 숨겨진 잠재력을 최대한 펼치시길 바랍니다.

읽고 쓰는 문해력, 그리고 생각을 여는 기술

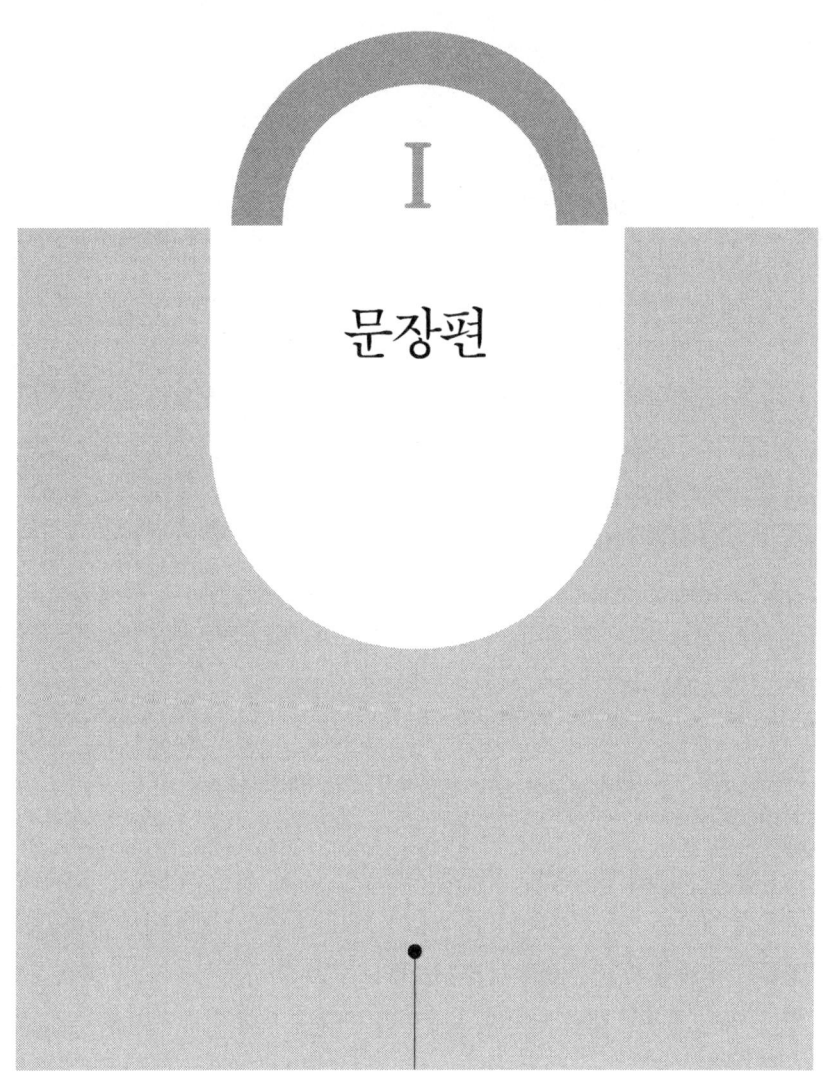

I

문장편

생각을 여는 기술—재료 확인하기

제1부. 문장을 떠받치는 네 개의 기둥: 주성분

우리가 머릿속에 떠오른 생각을 언어로 표현하는 것은 마치 튼튼한 집을 짓는 과정과 같습니다. 어떤 집이든 하늘에 붕 떠 있을 수는 없으며, 반드시 땅에 단단히 박힌 기둥이 집 전체를 떠받쳐야만 합니다. 문장도 마찬가지입니다. 문장이 하나의 완결된 의미를 갖기 위해서는 그 골격을 이루는 핵심 기둥들이 필요한데, 이를 문법에서는 주성분이라고 부릅니다. 주성분은 문장을 이루는 데 없어서는 안 될 필수적인 존재로, 이 기둥들이 제자리에 바로 서야만 비로소 안정적인 생각의 기초가 완성됩니다. 이제부터 이 네 개의 핵심 기둥, 즉 주어, 서술어, 목적어, 보어가 각각 어떤 역할을 하는지 살펴보겠습니다.

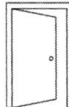

첫 번째 기둥: 주어, 문장이라는 무대의 주인공

모든 이야기나 연극에 주인공이 있듯, 모든 문장에는 그 문장을 이끌어가는 중심인물이 있습니다. 이처럼 문장에서 벌어지는 동작이나 상태의 주체가 되는 존재를 바로 '주어'라고 합니다. 주어는 '누가?' 혹은 '무엇이?'라는 질문에 대한 답이며, 문장이라는 작은 무대 위에서 가장 먼저 스포트라이트를 받는 배우입니다. 이 주인공이 누구인지에 따라 이어지는 모든 이야기가 결정되기 때문에, 주어는 문장에서 가장 먼저 찾아야 할 핵심 요소입니다. 주어는 보통 자신의 이름 뒤에 '이/가' 혹은 높임의 대상일 경우 '께서'라는 특별한 이름표를 달고 있어 쉽게 알아볼 수 있습니다. 문법적으로 이와 같은 이름표를 '주격조사'라고 부릅니다.

> 철수가 도서관에 가고 없는데……

위 문장을 한 편의 짧은 연극이라고 상상해 봅시다. 무대 위 조명이 '철수'를 환하게 비추고 있습니다. 철수는 이 짧은 연극의 주인공입니다. 관객들은 자연스럽게 '저 철수라는 사람이 무엇을 할까?'라는 궁금증을 갖게 됩니다. 이처럼 주어는 문장이라는 이야기의 시작을 알리며, 듣는 이의 모든 관심을 자신에게 집중시키는 가장 중요한 역할을 합니다.

가끔은 주인공이 너무나 명확해서 굳이 이름표를 붙이지 않아도 모두가 알아보는 경우가 있습니다. 문장 속 주어도 '이/가'라는 이름표를 생략하기도 합니다. 혹은 '철수도', '철수만'처럼 '도'나 '만'과 같은 특별한 액세서리를 달아 추가적인 의미를 표현하기도 합니다. 우리는 이러한 요소를 문법적으로 '보조사'라고 부릅니다. 중요한 것은 이름표의 유무가 아니라, 문장 전체의 의미 속에서 누가 행동의 실질적인 주인, 즉 주체인지를 파악하는 것입니다. 주어라는 기둥이 없다면, 이어지는 화려한 설명들은 누구를 위한 것인지 알 수 없는 공허한 외침이 될 뿐입니다.

> 철수 도서관에 가고 없는데……
> 철수도 도서관에 가고 없는데……

첫 번째 문장에서 '철수'는 이름표를 떼고 무대 위에 섰지만, 우리는 그가 주인공임을 바로 알 수 있습니다. 얼굴을 잘 알고 있는 친한 친구를 무대에서 만난 것 같은 반가움 때문일 수도 있겠습니다. 두 번째 문장에서 '철수'는 '나도 역시'라는 의미가 담긴 '도'라는 특별한 모자를 쓰고 등장했습니다.

이런 액세서리는 주인공의 상황을 더 구체적으로 알려줄 뿐이기에, 그가 주인공이라는 사실은 변하지 않습니다.

02 두 번째 기둥 : 서술어, 주인공의 모든 것을 설명하는 해설자

주인공이 무대 위에 등장했다면, 그가 무엇을 하는지, 어떤 상태인지, 또는 누구인지를 구체적으로 설명해 주는 역할이 반드시 필요합니다. 이처럼 주어라는 기둥에 기대어 그 주어의 모든 것을 풀이해 주는 해설자와 같은 존재가 바로 서술어입니다. 서술어는 주어의 그림자와 같아서 항상 주어의 뒤를 따르며 그를 완성시킵니다. '어찌한다(동작)', '어떠하다(상태)', '무엇이다(정의)'라는 세 가지 방식으로 주인공(주어)을 설명하며, 문장의 가장 마지막에 위치하여 이야기 전체를 매듭짓는 역할을 합니다. 서술어가 없다면 주어는 그저 이름만 불린 채 아무런 이야기도 펼치지 못하는 미완의 주인공으로 남게 될 것입니다.

> 그녀는 - 예뻤다.

'그녀'라는 주인공이 무대 위에 서 있습니다. 관객들은 그녀가 어떤 사람인지 궁금해합니다. 이때 '예뻤다'라는 서술어가 등장하여 "그녀는 과거에 아름다운 상태였습니다."라고 해설해 줍니다. 이 해설 덕분에 우리는 비로소 주인공의 구체적인 모습을 머릿속에 그릴 수 있게 됩니다. 서술어는 주인공의 행동과 상태를 찍어 보여주는 카메라 감독과도 같습니다.

서술어는 자신의 성격에 따라 다른 요소들을 필요로 하기도 합니다. 어떤 서술어는 주어라는 주인공 하나만으로 작은 연극을 완성할 수도 있지만

> 꽃이 - 피었다

어떤 서술어는 주어 외에도 행동의 대상을 알려주는 목적어나, 주어를 보충 설명하는 보어를 추가로 요구합니다. 목적어나 보어는 연극에서 주인공이

만나게 되는 상대나 주인공을 도와주는 조력자라고 볼 수 있습니다.

> 그는 <u>연극을</u> 보았다. (목적어)
> 그가 <u>대학생이</u> 되었다. (보어)

심지어는 주어, 목적어, 그리고 또 다른 부사어라는 세 개의 요소를 모두 필요로 하는 아주 까다로운 서술어도 있습니다.

> <u>할아버지께서</u> <u>우리들에게</u> <u>세뱃돈을</u> 주셨다.
> 주어   부사어   목적어

이처럼 서술어는 문장이라는 무대를 총괄하는 감독이나 해설자와 같은 역할을 합니다.

03 세 번째 기둥 : 목적어, 주인공의 행동이 닿는 상대

주인공이 어떤 행동을 할 때, 그 행동의 영향을 직접 받는 대상이 필요한 경우가 많습니다. 예를 들어 '던지다'라는 행동을 하려면 '공을', '먹다'라는 행동을 하려면 '밥을'처럼 그 대상이 있어야 문장이 자연스러워집니다. 이처럼 서술어가 표현하는 동작의 대상이 되는 세 번째 기둥을 목적어라고 합니다. 목적어는 주로 '무엇을' 또는 '누구를'이라는 질문에 대한 답이며, 자신의 이름 뒤에 '을/를'이라는 이름표를 붙여 자신이 행동의 대상임을 분명히 드러냅니다.

> 나는 - 과일을 - 좋아해.

'나'라는 주인공이 '좋아하다'라는 행동을 하고 있습니다. 마치 사랑하는 사람이 상대방을 애타게 바라보는 것처럼 마음의 에너지를 보내고 있습니다. '좋아하다'는 일종의 주인공이 보내는 긍정적인 감정인 셈입니다. 그 감정이

다가가는 대상이 바로 '과일'입니다. 목적어는 이처럼 주어의 행동을 받아주는 명확한 과녁과 같아서, 목적어가 있음으로 인해 주어의 행동은 방향을 잃지 않고 구체적인 의미를 갖게 됩니다.

모든 문장에 목적어가 필요한 것은 아닙니다. 목적어를 필요로 하는 서술어, 즉 타동사가 쓰일 때만 목적어라는 대상을 제시할 수 있습니다. 가령, '꽃이 피었다.'라는 문장에서 '피다'라는 행동은 꽃 자신에게서 시작되어 끝날 뿐, 다른 대상을 필요로 하지 않습니다. 하지만 '나는 과일을 좋아해.'에서 '좋아하다'라는 마음은 나에게서 나와 과일이라는 대상에게로 향합니다. 이처럼 목적어는 주어의 에너지가 문장 밖 다른 대상으로 뻗어나갈 때, 그 에너지를 받아주는 든든한 세 번째 기둥의 역할을 합니다.

04 네 번째 기둥 : 보어, 미완의 설명을 채워주는 조력자

문장이라는 작은 무대에서 약간 특별한 성격을 지닌 조력자가 있습니다. 바로 보어입니다. 보어는 스스로 완전한 의미를 갖지 못하는 특정 서술어를 도와 문장을 완성시키는 네 번째 요소입니다. 특히 '되다'와 '아니다'라는 두 서술어는 주어만으로는 도저히 의미를 설명할 수 없어서 반드시 자신을 보충해 줄 조력자를 필요로 합니다. 이처럼 '되다, 아니다' 앞에서 문장의 부족한 부분을 채워주는 성분을 보어라고 부릅니다. 보어는 주어를 보충 설명한다는 점에서 주어와 깊은 관련이 있지만, 주어는 아니라는 점에서 명확히 구분됩니다.

> 물이 - 얼음이 - 되었습니다.

위의 사례에서 '물'이라는 주인공이 '되었습니다'라는 변화를 겪었다고 서술어가 설명합니다. 그런데 무엇이 되었는지 알려주지 않으면 이야기는 미완성으로 끝납니다. 이때 '얼음이'라는 보어가 등장하여 "바로 얼음이 되었습니다!"라고 외쳐주어야 비로소 의미가 완성됩니다. 보어는 이처럼 결정적인 순간에 등장하여 문장의 의미에 힘을 보태는 해결사와 같습니다.

보어는 주격 조사와 동일한 '이/가'라는 이름표를 달고 나타나는 경우가 많아 주어와 혼동하기 쉽습니다. 하지만 문장 안에는 이미 진짜 주인공인 주어가 존재하며, 보어는 그 주인공을 설명하기 위해 잠시 투입된 조력자일 뿐입니다. '물이 얼음이 되었다'에서 이야기의 진짜 주인공은 '물'이며, '얼음'은 물이 어떻게 변했는지를 알려주는 조력자일 뿐입니다. 이처럼 보어는 주어와 서술어만으로는 채울 수 없는 의미의 빈틈을 메워, 문장이라는 집을 더욱 견고하고 완벽하게 만드는 특별한 기둥의 역할을 합니다.

05　기둥 찾기 전략 : 복잡한 문장 속에서 길을 잃지 않는 법

　　지금까지 우리는 문장이라는 집을 떠받치는 네 개의 핵심 기둥, 즉 주성분에 대해 알아보았습니다. 그렇다면 이러한 지식은 다른 사람이 이미 만든 수많은 생각의 구조물을 이해할 때 어떻게 활용할 수 있을까요? 집을 지을 때 필요한 재료의 이름을 안다고 해서 집을 잘 짓거나 집의 가치를 정확히 평가할 수 있는 것은 아닙니다. 문법적 요소를 안다고 해서 문장의 의미를 제대로 이해하는 것은 아니라는 말입니다. 잘 지어진 집을 보게 된다면 어떤 재료를 사용했는지도 확인해야겠지만 전체 설계도를 파악하여 그 구조와 핵심을 꿰뚫어 보는 기술이 필요합니다. 우리는 이것을 바로 문해력이라고 부릅니다. 특히 길고 복잡한 문장 앞에서 길을 잃고 헤매본 경험이 있다면, 지금부터 설명할 '기둥 찾기 전략'은 훌륭한 나침반이 되어 줄 것입니다.

　　문장을 정확하게 읽는 가장 중요하고 첫 번째 단계는 바로 문장의 양대 기둥인 주어와 서술어를 찾는 것입니다. 아무리 문장이 길고 화려한 수식어로 장식되어 있더라도, 그 문장의 핵심 메시지는 언제나 '누가(무엇이) 어찌했다(어떠하다)'라는 뼈대 안에 담겨있기 때문입니다. 마치 울창한 숲에서 가장 먼저 거대하고 굵은 나무의 기둥을 찾아야 숲의 전체적인 모양을 파악할 수 있는 것처럼, 문장 속에서 주어와 서술어를 먼저 찾아내면 나머지 부수적인 정보들은 자연스럽게 제자리를 찾게 됩니다. 따라서 복잡한 문장을 만났을 때, 가장 먼저 "이 문장의 주인공(주어)은 누구지?", "그 주인공이 무엇을 했다는 것이지(서술어)?"라는 두 가지 질문을 스스로에게 던져야 합니다.

> 어제 우리 동네 새로 생긴 도서관에서 키가 크고 마음씨 좋은 사서 선생님이 몰려든 아이들에게 재미있는 옛날이야기 책을 아주 실감 나는 목소리로 읽어 주셨다.

위 문장은 마치 가구와 장식품이 가득 들어찬 커다란 방과 같습니다. 어디부터 봐야 할지 막막하게 느껴질 수 있습니다. 하지만 '기둥 찾기 전략'을 사용하면 간단해집니다.

> (1) 첫 번째 기둥(주인공 - 주어) 찾기:
> "이 방의 주인은 누구지? 누가 행동을 했지?" ⇨ 사서 선생님이

> (2) 두 번째 기둥(해설자 - 서술어) 찾기:
> "그 주인(선생님)이 무엇을 했지?" ⇨ 읽어 주셨다.

이 두 기둥을 찾고 나니, 이 방의 핵심은 '선생님이 읽어 주셨다'라는 사실임이 명확해집니다. '어제', '도서관에서', '키가 크고 마음씨 좋은', '아이들에게'와 같은 나머지 정보들은 모두 이 핵심 뼈대를 꾸며주는 장식품이라는 것을 알 수 있습니다.

주어와 서술어라는 문장의 중심축을 성공적으로 찾아냈다면, 그 다음 단계는 이야기의 완결성을 위해 필요한 나머지 핵심 기둥, 즉 목적어나 보어를 확인하는 것입니다. 서술어가 '무엇을' 필요로 하는 행동이라면, 그 행동의 대상인 목적어를 찾아야 문장의 구체적인 그림이 완성됩니다. 만약 서술어가 '되다, 아니다'라면, 주인공의 정체를 밝혀주는 보어를 찾아야 비로소 온전한 의미를 파악할 수 있습니다. 이처럼 '주어-서술어'를 기본으로, 필요에 따라 '주어-목적어-서술어' 혹은 '주어-보어-서술어'의 묶음을 찾아내는 연습을 반복하면, 아무리 긴 문장이라도 그 핵심 의미를 단 몇 초 만에 간파하는 능력을 기를 수 있습니다.

> (3) 세 번째 기둥(목적어) 찾기:
> '읽어 주셨다'는 행동은 대상이 필요합니다. "무엇을 읽어 주셨지?"
> ⇨ 옛날이야기 책을

'선생님이 읽어 주셨다'는 뼈대에 '옛날이야기 책을'이라는 세 번째 기둥을 더하니, 이제 우리는 '선생님이 책을 읽어 주셨다'는 한층 더 구체적이고 완성된 구조를 파악하게 됩니다. 이처럼 핵심 기둥들을 순서대로 찾아 연결하는 것만으로도, 복잡하게 얽혀 있던 문장의 의미가 명쾌하게 정리되는 경험을 할 수 있습니다.

결론적으로, 문장의 주성분을 배우는 것은 단순히 문법 시험을 잘 보기 위함이 아닙니다. 그것은 우리가 매일 마주하는 수많은 정보의 홍수 속에서 글의 핵심을 빠르고 정확하게 파악해 내는 전략적 독해 기술을 연마하는 과정입니다. 문장의 기둥을 알아보는 눈을 기르는 것은 생각의 집을 분석하는 설계도를 얻는 것과 같습니다. 이 설계도만 있다면, 앞으로 우리는 어떤 복잡하고 거대한 생각의 집을 마주하더라도 더 이상 길을 잃지 않고 그 내부를 자신감 있게 탐험할 수 있을 것입니다. 이것이야말로 문해력이 우리에게 주는 가장 강력한 힘입니다.

 다음 문장들에서 생각의 집을 떠받치는 핵심 기둥, 즉 주어, 서술어, 목적어, 보어를 찾아 각각 밑줄을 긋고 역할을 표시해 보세요.
(문장을 꾸며주는 수식어는 찾지 않아도 됩니다.)

1 아기가 웃는다.
2 가을 하늘이 높다.
3 나는 책을 읽는다.
4 동생이 그림을 그린다.
5 물이 얼음이 되었다.
6 그는 의사가 아니다.
7 할아버지께서 신문을 보신다.
8 예쁜 꽃이 피었다.
9 우리는 어제 영화를 보았다.
10 영희는 결국 반장이 되었다.
11 철수는 마음이 따뜻한 사람을 좋아한다.
12 그는 학생이 아니다.
13 고양이가 쥐를 물었다.
14 저 아이는 키가 아주 크다.
15 나는 그가 정당했음을 깨달았다.
16 코끼리는 코가 길다.
17 선생님께서 우리들에게 세뱃돈을 주셨다.
18 어제 공원에서 만난 그 친구가 나에게 선물을 주었다.
19 형은 그가 범인임을 밝혀냈다.
20 내가 하고 싶은 말은 착하게 살길 바란다는 것이다.

■ 모범 답안 426p

제2부. 문장을 화려하게 꾸미는 장식들 : 수식 성분과 독립 성분

지금까지 우리는 문장이라는 생각의 집을 튼튼하게 떠받치는 네 개의 기둥, 즉 주성분에 대해 배웠습니다. 기둥만으로도 집은 무너지지 않고 서 있을 수 있지만, 어딘가 텅 비고 삭막하게 느껴질 것입니다. 우리가 사는 집에 벽지를 바르고, 가구를 들이고, 예쁜 소품을 놓아야 비로소 아늑하고 개성 있는 공간이 완성되듯이, 문장도 마찬가지입니다. 주성분이라는 뼈대 위에 의미를 더하고 내용을 풍성하게 만드는 여러 장식적 요소가 필요한데, 이를 문법에서는 수식 성분과 독립 성분이라고 부릅니다. 수식 성분은 집의 내부를 꾸미는 장식품처럼 다른 말을 꾸며주는 역할을 하며, 독립 성분은 집의 구조와는 상관없이 손님을 맞는 초인종처럼 문장의 다른 요소와 직접적인 관련 없이 독립적으로 쓰입니다.

01 첫 번째 장식 : 관형어, 주인공의 옷과 소품

문장의 주인공인 주어나 대상인 목적어는 대부분 체언으로 이루어집니다. 체언은 문장에서 몸통의 역할을 하는 단어를 묶어서 설명하는 말입니다. 체언에는 명사와 대명사, 수사 같은 별도의 작은 이름을 지닌 단어들의 묶음도 있습니다. 만약 주인공이 명사(각각의 단어를 묶어서 여러 가지로 부르는데, 이때 사물의 이름을 가리키는 말을 명사라고 합니다.)라는 옷을 입고 있다면, 관형어는 바로 이 명사라는 옷을 꾸며주는 첫 번째 장식품에 해당합니다. 관형어의 유일한 임무는 명사 바로 앞에서 그 명사가 '어떠한?' 것인지를 구체적으로 설명해 주는 것입니다. 마치 연극 무대에 오르는 배우에게 역할에 맞는 의상과 소품을 입혀주는 스타일리스트처럼, 관형어는 문장 속 인물이나 사물을 더 생생하고 구체적인 존재로 만들어 줍니다. 이 장식이 없어도 이야기의 흐름(주성분)은 이어지지만, 관형어가 더해짐으로써 우리는 문장이 그려내는 풍경을 훨씬 더 선명하게 상상할 수 있게 됩니다. 물론 관형어라는 장식품은 대명사나 수사 앞에도 사용됩니다.

아기가 새 옷을 입었다.

이 문장의 핵심 뼈대는 '아기가 옷을 입었다'입니다. 여기에 '새'라는 관형어가 '옷'이라는 명사 앞에 놓였습니다. '새'는 '옷'이라는 소품이 어떤 소품인지('어떠한 옷?')를 구체적으로 알려주는 수식어입니다. 덕분에 우리의 머릿속에는 낡은 옷이나 평범한 옷이 아닌, 방금 막 포장을 뜯은 듯한 '새 옷'을 입은 아기의 모습이 그려집니다. 관형어는 이처럼 명사에 구체적인 이미지를 부여하는 역할을 합니다.

　글을 읽을 때 관형어는 문장의 세부 정보를 파악하는 중요한 단서가 됩니다. 주어, 서술어, 목적어라는 핵심 기둥을 먼저 찾은 뒤, "그런데, '어떤' 주어지?", "'어떤' 목적어지?"라고 질문을 던지면 그 답을 관형어가 들려줍니다. 예를 들어 '소년이 달려온다.'라는 문장에 '저 멀리서 흙먼지를 뒤집어쓴 소년이'와 같이 꾸미는 말이 붙으면, 우리는 소년의 모습과 상황을 훨씬 입체적으로 이해하게 됩니다. 이처럼 관형어를 정확히 파악하는 것은 글쓴이가 묘사하는 장면을 머릿속에 생생하게 복원해 내는 문해력의 핵심 기술 중 하나입니다.

02　두 번째 장식 : 부사어, 무대의 시간, 장소, 분위기

　관형어가 배우를 꾸며주는 소품이라면, 부사어는 연극이 펼쳐지는 무대 자체를 설정하는 장치와 같습니다. 부사어는 주로 서술어(동작, 상태)를 꾸며주며 그 행동이 '언제', '어디서', '어떻게', '왜' 일어났는지를 상세히 설명합니다. 때로는 다른 장식품(관형어, 부사어)이나 문장 전체를 꾸며주기도 합니다. 부사어는 무대의 조명, 배경음악, 그리고 무대 장치와 같아서, 이것이 어떻게 설정되느냐에 따라 문장 전체의 분위기와 의미의 깊이가 완전히 달라집니다. 부사어라는 장치가 없다면 주인공의 행동은 언제, 어디서 일어나는지 알 수 없는 막연한 몸짓으로만 남게 될 것입니다.

코스모스가 참 예쁘다.

이 문장의 핵심 뼈대는 '코스모스가 예쁘다'입니다. 여기에 '참'이라는 부사어가 '예쁘다'라는 서술어(상태) 앞에 놓였습니다. '참'은 코스모스가 '어떻게' 예쁜지를 설명하며 그 아름다움의 정도를 강조합니다. 마치 아름다운 배우에게 스포트라이트를 더 강하게 비추어 그 미모를 더욱 빛나게 하는 조명 감독의 역할과 같습니다.

부사어는 글을 입체적으로 이해하는 데 결정적인 역할을 합니다. '기둥 찾기 전략'으로 문장의 뼈대를 파악한 후에는, 반드시 서술어를 중심으로 "이 행동이 언제 일어났지?", "어디서 벌어졌지?", "어떤 방식으로 진행됐지?"라는 질문을 던져야 합니다. 그 답을 쥐고 있는 것이 바로 부사어입니다. 예를 들어 '철수가 영희를 만났다'는 뼈대에 '어제', '우연히', '도서관 앞에서'와 같은 부사어들이 더해질 때, 우리는 비로소 두 사람의 만남을 한 편의 구체적인 이야기로 이해할 수 있게 됩니다. 이처럼 부사어를 꼼꼼히 챙겨 읽는 것은 글에 담긴 시간적, 공간적, 상황적 맥락을 정확히 재구성하는 고차원적인 독해 활동입니다.

03 독립적인 존재 : 독립어, 막의 시작을 알리는 목소리

문장 성분 중에는 집의 기둥(주성분)도, 내부 장식(수식 성분)도 아닌 아주 특별한 존재가 있습니다. 바로 독립어입니다. 독립어는 이름 그대로 문장의 다른 어떤 성분과도 문법적인 관계를 맺지 않고 홀로 독립적으로 사용됩니다. 마치 연극이 시작되기 전, 무대 밖에서 "자, 이제 시작하겠습니다!"라고 외치는 감독의 목소리나, 놀라운 장면에 저도 모르게 터져 나오는 관객의 감탄사와 같습니다. 이 목소리는 연극의 내용에 직접적인 영향을 주지는 않지만, 주의를 집중시키거나 화자의 감정을 드러내며 분위기를 이끄는 역할을 합니다.

> 아, 달이 밝다.

이 문장의 핵심 구조는 '달이 밝다'입니다. '아,'라는 감탄사는 달을 꾸미지도, 밝다는 상태를 꾸미지도 않습니다. 이것은 '달이 밝다'는 사실을 확인한 화자가 자신도 모르게 내뱉은 감정의 표현입니다. 문장의 구조에 포함되지 않고 완전히 독립되어 있지만, 이 한마디 덕분에 우리는 화자가 느낀 감동의 깊이를 짐작할 수 있게 됩니다. 독립어는 이처럼 문장 앞에 놓여 화자의 태도나 감정을 암시하는 신호탄과 같습니다.

> **연습문제**
>
> 다음 문장들에서 주성분(주어, 서술어, 목적어, 보어)과 수식 성분(관형어, 부사어), 그리고 독립 성분(독립어)을 모두 찾아 그 역할을 표시해 보세요.
>
> 1. 저 새가 매우 빨리 난다.
> 2. 철수야, 이 책을 어서 읽어라.
> 3. 와, 가을 하늘이 정말 높고 푸르다.
> 4. 나는 어제 서점에서 헌 책을 한 권 샀다.
> 5. 그는 아주 성실한 학생이 아니다.
> 6. 이것은 내가 가장 아끼는 옛날 음반이다.
> 7. 어머나, 예쁜 아기가 방긋 웃는다.
> 8. 그 선수는 놀랍게도 모든 장애물을 쉽게 통과했다.
> 9. 영희는 드디어 꿈에 그리던 의사가 되었다.
> 10. 여보, 당신의 깊은 뜻을 이제야 알겠습니다.
>
> ■ 모범 답안 427p

제3부. 구조를 파악하다 : 문장의 짜임새

지금까지 우리는 생각의 집을 짓는 데 필요한 기둥(주성분)과 장식품(수식 성분)에 대해 알아보았습니다. 이제는 재료에 대한 탐구를 넘어, 그 재료들로 지어진 집의 전체적인 건축 양식, 즉 문장의 짜임새를 살펴보려 합니다. 어떤 집은 모든 공간이 한눈에 들어오는 단순한 원룸 형태를 하고 있고, 어떤 집은 여러 개의 방과 복도가 복잡하게 연결된 대저택의 모습을 하고 있습니다. 이처럼 문장도 그 구조에 따라 하나의 생각을 간결하게 담아내는 홑문장과, 여러 생각이 층층이 쌓여 복합적인 의미를 만들어내는 겹문장으로 나뉩니다. 건축 양식을 알면 집의 특징을 쉽게 파악할 수 있듯, 문장의 짜임새를 이해하면 글에 담긴 생각의 깊이와 구조를 한눈에 꿰뚫어 볼 수 있습니다.

01 하나의 생각, 하나의 공간 : 홑문장

가장 기본적이고 단순한 건축 양식은 바로 홑문장입니다. 홑문장은 이름 그대로 '홑겹'으로 된 문장으로, 문장 안에 기둥 역할을 하는 주어와 서술어의 관계가 단 한 번만 나타나는 구조를 말합니다. 이는 마치 별도의 방 구분 없이 거실, 주방, 침실이 하나의 공간에 모두 들어있는 원룸 주택과 같습니다. 모든 이야기가 하나의 공간 안에서 시작되고 끝나기 때문에, 그 의미가 매우 명확하고 간결하게 전달됩니다. 홑문장은 꾸밈없는 사실을 전달하거나, 단호한 주장을 펼치거나, 빠른 속도감을 표현할 때 매우 효과적으로 사용됩니다.

> 꽃이 예쁘다.
> 우리 집 정원에 드디어 장미꽃이 피었어.

첫 번째 문장은 '꽃'이라는 주인공(주어)과 '예쁘다'는 그의 상태(서술어)가 하나의 방 안에서 모두 표현되는, 가장 단순하고 명료한 원룸 주택입니다.

두 번째 문장은 '우리 집 정원에', '드디어'와 같은 장식품이 추가되었지만, 집의 핵심 구조는 여전히 '장미꽃이 피었어'라는 주어-서술어 관계가 한 번만 나타나는 원룸 형태입니다.

02 여러 개의 공간이 얽힌 대저택: 겹문장

홑문장이라는 단순한 건축 양식만으로는 우리의 복잡하고 다층적인 생각을 모두 표현하기 어렵습니다. 그래서 우리는 여러 개의 홑문장(원룸)을 이어 붙이거나 집어넣어 더 크고 복잡한 구조의 집, 즉 겹문장을 짓습니다. 겹문장은 하나의 문장 안에 주어와 서술어의 관계가 두 번 이상 나타나는 건축 양식을 말합니다. 이는 여러 개의 방과 복도, 혹은 숨겨진 비밀의 방까지 갖춘 대저택에 비유할 수 있습니다. 이러한 복합적인 구조 덕분에 우리는 두 가지 이상의 사건을 나란히 제시하거나, 어떤 사건의 원인과 결과를 설명하거나, 하나의 사실에 대해 깊이 있는 부연 설명을 덧붙이는 등 정교하고 논리적인 생각을 표현할 수 있게 됩니다.

> 인생은 짧고, 예술은 길다.
> 우리는 그가 정당했음을 깨달았다.

첫 번째 문장은 '인생은 짧다'는 방과 '예술은 길다'는 방이 '-고'라는 복도를 통해 연결된 구조입니다. 두 번째 문장은 '우리는 깨달았다'는 커다란 거실 안에, '그가 정당했다'는 작은 서재가 쏙 들어와 있는 구조입니다. 이처럼 두 개 이상의 주어-서술어 관계를 품고 있는 집이 바로 겹문장입니다.

겹문장이라는 대저택은 크게 두 가지 건축 양식으로 나뉩니다. 하나는 여러 개의 방을 복도를 통해 나란히 연결하는 이어진 문장이고, 다른 하나는 큰 방 안에 작은 방을 품는 안은 문장입니다.

(1) 이어진 문장: 복도를 따라 나란히 연결된 방들

이어진 문장은 둘 이상의 홑문장(방)이 저마다의 독립성을 유지한 채, 연결 어미라는 복도를 통해 나란히 연결된 건축 양식입니다. 각 방은 저마다의 주인공(주어)과 이야기(서술어)를 가지고 있으며, 복도가 이 방들을 어떤 관계로 연결하느냐에 따라 의미가 달라집니다. '-고, -으며'처럼 두 방을 대등한 관계로 연결하는 복도도 있고, '-어서, -으면'처럼 한쪽 방이 다른 쪽 방의 원인이나 조건이 되는 종속적인 관계로 연결하는 복도도 있습니다.

> 낮말은 새가 듣고, 밤말은 쥐가 듣는다.
> 봄이 오니, 꽃이 핀다.

첫 번째 집은 '낮말은 새가 듣는다'는 A호실과 '밤말은 쥐가 듣는다'는 B호실이 '-고'라는 복도를 통해 대등하게 연결되어 있습니다. 두 번째 집은 '봄이 온다'는 방을 지나야만 '꽃이 핀다'는 방으로 들어갈 수 있는 구조로, 두 방은 원인과 결과라는 관계로 이어져 있습니다.

(2) 안은 문장: 큰 방 안에 숨겨진 비밀의 방들

안은 문장은 대저택(겹문장)을 짓는 가장 정교한 건축 양식입니다. 이는 하나의 완성된 홑문장(작은 방)이 다른 문장(큰 방) 안으로 쏙 들어가, 마치 하나의 기둥이나 가구처럼 기능하는 형태를 말합니다. 이때 바깥의 큰 문장을 안은 문장, 안으로 들어간 작은 문장을 안긴 문장이라고 부릅니다. 이 '안긴 문장'이라는 작은 방은 어떤 자재로 마감되었느냐('-(으)ㅁ, -기, -(으)ㄴ' 등)에 따라 역할이 달라집니다. 이제, 큰 방 안에 숨겨진 다섯 종류의 비밀스러운 방, 즉 명사절, 관형절, 부사절, 서술절, 인용절을 하나씩 탐험해 보겠습니다.

① 명사절을 안은 문장: 문장으로 만든 가구

명사절은 문장 전체에 명사형 어미인 '-(으)ㅁ'이나 '-기'를 붙여, 문장 전체를 하나의 명사 덩어리처럼 만든 비밀의 방입니다. 이렇게 명사라는 가구로 변신한 문장은, 큰 방(안은 문장) 안에서 명사가 차지할 수 있는 자리, 즉 주어, 목적어, 보어와 같은 핵심 기둥의 역할을 수행할 수 있습니다. 글쓴이가 어떤 사실이나 사건 전체를 문장의 주인공이나 핵심 대상으로 삼고 싶을 때, 바로 이 명사절 건축 기법을 사용합니다.

> 우리는 [그가 정당했음]을 깨달았다.

'우리는 (무엇)을 깨달았다'라는 커다란 거실이 있습니다. 이 거실의 목적어라는 자리에 놓일 가구가 필요합니다. 이때 '그가 정당했다'라는 문장 전체를 '-(으)ㅁ'이라는 포장지로 감싸 '그가 정당했음'이라는 하나의 명사 가구로 만듭니다. 그리고 이 가구를 거실의 목적어 자리에 배치한 것입니다. 덕분에 우리는 '깨달은 내용'이 하나의 단어가 아닌, 하나의 완전한 사실임을 알 수 있습니다.

② 관형절을 안은 문장: 명사를 비추는 액자 창

관형절은 문장 전체에 관형사형 어미인 '-(으)ㄴ, -는, -(으)ㄹ, -던' 등을 붙여, 문장 전체가 하나의 관형어처럼 기능하도록 만든 비밀의 방입니다. 관형어의 역할이 명사를 꾸며주는 것이므로, 관형절은 언제나 명사(체언) 앞에 위치하여 그 명사에 대한 구체적이고 생생한 정보를 담은 액자나 풍경이 보이는 창문 역할을 합니다. 글쓴이가 어떤 사람이나 사물에 대해 길고 상세한 설명을 덧붙이고 싶을 때, 이 관형절 건축 기법을 활용합니다.

> 이것은 [내가 읽던] 책이다.

'이것은 책이다'라는 단순한 구조의 방이 있습니다. 이 방에 있는 '책'이라는 가구가 너무 평범해 보입니다. 이때 '내가 읽었다'라는 과거의 장면이 담긴 문장을 '-던'이라는 액자 틀에 넣어 '내가 읽던'이라는 그림 액자로 만듭니다. 그리고 이 액자를 '책'이라는 가구 바로 위에 걸어두는 것입니다. 덕분에 우리는 이 책이 그냥 책이 아니라, 나의 과거와 추억이 담긴 특별한 책이라는 사실을 알게 됩니다.

③ 부사절을 안은 문장: 행동의 배경이 되는 무대 장치

부사절은 문장 전체에 '-이, -게, -도록'과 같은 부사형 어미를 붙여, 문장 전체가 하나의 부사어처럼 기능하도록 만든 비밀의 방입니다. 부사어의 역할이 주로 서술어를 꾸며주는 것이므로, 부사절은 큰 방(안은 문장)의 핵심 동작이나 상태(서술어)가 '어떻게', '어느 정도로' 일어나는지를 설명하는 배경음악이나 무대 장치 역할을 합니다. 글쓴이가 어떤 행위의 방식이나 정도를 구체적인 상황을 통해 묘사하고 싶을 때, 이 부사절 건축 기법을 사용합니다.

> 철수는 [발에 땀이 나도록] 뛰었다.

'철수는 뛰었다'는 핵심 동작이 펼쳐지는 무대가 있습니다. 철수가 '어떻게' 뛰었는지를 더 생생하게 보여주고 싶습니다. 이때 '발에 땀이 난다'는 또 다른 장면을 '-도록'이라는 특수효과 필터를 적용하여 '발에 땀이 나도록'이라는 배경 영상으로 만듭니다. 그리고 이 영상을 '뛰었다'는 행동의 배경에 비추는 것입니다. 덕분에 우리는 철수가 얼마나 필사적으로 뛰었는지를 실감 나게 느낄 수 있습니다.

④ 서술절을 안은 문장: 주인공을 설명하는 작은 무대

서술절은 다른 비밀의 방들과는 달리 별도의 문법적 표지(어미)가 없이, 홑문장 전체가 통째로 큰 문장의 서술어 기능을 하는 가장 독특한 구조입니다. 이 구조는 보통 한 문장에 주어가 두 개 연달아 나오는 것처럼 보입니다. 이때, 문장 전체의 큰 주어(첫 번째 주어)를 설명하기 위해, '작은 주어 + 서술어'로 이루어진 작은 문장(안긴 문장)이 통째로 큰 주어의 서술어 역할을 하는 것입니다. 마치 주인공을 설명하기 위해 무대 안에 또 다른 작은 무대를 설치한 것과 같은 구조입니다.

> 토끼는 [앞발이 짧다].

'토끼는'이라는 주인공을 소개하는 큰 무대가 있습니다. 이 토끼의 특징을 설명해야 하는데, 한마디로 표현하기가 어렵습니다. 그래서 무대 위에 '앞발이 짧다'는 장면을 보여주는 작은 무대를 하나 설치합니다. 이 작은 무대('앞발'이라는 작은 주인공과 '짧다'는 그의 상태) 전체가 바로 '토끼'라는 큰 주인공의 특징을 설명하는 서술어가 되는 것입니다.

⑤ 인용절을 안은 문장: 생각을 전달하는 스피커

인용절은 다른 사람의 말이나 생각을 빌려와 문장 안에 집어넣은 비밀의 방입니다. 다른 사람의 말을 형식과 내용 그대로 가져오면 직접 인용절(큰따옴표 " "와 '라고' 사용), 내용만 가져와 자신의 말로 바꾸어 전달하면 간접 인용절(작은따옴표 ' '와 '고' 사용)이 됩니다. 인용절은 문장 안에 다른 사람의 목소리를 직접 들려주는 스피커나, 다른 사람의 생각을 보여주는 TV 화면과 같은 역할을 합니다. 글쓴이가 자신의 주장을 뒷받침하거나, 특정 인물의 말을 생생하게 전달하고 싶을 때 이 인용절 건축 기법을 사용합니다.

> 그는 당황한 어조로 ["이게 무슨 일이지?"]라고 말했다. (직접 인용)
> 철수는 [자기가 직접 확인하겠다]고 약속했다. (간접 인용)

'그는 말했다'라는 무대 위에 "이게 무슨 일이지?"라는 대사가 녹음된 스피커를 그대로 가져다 놓은 것이 직접 인용입니다. 반면, '철수는 약속했다'는 무대 위에, 철수가 했던 말("제가 직접 확인하겠습니다.")의 내용을 요약하여 자막('자기가 직접 확인하겠다고')으로 띄워주는 것이 간접 인용입니다.

 다음 문장들의 건축 양식을 분석해 보세요. 홑문장인지 겹문장인지 먼저 밝히고, 겹문장이라면 이어진 문장인지 안은 문장인지 구분해 보세요.

1 나는 학생이고, 내 동생은 직장인이다.
2 하늘이 매우 푸르다.
3 그는 아는 것도 없이 잘난 척을 한다.
4 나는 어제 친구에게서 받은 편지를 읽었다.
5 겨울이 가면 따뜻한 봄이 온다.
6 인생은 짧고 예술은 길다.
7 그가 범인이라는 사실이 밝혀졌다.
8 철수는 키가 크고 영희는 눈이 예쁘다.
9 우리는 그가 정당했음을 깨달았다.
10 비가 와서 길이 미끄럽다.

다음 겹문장에서 안겨 있는 문장(절)에 밑줄을 긋고, 그것이 어떤 종류의 비밀의 방(명사절, 관형절, 부사절, 서술절, 인용절)인지 밝혀보세요.

11 나는 그 소문이 사실임을 깨달았다.
12 이곳은 내가 태어난 고향이다.
13 우리가 집에 가기에 이른 시간이다.
14 동생은 용기가 부족하다.
15 그는 "지구는 돈다."라고 말했다.
16 농부들은 비가 오기를 기다린다.
17 형은 동생이 그린 그림을 벽에 걸었다.
18 그곳은 그림이 아름답게 장식되어 있다.
19 그 아이는 자기가 반장이라고 주장했다.
20 할머니께서는 손이 아주 크시다.

■ 모범 답안 428p

제4부. 생각의 집, 그 안에 담긴 마음을 읽다 : 문장의 심층적 이해

누군가 한 편을 글을 읽고 딱 한 문장으로 내용을 정리할 수 있다면 그 사람은 글을 참 잘 읽은 것이라고 말한 사람을 보았습니다. 저는 그 말에 전적으로 동감합니다. 그런데 이런 걱정이 들었습니다. 한 문장으로 정리하라는 것을 너무도 힘들어 하는 사람들이 많다는 사실입니다. 글의 맥락을 정확히 읽고 문장으로 정리하기 위해서는 자신이 문장을 만드는 능력도 중요하지만, 간단한 문장 속에 담긴 심층적 의미를 파악하는 일도 중요합니다.

저와 여러분은 지금까지 문장이라는 '생각의 집'을 짓는 건축가로서 긴 여정을 함께했습니다. 제1부에서 집을 떠받치는 네 개의 기둥(주성분)을 세우는 법을 배웠고, 제2부에서는 집을 화려하게 꾸미는 장식품(수식 성분)을 다루었습니다. 제3부에서는 더 나아가 단순한 원룸(홑문장)부터 여러 방이 얽힌 대저택(겹문장)까지, 다양한 건축 양식(문장의 짜임새)을 익혔습니다. 이제 우리는 어떤 문장을 보아도 그 구조를 분석할 수 있는 설계도를 손에 쥔 셈입니다.

이제 마지막 단계가 남았습니다. 잘 지어진 집의 구조를 파악하는 것을 넘어, 그 집 안에 사는 사람의 마음을 읽고, 그곳에서 어떤 이야기가 펼쳐지고 있는지를 이해하는 '해석자'가 되는 것입니다. 문장의 구조를 분석하는 기술에 더해 그 안에 담긴 의미의 결을 느끼는 힘, 이것이야말로 문해력의 최종 목표입니다. 다른 사람이 쓴 문장의 이면을 들여다볼 수 있을 때 비로서 내 생각도 수준 높은 표현으로 완성될 것이기 때문입니다.

01 첫 번째 열쇠 : 문장의 표면적 의미 정확하게 파악하기

모든 해석의 출발점은 문장의 표면적 의미를 정확하게 파악하는 것입니다. 표면적 의미란 문장의 구조와 어휘가 직접적으로 드러내는 글자 그대로의 뜻을 말합니다. "오늘은 유난히 하늘이 맑다."라는 문장이 있다면, 그 표면적 의미는 '오늘의 하늘 상태가 매우 깨끗하고 푸르다.'라는 것입니다. 이 당연해 보이는 첫 단추를 잘못 끼우면, 이어지는 모든 생각과 추론은 길을 잃게 됩니다.

　문장의 표면적 의미를 정확히 파악하는 데 가장 강력한 도구가 바로 우리가 앞에서 배운 '문장 성분 분석'입니다. 주어, 서술어, 목적어, 보어 등의 기둥을 찾아 문장의 뼈대를 세우면 '누가, 무엇을, 어찌했다'는 핵심 사실 관계가 명확해집니다. 이 뼈대 위에 관형어, 부사어 같은 장식품들이 어떤 정보를 더하는지 순서대로 파악하면, 글쓴이가 전달하려는 기본적인 정보와 사실을 오해 없이 이해할 수 있습니다. 글에 담긴 깊은 의도를 읽어내기 전에, 먼저 글에 쓰인 그대로의 의미를 정확하게 읽는 것이 모든 독해의 단단한 기초가 됩니다.

02　두 번째 열쇠 : 상황의 맥락 속에서 심층적 의미 추론하기

　하지만 글을 읽는다는 것은 단순히 사실 관계를 확인하는 작업에서 그치지 않습니다. 우리는 문장의 표면적 의미 너머에 숨겨진 글쓴이의 감정, 의도, 그리고 배경을 읽어내야 합니다. 이것이 바로 문장의 심층적 의미를 파악하는 것입니다. 앞서 예로 든 "오늘은 유난히 하늘이 맑다."라는 문장은 단순히 날씨 정보를 전달하는 것일 수도 있지만, 말하는 사람의 상황에 따라 "내 기분이 상쾌하고 좋다."거나 "좋은 일이 생길 것 같은 예감이 든다."라는 마음의 상태를 표현하는 말일 수 있습니다.

　문장이라는 집의 설계도(표면적 의미)를 파악했다면, 이제 우리는 그 집에 사는 사람의 마음을 추론해야 합니다. 이 집이 그에게 아늑한 안식처인지, 아니면 벗어나고 싶은 감옥인지 말입니다. 심층적 의미를 파악하기 위해서는 '누가, 누구에게, 어떤 상황에서' 이 말을 하고 있는지를 종합적으로 고려해야 합니다. 똑같은 "다음에 한 번 밥이나 먹자."라는 문장도, 오랜 친구가 아쉬워하며 말할 때와 어색한 사이의 사람이 대화를 끝내려 할 때의 의미는 전혀 다릅니다. 이처럼 상황의 맥락 속에서 숨겨진 의미를 읽어내는 능력이야말로, 단순한 글자 해독을 넘어 진정한 소통에 이르게 하는 문해력의 정수라 할 수 있습니다.

종합 훈련: 일상 문장 100선 심층 분석

 다음 문장을 읽고, 세 가지 단계에 따라 분석해 보세요.
1. 구조 분석: 문장의 주어, 서술어 등 핵심 성분을 찾아보세요.
2. 표면적 의미: 문장이 글자 그대로 무엇을 말하고 있는지 파악해 보세요.
3. 심층적 의미: 이 문장이 어떤 상황에서 쓰였을지 상상하며, 그 안에 숨겨진 감정이나 의도를 추론해 보세요. (정답은 없고, 좋은 답은 있답니다.)

1   오늘은 유난히 하늘이 맑다.
- 구조 분석: 주어(하늘이), 서술어(맑다), 부사어(유난히)
- 표면적 의미: 오늘의 하늘 상태가 매우 깨끗하고 푸르다.
- 심층적 의미 (추론): 내 기분이 상쾌하고 좋다. 좋은 일이 생길 것 같은 예감이 든다.

2   그의 얼굴이 백지장처럼 하얘졌다.
3   어깨에 무거운 짐을 올려놓은 기분이다.
4   시험이 끝나서 날아갈 듯이 가볍다.
5   왠지 모르게 발걸음이 떨어지지 않았다.
6   모처럼의 휴일인데 아무것도 하기 싫다.
7   그의 퉁명스러운 대답에 마음이 상했다.
8   가슴에 구멍이 뚫린 것처럼 허전하다.
9   그의 농담에 분위기가 얼음장처럼 차가워졌다.
10 오랫동안 기다리던 소식이라 그런지 믿기지 않는다.
11 답답했던 속이 뻥 뚫리는 기분이다.
12 그 사람만 보면 가슴이 두근거린다.
13 공들여 쌓은 탑이 무너져서 허탈하다.
14 그의 눈빛에서 차가운 분노가 느껴졌다.

15 오랜만에 만난 친구와 밤새 이야기꽃을 피웠다.
16 그는 무슨 생각을 하는지 표정이 애매하다.
17 잔잔한 호수 같은 평온함을 느낀다.
18 그의 격려에 자신감이 샘솟았다.
19 그의 행동은 내 기대를 여지없이 무너뜨렸다.
20 결과를 보니 아쉬움이 남는다.
21 시원한 물 한 잔 마셨으면 좋겠다.
22 이제 그만 집에 가봐야 할 것 같아.
23 조용한 곳에서 잠시 혼자 있고 싶어요.
24 다음에 한 번 밥이나 먹자.
25 굳이 그렇게까지 할 필요는 없어.
26 이 일은 내가 알아서 처리할게.
27 우리는 좀 더 신중하게 접근할 필요가 있다.
28 굳이 말하고 싶지 않은 이야기도 있는 법이다.
29 좋은 게 좋은 거니 그냥 넘어가자.
30 이번만큼은 내 뜻대로 하고 싶어.
31 자세한 설명은 생략하도록 하지.
32 이만하면 충분하지 않을까?
33 한번 해보기나 하자.
34 나는 더 이상 할 말이 없다.
35 나중에 후회하지 말고 지금 결정해.
36 다 생각이 있어서 하는 행동이야.
37 이제부터라도 제대로 해보려고 합니다.
38 이 기회를 놓치면 안 된다.
39 그저 지켜볼 수밖에 없었다.
40 한번만 눈감아 주세요.
41 그 식당은 항상 사람들로 붐빈다.
42 그 영화는 생각보다 재미없었어.
43 약속 시간에 늦는 것은 예의가 아니다.

44 아이들은 뛰어놀면서 크는 법이다.
45 세상에 공짜는 없다.
46 첫인상이 항상 옳은 것은 아니다.
47 과정이 좋아야 결과도 좋은 법이다.
48 사소한 습관이 인생을 바꾼다.
49 그 문제는 내가 결정할 수 있는 범위를 넘어섰다.
50 가장 좋은 해결책은 아닐 수도 있다.
51 백 번 듣는 것보다 한 번 보는 것이 낫다.
52 모든 규칙에는 예외가 있기 마련이다.
53 그의 말은 앞뒤가 맞지 않는다.
54 역사는 반복되는 경향이 있다.
55 정직이 최선의 정책이다.
56 결과만 보고 사람을 판단할 수는 없다.
57 그 소문은 사실무근임이 밝혀졌다.
58 그는 자기 분야에서 최고의 전문가로 꼽힌다.
59 다양성은 우리 사회를 더 건강하게 만든다.
60 아는 만큼 보이기 마련이다.
61 밤새 기침하더니 결국 몸살이 났다.
62 갑자기 비가 와서 우산 없이 흠뻑 젖었다.
63 냉장고 문이 열려 있어서 아이스크림이 다 녹았다.
64 선물을 받고 아이의 얼굴에 웃음꽃이 피었다.
65 그의 칭찬에 어색해서 고개를 숙였다.
66 너무 서두르다가 중요한 것을 빠뜨렸다.
67 알람이 울리지 않아서 회사에 지각했다.
68 그의 말 한마디에 모든 오해가 풀렸다.
69 꾸준히 운동했더니 체력이 눈에 띄게 좋아졌다.
70 사소한 말다툼이 결국 큰 싸움으로 번졌다.
71 길을 잃어 약속 장소에 늦고 말았다.
72 가뭄이 계속되자 농부들의 시름이 깊어졌다.

73 그는 지갑을 잃어버려서 하루 종일 우울했다.
74 오랜 노력 끝에 그는 마침내 꿈을 이루었다.
75 차가 막혀서 중요한 회의에 참석하지 못했다.
76 사람들이 버린 쓰레기 때문에 강물이 오염되었다.
77 좋은 책을 읽고 삶의 지혜를 얻었다.
78 문을 세게 닫자 창문이 덩달아 흔들렸다.
79 그의 결정 덕분에 모두가 위기에서 벗어났다.
80 밤늦게까지 공부했더니 아침에 일어나기 힘들다.
81 그는 여우처럼 눈치가 빠르다.
82 시간은 화살처럼 지나갔다.
83 그의 마음은 갈대와 같다.
84 저수지처럼 깊은 눈을 가졌다.
85 쏟아진 물은 다시 담을 수 없다.
86 필요할 때만 나타나는 도깨비 같다.
87 거절당할까 봐 입이 얼어붙었다.
88 그 소식은 가뭄의 단비와 같았다.
89 그는 언제 터질지 모르는 시한폭탄 같은 존재다.
90 꼬리가 길면 밟히는 법이다.
91 바늘 가는 데 실 간다.
92 그의 계획은 뜬구름 잡는 소리처럼 들린다.
93 그의 마음은 천근만근 무거웠다.
94 그의 목소리는 칼날처럼 날카로웠다.
95 우물 안 개구리에게 바다를 설명할 수 없다.
96 그는 거북이처럼 느리지만 꾸준하다.
97 그의 거짓말에 양심의 가책을 느꼈다.
98 그의 삶은 한 편의 드라마 같았다.
99 세월 앞에서는 장사가 없다.
100 그의 빈자리가 유난히 크게 느껴졌다.

■ 모범 답안 429p

문해력, 정보의 바다를 항해하는 기술

우리는 지금 문자의 홍수 속에 살고 있습니다. 손가락으로 화면을 한 번 밀어 올릴 때마다 수십, 수백 개의 문장이 폭포수처럼 쏟아져 내립니다. 인류 역사상 지금처럼 많은 글자를 읽는 시대는 없었습니다. 하지만 역설적이게도, 우리는 그 어느 때보다 깊은 '이해의 가뭄'에 시달리고 있습니다. 스크롤의 파도 속에서 문장은 더 이상 음미해야 할 생각의 집이 아니라, 1초 안에 시선을 끌지 못하면 밀려나 버리는 정보의 파편이 되었습니다. 우리는 점점 더 짧고, 자극적이고, 즉각적인 문장에만 반응하도록 길들여지고 있습니다. 사유의 근육은 나날이 퇴화하고, 문장의 뼈대를 차분히 발라내어 그 속살의 의미를 맛보는 즐거움을 잃어가고 있습니다.

이러한 시대에 우리가 '주어'와 '서술어'를 찾고, '수식어'를 걷어내며 문장의 구조를 배우는 일은 어떤 의미를 가질까요? 그것은 단순히 국어 시험을 잘 보기 위한 낡은 기술이 아닙니다. 이것은 정보의 편식이 '지적 영양실조'로 이어지는 시대에, 나 자신의 생각을 지키고 키워내기 위한 필수적인 생존 기술입니다. 알고리즘이 차려준 밥상에 차려진 대로 생각을 떠먹는 '정보의 소비자'로 남을 것인가, 아니면 문장의 재료와 조리법을 꿰뚫어 보고 그 맛의 본질을 평가하는 '생각의 미식가'가 될 것인가. 그 갈림길에서 우리에게 필요한 것이 바로 문해력이라는 이름의 백신입니다.

가령, 교묘하게 사실을 왜곡하는 가짜 뉴스를 생각해 봅시다. 그 문장들은 종종 주어를 모호하게 숨기거나, 자극적인 부사어와 관형어로 진실을 잔뜩 부풀립니다. 이때 '누가(주어) 그런 주장을 하는가?', '그래서 핵심 내용(서술어)이 무엇인가?', '이 화려한 수식어들을 걷어내면 무엇이 남는가?'를 분석하는 힘이 있다면, 우리는 선동의 파도에 휩쓸리지 않고 문장의 진실을 건져 올릴 수 있습니다. 복잡하게 얽힌 겹문장 속에서 원인과 결과를 뒤바꾸는 논리의 함정을 발견하고, 교묘하게 숨겨진 인용절 뒤에 숨은 화자의 진짜 의도를 간파하는 능력, 이것이 바로 우리가 문장의 설계도를 배우는 이유입니다.

문법은 낡은 해도(海圖)가 아니라, 정보의 바다를 항해하는 최첨단 GPS입니다. 이 GPS는 우리에게 문장의 표면이라는 파도 아래에 숨겨진 조류(潮流), 즉 심층적 의미의 흐름을 읽어내는 힘을 줍니다. 수많은 문장들 사이에서 길을 잃지 않고, 내가 가고자 하는 생각의 목적지까지 안전하게 도달하도록 돕습니다.

이 책을 덮는 여러분은 이제 문장이라는 생각의 집을 짓는 건축가이자, 그 구조를 꿰뚫어 보는 해석자가 되었습니다. 부디 이 기술을 연마하여, 소란스러운 정보의 바닷속에서 휩쓸리지 않는 단단한 생각의 방주(方舟)를 지으시길 바랍니다. 그리하여 다른 이가 그려준 지도에 의존하는 승객이 아니라, 스스로 생각의 지도를 그리고 목적지를 결정하는 주체적인 항해사로 거듭나시기를 진심으로 응원합니다.

읽고 쓰는 문해력, 그리고 생각을 여는 기술

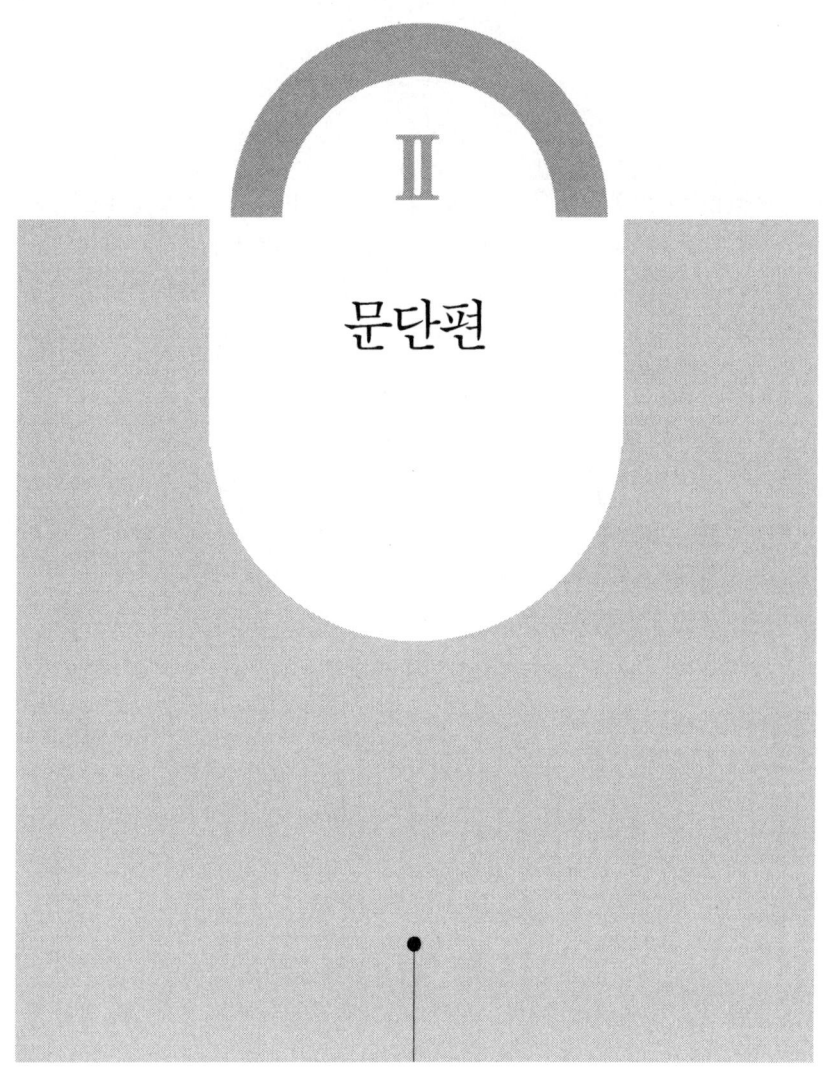

II

문단편

> 생각의 건축학, 왜 문단을 배워야 하는가?

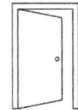

　우리는 지금 정보의 홍수 속에 살고 있습니다. 손가락으로 화면을 한 번 밀어 올릴 때마다 수십, 수백 개의 문장이 폭포수처럼 쏟아져 내립니다. 인류 역사상 지금처럼 많은 글자를 읽는 시대는 없었지만, 역설적이게도 우리는 그 어느 때보다 깊은 '이해의 가뭄'에 시달리고 있습니다. 스크롤의 파도 속에서 문장은 더 이상 음미해야 할 생각의 집이 아니라, 1초 안에 시선을 끌지 못하면 밀려나 버리는 정보의 파편이 되었습니다.

　그렇다고 해서 모든 정보를 받아들일 수만도 없습니다. 흔히들 데이터 스모그라고 불리는 원치 않는 정보로 인해 크고 작은 스트레스를 겪고 있는 것도 사실이기 때문입니다. 원하는 정보는 넘쳐나지만 양질의 정보를 고르기 힘들고, 불필요한 정보는 걸러지지 않아 우리의 일상을 괴롭히고 있습니다. 그 어느 때보다도 정보를 선택하고 정리하고 내 생각으로 완성하는 힘이 필요한 때입니다.

　앞서 '문장편'에서 우리는 하나의 생각을 담는 최소 단위인 '문장'이라는 재료를 다듬는 법을 익혔습니다. 문장을 떠받치는 기둥(주성분)을 세우고, 그 공간을 채우는 장식(수식 성분)을 더하는 법을 배웠습니다. 하지만 좋은 재료가 좋은 집을 보장하지는 않습니다. 최고급 대리석과 목재가 있어도 설계도가 엉망이라면 쓸모없는 건축 폐기물이 될 뿐입니다.

　글쓰기도 마찬가지입니다. 아무리 화려하고 정확한 문장을 나열되어 있다 해도, 그것들을 체계적으로 조직하여 의미 있는 덩어리로 만들지 못하면 독자의 머릿속에 흩어진 인상만 남길 뿐, 결코 설득의 힘을 갖지 못합니다. 글을 읽는 것이 글쓰기보다는 쉬워 보이지만 내용을 정확히 이해하고, 자신의 언어로 다시 정리할 수 있는 힘은 결국 글쓰기의 기본 원리와 다르지 않습니다. "구슬이 서 말이라도 꿰어야 보배"라는 말처럼, 문장이라는 구슬을 '문단'이라는 실로 꿰어낼 때 비로소 우리의 생각은 가치 있는 보배로 태어납니다.

이번 편에서는 그 '꿰어내는 기술', 즉 문단을 설계하고 건축하는 방법에 관해 종합적으로 안내합니다. 문단이 무엇으로 이루어져 있는지 해부하고(제1부), 어떤 다양한 건축 양식(제2부)으로 지을 수 있는지 생각할 것입니다. 나아가 견고한 문단을 위한 불변의 원칙(제3부)을 익히고, 문단들을 연결하여 글 전체라는 거대한 건축물을 완성하는 시야(제4부)까지 배우게 될 것입니다.

이 여정을 통해 여러분은 단순한 정보의 소비자를 넘어, 자신의 생각을 단단한 구조물로 쌓아 올리고 타인의 생각을 정밀하게 분석하는 '생각을 여는 기술', '읽고 쓰는 문해력'에 대해 고민하게 될 것입니다. 읽고 쓰는 힘이 결과적으로 문해력의 바탕이 되며 생각하는 힘을 기르는 원동력이 된다는 점을 익히게 될 것입니다.

제1부. 문단의 해부학 : 완결된 생각의 최소 단위

01 문단의 정의 : 글의 중간 조직체

문단, 혹은 단락(paragraph)이란, 하나의 통일된 생각을 중심으로 여러 문장이 유기적으로 결합한 '글의 중간 조직체'입니다. 단어가 모여 문장을 이루듯, 내용적으로 깊은 관련을 맺는 문장들이 모여 하나의 문단을 구성합니다. 그리고 이렇게 만들어진 문단들이 다시 벽돌처럼 차곡차곡 쌓여 한 편의 완결된 글이라는 집을 이룹니다.

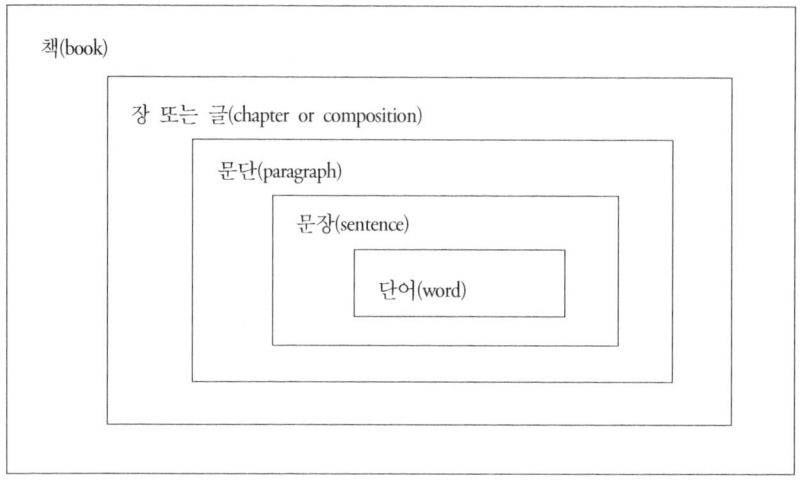

문단은 두 가지 핵심적인 특징을 동시에 가집니다. 우선, 내용적 특징으로 한 문단은 반드시 하나의 중심 생각(소주제)만을 품어야 합니다. 이는 문단의 생명과도 같은 원칙인 '통일성'과 직결됩니다. 만약 한 문단에 두세 개의 다른 생각이 뒤섞여 있다면, 독자는 갈피를 잡지 못하고 길을 잃게 됩니다. 한 마디로 통일성이 없는 문단은 산만하다는 말입니다.

다음은 형식적 특징입니다. 문단은 첫 줄을 한 칸 '들여쓰기' 함으로써 다른 문단과 시각적으로 구분됩니다. 이 형식적 경계는 독자에게 "자, 여기까지가 하나의 작은 이야기였습니다. 이제부터는 새로운 작은 이야기가 시작됩니다."라고 알려주는 친절한 신호등과 같습니다. 간혹, 들여쓰기 외에도 내어쓰기나 줄만 바꿔쓰기 등을 활용하기도 하지만, 일반적으로 우리가 읽는 글은 대개 들여쓰기를 형식적 특징으로 가집니다.

결국 문단이란, '하나의 소주제를 다루기 위해 모인 문장들의 집합체이며, 들여쓰기라는 형식적 표지를 통해 다른 생각의 덩어리와 구분되는 글 속의 글'이라고 정의할 수 있습니다. 이것은 글쓰기의 분량을 임의로 나누는 행위가 아니라, 논의의 단위를 체계적으로 구성하는 고도의 지적 활동입니다. 다시 말해서 어느 정도 분량이 되면 형식적으로 문단을 나눠쓰는 것이 아니라, 필요한 내용을 충분히 뒷받침한 뒤에 비로소 다른 내용을 전개하게 되며, 이때 문단을 나눈다는 말입니다.

이 책을 읽은 독자라면 당연히 이런 식의 질문은 하지 말아야 합니다.

"도대체 문장을 몇 개나 쓴 뒤에 들여쓰기를 해야 하나요?"

이 말은 문단이 단순한 형식적 표시에 지나지 않는다는 생각을 전제로 하기 때문에 적절하지 않습니다. 문장이 아무리 많아도 하나의 생각이 충분히 뒷받침되지 않았다면 다른 문단으로 나누어서는 안 됩니다. 반대로 내용이 짧더라도 소주제를 충분히 뒷받침했다면 당연히 다른 내용으로 문단을 바꾸어 전개해야 합니다.

02 문단의 심장, 소주제문(TOPIC Sentence)

모든 문단에는 그 문단의 존재 이유를 담고 있는 단 하나의 문장이 있습니다. 바로 소주제문입니다. 소주제문은 문단의 심장과 같아서, 문단 내의 다른 모든 문장들은 이 심장으로부터 피를 공급받아 생명을 유지합니다. 즉, 다른 모든 문장(뒷받침 문장)들은 소주제문을 설명하고, 증명하고, 구체화하기 위해 존재합니다. 따라서 한 문단을 정확히 이해한다는 것은 곧 그 문단의 소주제문을 찾아내는 것과 같다고 할 수 있습니다.

좋은 소주제문은 문단 전체를 지배하고 통제하는 '다스림 생각(Controlling Idea)'의 역할을 수행하며, 다음과 같은 조건을 갖추어야 합니다.

(1) 단일한 개념을 담는가? (단일성)

하나의 문단에서는 하나의 우물만 파야 합니다. 두 개의 다른 생각을 동시에 담으려 하면 어느 쪽도 깊이 파지 못하고 글의 초점만 흐려집니다.

- 모호한 소주제: 아는 것은 힘이 되기도 하고 병이 되기도 한다.

이 문장은 '힘'과 '병'이라는 두 가지 상반된 개념이 한 문장에 들어 있어, 앞으로 문단이 어느 방향으로 나아갈지 예측하기 어렵습니다. 글을 쓰는 사람의 입장에서도 두 가지 개념을 하나의 문단에서 모두 다루어야 한다는 부담을 갖기 쉽고, 결과적으로 내용이 산만해질 가능성이 큽니다.

- 명확한 소주제: 지식은 때로는 인간을 오만하게 만들어 타인의 말에 귀를 닫게 하는 병이 될 수 있다.

이 문장은 '지식이 병이 될 수 있다'는 하나의 명확한 주장에 집중하고 있습니다. 글을 쓰는 사람의 입장에서 하나의 내용에 집중하여 통일성 있는 글을 쓰기에 유리합니다. 읽는 사람에게도 문단의 내용이 예측 가능하기 때문에 내용 이해에 도움이 될 것입니다.

(2) 명확한 개념을 사용하는가? (명확성)

뜬구름 잡는 듯한 추상적인 표현은 독자를 안갯속으로 인도합니다. 소주제문은 논의의 대상을 구체적으로 한정하여 글의 선명도를 높여야 합니다. 한 마디로 말해 소주제문은 자신이 잘 알고 있는 내용을 구체적으로 정리하여 한 문장으로 작성해야 한다는 것입니다.

- 추상적인 소주제: 대원군은 위대한 정치가이다.

이 문장의 경우 '위대한'이라는 평가는 주관적이고 막연합니다. 어떤 면에서 위대한지 알 수 없기 때문입니다. 간혹, 의도적으로 애매한 표현을 사용하는 사람도 있습니다. 일상생활에서 특별한 이유로 그렇게 할 수는 있지만 글로 자신의 생각을 밝힐 때는 의도적으로라도 구체적이고 명확한 표현을 사용하는 게 좋습니다.

- 구체적인 소주제: 대원군은 왕권 강화와 민생 안정을 목표로 강력한 개혁 정책을 펼친 정치가이다.

이 문장은 이야기할 내용을 '개혁 정책'으로 한정하였고, 구체적인 사례로 '왕권 강화'와 '민생 안정'에 대해 다룰 예정이라는 점을 분명히 보여주고 있습니다. 물론 내용을 좀더 구체적으로 만들려면 '왕권 강화'와 '민생 안정'을 각각 다른 문단으로 나눠 설명하는 것이 좋겠습니다.

- 구체적인 소주제: 1. 대원군은 강력한 개혁 정책을 펼친 정치가이다.
  (1) 대원군은 왕권을 강화한 정치가이다.
  (2) 대원군은 민생을 안정시키려 노력한 정치가이다.

(3) 적절한 범위를 설정하는가? (범위의 적절성)

소주제는 한두 문단 안에서 충분히 설명하고 증명할 수 있는 크기여야 합니다. 너무 거대하면 수박 겉핥기식 서술에 그치고, 너무 사소하면 논의를 확장하기 어렵습니다. 다음 사례를 살펴보세요.

- 지나치게 넓은 소주제: 인간이란 무엇인가?

우리 세대의 가장 훌륭한 철학자라도 이런 주제로 글을 쓴다면 책 한 권으로도 다루기 힘들 것입니다. 이런 넓은 주제를 한 문단으로 다루기는 힘들다고 봐야합니다. 범위를 좁혀서 문단을 만들어야 합니다. 물론 책 한 권의 제목이라면 이 정도 내용도 좋을 수는 있겠습니다.

> ▪ 적절한 범위의 소주제: 현대 사회에서 인간 소외 현상이 심화되는 핵심 원인은 개인화된 디지털 기술의 발전에 있다.

이 문장은 '현대 사회', '인간 소외', '디지털 기술'이라는 구체적인 키워드를 통해 논의의 범위를 적절하게 설정하고 있습니다. 이런 문장을 소주제문으로 제시한 뒤라면 뒷받침 문장을 만들고 배열하는 일이 훨씬 쉬울 수 있겠습니다.

03 문단의 뼈대, 뒷받침 문장(Supporting Sentences)

소주제문이 문단의 '핵심 내용'이라면, 뒷받침 문장은 그 내용을 떠받치는 '근거'입니다. 아무리 훌륭한 주장이라도 탄탄한 근거가 없다면 공허한 외침에 불과합니다. 뒷받침 문장은 소주제문이라는 추상적인 약속을 독자가 눈으로 보고 손으로 만질 수 있는 구체적인 현실로 만들어주는 역할을 합니다. 효과적인 뒷받침 문장은 다음과 같은 다양한 유형으로 구성될 수 있습니다.

(1) 상술: 친절하게 풀어주기

상술은 소주제문에서 제시된 다소 어렵거나 추상적인 개념을 독자가 이해하기 쉽게 풀어서 설명하는 방식입니다. '즉', '다시 말해', '바꾸어 말하면'과 같은 표현을 사용하여 같은 내용을 다른 방식으로 반복하거나 부연합니다.

> ▪ 소주제문: 언어는 일종의 기호이다.
> ▪ 뒷받침(상술): 즉, 기호란 어떤 의미를 대표하는 감각적인 표시를 말한다. 소리나 몸짓, 그림 같은 형식을 통해 우리 마음속의 생각이나 느낌이라는 내용을 전달하는 형식이다. 길가의 교통 신호등이 '멈춤'이나 '주의'라는 약속된 의미를 색깔로 전달하듯, 우리의 말소리 또한 '사랑'이나 '슬픔' 같은 추상적인 내용을 전달하는 정교한 기호 체계인 셈이다.

(2) 예시: 생생하게 보여주기

예시는 소주제문의 내용을 증명하는 가장 강력하고 효과적인 방법 중 하나입니다. 구체적인 사례, 일화, 통계 자료 등을 제시하여 추상적인 주장에 생생한 현실감과 객관적인 신뢰도를 부여할 수 있습니다.

- 소주제문: 우리 반 진우는 봉사 정신이 뛰어나다.
- 뒷받침(예시): 그는 자기의 일은 뒤로 제쳐두고 남을 위해서 일하는 경우가 많다. 이를테면, 화장실 청소나 창문 유리 닦기 같은 궂은일도 자기 당번일 때는 물론이고 아픈 친구를 대신해 주기도 한다. 얼마 전에는 우리 반에 몸이 불편한 친구가 계단에서 내려오기 힘들어하자, 진우는 한 학기 내내 그 친구의 가방을 들어주며 함께 등하교하는 것을 보았다.

(3) 비교와 대조: 차이로 선명하게 하기

비교는 둘 이상의 대상이 가진 공통점을, 대조는 차이점을 부각하여 설명하는 방식입니다. 독자에게 익숙한 대상을 끌어와 낯선 대상을 설명하거나, 두 대상의 차이점을 통해 소주제문의 의미를 더욱 선명하게 만들 때 효과적입니다. 학교에서는 비교와 대조를 명확하게 구분하여 설명하기는 하지만, 사실 일상생활에서 우리는 다른 사람과의 차이점을 말할 때 '비교한다'고 말하기 때문에 두 개념이 명확하게 구분되지는 않습니다.

- 소주제문: 사람을 쓸 때, 한국과 독일은 인재를 판단하는 기준에서 뚜렷한 차이를 보인다.
- 뒷받침(대조): 독일인들은 먼저 "이 일을 해낼 능력이 있습니까?"라고 물으며 개인의 역량을 중시한다. 반면에 한국에서는 면접시험 때 "고향이 어디입니까? 어느 학교 출신입니까?"와 같은 질문이 먼저 나오는 경우가 많다. 이는 우리 사회가 개인의 실질적인 능력보다는 지연, 학연과 같은 관계적 요소를 더 중요하게 여겨왔음을 보여주는 단적인 예이다.

(4) 분석 : 논리적으로 쪼개보기

분석은 하나의 대상이나 개념을 구성 요소나 단계로 나누어 체계적으로 설명하는 방식입니다. 복잡한 현상의 원인을 밝히거나, 어떤 과정의 절차를 설명할 때 매우 유용합니다. 분석은 본래 대상이나 개념이 지닌 특성을 쪼개놓았기 때문에 쪼개기 전에 지닌 특성이 사라진다는 점에서 분류와 다릅니다. 분류는 기준을 정해서 종류를 가르는 것이기 때문입니다. 가령, 나무를 잎의 종류에 따라 침엽수와 활엽수로 나눈다면 분류가 됩니다. 그런데 뿌리, 줄기, 잎, 열매로 쪼갠다면 각각이 나무를 구성하는 요소는 되어도 나무 자체는 안 되며 구성 요소가 모여야 비로소 나무가 되기 때문에 분석이라고 합니다.

- 소주제문: 담배를 끊지 못하는 데에는 복합적인 원인이 작용한다.
- 뒷받침(분석): 첫째는 니코틴에 대한 생리적 의존성 때문이다. 체내 니코틴 농도가 떨어지면 불안, 초조함 같은 금단 증상이 나타나기 때문에, 고통을 피하기 위해 다시 담배를 찾게 되는 것이다. 둘째는 심리적·습관적 의존성이다. 식후나 음주 시에 담배를 피우는 것이 습관화되어, 특정 상황이 되면 자기도 모르게 조건 반사적으로 담배에 손이 가게 된다. 마지막으로 담배를 피우는 행위가 스트레스 해소의 수단이라는 잘못된 사회적 인식 또한 금연을 어렵게 만드는 요인이다.

(5) 인용 : 권위를 빌려오기

인용은 전문가의 의견, 연구 결과, 격언, 속담, 관련 문헌 등을 직접 끌어와 자신의 주장을 뒷받침하는 방식입니다. 글쓴이 개인의 주장을 넘어 객관적인 권위와 신뢰성을 확보하는 데 큰 도움이 됩니다.

- 소주제문: 무력에 의존하는 자는 결국 그 무력으로 인해 몰락하게 마련이다.
- 뒷받침(인용): "칼을 쓰는 자는 칼로 망한다."라고 한 예수의 말씀은 하나의 보편적 진리로 여겨진다. 역사가 이를 증명한다. 한때 나는 새도 떨어

뜨릴 기세로 유럽을 정복했던 나폴레옹은 결국 연합군의 칼날 아래 몰락했으며, 2차 대전을 일으킨 히틀러 또한 같은 길을 걸었다. 합법적 절차를 무시하고 총칼의 힘으로 정권을 잡은 독재자들이 결국 또 다른 총칼에 의해 비참한 최후를 맞는 사례는 지금도 세계 곳곳에서 되풀이되고 있다.

| 제2부. 생각의 건축술 : 5가지 문단 설계법 |

소주제문을 문단의 어느 위치에 배치하는지에 따라 문단은 각기 다른 건축 양식을 띠게 됩니다. 글의 목적과 독자의 특성을 고려하여 가장 효과적인 구조를 선택하는 것은 매우 중요한 전략입니다.

01 두괄식 : 가장 명료하고 강력한 직선의 미학

구조 : 소주제문(결론)

+

뒷받침문장(근거)

두괄식 구성은 문단의 첫머리에 핵심 주장이나 결론을 명확히 제시하고, 그 뒤를 이어 구체적인 이유, 근거, 예시를 제시하는 연역적 방식의 구조입니다. 독자의 입장에서는 문단의 핵심을 즉시 파악할 수 있어 정보 습득에 매우 효율적입니다. 글쓰는 사람이라면 자신이 나아갈 방향을 명확히 설정하고 글을 시작하므로 논지가 흩어질 위험이 적습니다. 명료함과 신뢰감이 생명인 논설문, 설명문, 기사문, 보고서 등에 가장 널리 쓰이며, 글쓰기 훈련의 가장 기본이 되는 구조입니다.

글쓰기 초보자라면 두괄식 구성을 가장 먼저 연습해야 합니다. 두괄식으로 글을 구성한 다음에 소주제문을 맨 뒤로 옮기면 미괄식 구성이 됩니다. 만약 두괄식 구성을 한 뒤, 소주제문을 살짝만 변형하여 마지막에 제시한다면 양괄식 구성이 됩니다. 이렇듯 다양한 구성 방식의 기본이 된다는 점에서 두괄식 연습은 매우 중요하다고 할 것입니다.

> 성군 밑에 충신 난다고 세종 때 유난히 청백리(淸白吏)가 많았다. 천성이 검소한 황희는 정승의 자리에만 30년 있었지만 검약 생활은 벼슬하기 전과 조금도 다름이 없었다. 좌의정을 지낸 유관도 마찬가지였는데 빗줄기가 방 안으로 쏟아져 내리자 우산으로 가리며 부인에게 "우산 없는 집에서는 어떻

> 게 견딜고" 하고 걱정했다 한다. 사육신 중 박팽년, 성삼문, 유응부도 청백리로 명성이 높았는데 모두 세종이 등용해 아끼던 분들이다.

윗글은 '세종 때 청백리가 많았다.'라는 핵심 주장을 첫 문장에 제시한 뒤, 황희, 유관, 사육신이라는 구체적인 인물들의 일화를 근거로 제시하며 주장을 완벽하게 뒷받침하고 있습니다. 첫 문장에 집중하면 나머지 문장과의 관계 파악도 쉽게 할 수 있다는 장점이 있습니다.

> 디지털 시대의 문해력은 단순히 글자를 읽는 능력을 넘어, 정보의 진위를 판별하는 비판적 사고력을 의미한다. 과거에는 권위 있는 서적이나 언론을 통해 정제된 정보를 수동적으로 습득하는 것이 중요했다. 하지만 지금은 누구나 정보를 생산하고 유통할 수 있는 환경 속에서 가짜 뉴스와 왜곡된 사실들이 무분별하게 쏟아져 나온다. 이때 우리에게 필요한 것은 모든 정보를 의심하고, 출처를 확인하며, 숨겨진 의도를 파악하는 '비판적 필터'이다. 이 필터 없이는 정보의 파도 속에서 길을 잃고 선동에 휩쓸리기 쉬우므로, 현대 사회에서 비판적 문해력은 생존에 필수적인 도구라 할 수 있다.

윗글은 '디지털 문해력은 비판적 사고력'이라는 핵심 정의를 첫 문장에 제시하고, 과거와의 비교, 현재 상황의 문제점, 비판적 필터의 필요성 등을 근거로 제시하며 주장을 논리적으로 강화하고 있습니다. 역시 첫 문장을 집중하여 읽어보면 나머지 내용과의 관계 파악과 이해에 큰 도움을 받을 수 있습니다.

02 미괄식 : 독자를 설득하는 점진적 여정

구조 : 뒷받침문장(근거)
+
소주제문(결론)

미괄식 구성은 구체적인 현상, 사실, 예시 등을 먼저 차근차근 제시하여 독자의 공감과 호기심을 이끌어낸 후, 문단의 마지막에서 이 모든 내용을 아우르는 핵심 결론을 제시하는 귀납적 방식의 구조입니다. 독자는 글쓴이의 논리적 사고 과정을 함께 따라가며 자연스럽게 결론에 도달하게 되므로, 주장에 대한 설득력이 높아집니다. 딱딱한 주장을 부드럽게 전달하거나, 독자의 반감을 살 수 있는 민감한 주제를 다룰 때 효과적입니다. 이야기의 결말처럼 주장을 극적으로 제시하여 깊은 여운을 남길 수도 있습니다.

> 우리 사회에서는 남의 아이를 칭찬하는 말로서, "그 놈 대통령 감이다."라는 말을 흔히 쓴다. 이것은 모든 부모들이 자기 자식에게 거는 꿈인지도 모르겠다. 입신양명(立身揚名)하는 것은 관리가 되는 것이고, 관리가 되는 것은 곧 일반 서민을 지배하는 계급이 되는 것을 의미하는 것이다. 이렇게 보면 모든 백성들의 꿈이란 남보다 나은 지위에 오르는 것으로 요약할 수 있다. 이런 꿈을 모두가 가지고 있을 때 결과적으로 예상되는 것은 권력 투쟁이다. 우리 사회의 뿌리 깊은 권력지향의 꿈은 언제나 정치적 비극의 불씨가 되어 왔다.

윗글의 경우 '자녀 칭찬 문화, 입신양명의 의미, 권력 투쟁의 역사' 등 구체적인 사회 현상과 분석을 차례로 제시한 뒤, 마지막에 '권력지향의 꿈이 비극의 불씨'라는 무거운 결론을 이끌어내며 독자의 깊은 공감을 유도하고 있습니다.

> 한때 완벽한 암기력으로 천재라 불렸던 학생이 급변하는 문제 유형에 적응하지 못하고 좌절하는 경우가 있다. 수십 년간 한 분야에서 최고의 기술을 자랑하던 장인이 자동화 기계에 밀려 일자리를 잃기도 한다. 어제의 성공 방정식이 오늘의 실패 원인이 되는 일은 우리 주변에서 흔히 볼 수 있다. 세상은 끊임없이 변하고, 과거의 영광은 미래를 보장해주지 않는다. 결국 진정한 실력이란 성취의 결과물이 아니라, 변화하는 세상에 맞춰 끊임없이 배우고 자신을 혁신하는 능력 그 자체이다.

윗글의 경우 '학생, 장인 등 구체적인 실패 사례들'을 먼저 제시하여 독자의 문제의식을 환기한 뒤, 마지막에 '진정한 실력은 혁신하는 능력'이라는 새로운 정의를 내리며 주장을 설득력 있게 전달하고 있습니다.

03 양괄식 : 주장을 각인시키는 안정적 균형미

구조 : 소주제문
+
뒷받침문장
+
소주제문 재확인

이 구성법은 두괄식처럼 문단 첫머리에 핵심 주장을 제시한 뒤, 구체적인 논증을 거쳐 마지막에 다시 한 번 주제를 다른 표현으로 요약하고 강조하는 수미상관 방식의 구조입니다. 양괄식 구성은 주장을 명확하게 전달하면서도 글 전체에 안정감과 완결성을 부여합니다. 중요한 논지를 독자의 머릿속에 확실하게 각인시키고 싶을 때 매우 유용하며, 연설문이나 주장이 강한 글에서 힘을 발휘합니다.

> 우리나라 사람들은 흔히 '학문'하면 '어렵다'고 말한다. 만약 누가 학문을 쉽다고 말하기라도 한다면 큰일이라도 날듯이 자못 진지한 표정과 목소리들로 "학문은 어려운 것이다."라고 말한다. '학문' 하면 '어렵다'고 말하는 것, 그것은 우리나라에서는 신중한 처사로 통한다. 그렇게 말하지 않고 달리 말하면 자칫 불필요한 오해를 살 수도 있다. 우리나라 사람들은 "학문은 어렵다."라는 말에 최면 걸려 있는 듯하다.

윗글의 경우 첫 문장에서 "학문은 어렵다고 말한다."라는 일반적인 통념을 소주제로 제시한 뒤, 그 구체적인 양상을 설명하고 마지막에 '최면에 걸려 있는 듯하다.'라는 다른 표현으로 소주제를 반복하며 강한 인상을 남기고 있습니다.

> 진정한 소통은 상대방의 말을 듣는 '경청'에서부터 시작된다. 우리는 흔히 자신의 의견을 설득력 있게 말하는 능력을 소통의 핵심이라고 오해한다. 그러나 상대가 마음의 문을 닫고 있다면 아무리 논리적인 주장도 공허한 메아리가 될 뿐이다. 상대방의 표정과 목소리에 집중하며 그의 생각과 감정을 온전히 이해하려 노력할 때, 비로소 그는 나를 신뢰하고 내 말에 귀를 기울이기 시작한다. 이처럼 훌륭한 연설가가 되기 전에 먼저 진심 어린 청중이 되어야 하는 것, 이것이 모든 관계를 여는 소통의 첫걸음이다.

윗글은 '소통은 경청에서 시작된다.'라는 소주제문을 제시하고, 소통에 대한 일반적인 오해를 지적하며 경청의 중요성을 설명한 뒤, 마지막에 '소통의 첫걸음'이라는 표현으로 핵심 메시지를 다시 한 번 강조하며 마무리하고 있습니다.

04 특수 설계 : 중괄식과 무괄식

중괄식 : 뒷받침문장

\+

소주제문

\+

뒷받침문장

중괄식은 문단 중간에 소주제문을 배치하는 방식입니다. 도입부에서 흥미를 유발하고, 중간에 핵심을 제시한 뒤, 다시 부연 설명을 덧붙이는 구조입니다. 하지만 독자의 관심이 집중되는 문단의 시작과 끝이 아닌 중간에 핵심 내용이 묻혀 요지 파악이 어려워지고 전달 효과가 약화될 수 있으므로, 특별한 의도가 없다면 되도록 사용하지 않는 것이 좋습니다.

무괄식 : 뒷받침 문장들만으로 구성

소주제문을 겉으로 직접 드러내지 않고, 뒷받침 문장들의 나열을 통해 독자가 자연스럽게 핵심 내용을 추론하도록 유도하는 구조입니다. 주로 소설이나 수필 등 문학적인 글에서 특정 분위기를 암시하거나 깊은 여운을 남길 때 효과적으로 사용됩니다. 논리적 명확성이 중요한 글에서는 자주 사용하지 않습니다.

(소주제문: 신식 며느리는 시골 시부모를 아랑곳하지 않는 일이 있다.)
 내가 아는 사람 가운데 균 할머니로 통하는 분이 있다. 가난한 농사꾼의 몸으로 아들을 잘 가르쳐서 고시 패스까지 시켜 그 아들로 하여금 서울에서 호화 주택에 자가용까지 놓고 살기에 이르도록 하였다고 한다. 어느 날 금이야 옥이야 하는 손자놈의 돌을 맞아 늙은 내외분이 아들네 집을 찾아갔다고 한다. 무심결에 "아이고, 내 새끼야" 외치는 소리에 앞서 어느덧 손자는 할머니의 품속에 안겨 있었다. 뒤늦게 나오다가 이를 본 며느리가 질겁을 했다. 시부모님께 대한 인사는 저만 두고 "저런, 균이 옮으면 어쩌려고." 신경질을 부리며 아기를 빼앗아 가더라는 것이다.

윗글을 보면 '며느리가 시부모를 무시했다.'라는 직접적인 문장이 없습니다. 하지만 며느리의 행동(인사 생략, 신경질적인 말)을 구체적으로 묘사함으로써 독자는 자연스럽게 그 이면에 숨겨진 소주제를 짐작하고, 글쓴이가 직접 말하는 것보다 더 큰 분노나 안타까움을 느끼게 됩니다. 따라서 무괄식 문단은 글쓰기가 어느 정도 이상의 수준에 오른 사람이라야 제대로 구사할 수 있는 구성입니다. 우리도 이 책을 다 읽을 때 즈음이면 무괄식 문단을 자연스럽게 만들 수 있을 것입니다.

05. 전략적 선택 : 언제 어떤 구조를 사용할 것인가?

그렇다면 우리는 언제 어떤 문단 구조를 선택해야 할까요? 정답은 없습니다. 다만 글의 목적과 독자의 특성에 따라 더 효과적인 선택지가 있을 뿐입니다.

정보를 명확하고 신속하게 전달해야 할 때라면 주저할 것 없이 두괄식을 선택하는 것이 좋습니다. 보고서를 쓴다든지, 새로운 사실을 설명한다든지, 뉴스 기사문을 작성한다면 독자로 하여금 핵심을 빠르게 파악할 수 있도록 도와주어야 하기 때문입니다.

글쓰기 초보자라면 다양한 구성을 연습하기 위한 전제로 두괄식 연습이 매우 중요합니다. 앞서 설명했듯이 두괄식은 다른 구성법의 기본이 되기 때문입니다. 게다가 문단의 '통일성'과 '응집성'을 지키는데 도움이 되기도 하기 때문에 두괄식 연습을 게을리해서는 안 되겠습니다.

독자를 설득하거나 새로운 관점을 제시하고 싶을 때는 미괄식이나 양괄식이 효과적일 수 있습니다. 가령, 칼럼, 논평, 제안서 등이 이에 해당합니다. 미괄식은 독자를 논리적 여정으로 초대하여 자연스럽게 결론에 동의하게 만들고, 양괄식은 중요한 주장을 처음과 끝에서 단단히 붙잡아 줍니다. 독자가 내 주장에 반감을 가질 가능성이 클 때라면 미괄식이 좀더 좋습니다. 반대 의견을 가진 독자에게 처음부터 결론을 들이미는 것은 마음의 문을 닫게 할 수 있습니다. 공감할 수 있는 구체적인 사실들부터 차근차근 제시하며 서서히 설득의 강도를 높여가는 전략이 필요합니다.

수필이나 감상문과 같이 감동이나 여운을 남기고 싶을 때라면 미괄식이나 무괄식이 더 큰 울림을 줄 수 있습니다. 독자 스스로 생각하고 느끼게 만드는 공간을 열어주기 때문입니다.

제3부. 견고한 건축을 위한 3대 원리

훌륭한 건축가가 지은 집은 설계도(구조)가 뛰어날 뿐만 아니라, 모든 재료가 제자리에 딱 들어맞고(통일성), 각 공간이 자연스럽게 연결되며(연결성, 응집성), 가장 중요한 공간이 가장 돋보이는(강조성) 특징을 가집니다. 좋은 문단 역시 이 세 가지 원리를 반드시 지켜야 합니다. 이 원리들은 '수사학의 3대 원리'라고도 불리며, 문단의 완성도를 결정하는 핵심적인 기준이 됩니다.

01 통일성(Unity)의 원리 : 하나의 문단, 단 하나의 태양

통일성은 한 문단 안에서는 반드시 하나의 소주제만을 다루어야 한다는 원칙입니다. 소주제문이 'A는 B이다.'라고 선언했다면, 그 문단이 끝날 때까지 모든 뒷받침 문장은 오직 '왜 A가 B인지'를 설명하고 증명하는 데에만 힘을 쏟아야 합니다. 문단의 모든 문장은 소주제문이라는 단 하나의 태양 주위를 도는 행성이 되어야 합니다.

통일성이 깨진 문단은 마치 여러 채널을 동시에 틀어놓은 TV와 같습니다. 독자는 어느 정보에 집중해야 할지 몰라 혼란에 빠지고, 결국 글쓴이가 전달하려는 핵심 메시지는 소음 속에 묻히고 맙니다.

> 한글은 참된 우리 겨레의 글자다. 한글은 우리나라 임금인 세종대왕이 학자들을 시켜 만들어낸 글자이다. 또 한글은 우리 말소리를 남김없이 다 적을 수 있다. 더구나 남의 나라 말소리까지도 적을 수 있는 우수한 글자다. 우리는 한글을 자랑스럽게 생각한다. 그러나 한글은 오랫동안 한자에 억눌려 기를 펴지 못하였다. 지금도 한글은 한자와 함께 써야 하는 불완전한 글자라고 말하는 사람도 있다.

윗글에서 소주제는 '한글은 우리 겨레의 글자'라고 제시되었습니다. '세종대왕 창제', '우리말 표기에 적합' 등은 소주제를 잘 뒷받침합니다. 하지만 밑줄 친 '우수성'이나 '한자 혼용의 역사'는 '겨레의 글자'라는 소주제와 직접적인 관련이 떨어지는 새로운 화제입니다. 이 내용들을 다루고 싶다면, '한글의 우수성'이나 '한글의 수난사'라는 새로운 소주제를 가진 별도의 문단으로 구성해야 했습니다.

그렇다면 다음 문단에서 소주제와 관련 없는 문장을 찾아 삭제해 보는 연습을 해 보세요.

> 소셜 미디어는 현대인의 인간관계를 단절시키는 주된 요인이다. 사람들은 이제 직접 만나 대화하는 대신, 스마트폰 화면 속에서 가상으로 편집된 타인의 삶을 엿보는 데 더 많은 시간을 할애한다. 이러한 비대면 소통은 깊은 유대감 형성을 방해하고 피상적인 관계만을 양산한다. 물론 소셜 미디어를 통해 좋은 정보를 얻거나 사회적 캠페인을 벌이는 긍정적인 기능도 있다. 화면 속 '좋아요' 개수에 일희일비하며 자신의 가치를 타인의 인정에 의존하게 되는 현상도 심각하다.

윗글에서 "물론 소셜 미디어를 통해 좋은 정보를 얻거나 사회적 캠페인을 벌이는 긍정적인 기능도 있다." 이 문장은 소주제인 '인간관계 단절'과 반대되는 '긍정적 기능'에 대해 이야기하므로 문단의 통일성을 해칩니다. 따라서 삭제하는 것이 좋습니다. 만일 꼭 넣어야 하는 내용이라면 다른 문단으로 구성해야 합니다.

02 연결성(Coherence)의 원리 : 문장을 잇는 논리의 다리

연결성은 문장과 문장이 논리적으로 자연스럽게 이어져, 마치 물이 흐르듯 매끄러운 흐름을 만들어내는 것을 의미합니다. 통일성이 '무엇을 담을 것인가'의 문제라면, 연결성은 '어떻게 배열할 것인가'의 문제입니다. 연결성을 대신하여 응집성이라는 말을 사용하기도 합니다. 두 말은 같은 뜻을 지니고 있습니다. 중요한 것은 단지 형식적인 연결 관계만을 의미하지 않는다는 점입니다. 앞과 뒤에 위치한 문장이 내용으로 똘똘 뭉쳐야 진정한 연결성이 지켜진 문단이 됩니다.

연결성이 부족한 글은 마치 징검다리의 돌 몇 개가 빠진 것과 같습니다. 독자는 다음 문장으로 넘어가다가 논리의 흐름이 툭툭 끊기는 불편함을 느끼게 되고, 글의 내용을 이해하기 위해 불필요한 노력을 기울여야 합니다.

연결성을 높이기 위해서 접속 부사를 활용하기도 합니다. 가령, 문장과 문장의 논리적 관계(인과, 역접, 첨가 등)를 명확히 밝혀주기 위해 사용하는 접속 부사는 도로의 신호등과 같은 역할을 합니다. 다음에 제시된 사례에서 이를 잘 설명하고 있습니다.

> 밤새 비가 내렸다. 그래서 길이 미끄러웠다. (인과)
> 그는 열심히 공부했다. 그러나 시험에 떨어졌다. (역접)
> 독서는 지식을 넓혀준다. 또한 상상력을 자극한다. (첨가)

다음은 지시어와 대명사 활용을 들 수 있습니다. '이', '그', '저', '이러한', '그렇게'와 같은 지시어나 '그', '그것'과 같은 대명사를 사용하여 앞 문장의 내용을 자연스럽게 이어받습니다.

> 세종대왕은 훈민정음을 창제했다. 이 위대한 업적은 백성들의 삶을 바꾸어 놓았다.

그리고 핵심어를 반복한다든지 유의어를 적절하게 사용하는 것도 연결성을 높이는데 도움을 줍니다. 이러한 과정은 앞 문장의 핵심 단어나 개념을 다음 문장에서 반복하거나 비슷한 의미의 다른 단어로 바꾸어 사용함으로써 의미의 끈을 만들기 때문입니다.

> 성공적인 협상의 핵심은 '경청'이다. 상대방의 말을 주의 깊게 듣는 태도는 신뢰를 형성하는 첫걸음이기 때문이다.

지금까지 연결성의 중요성과 활용 방법에 대해 설명해 보았습니다. 자, 그럼 다음 예문을 살펴보세요.

> 독일의 도서관은 접근성이 아주 쉽다. 도서관이 상가 한복판에 있다. 시민들은 쇼핑하던 길에 들른다. 도서관 안은 전혀 소음이 없다.

이 문단에 사용된 문장들은 '독일 도서관'이라는 공통된 화제를 다루고 있지만, 문장 간의 연결이 삐걱거립니다. 특히 마지막 '소음' 문장은 '접근성'이라는 소주제에서 벗어나 통일성마저 해치고 있습니다. 이 문단을 다음과 같이 바꾼다면 통일성과 연결성의 문제가 해결될 것입니다.

> 고친 예문
>
> 무엇보다도 감탄한 것은 독일 도서관의 접근성이 아주 쉽다는 점이다. 대부분의 도서관이 산중턱이나 변두리가 아니라, 사람들이 가장 많이 왕래하는 상가 한복판에 자리 잡고 있기 때문이다. 그 덕분에 시민들은 쇼핑을 하던 길에 마치 가게에 들르듯 편안하게 도서관을 찾는다. 이처럼 도서관의 문턱을 낮춘 점이야말로 우리가 본받아야 할 부분이다.

윗글은 '그 덕분에', '이처럼'과 같은 접속 표현과 지시어를 사용하여 문장 간의 논리적 관계를 명확히 하고, '접근성'이라는 핵심어를 중심으로 내용을 매끄럽게 연결했습니다. 첫 문장에 제시된 소주제와 관련 없는 뒷받침 문장들이 없다는 점에서 통일성도 잘 지켜지고 있습니다.

03 강조성(Emphasis)의 원리 : 핵심에 스포트라이트를 비추는 법

강조성은 문단에서 가장 중요한 내용이 독자에게 가장 강렬하게 인식되도록 전략적으로 배치하고 서술하는 원칙입니다. 모든 문장이 동일한 무게를 가진다면 독자는 무엇이 중요한지 알 수 없습니다. 글쓴이는 자신이 가장 강조하고 싶은 내용에 스포트라이트를 비추어 독자의 시선을 집중시켜야 합니다.

간혹 특정 문장을 돋보이게 하기 위해, 그 문장 하나만으로 문단을 구성하는 경우가 있습니다. 이른바 '한 문장 문단'입니다. 이는 시각적으로 눈에 띨지는 몰라도, 매우 잘못된 강조법입니다. 문단은 하나의 소주제를 '충분히' 뒷받침하는 문장들의 '집합체'입니다. 뒷받침 없이 외롭게 던져진 한 문장은 문단으로서의 생명력을 갖지 못하는 '파편 문단'에 불과하며, 오히려 글의 전체적인 조직을 깨뜨리고 논리를 허술하게 만드는 결과를 낳습니다.

진정한 강조의 기술은 소주제를 충분히 뒷받침하는 것입니다. 또한 전략적으로 소주제문을 위치시키는 것도 좋은 방법입니다. 사람들은 글을 읽을 때 처음과 끝을 가장 잘 기억합니다. 문단에서 가장 중요한 내용은 맨 앞(두괄식)에 배치하여 명료성을 높이거나, 맨 끝(미괄식)에 두어 극적인 효과와 여운을 남기는 것이 효과적입니다.

앞서 언급했듯이 분량과 깊이의 조절도 필요합니다. 정말 중요한 내용이라면 더 많은 문장을 할애하여 상세하게 설명해야 합니다. 가장 결정적인 예시, 가장 충격적인 통계, 가장 설득력 있는 논거를 제시하여 내용의 깊이를 더하는 것이 진정한 강조입니다.

마지막으로 수사적 표현의 활용도 할 수 있어야 합니다. 평범한 진술 대신, 독자의 감성에 호소하는 비유법, 주위를 환기하는 질문(수사 의문), 주장을 각인시키는 반복법 등을 활용하여 문장에 힘을 실어줄 수 있습니다. 우리가 앞서 문장의 표면적 의미와 심층적 의미를 이해하는 연습을 한 이유도 여기에 있습니다. 사용된 문장을 이해하고, 유사한 상황에서 활용하는 연습을 하다보면 문단을 구성하면서 다양한 수사법을 쉽게 활용할 수 있게 될 것입니다.

제4부. 문단의 연결과 확장 : 글 전체를 아우르는 시야

지금까지 우리는 하나의 벽돌(문단)을 잘 만드는 법에 대해 배웠습니다. 이제는 그 벽돌들을 쌓아 올려 하나의 완성된 집(글)을 짓는 건축가의 시야를 가질 차례입니다. 글 전체의 구조 속에서 각 문단이 어떤 역할을 하는지, 그리고 문단과 문단을 어떻게 자연스럽게 연결하는지를 이해해야 합니다.

01 도입 문단 : 독자의 마음을 여는 첫인상

도입 문단은 독자가 글을 계속 읽을지 말지를 결정하는 가장 중요한 관문입니다. 글의 첫인상으로서, 독자의 흥미를 유발하고 앞으로 전개될 내용에 대한 기대를 심어주어야 합니다.

도입 문단의 핵심 기능
- 주의 환기: 흥미로운 일화, 충격적인 통계, 도발적인 질문 등으로 독자의 시선을 사로잡는다.
- 문제 제기: 글에서 다루고자 하는 핵심적인 문제나 화제를 제시한다.
- 주제 제시: 글 전체를 통해 필자가 주장하고자 하는 바를 명확히 밝힌다.

02 종결 문단 : 깊은 여운을 남기는 마지막 인상

종결 문단은 글을 마무리하며 독자에게 깊은 인상과 여운을 남기는 역할을 합니다. 성공적인 종결 문단은 독자로 하여금 글의 내용을 다시 한번 되새기고 생각의 폭을 넓히게 만듭니다.

종결 문단의 핵심 기능과 주의점
- 내용 요약 및 주제 강조: 본론에서 논의된 핵심 내용을 간략히 요약하고, 글의 전체 주제를 다른 표현으로 다시 한 번 강조한다.
- 전망 제시 및 제언: 논의된 내용을 바탕으로 미래를 예측하거나, 독자에

게 특정 행동이나 생각의 변화를 촉구한다.

- 주의점: 결코 본론에서 다루지 않은 새로운 주장이나 정보를 종결 문단에 제시해서는 안 됩니다. 이는 독자에게 불완전하고 미완성된 글이라는 인상을 주게 됩니다.

03 문단과 문단의 연결 : 전환의 기술

글 전체의 논리적 흐름은 문단과 문단 사이를 잇는 '전환'의 기술에 달려 있습니다. 앞 문단이 끝나는 지점과 다음 문단이 시작되는 지점에 자연스러운 다리를 놓아, 독자가 편안하게 생각의 강을 건너게 해야 합니다. 전환이 매끄럽지 않으면 글은 독립된 문단들의 파편적인 집합으로 느껴지게 됩니다. '또한', '반면에', '결론적으로'와 같은 접속어를 활용하거나, 앞 문단의 핵심 내용을 다음 문단의 첫 문장에서 받아주는 방식으로 문단 간의 연결고리를 만들어야 합니다.

문해력, 생각의 집을 짓고 세상을 읽는 힘

지금까지 우리는 생각의 재료인 '문장'을 엮어 의미 있는 구조물인 '문단'을 짓는 건축의 전 과정을 탐험했습니다. 문단의 내부를 해부하고, 다양한 설계법을 익혔으며, 견고한 건축을 위한 3대 원리까지 살펴보았습니다.

문단 쓰기 훈련의 궁극적인 목표는 단순히 보기 좋은 글을 쓰는 데 있지 않습니다. 그것은 흩어진 생각의 파편들을 모아 논리라는 뼈대를 세우고, 근거라는 살을 붙여 하나의 생명력 있는 주장으로 만드는 '체계적 사고 훈련' 그 자체입니다. 타인이 정교하게 지어놓은 생각의 집(글)을 볼 때, 그 구조(문단 구성)를 분석하고 핵심 설계(주제)를 간파해내는 힘, 그리고 나 자신의 생각을 단단한 집으로 지어 올려 세상과 소통하는 힘, 이것이 바로 문해력의 본질입니다.

정보의 파도 속에서 길을 잃지 않고, 내가 가고자 하는 생각의 목적지까지 안전하게 항해하도록 돕는 지도와 나침반이 바로 문단에 대한 이해입니다. 이 글을 덮는 여러분이 이제 문장이라는 재료를 자유자재로 다루어, 자신만의 견고하고 아름다운 생각의 집을 짓는 '주체적인 건축가'로 거듭나시기를 진심으로 응원합니다.

종합 연습 문제: 아는 것을 넘어, 할 수 있는 것으로

지금까지 우리는 생각의 집을 짓는 건축 기술, 즉 문단을 구성하는 이론을 배웠습니다. 이제 여러분은 훌륭한 건축가가 되기 위한 설계도를 손에 쥔 셈입니다. 하지만 아무리 뛰어난 설계도를 가지고 있어도, 직접 벽돌을 쌓아보지 않으면 결코 자신의 집을 지을 수 없습니다.

이 실전 연습 문제는 여러분이 배운 이론을 실제 문단에 적용하며 '아는 것'을 '할 수 있는 것'으로 바꾸는 훈련장입니다. 다양한 주제와 구조를 가진 문단들을 통해, 여러분은 소주제를 발견하고, 뒷받침 문장의 논리적 관계를 파악하며, 문단 전체의 건축 양식을 꿰뚫어 보는 힘을 기르게 될 것입니다.

정답을 바로 확인하기보다, 먼저 충분히 고민하며 자신만의 분석을 완성해 보세요. 정답지는 여러분의 생각과 무엇이 같고 다른지 비교하며 한 단계 더 성장하기 위한 '거울'로 활용하시기 바랍니다.

기본편 다음 문단을 읽고, 소주제, 뒷받침 문장의 종류, 문단 구조를 분석해 보세요.

문단 1

결과만 보고 사람을 판단할 수는 없다. 첫인상이 항상 옳은 것은 아니며, 때로는 그의 퉁명스러운 대답에 마음이 상할 수도 있다. 하지만 그는 무슨 생각을 하는지 표정이 애매할 때가 많아 섣불리 단정하기 어렵다. 어쩌면 그는 칭찬에 어색해서 고개를 숙이는 것처럼, 단지 표현이 서툰 사람일지도 모른다. 아는 만큼 보이기 마련이니, 시간을 갖고 그 사람의 보이지 않는 과정까지 이해하려는 노력이 필요하다.

- 소주제: 사람을 겉모습이나 결과만으로 성급하게 판단해서는 안 된다.
- 뒷받침: 상술(첫인상의 오류), 예시(퉁명스러운 대답, 칭찬에 어색한 모습), 인용(아는 만큼 보인다)
- 문단 구조: 양괄식 (첫 문장에서 주장을 제시하고, 마지막 문장에서 '이해하려는 노력'을 강조하며 재진술)

문단 2

사소한 습관이 인생을 바꾼다. 예를 들어, 꾸준히 운동했더니 체력이 눈에 띄게 좋아진 것처럼 긍정적인 변화를 가져올 수 있다. 반면, 사람들이 무심코 버린 쓰레기 때문에 강물이 오염되는 것처럼 작은 행동 하나가 부정적인 결과를 낳기도 한다. 결국 인생이란 거창한 계획이 아니라 매일 반복되는 사소한 행동들이 모여 완성되는 것이다. 그렇기에 우리는 좋은 책을 읽고 삶의 지혜를 얻는 것과 같은 작은 실천을 소홀히 해서는 안 된다.

- 소주제: _____
- 뒷받침: _____
- 문단 구조: _____

문단 3

세상에 공짜는 없다. 어떤 이들은 쉽게 얻은 것을 운이라 말하지만, 자세히 들여다보면 모든 결과에는 그에 상응하는 원인이 있기 마련이다. 오랜 노력 끝에 그는 마침내 꿈을 이루었고, 밤늦게까지 공부했더니 아침에 일어나기 힘들었던 경험은 우리 모두에게 익숙하다. 심지어 그의 결정 덕분에 모두가 위기에서 벗어났을 때에도, 그 결정 뒤에는 수많은 고민의 시간이 숨어 있었다. 대가 없는 이득을 바라는 것은 뜬구름 잡는 소리와 같다.

- 소주제: _____
- 뒷받침: _____
- 문단 구조: _____

문단 4　관계의 갈등은 아주 작은 일에서 시작될 때가 많다. 약속 시간에 늦는 것은 예의가 아니라는 생각에 무심코 던진 한마디가 발단이 될 수 있다. 처음에는 사소한 말다툼이었지만 감정적으로 대처하여 결국 큰 싸움으로 번지기도 한다. 그의 말 한마디에 모든 오해가 풀렸던 경험을 떠올려보라. 이처럼 소통은 관계의 윤활유가 되기도, 갈등의 불씨가 되기도 한다.

- 소주제: _____
- 뒷받침: _____
- 문단 구조: _____

문단 5　때로는 적절한 거리가 관계를 더 건강하게 만든다. 아무리 가까운 사이라도 굳이 말하고 싶지 않은 이야기도 있는 법이기 때문이다. 상대방을 위한다는 명목으로 "나중에 후회하지 말고 지금 결정해."라고 강요하는 것은 오히려 상처가 될 수 있다. "이 일은 내가 알아서 처리할게."라며 선을 긋는 상대방의 말은 존중받아야 할 그의 영역이다. 우리는 서로에게 바늘 가는 데 실 가는 존재가 아니라, 각자의 공간을 가진 별개의 존재임을 기억해야 한다.

- 소주제: _____
- 뒷받침: _____
- 문단 구조: _____

문단 6　성공적인 결과를 위해서는 과정의 정당성이 반드시 필요하다. 과정이 좋아야 결과도 좋은 법이라는 말처럼, 편법이나 부정한 방법으로 이룬 성공은 결국 탈이 나게 마련이다. 너무 서두르다가 중요한 것을 빠뜨리는 실수를 하기도 하고, 꼬리가 길면 밟히는 것처럼 비밀은 언젠가 드러난다. 공들여 쌓은 탑이 한순간에 무너져 허탈함을 느끼지 않으려면, 정직이 최선의 정책이라는 말을 되새겨야 한다.

* 소주제: _____
* 뒷받침: _____
* 문단 구조: _____

문단 7　감정적인 대응은 상황을 악화시킬 뿐이다. 그의 농담에 분위기가 얼음장처럼 차가워졌을 때, 감정적으로 반응했다면 더 큰 갈등으로 이어졌을 것이다. 사소한 말다툼이 결국 큰 싸움으로 번졌던 경험을 생각해 보라. 그의 눈빛에서 차가운 분노가 느껴졌을 때 섣불리 말을 거는 것은 불에 기름을 붓는 격이다. 그의 목소리가 칼날처럼 날카로울수록 우리는 좀 더 신중하게 접근할 필요가 있다.

* 소주제: _____
* 뒷받침: _____
* 문단 구조: _____

문단 8　진정한 용기는 자신의 한계를 인정하는 데서 나온다. 때로는 그저 지켜볼 수밖에 없는 상황도 존재한다. 그 문제는 내가 결정할 수 있는 범위를 넘어섰다고 솔직하게 말하는 것이 비겁한 것은 아니다. "한번 해보기나 하자."라며 무모하게 뛰어드는 것보다, 자신의 부족함을 알고 도움을 청하는 것이 더 현명할 수 있다. 세월 앞에서는 장사가 없다는 말처럼, 인간의 유한함을 받아들일 때 우리는 더 겸손하고 강해진다.

* 소주제: _____
* 뒷받침: _____
* 문단 구조: _____

문단 9

마음의 상태는 주변 세상에 그대로 투영된다. 오늘은 유난히 하늘이 맑다고 느끼는 날은 내 마음도 맑을 때가 많다. 반면, 그의 빈자리가 유난히 크게 느껴지는 날은 세상 모든 것이 공허하게 보인다. 가슴에 구멍이 뚫린 것처럼 허전할 때, 우리는 창밖의 비를 보며 더 깊은 슬픔에 빠지기도 한다. 결국 우리가 보는 세상은 객관적인 실체라기보다, 각자의 마음이라는 렌즈를 통해 굴절된 모습일 것이다.

* 소주제: _____
* 뒷받침: _____
* 문단 구조: _____

문단 10

새로운 시작에는 언제나 설렘과 두려움이 공존한다. 그의 격려에 자신감이 샘솟아 용기를 내보지만, 거절당할까 봐 입이 얼어붙는 순간도 찾아온다. "이제부터라도 제대로 해보려고 합니다."라고 굳게 다짐하면서도, 왠지 모르게 발걸음이 떨어지지 않는 것은 미지의 세계에 대한 당연한 불안감 때문이다. 하지만 이 기회를 놓치면 안 된다는 것을 알기에 우리는 나아간다.

* 소주제: _____
* 뒷받침: _____
* 문단 구조: _____

문단 11

공동체의 건강성은 다양성을 존중하는 태도에서 비롯된다. 다양성은 우리 사회를 더 건강하게 만든다는 말처럼, 모든 사람이 같은 생각만 한다면 그 사회는 발전할 수 없다. 그의 말은 앞뒤가 맞지 않는다고 비난하기 전에, 나와 다른 논리를 이해하려는 노력이 필요하다. 모든 규칙에는 예외가 있기 마련이라는 점을 인정할 때, 우리는 더 유연한 공동체를 만들 수 있다. 우물 안

개구리에게 바다를 설명할 수 없듯, 닫힌 마음으로는 누구와도 소통할 수 없다.

※ 소주제: _____
※ 뒷받침: _____
※ 문단 구조: _____

문단 12

우리는 말 한마디의 무게를 항상 기억해야 한다. 쏟아진 물은 다시 담을 수 없듯, 한번 내뱉은 말은 결코 주워 담을 수 없기 때문이다. 무심코 던진 말이 상대방에게는 칼날처럼 날카로운 상처를 남길 수 있다. 때로는 의도치 않은 농담이 분위기를 얼음장처럼 차갑게 만들기도 한다. 나는 더 이상 할 말이 없다는 침묵조차 상대에게는 큰 오해를 불러일으킬 수 있으니, 우리는 항상 신중하게 소통해야 한다.

※ 소주제: _____
※ 뒷받침: _____
※ 문단 구조: _____

문단 13

책임감은 때로 우리를 성숙하게 만드는 무거운 짐이다. 어깨에 무거운 짐을 올려놓은 기분이지만, 우리는 그 무게를 견뎌내야 한다. 그의 결정 덕분에 모두가 위기에서 벗어났던 것처럼, 책임감 있는 행동은 공동체를 구하기도 한다. 물론 때로는 그 마음이 천근만근 무겁고, 공들여 쌓은 탑이 무너지는 허탈함을 맛볼 수도 있다. 하지만 그 과정을 통해 우리는 비로소 진정한 어른이 되어간다.

※ 소주제: _____
※ 뒷받침: _____
※ 문단 구조: _____

문단 14

우리는 종종 성급한 일반화의 오류를 저지른다. 그의 말은 앞뒤가 맞지 않는다는 이유만으로 그를 거짓말쟁이로 단정 짓는 것이 대표적이다. 하지만 자세히 들여다보면, 그는 단지 어색해서 고개를 숙였을 뿐일 수도 있다. 모든 규칙에는 예외가 있기 마련이며, 우리가 아는 것이 진실의 전부가 아닐 때가 많다. 그 소문은 사실무근임이 밝혀졌던 과거의 경험을 기억하며, 우리는 항상 신중한 태도를 견지해야 한다.

- 소주제: _____
- 뒷받침: _____
- 문단 구조: _____

문단 15

때로는 포기가 아닌 수용의 지혜가 필요하다. 그의 마음은 갈대와 같아서 어쩔 수 없다고 인정해야 할 때가 있다. 내가 아무리 노력해도 쏟아진 물은 다시 담을 수 없는 것처럼, 되돌릴 수 없는 일은 받아들여야 한다. 그의 거짓말에 양심의 가책을 느끼는 것은 나의 몫이지만, 그의 행동 자체를 바꿀 수는 없다. 모든 것을 내 뜻대로 하려는 욕심을 버릴 때, 비로소 잔잔한 호수 같은 평온함을 느낄 수 있다.

- 소주제: _____
- 뒷받침: _____
- 문단 구조: _____

문단 16

익숙함은 때로 관계의 독이 된다. 가까운 사이일수록 "다음에 한 번 밥이나 먹자."라는 영혼 없는 인사를 반복하기 쉽다. 그의 퉁명스러운 대답에 마음이 상하면서도, '원래 저런 사람'이라며 쉽게 넘어간다. 하지만 이런 무심함이 쌓여 관계에 보이지 않는 균열을 만든다. 바늘 가는 데 실 가는 것처럼 당연하게 생각했던 관계일수록, 의식적인 노력과 관심이 필요하다.

* 소주제: _____
* 뒷받침: _____
* 문단 구조: _____

문단 17　때로는 모든 것을 내려놓는 것이 유일한 해결책일 수 있다. 그저 지켜볼 수밖에 없는 상황 앞에서 발을 동동 구르는 것은 에너지만 낭비할 뿐이다. 공들여 쌓은 탑이 무너졌을 때, 허탈한 마음을 인정하고 처음부터 다시 시작할 용기가 필요하다. 그의 빈자리가 유난히 크게 느껴진다면, 그 그리움을 억지로 지우려 하지 말고 충분히 슬퍼해야 한다. 포기는 실패가 아니라, 새로운 시작을 위한 현명한 선택일 수 있다.

* 소주제: _____
* 뒷받침: _____
* 문단 구조: _____

문단 18　우리는 모두 불완전한 존재이다. 그의 말은 앞뒤가 맞지 않을 때도 있고, 나 역시 너무 서두르다가 중요한 것을 빠뜨리기도 한다. 그의 계획이 뜬구름 잡는 소리처럼 들릴 때도 있지만, 나의 계획이라고 해서 항상 완벽한 것은 아니다. 우리는 모두 각자의 방식으로 최선을 다하고 있을 뿐이다. 서로의 불완전함을 인정하고 보듬어줄 때, 비로소 함께 성장할 수 있다.

* 소주제: _____
* 뒷받침: _____
* 문단 구조: _____

문단 19 겉으로 드러나는 모습이 그 사람의 내면을 모두 말해주지는 않는다. 그는 거북이처럼 느리지만 꾸준한 성실함을 가졌을 수 있다. 반면, 그는 여우처럼 눈치가 빠르지만 그 이면에는 깊은 상처를 숨기고 있을지도 모른다. 그의 목소리가 칼날처럼 날카로웠던 것은, 사실 누구에게도 말 못 할 고통 때문일 수 있다. 우리는 보이는 것만으로 쉽게 판단하고 단정 짓는 습관을 경계해야 한다.

- 소주제: _____
- 뒷받침: _____
- 문단 구조: _____

문단 20 진정한 행복은 거창한 성취가 아닌 사소한 순간에 있다. 시험이 끝나서 날아갈 듯이 가벼운 마음으로 길을 걷다 문득 하늘을 보았을 때, 오늘은 유난히 하늘이 맑다는 사실 하나만으로도 행복해질 수 있다. 시원한 물 한 잔 마셨으면 좋겠다고 생각할 때 누군가 건네주는 물 한 잔의 고마움, 오랜만에 만난 친구와 밤새 이야기꽃을 피우는 즐거움이 바로 그것이다. 우리는 행복이 멀리 있다고 생각하지만, 사실 행복은 늘 우리 곁에 있다.

- 소주제: _____
- 뒷받침: _____
- 문단 구조: _____

문단 21 "정직이 최선의 정책이다."라는 말은 때로 우리를 시험에 들게 한다. 눈앞의 이익을 위해 한번만 눈감아 달라고 부탁하고 싶은 유혹은 누구에게나 찾아온다. 하지만 꼬리가 길면 밟히는 법이다. 작은 거짓말 하나가 신뢰 전체를 무너뜨릴 수 있으며, 한번 무너진 신뢰는 다시 쌓기 어렵다. 자신의 거짓말에 양심의 가책을 느끼는 밤을 보내고 싶지 않다면, 당장은 손해처럼 보여도 정직을 선택해야 한다.

* 소주제: _____
* 뒷받침: _____
* 문단 구조: _____

문단 22   우리는 모두 타인의 인정과 격려를 통해 성장한다. 그의 격려에 자신감이 샘솟았던 것처럼, 긍정적인 말 한마디는 누군가를 다시 일어서게 하는 힘이 있다. 반대로, 그의 퉁명스러운 대답에 마음이 상했던 것처럼, 무심한 말은 상대에게 깊은 상처를 남긴다. 아이가 선물을 받고 얼굴에 웃음꽃이 피었을 때, 선물을 준 사람 역시 행복을 느끼지 않았을까. 타인에 대한 인정은 결국 나 자신에게 돌아오는 선물이다.

* 소주제: _____
* 뒷받침: _____
* 문단 구조: _____

문단 23   새로운 도전은 늘 우리를 망설이게 한다. 이 기회를 놓치면 안 된다는 것을 알면서도, 거절당할까 봐 입이 얼어붙는 것이 인간의 마음이다. 다 생각이 있어서 하는 행동이라고 스스로를 다독여 보지만, "한번 해보기나 하자."라는 가벼운 마음으로 시작하기는 어렵다. 하지만 기억해야 한다. 가장 좋은 해결책은 아닐 수도 있지만, 시도하지 않으면 결과도 없다.

* 소주제: _____
* 뒷받침: _____
* 문단 구조: _____

문단 24   시간의 흐름 앞에서 인간은 겸손해질 수밖에 없다. 시간은 화살처럼 지나가고, 그 속에서 우리는 때로 무력감을 느낀다. 그의 삶은 한 편의 드라마 같았지만, 그 역시 세월 앞에서는 장사가 없었다. 쏟아진 물은 다시 담을 수 없듯, 지나간 시간을 되돌릴 방법은 없다. 우리는 그저 현재 주어진 순간에 최선을 다할 뿐이다.

■ 소주제: _____
■ 뒷받침: _____
■ 문단 구조: _____

문단 25   공동체의 위기는 개인의 작은 무책임에서 시작된다. 사람들이 버린 쓰레기 때문에 강물이 오염되었던 사건을 보라. "이 정도는 괜찮겠지."라는 생각이 모여 결국 모두의 환경을 파괴했다. 약속 시간에 늦는 것은 예의가 아니라는 사실을 가볍게 여기는 사람들이 많아질수록 사회적 신뢰는 무너진다. 다양성은 우리 사회를 더 건강하게 만들지만, 그것이 개인의 책임을 면제해주지는 않는다.

■ 소주제: _____
■ 뒷받침: _____
■ 문단 구조: _____

문단 26   진정한 이해는 공감에서 비롯된다. 그의 마음은 천근만근 무거워 보였고, 나는 그 이유를 알 수 없었다. 하지만 그저 그의 곁을 지켜주었다. 가뭄이 계속되자 농부들의 시름이 깊어졌다는 뉴스를 보았을 때, 단순히 '비가 안 온다.'라는 사실을 넘어 그들의 고통을 상상해보려 노력했다. 어깨에 무거운 짐을 올려놓은 기분일 누군가에게, 성급한 조언보다 필요한 것은 따뜻한 공감일 것이다.

* 소주제: _____
* 뒷받침: _____
* 문단 구조: _____

문단 27   무모함과 용기는 다르다. 다 생각이 있어서 하는 행동이라고 말하지만, 때로는 위험을 제대로 인지하지 못한 것일 수 있다. 그는 언제 터질지 모르는 시한폭탄 같은 존재를 건드리는 실수를 했다. "한번 해보기나 하자."는 태도가 항상 긍정적인 결과를 가져오는 것은 아니다. 우리는 좀 더 신중하게 접근할 필요가 있으며, 때로는 용기가 아닌 지혜가 필요하다.

* 소주제: _____
* 뒷받침: _____
* 문단 구조: _____

문단 28   상실의 경험은 우리에게 많은 것을 가르쳐준다. 그의 빈자리가 유난히 크게 느껴졌을 때, 비로소 나는 그의 소중함을 깨달았다. 지갑을 잃어버려서 하루 종일 우울했던 경험은 사소한 물건 하나에도 내 삶의 기록이 담겨 있음을 알게 했다. 공들여 쌓은 탑이 무너졌을 때의 허탈함은 결과보다 과정의 소중함을 일깨워준다. 우리는 잃어버린 후에야 비로소 진정한 가치를 보게 된다.

* 소주제: _____
* 뒷받침: _____
* 문단 구조: _____

문단 29   모처럼의 휴일인데 아무것도 하기 싫은 것은 몸과 마음이 보내는 경고 신호이다. 밤늦게까지 공부했더니 아침에 일어나기 힘들다는 것은 당연한 결과다. 잔잔한 호수 같은 평온함을 느끼기 위해서는 의식적으로 모든 것을 멈추고 혼자 있는 시간이 필요하다. 우리는 달려가기 위해 잠시 멈춰야 한다는 사실을 잊지 말아야 한다.

■ 소주제: _____
■ 뒷받침: _____
■ 문단 구조: _____

문단 30   시원한 물 한 잔 마셨으면 좋겠다고 생각만 해서는 갈증이 해결되지 않는다. "이번만큼은 내 뜻대로 하고 싶어."라고 용기 내어 말해야 비로소 변화가 시작된다. 답답했던 속이 뻥 뚫리는 기분은 솔직한 표현 뒤에 찾아온다. 우리는 때로 침묵이 금이라고 배우지만, 건강한 관계를 위해서는 표현하는 용기가 더 중요할 때가 많다.

■ 소주제: _____
■ 뒷받침: _____
■ 문단 구조: _____

■ 모범 답안 439p

심화편 1

문단 31

　진정한 사회 개혁은 단순히 제도를 바꾸는 것만으로 완성되지 않는다. 청일 전쟁의 패배는 기술 수용만으로는 부족하다는 인식을 낳았다. 마찬가지로, 과학 정신이 전제되지 않은 정치적 변혁은 뿌리내릴 수 없는 것이었다. 아무리 좋은 법을 만들어도, 법이 삶의 세계에 더 깊숙이 개입할수록 사회 각 영역의 자율적 조절 기능이 훼손될 수도 있다. 결국 개혁의 성공은 그것을 받아들이고 실천할 새로운 주체의 형성에 달려있다.

※ 소주제: 성공적인 사회 개혁은 제도 변화를 넘어 구성원의 내적 성숙(새로운 주체의 형성)이 동반되어야 한다.
※ 뒷받침: 예시(청일 전쟁 후 기술 수용의 한계, 과학 정신의 부재, 법 제도의 부작용)
※ 문단 구조: 미괄식

※ 심화 분석: 기술, 정치, 법이라는 다양한 영역의 사례를 점층적으로 제시하여 '외부적, 제도적 개혁만으로는 불충분하다.'라는 점을 설득력 있게 보여준 후, 마지막에 '내적인 주체 형성'이라는 근본적인 해결책을 제시하고 있다.

문단 32

　현대 사회에서 객관적 정보에 도달하는 길은 결코 단순하지 않다. 인공지능을 활용하면 정보 검색에 소요되는 노력과 시간을 크게 줄일 수 있지만, AI는 학습한 정보에 문제가 없더라도 정보의 추출 및 조합 과정에서 정보의 왜곡을 일으킬 수 있다. 이는 언론의 영역에서도 마찬가지인데, 언론인이 취재 과정에서 공중과 밀접하게 결합하면 주관성이 개입되어 현상을 객관적으로 바라보지 못할 수도 있는 것이다. 결국 독자는 한쪽으로 치우친 방향의 자료만 생성하게 하고 있는 것은 아닌지 지속적으로 점검하며 읽어야 한다.

- 소주제: _____
- 뒷받침: _____
- 문단 구조: _____

문단 33

예술 작품은 현실을 반영하지만, 그 방식은 투명하지 않다. 영화는 드러내면서 동시에 숨기는 매체이기 때문이다. 예를 들어 SF는 현실의 반영이라고 하지만, 그 안에는 당대의 지식, 기술, 경험을 뛰어넘어 경이로움을 안겨 주는 대상인 '노붐'이 존재한다. 이러한 '인지적 낯섦'은 감각적 충격을 통해 우리가 현실에 거리를 두고 비판적으로 현실을 바라보게 만든다. 결국 예술은 현실을 그대로 복제하는 것이 아니라, 낯설게 보여줌으로써 현실의 이면을 성찰하게 하는 것이다.

- 소주제: _____
- 뒷받침: _____
- 문단 구조: _____

문단 34

우리는 사랑하는 사람에게 보내는 편지만큼 표현의 욕구로 흘러넘치는 것도 없다고 믿으며 순수한 자신을 표현하려 한다. 편지 속에는 그가 찾아낸 자신의 또 다른 영혼, 즉 순수한 열정과 끝 모를 동경을 가진 존재가 있었다. 그러나 다시 편지를 쓰고 싶었을 때, 그는 이미 '편지 속의 그'가 되지 못한다는 것을 알았다. 결국 누군가가 듣기를 바라는 모든 고백이란, 위선이 아니면 위악이라는 냉소에 이르게 된다. 이는 자신의 비루함을 뼛속 깊이 실감했기 때문이다. 결국 인간의 자기 인식은 이상과 현실 사이의 고통스러운 간극을 깨닫는 과정이다.

※ 소주제: _____
※ 뒷받침: _____
※ 문단 구조: _____

문단 35   법의 역할은 시대의 요구에 따라 변화해왔다. 본래 근대 국가는 최소한의 금지 행위만을 법으로 정하고 시민의 자유를 최대한 보장하고자 했다. 그러나 이 모델은 사회·경제적 조건이 동등하지 않은 상황에서 갈등에 대처하는 데 한계가 있었다. 이에 따라 개인의 권리 보장뿐 아니라 평등과 연대의 가치를 구현하기 위해 법이 삶의 세계에 더 깊숙이 개입하는 모델이 등장했다. 하지만 이 또한 사회의 자율적 조절 기능을 훼손할 수 있다는 문제 때문에, 최근에는 법이 직접 해결책을 내놓는 대신 분쟁 해결 방식에만 관여하는 모델이 주목받고 있다.

※ 소주제: _____
※ 뒷받침: _____
※ 문단 구조: _____

문단 36   기술의 발전은 인간의 삶을 편리하게 만들지만, 동시에 새로운 윤리적 책임을 요구한다. 더 많은 정보를 보유하게 된 인간은 예상되는 결과를 예방적으로 관리하고 전체 인포스피어의 번영을 감독할 책임이 그만큼 커진다. 예를 들어, 자동으로 작동하며 작동 규칙도 변경할 수 있는 인공 지능 교통 통제 시스템이 교통 혼란을 일으켰다고 해보자. 칸트에 따르면 자유 의지가 없는 이 시스템은 도덕적 책임을 질 수 없지만, 그렇다고 누구도 책임지지 않는 상황이 되어서는 안 된다. 결국 제1차 세계 대전의 비극이 과학 자체의 죄악이 아니라 과학을 이용해 저지른 죄악의 결과인 것처럼, 기술을 올바르게 관리하고 감독할 최종 책임은 인간에게 있다.

※ 소주제: _____

※ 뒷받침: _____

※ 문단 구조: _____

문단 37   정보의 가치는 객관적 실체보다 그것을 인식하는 주체의 관점에 따라 결정된다. 추상화 층위란 주체의 목적이나 관심을 반영함으로써 주체와 대상 사이의 인식적 관계를 매개하는 경로이다. 가령 차량 구매 시, 안전성을 목적으로 추상화 층위를 선택했을 때는 에어백 성능 등의 정보가, 경제성을 목적으로 했을 때는 유지비용 등의 정보가 인식된다. 마찬가지로 사물에는 큼과 작음이 일찍이 없었던 것이고, 사람의 마음이 그것을 대처함이 어떠한지에 달린 것일 뿐이다. 결국 정보란 주체가 발견한 것도 만들어 낸 허구도 아닌, 주체와의 관계 속에서 구성되는 것이다.

※ 소주제: _____

※ 뒷받침: _____

※ 문단 구조: _____

문단 38   국가의 위기는 종종 사회 개혁 담론의 방향을 바꾼다. 아편 전쟁 이후, 중국은 의욕적인 기술 수용으로 근대화를 추진했지만 청일 전쟁의 패배는 기술 수용만으로는 부족하다는 인식을 낳았다. 이에 따라 20세기 초반 진정한 근대를 이루기 위해 기술 배후에서 작용하는 과학 정신을 사회 전체에 이식하려는 시도가 구체화되었다. 마찬가지로 조선에서도 을사늑약 이후, 개화 논의는 단순한 서양 문물 수용을 넘어 문명에 대한 본격적인 논의로 이어졌다. 이는 국가적 위기가 표면적인 개혁을 넘어, 사회의 근본적인 정신과 체질을 바꾸려는 깊은 성찰로 이어짐을 보여준다.

* 소주제: _____
* 뒷받침: _____
* 문단 구조: _____

문단 39   현대인의 정체성은 현실과 가상공간의 경계를 넘나들며 복합적으로 구성된다. 인터넷에서의 자기 정체성은 사용자 개인의 자기 정체성의 일부이며, 이 때문에 인터넷 ID의 명예 역시 보호되어야 한다는 주장이 제기된다. 반면 생성, 변경, 소멸이 자유롭고 복수로 개설이 가능한 인터넷 ID는 그 사용자인 개인을 가상 공간에서 구별하는 장치에 불과하다는 반론도 만만치 않다. 이러한 논란 속에서 법원은 실명을 거론하지 않았더라도 주위 사정을 종합할 때 지목된 사람이 누구인지를 제3자가 알 수 있는 경우에는 법적 책임을 인정해왔다.

* 소주제: _____
* 뒷받침: _____
* 문단 구조: _____

문단 40   인간의 인지 과정은 모든 정보를 완벽하게 처리하는 대신, 효율성을 위해 일부 정보를 선택하거나 제거한다. 지각부호화는 이러한 청각 특성에 따라 감도가 낮은 소리를 제거하여 오디오 신호를 압축하는 기술이다. 예를 들어, 큰 소리로 인해 작은 소리가 들리지 않는 현상을 '차폐'라고 하는데, 두 소리의 주파수가 가까울수록 차폐가 쉽게 일어난다. 지각부호화는 바로 이 차폐 문턱값보다 작은 소리들을 불필요한 정보로 간주하고 제거함으로써 데이터의 효율성을 높인다. 이는 인간의 인지적 한계가 오히려 기술 발전의 중요한 원리가 될 수 있음을 보여준다.

* 소주제: _____

■ 뒷받침: _____

■ 문단 구조: _____

■ 모범 답안 442p

심화편 2

문단 41

효과적인 독서 전략은 수동적인 수용이 아닌 능동적인 판단 과정을 요구한다. 통상적으로 독자는 글을 읽는 중에 바로바로 밑줄 긋기를 하지만, 이는 정보의 중요도를 판정하기 전에 성급하게 반응하는 비전략적 습관일 수 있다. 밑줄 긋기는 주요한 정보가 무엇인지에 대한 판단이 선행되어야 한다는 점에서 단순하지 않다. 또한 자신만의 밑줄 긋기 표시 체계를 세워 밑줄 이외에 다른 기호도 사용하는 것은 정보를 자신만의 기준으로 재분류하는 적극적인 독서 행위이다.

■ 소주제: _____

■ 뒷받침: _____

■ 내용 전개 및 비판적 분석: _____

문단 42

새로운 기술의 등장은 기존의 사회적 약속이나 제도의 재검토를 요구한다. 인터넷 ID는 가상 공간에서 성명과 같은 기능을 하므로 제3자의 인식 여부가 법적 책임의 근거가 될 수 없다는 소수 의견이 그 예다. 이는 인터넷이라는 새로운 공간의 특수성을 인정하고, 현실의 법(특정성 원칙)을 그대로 적용하는 것에 의문을 제기하는 것이다. 마찬가지로, 자유 의지가 없는 인공지능이 사회에 미치는 영향이 커지면서, 행위에 대해 도덕적 책임을 질 수 있다는 전통적 관점 역시 도전을 받고 있다.

※ 소주제: _____

※ 뒷받침: _____

※ 내용 전개 및 비판적 분석: _____

문단 43   위대한 예술은 종종 평범하고 하찮은 것에서 출발한다. 그 친구 은행 창구에 저녁때면 날마다 빼지 않고 들르는 지게꾼이 있었다. 청년은 저만치 한구석으로 가 서서 불안스러운 눈으로 멀리 여직원을 지켜보고 있었다. 그가 동전을 싸 가지고 온 종이는 우연히 발견된 휴지였지만, 화가는 그것을 표구사에 맡겼다. 그렇게 치장하고 보니 그게 정말 무슨 국보나 되는 것 같았다. 이는 예술이 일상의 먼지를 털어내고 그 안에 숨겨진 보석 같은 가치를 발견하는 과정임을 보여준다.

※ 소주제: _____

※ 뒷받침: _____

※ 내용 전개 및 비판적 분석: _____

문단 44   인간의 상실감은 부재하는 대상에 대한 강박적인 집착으로 이어지곤 한다. 배꼽이 없는 자신에 대해 좀처럼 익숙해질 수가 없었던 그는, 결국 회사 출근마저 단념하기에 이르렀다. 그는 사라져 없어진 배꼽 때문에 기분이 허전했고, 그러면 그 허망감을 쫓기 위해 배꼽에 관한 끝없는 상념들을 쌓기 시작했다. 그의 사념 역시 언제나 그 눈에 보이지 않는 배꼽에 매달려 거기에서 밖에는 영영 더 이상 자유로워질 수가 없었다. 이는 물리적 상실이 어떻게 한 개인의 내면 전체를 지배하는 실존적 문제로 비화되는지를 보여준다.

※ 소주제: _____

※ 뒷받침: _____

※ 내용 전개 및 비판적 분석: _____

문단 45　진정한 리더십은 위기 상황에서 공동체의 안위를 먼저 생각하는 희생정신에서 발현된다. "신이 비록 재주 없사오나 한번 입거하와 사변을 제어하오리다." 이 말은 여산 가는 원마다 죽는다는 것을 알면서도, 국가의 위태함을 좌시하지 않겠다는 영웅적 결단을 보여준다. 이는 단순히 공을 세우려는 욕심을 넘어선다. 그의 결정 덕분에 모두가 위기에서 벗어났던 이야기처럼, 리더의 용기 있는 선택 하나가 공동체 전체의 운명을 바꿀 수 있다.

　　※ 소주제: _____
　　※ 뒷받침: _____
　　※ 내용 전개 및 비판적 분석: _____

문단 46　집터가 몇 이랑도 되지 않고 띠로 지붕을 이었으니, 집 가운데서도 지극히 작은 경우이다. 그러나 그는 그 집을 편히 여기며, 마음으로 과연 능히 천지 사이에 가득한 것을 수용하였다. 결국 안락한 오두막 하나가 천지 사이의 커다란 구역이 될 수 있다는 것을 누가 알겠는가. 이는 외부 조건의 제약에 얽매이지 않고 내면의 충만함을 통해 삶의 가치를 찾는 태도의 중요성을 보여준다. 때로는 물리적 공간의 크기보다 그 공간을 채우는 마음의 크기가 더 중요하다.

　　※ 소주제: _____
　　※ 뒷받침: _____
　　※ 내용 전개 및 비판적 분석: _____

문단 47　사회 변화의 동력은 종종 기존 질서에 대한 불합리함을 깨닫는 데서 시작된다. "애슬프다 내 시절에 원수인의 모해로써 군사 강정 되단 말가." 이 한탄은 양반이었던 화자가 부당하게 군역을 지게 된 개인적인 억울함을 넘어선다. 시름없는 친족들은 자취 없이 도망하고 여러 사람 모든 신역 내 한 몸에 모두 무니, 이는 당대 수취 제도의 구조적 모순을 고발하는 것이다. 결국 이러한 개인적 고통의 공유가 사회 변화를 추동하는 힘이 된다.

※ 소주제: _____
※ 뒷받침: _____
※ 내용 전개 및 비판적 분석: _____

문단 48

인간은 때로 자신의 고통을 잊기 위해 그것을 철학적 사유의 대상으로 삼는다. 그는 사라져 없어진 배꼽 때문에 기분이 허전했고, 그러면 그 허망감을 쫓기 위해 배꼽에 관한 끝없는 상념들을 쌓기 시작했다. 그의 배꼽론은 가령 이런 식이었는데, 우리의 배꼽은 우리가 그 마지막 우주와 만나고자 하는 향수의 표상이며 존재의 비밀로 나아가는 형이상학이라는 것이다. 이는 구체적이고 신체적인 상실의 고통을, 추상적이고 관념적인 의미 부여를 통해 극복하려는 인간의 심리적 방어기제를 보여준다.

※ 소주제: _____
※ 뒷받침: _____
※ 내용 전개 및 비판적 분석: _____

문단 49

이별의 슬픔은 대상을 떠나보내는 행위를 통해 역설적으로 내면화된다. 배를 한껏 세게 밀어내듯이 슬픔도 그렇게 밀어내는 것이라 생각했다. 배가 나가고 남은 빈 물 위의 흉터가 잠시 머물다 가라앉는 것처럼, 슬픔도 시간과 함께 사라질 것이라 믿었다. "그런데 오, 내 안으로 들어오는 배여." 이 마지막 구절은 물리적으로 떠나보낸 대상이 오히려 자신의 내면으로 깊이 들어와 존재의 일부가 되는 이별의 역설적 과정을 보여준다.

■ 소주제: _____

■ 뒷받침: _____

■ 내용 전개 및 비판적 분석: _____

문단 50   한 사회의 법 모델은 그 시대의 요구를 반영하며 변화한다. 본래 근대 국가는 최소한의 금지 행위만을 법으로 정하고 시민의 자유를 최대한 보장하고자 했다. 그러나 이 모델은 자유를 실질적으로 누릴 사회·경제적 조건이 모두에게 동등하게 주어지지 않은 상황에서 한계가 있었다. 이를 보완할 목적으로 등장한 것이 사회복지국가적 법 모델로, 이 모델에서는 법이 삶의 세계에 더 깊숙이 개입한다. 이처럼 각각의 법 모델이 고유한 타당성과 필요성을 가진 채 현재의 법체계 안에 공존하고 있다.

■ 소주제: _____

■ 뒷받침: _____

■ 내용 전개 및 비판적 분석: _____

문단 51   개인의 정체성은 고정불변의 실체가 아니라 관계 속에서 유동적으로 형성된다. 인터넷 ID의 명예 주체성을 인정하는 입장에 따르면, 자기 정체성은 현실 세계와 가상 공간에 걸쳐 존재하고 상호 작용하는 복합적인 것이다. 가상 공간에서는 익명성이 작동하므로 현실에서 위축되는 사람도 적극적으로 자기표현을 할 수 있다. 이처럼 사회적 상호 작용에서의 자기표현은 본질적으로 연극적이며, 때로는 형식에 집중하는 표면 연기로, 때로는 진정성을 보여주는 심층 연기로 나타난다. 결국 '나'라는 존재는 독립적으로 존재하는 것이 아니라 타인과의 관계 속에서 끊임없이 재구성되는 것이다.

■ 소주제: _____

※ 뒷받침: _____

※ 내용 전개 및 비판적 분석: _____

문단 52　성공적인 에너지 전환은 기술적 혁신뿐만 아니라 경제적 현실성을 반드시 고려해야 한다. 생산된 수소 기체는 부피가 크고 폭발 위험성이 있어 저장 및 운송이 어렵다는 치명적인 단점이 있다. 이 때문에 액상 유기 화합물 또는 액화 암모니아와 같은 수소 운반체를 활용하는 방식이 제안되었다. 특히 MCH는 취급 안전성 및 독성이 휘발유와 유사하므로 석유의 저장과 운송을 위한 기존 인프라를 이용할 수 있다. 이는 막대한 초기 투자 비용 없이 새로운 에너지 시스템으로 연착륙할 수 있는 현실적인 방안을 제시한다는 점에서 큰 의미가 있다.

※ 소주제: _____

※ 뒷받침: _____

※ 내용 전개 및 비판적 분석: _____

문단 53　독서의 본질은 단순히 정보를 습득하는 것을 넘어, 텍스트와의 능동적인 상호작용을 통해 의미를 구성하는 과정에 있다. 독자가 글에서 읽은 단어의 의미를 확정하지 못하면 글을 제대로 이해하기 어렵다. 특히 동형이의어의 의미가 문장이나 문맥에 어울리는지 확인할 때 독자는 제약성을 고려한다. 제약성이 강할 때는 의미를 쉽게 확정할 수 있지만, 약할 때는 의미 확정을 유보한 채로 다른 문장들을 읽는다. 이처럼 독서는 주어진 정보를 수동적으로 받아쓰는 행위가 아니라, 끊임없이 질문하고 판단하며 의미를 만들어나가는 지적인 여정이다.

※ 소주제: _____

※ 뒷받침: _____

※ 내용 전개 및 비판적 분석: _____

문단 54　부당한 권력은 종종 개혁의 순수한 의도를 왜곡하여 자신들의 기득권을 유지하려 한다. 풍속의 진보와 통치 방식 변화라는 의미를 내포한 갑신정변의 개화 개념은 통치권에 대한 도전으로뿐 아니라 개인의 사욕을 위한 것으로 표상되었다. 심지어 우양공주는 김진옥이 부마됨을 지극히 피함을 시기하여 항상 모해할 뜻을 두고 그윽이 틈을 엿보았다. 이는 개혁 세력이나 경쟁자를 제거하기 위해 그들의 행위를 의도적으로 부정적인 이미지와 결부시키는 전형적인 방식이다.

* 소주제: _____
* 뒷받침: _____
* 내용 전개 및 비판적 분석: _____

문단 55　인간의 이성은 감각적 경험의 한계를 뛰어넘어 보편적 원리를 인식할 수 있다. 예를 들어, 우리는 배를 밀어보는 것은 아주 드문 경험이지만, 그 순간의 허공에서 이별과 상실의 보편적 속성을 읽어낸다. 마찬가지로, 저 하잘것없는 한 송이의 달래꽃을 두고 보면서도, 우리는 이 하늘과 땅 사이를 어렴풋이 이끌고 가는 크나큰 그 어느 알 수 없는 마음을 사유한다. 이는 구체적인 감각 경험이 보편적이고 형이상학적인 깨달음으로 승화되는 인간 이성의 능력을 보여준다.

* 소주제: _____
* 뒷받침: _____
* 내용 전개 및 비판적 분석: _____

문단 56　진정한 변화는 외부 환경의 조성이 아닌, 내면의 자각으로부터 시작된다. 그는 자신의 비밀을 남 앞에 감쪽같이 숨겨 나갈 수 있었고, 비밀이 탄로 나지 않는 한 그의 일상생활은 더 이상 불편을 겪을 필요도 없었다. 하지만 그는 역시 배꼽이 없는 자신에 대해 좀처럼 익숙해질 수가 없었다. 외부적으로는 아무 문제가 없었지만, 내면의 허전함과 상실감은 그를 끊임없이 괴롭혔다. 결국 진정한 문제는 세상이 나를 어떻게 보느냐가 아니라, 내가 나 자신을 어떻게 받아들이느냐에 달려 있는 것이다.

* 소주제: _____
* 뒷받침: _____
* 내용 전개 및 비판적 분석: _____

문단 57

기술적 진보는 종종 인간을 소외시키는 역설적인 결과를 낳는다. 청정 에너지원 중 하나인 수소는 생산, 저장, 운송, 추출, 활용 등 전체 과정에서의 친환경성과 관련하여 높은 관심을 받고 있다. 그러나 이러한 논의 속에서 정작 그 에너지를 사용하는 인간의 삶과 공동체의 문제는 쉽게 잊힌다. 마찬가지로, 우리는 대상을 이해하는 과정에서 범주화의 한계에 유의할 필요가 있다. 성격 유형 검사의 결과로 자신을 설명하는 것이 유행이지만, 이러한 검사는 사람을 온전히 설명해 준다고 보기 어렵다. 기술과 도구의 효율성에 매몰되어 인간 존재의 복잡성과 고유한 가치를 놓쳐서는 안 된다.

* 소주제: _____
* 뒷받침: _____
* 내용 전개 및 비판적 분석: _____

문단 58

공동체의 신뢰는 공식적인 제도와 비공식적인 규범이 조화를 이룰 때 유지된다. 계약으로 권리와 의무가 인정되는 것이 원칙이지만, 사회·경제적 조건을 달리하는 당사자들 간에서는 약자 보호를 위해 법률로 그 내용이 정해지는 경우가 있다. 하지만 법적 규제가 과도할 경우 삶의 세계를 구성해 온 고유한 직업 윤리 등 문화적·도덕적 규범이 침범당하는 경우가 생긴다. 법이라는 강제적 규범과 윤리라는 자율적 규범이 서로를 보완하며 균형을 이룰 때, 공동체는 비로소 건강하게 발전할 수 있다.

* 소주제: _____
* 뒷받침: _____
* 내용 전개 및 비판적 분석: _____

문단 59

예술가의 시선은 하찮은 대상에 새로운 생명과 의미를 부여한다. 나는 비시시 웃음이 새어 나왔다. 편지 내용도 그렇고 친구의 장난기도 그랬다. 처음에는 친구의 장난기 섞인 행동과 서툰 편지 내용에 가벼운 웃음을 보였을 뿐이다. 그러나 그 창호지 편지를 감감히 잊어버리고 있다가 다시 마주했을 때, 그렇게 치장하고 보니 그게 정말 무슨 국보나 되는 것 같았다. 이는 예술적 인식이란 대상을 처음 본 순간 완성되는 것이 아니라, 시간과 성찰을 통해 평범함 속에서 비범함을 발견해내는 과정임을 보여준다.

* 소주제: _____
* 뒷받침: _____
* 내용 전개 및 비판적 분석: _____

문단 60

인간은 익숙한 것에서 편안함을 느끼지만, 동시에 낯선 미지의 세계에 대한 동경심을 충족하고자 한다. 특히 이상적인 세계인 유토피아에 대한 동경을 다룬 이야기와 SF 사이의 유사성을 인정하고 유토피아를 SF의 중요한 소재로 받아들인다. 그러나 궁극적으로 유토피아는 외부의 위협이나 내부의 갈등에 의해 붕괴되고 만다. 이는 인간이 현실 너머의 이상향을 꿈꾸면서도, 동시에 그 이상향이 근본적으로 실현 불가능하다는 것을 스스로 증명하는 과정일지 모른다.

* 소주제: _____
* 뒷받침: _____
* 내용 전개 및 비판적 분석: _____

■ 모범 답안 443p

심화편 3

문단 61

한 시대의 지배적인 가치관은 언어와 행동에 깊이 각인된다. 개항 이전에는 통치자의 통치 행위로서 변화하는 세상에 대한 지식 확장과 피통치자에 대한 교화를 의미했다. '개화'라는 단어는 본래 통치자의 시점에서 백성을 가르친다는 의미를 담고 있었다. 교훈은 학교의 이념과 목표를 드러낼 뿐만 아니라 구성원 모두가 지향하는 정신적 가치를 담는 그릇이다. 학교의 교훈 역시 설립 당시 사회가 요구하던 특정 역할만을 강조하며 만들어졌다. 이처럼 언어와 제도는 시대를 비추는 거울 역할을 한다.

* 소주제: _____
* 뒷받침: _____
* 내용 전개 및 비판적 분석: _____

문단 62

우리는 종종 문제의 원인을 외부에서 찾으려 하지만, 근본적인 해결책은 내면에 있을 때가 많다. "시끄러워서 집중이 안 되는지, 집중이 안 돼서 시끄러운 건지." 이 독백은 외부 환경(소음)과 내면 상태(집중력 부족) 사이에서 원인을 찾지 못하는 혼란을 보여준다. 마찬가지로, "스트레스 때문에 잠이 안 오는 것인지, 잠이 안 와서 스트레스를 받는 것인지." 역시 악순환의 고리를 끊지 못하는 내적 갈등을 드러낸다. 결국 외부 환경을 바꾸려는 노력보다, 그 환경을 받아들이는 자신의 마음을 다스리는 것이 우선일 수 있다.

* 소주제: _____
* 뒷받침: _____
* 내용 전개 및 비판적 분석: _____

문단 63

겉으로 드러나는 행위의 이면에는 복합적인 동기가 숨어있다. 유길준은 『서유견문』을 저술하며 개화 개념에 덧씌워진 부정적 이미지를 떼어 내고자 했다. 그의 저술 행위는 단순히 서양 문물을 소개하려는 지적 욕구를 넘어, '개화'라는 사회적 담론을 긍정적인 방향으로 이끌려는 정치적 목적을 가지고 있었다. 마찬가지로, "당신이라는 말 참 좋지요, 그래서 불러봅니다." 이 구절은 단순히 상대를 부르는 행위를 넘어, 슬픔과 상처로 가득한 삶 속에서 관계를 통해 위안을 얻으려는 화자의 복합적인 내면을 드러낸다.

* 소주제: _____
* 뒷받침: _____
* 내용 전개 및 비판적 분석: _____

문단 64

현대 기술은 자연의 원리를 모방하고 최적화하는 방식으로 발전한다. 수소 연료 전지는 수소의 화학 에너지를 전기 에너지로 직접 변환하는 장치이다. 이는 연소 과정 없이 산소와 수소가 결합하여 물이 되는 자연의 화학 반응을 응용한 것이다. 또한 지각부호화는 큰 소리로 인해 작은 소리가 들리지 않는 현상인 '차폐'를 이용한다. 인간의 청각이 불필요한 정보를 자연스럽게 걸러내는 원리를 모방하여 데이터 압축 효율을 높인 것이다. 이처럼 자연은 인류에게 가장 위대한 기술 교과서인 셈이다.

※ 소주제: _____

※ 뒷받침: _____

※ 내용 전개 및 비판적 분석: _____

문단 65

때로는 부재(不在)가 존재 자체보다 더 큰 의미를 가질 때가 있다. 나는 이사를 하면서 큰언니와 거리를 두게 되었다. 물리적 거리는 오히려 언니의 존재를 더 깊이 생각하게 만드는 계기가 되었을 것이다. 마찬가지로, 그의 빈자리가 유난히 크게 느껴졌다는 것은 그가 곁에 있을 때보다 떠났을 때 그의 소중함을 더 절실히 깨달았음을 의미한다. 우리는 종종 상실을 통해서만 존재의 가치를 온전히 깨닫게 된다.

※ 소주제: _____

※ 뒷받침: _____

※ 내용 전개 및 비판적 분석: _____

문단 66

진정한 소통은 일방적인 전달이 아닌 상호적인 이해를 바탕으로 이루어진다. 공중이 자신에게 필요한 사항을 요구하는 이성적인 공적 담론의 장을 통해 민주주의가 발전할 수 있다는 주장이 이를 뒷받침한다. 언론이 일방적으로 정보를 전달하는 것이 아니라, 다양한 층위의 사람들을 공론장에 참여하게 함으로써 원활한 토의가 가능하도록 해야 한다. 이는 고백이란 결국 2인칭을 경유하여 1인칭으로 돌아온다는 통찰과도 맞닿아 있다. 나의 말을 상대가 듣게 하는 것만큼, 상대의 말을 통해 나 자신을 돌아보는 과정이 소통의 핵심이기 때문이다.

■ 소주제: _____

■ 뒷받침: _____

■ 내용 전개 및 비판적 분석: _____

문단 67   낯선 대상과의 마주침은 우리에게 익숙했던 세계를 새로운 시각으로 보게 한다. SF 속에 등장하는 대상은 현실에서 일상적이고 친숙했던 대상을 낯설고 새롭게 느끼도록 만든다. 작품을 통해 다름을 인지함으로써, 우리는 현실에 거리를 두고 비판적으로 현실을 바라보게 된다. 마찬가지로, 청년이 생전 처음 '씨' 자가 붙은 자기 이름을 들었던 순간, 그는 자신이 속한 세계의 질서를 새로운 눈으로 보게 되었을 것이다. 이처럼 낯섦과의 충격적인 만남은 기존의 가치관을 흔들고 새로운 자아를 형성하는 계기가 된다.

■ 소주제: _____

■ 뒷받침: _____

■ 내용 전개 및 비판적 분석: _____

문단 68   인간은 종종 자신의 불안을 해소하기 위해 현상에 초월적인 의미를 부여한다. 그는 자신의 사념 속에서 잃어버린 배꼽을 되찾아내고, 그것으로 그 실물을 대신해 어떤 식으로든 자신과 세상 간에 큰 불편이 없도록 화해시키려 했다. 이는 바위 중턱 파인 곳에 돌 하나 끼어 있는 모습을 보고, 중의 말이 황당하여 대강 걸러 들었음에도 불구하고 그럴듯하게 여기는 심리와 유사하다. 두 경우 모두, 설명할 수 없는 현실(배꼽의 부재, 기이한 바위)을 신화적, 형이상학적 이야기로 채워 넣어 내면의 혼란을 잠재우려는 시도이다.

■ 소주제: _____

■ 뒷받침: _____

■ 내용 전개 및 비판적 분석: _____

문단 69　공동체의 가치는 개인의 자유와 약자 보호라는 두 축 사이의 균형을 통해 실현된다. 임대차의 경우 그 내용은 계약으로 정해지는 것이 원칙이지만, 임차인 보호라는 과제는 계약만으로는 실현되기 어렵다. 이는 개인의 자유(계약)가 사회적 약자의 생존권을 침해할 수 있는 한계를 보여준다. 그렇다고 보호만을 명분으로 법적 규제가 과도할 경우, 삶의 세계를 구성해 온 고유한 문화적·도덕적 규범이 침범당하는 부작용이 생길 수도 있다. 결국 건강한 공동체는 양 극단 사이에서 끊임없이 최적의 균형점을 찾아나가는 과정 속에서 존재한다.

* 소주제: _____
* 뒷받침: _____
* 내용 전개 및 비판적 분석: _____

문단 70　예술은 현실의 고통을 미적으로 승화시키는 장치이다. 배가 나가고 남은 빈 물 위의 흉터는 잠시 머물다 가라앉는다. 이별의 상처가 아물어 가는 과정을 시각적으로 아름답게 묘사한 것이다. 한 슬픔이 문을 닫으면 또 한 슬픔이 문을 여는 것을 알면서도 '킥킥' 웃으며 상대를 부르는 행위 역시, 끝나지 않는 삶의 비극을 해학적으로 끌어안는 태도를 보여준다. 이처럼 예술은 고통스러운 현실을 외면하는 것이 아니라, 그것을 정면으로 마주하고 아름다움과 웃음으로 바꾸어내는 힘을 가졌다.

* 소주제: _____
* 뒷받침: _____
* 내용 전개 및 비판적 분석: _____

문단 71　새로운 시대의 도래는 기존의 상징과 권위를 해체하는 과정을 동반한다. 경관의 앞에는 상전 하인이 없었다는 서술은 근대적 공권력이 봉건적 신분 질서를 무력화시키는 순간을 포착한다.

마찬가지로, 교훈은 지금 시대에도 맞는 보편적 가치를 담고 있어야 한다는 주장은 과거의 권위가 현재에도 통용될 수 없음을 선언하는 것이다. 두 경우 모두, 과거에는 절대적으로 보였던 가치와 질서가 새로운 시대정신 앞에서 상대적인 것으로 전락하며 그 힘을 잃어가는 과정을 보여준다.

- 소주제: _____
- 뒷받침: _____
- 내용 전개 및 비판적 분석: _____

문단 72

기술의 발전 방향은 종종 인간의 인지적 특성에 의해 결정된다. 고음에서는 저음에서보다 임계역이 훨씬 넓다는 청각의 특성은, 오디오 압축 기술이 고음역대의 데이터를 더 공격적으로 압축할 수 있는 이론적 근거가 된다. 또한, 독자가 동형이의어를 읽으면 고빈도 단어가 지닌 의미를 떠올릴 가능성이 높다는 인지적 경향은, 검색 엔진이나 번역 알고리즘이 어떤 단어를 우선적으로 제시할지를 결정하는 데 영향을 미칠 수 있다. 이는 기술이 단독으로 발전하는 것이 아니라, 인간의 신체적, 인지적 특성과 끊임없이 상호작용하며 그 경로를 찾아감을 시사한다.

- 소주제: _____
- 뒷받침: _____
- 내용 전개 및 비판적 분석: _____

문단 73

우리는 종종 대상의 본질이 아닌, 그것을 둘러싼 형식과 외양에 먼저 반응한다. 청년은 손에 말아 쥐고 있던 라면 봉지에서 꼬깃꼬깃한 백 원짜리 지폐 다섯 장을 꺼내어 떨리는 손으로 여직원에게 바쳤다. 그의 초라한 행색과 불안한 태도는 은행이라는 공간의 격식과 어울리지 않았다. 그러나 은행원은 그의 진실한 저축 의지를 보았고, 그는 생전 처음 '씨' 자가 붙은 자기 이름을 들었던 것이다. 이 일화는 우리가 형식과 외양이라는 편견을 걷어낼 때, 비로소 한 존재의 진정한 내면과 마주할 수 있음을 보여준다.

※ 소주제: _____

※ 뒷받침: _____

※ 내용 전개 및 비판적 분석: _____

문단 74
국가의 진정한 힘은 외적인 조건이 아닌, 구성원들의 내적인 역량에 달려있다. 경쟁에서 승리하려면 기술뿐 아니라 국민의 정신적 자질이 뒷받침되어야 한다는 주장이 이를 잘 보여준다. 정신적 자질 중 과학적 사유 능력이 가장 중요하다고 파악한 그는, 과학 정신이 전제되지 않은 정치적 변혁은 뿌리내릴 수 없는 것이라고 보았다. 결국 국가 구성원을 조직하고 동원하기 위해서는, 그들이 자발적으로 공감하고 따를 수 있는 내적인 힘, 즉 정신적 가치를 바로 세우는 것이 우선되어야 한다.

※ 소주제: _____

※ 뒷받침: _____

※ 내용 전개 및 비판적 분석: _____

문단 75
대의명분은 종종 개인의 욕망을 정당화하거나 은폐하는 수단으로 사용된다. 정렬부인의 시비 금연이 남복을 하고 충렬부인 침소로 들어간 말이며, 복록이 왕비께 참소하던 연유는 모두 충렬부인을 모함하기 위한 것이었다. 그들은 이러한 행위를 표면적으로는 왕실의 기강을 바로잡는다는 명분으로 포장했을 수 있다. 마찬가지로, 갑신정변의 개화 개념이 개인의 사욕을 위한 것으로 표상된 것 역시, 개혁을 반대하는 세력이 '국가 안정'이라는 대의 명분을 내세워 개혁파의 순수한 의도를 왜곡한 결과이다.

※ 소주제: _____

※ 뒷받침: _____

※ 내용 전개 및 비판적 분석: _____

문단 76 진정한 사과는 행위의 결과가 아니라, 그 행위를 하는 사람의 진심에 달려있다. '그가 형에게 사과를 받았다.'라는 문장은 제약성이 약해서, 그 '사과'는 과일과 용서를 비는 행위라는 두 가지 의미로 해석될 수 있다. 만약 그가 용서를 비는 행위를 받았다 하더라도, 그 안에 진심이 담겨있지 않다면 그것은 과일 한 알보다 가치 없을 수 있다. 반대로, 아무리 큰 잘못을 했더라도 진심 어린 사과 한마디는 모든 것을 되돌릴 수 있는 힘을 가진다.

※ 소주제: _____

※ 뒷받침: _____

※ 내용 전개 및 비판적 분석: _____

문단 77 우리는 종종 눈에 보이는 현상에만 집착하여 그 이면의 본질적인 힘을 간과한다. 유자나무에 유자가 열리고 귤나무에는 귤이 열리는 이 지순한 길은 자연의 당연한 섭리처럼 보인다. 하지만 그 이면에는 꽁꽁 얼어붙었던 대지를 뚫고 솟아오른 저 애잔한 달래꽃의 긴긴 역사라거나 그 막아 낼 수 없는 위대한 힘이 존재한다. 우리가 보는 것은 결과일 뿐, 그 결과를 만들어낸 보이지 않는 힘과 역사를 성찰할 때 비로소 세계를 깊이 이해할 수 있다.

※ 소주제: _____

※ 뒷받침: _____

※ 내용 전개 및 비판적 분석: _____

문단 78　삶의 방향을 결정하는 것은 때로 거창한 이념이 아니라 사소한 감각의 이끌림이다. 나의 뒤통수에는 해가 저물고, 설레는 구름과 바람 속에서 나는 발바닥에 이 신비스러운 경사감을 느낀다. 이처럼 논리적으로 설명할 수 없는 감각적 이끌림이 결국 나를 바다로 향하게 한다. 마찬가지로, 밤하늘 떠오르는 달만 보면 왠지 가슴이 멍해져서 끝없이 야행의 길을 더듬고 싶은 나는, 보이지 않는 인력이 바닷물을 끌듯이 나를 이끄는 힘을 느낀다. 이성보다 감각, 의지보다 이끌림이 우리 삶의 더 깊은 곳을 지배하고 있을지 모른다.

- 소주제: _____
- 뒷받침: _____
- 내용 전개 및 비판적 분석: _____

문단 79　공동체의 문제는 한 사람의 영웅적 행위만으로는 해결되지 않는다. 상이 전라도 여산 고을로 간 원마다 죽고 고을이 황폐하여 인심이 궤란함을 들으시고 깊이 근심하셨다. 이화라는 장사가 이 문제를 해결하겠다고 나섰지만, 모든 관리와 백성이 일시에 말리며 비협조적인 태도를 보였다. 아무리 뛰어난 영웅이라도 구성원들의 지지와 협조 없이는 개혁을 성공시킬 수 없다. 공중을 공공 문제의 잠재적 참여자로 간주하고, 다양한 층위의 사람들을 공론장에 참여하게 하는 것이 중요한 이유이다.

- 소주제: _____
- 뒷받침: _____
- 내용 전개 및 비판적 분석: _____

문단 80

인간은 자신이 창조한 것과의 관계 속에서 새로운 정체성을 부여받는다. 그도 역시 그녀처럼 자신의 편지 속 1인칭 화자에게 깊이 매료되었다. 그는 자신이 만들어낸 이상적인 자아와 사랑에 빠진 것이다. 이와 유사하게, 인공지능을 활용하여 더 필요한 자료를 추가로 생성하는 것이 용이해지면서, 독자는 원하는 내용과 형식에 부합하는 독자 맞춤형 자료를 생성하여 읽을 수 있게 되었다. 이 과정에서 독자는 단순히 정보를 소비하는 것을 넘어, 정보를 생성하고 재구성하는 창조자로서의 역할을 수행하게 된다. 이처럼 우리는 우리가 만든 도구와 텍스트를 통해 역으로 우리 자신을 새롭게 정의해 나간다.

※ 소주제: _____
※ 뒷받침: _____
※ 내용 전개 및 비판적 분석: _____

▪모범 답안 446p

읽고 쓰는 문해력, 그리고 생각을 여는 기술

글읽기편

> 잘 읽는 것이 잘 쓰는 것의 시작입니다

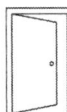

'생각을 여는 문해력'의 여정이 어느덧 세 번째 편에 이르렀습니다. 우리는 앞서 '문장편'에서 생각의 최소 단위인 문장을 명료하고 힘있게 다듬는 법을 배웠고, '문단편'에서는 그 문장들을 모아 하나의 완결된 생각을 담는 그릇, 즉 논리적인 문단을 조직하는 훈련을 했습니다. 단단한 벽돌(문장)을 만드는 법을 배우고, 그 벽돌로 튼튼한 벽(문단)을 쌓아 올린 셈입니다.

이제 우리는 그 벽들이 모여 만들어진 거대한 건축물, 바로 '긴 글'의 세계로 들어가려 합니다. '글읽기 편'은 단순히 정보를 습득하는 기술을 넘어, 저자의 생각과 깊이 있게 대화하고, 그 과정에서 자신의 생각을 더욱 날카롭고 풍성하게 만드는 '적극적이고 창의적인 읽기'에 관한 이야기입니다.

훌륭한 작가는 예외 없이 훌륭한 독자였습니다. 잘 쓰기 위해서는 먼저 잘 읽어야 합니다. 다른 사람의 잘 짜인 글을 읽는 경험은, 우리가 앞으로 지어야 할 생각의 집을 위한 최고의 설계도를 엿보는 것과 같습니다. 이 글을 통해 독자 여러분이 긴 글 앞에서 주눅 들지 않고, 오히려 그 속에서 길을 찾고 자신만의 보물을 발견하는 즐거움을 누리게 되기를 바랍니다.

되돌아보기 - 문장과 문단을 넘어

긴 글을 읽기 위한 준비운동으로, 우리가 앞서 다졌던 기본기를 잠시 복습해 보겠습니다. 문장과 문단에 대한 이해는 긴 글의 구조를 꿰뚫어 보는 힘을 길러주기 때문입니다.

01 문장편 핵심 : 단단하고 명료한 생각의 벽돌

좋은 문장은 생각의 군더더기를 걷어내고 그 본질을 가장 명확하게 드러냅니다. 긴 글을 읽을 때 저자가 사용하는 문장의 특징을 파악하면, 그의 논리 전개 방식을 더 쉽게 이해할 수 있습니다.

우선 주어와 서술어의 호응을 확인해야 합니다. 주어와 서술어는 문장의 뼈대입니다. 글을 읽다가 내용이 헷갈릴 때는 문장의 주어와 서술어만 연결해서 읽어보세요. 저자가 말하려는 핵심 의미가 뚜렷하게 드러날 것입니다.

다음으로 문장들을 구분하면서 읽어 보는 것입니다. 글쓴이가 짧은 문장으로 말할 때, 긴 문장으로 상세히 부연 설명할 때를 구분하며 읽어보세요. 문장 길이의 변화는 글의 리듬을 만들고, 글쓴이가 강조하고 싶은 부분이 어디인지를 알려주는 신호가 됩니다.

또한 구체적인 표현들을 확인하며 읽어보세요. 추상적인 개념을 설명하기 위해 저자가 어떤 구체적인 예시와 비유를 사용하는지 주목하세요. 이는 저자의 생각을 독자에게 전달하는 가장 효과적인 도구입니다.

긴 글을 읽다가 의미 파악이 어려운 문장을 만났다면, 그 문장의 주어와 서술어를 찾아 연결해보고, 꾸미는 말들을 하나씩 걷어내며 문장의 핵심 뼈대를 파악하는 연습을 하다보면 어려운 문장도 쉽게 이해된다는 점을 느낄 수 있을 것입니다.

02 문단편 핵심 : 통일성과 응집력을 갖춘 생각의 벽

문단은 하나의 중심 생각을 담는 최소 단위입니다. 글쓴이는 여러 문장을 유기적으로 연결하여 하나의 문단을 만들고, 이 문단들을 쌓아 올려 자신의 주장을 완성합니다. 따라서 문단의 구조를 이해하면 글 전체의 논리적 흐름을 놓치지 않을 수 있습니다.

우선 문단을 끊어 읽으면서 중심 문장인 '소주제문'을 찾으려고 노력해 보세요. 소주제문은 각 문단의 핵심 아이디어를 담고 있는 문장입니다. 보통 문단의 맨 앞이나 맨 뒤에 위치하며, 이 문장만 연결해 읽어도 글 전체의 개요가 파악됩니다.

다음은 뒷받침 문장을 읽을 때 해야 할 일입니다. 중심 문장의 내용을 구체화하고 증명하는 문장들이 뒷받침 문장입니다. 글쓴이가 자신의 주장을 설득하기 위해 어떤 근거(예시, 통계, 인용, 비유 등)를 제시하는지 살펴 보는 것이 중요합니다.

소주제문과 뒷받침 문장을 단순히 조각으로 나눠 읽지 말고 유기적인 관계로 파악해야 합니다. 흔히 통일성과 응집성 있는 글을 좋은 글이라고 하지요. 좋은 문단은 모든 문장이 하나의 중심 생각을 향해 있으며 이를 통일성을 지킨 글이라고 합니다. 그리고 문장과 문장 사이가 자연스러운 연결 고리(접속어, 지시어 등)로 촘촘하게 이어져 있어야 응집성이 있는 글이 됩니다. 유능한 독자라면 자신이 읽는 글은 통일성과 응집성이 있다는 전제로 읽어야 합니다. 소주제문과 뒷받침 문장을 하나하나의 문장으로만 받아들이지 말고, 문장들의 연결 고리를 고민하면서 읽어야 합니다.

한 문단을 읽은 후에는 잠시 멈춰 '이 문단에서 저자가 말하고 싶은 핵심 내용은 무엇이지?'라고 스스로 질문하고 한 문장으로 요약하는 습관을 들여보세요. 이것이 바로 문단의 중심 생각을 파악하는 훈련입니다.

제1부. 긴 글의 숲으로 들어가기

01 ### 체계적인 글 읽기 방법

책 한 권, 긴 논문이나 보고서는 그 자체로 하나의 거대한 숲과 같습니다. 무작정 숲으로 뛰어들면 길을 잃고 헤매기 쉽습니다. 지도를 그리고, 나침반을 손에 쥐고, 자신의 걸음걸이에 맞게 탐험할 때 비로소 숲의 아름다움과 비밀을 발견할 수 있습니다.

(1) 읽기 전: 숲의 지도를 그리는 시간 (예비 단계)

본격적으로 글을 읽기 전에 약간의 시간을 투자하여 글의 전체적인 구조를 파악하는 것은, 등산 전에 등산로 입구에서 전체 지도를 살펴보는 것과 같습니다. 이 단계는 글을 읽는 내내 훌륭한 가이드가 되어 줄 것입니다.

먼저 제목, 부제, 머리말, 꼬리말 등을 훑어보기를 추천합니다. 글쓴이는 이 부분에 글 전체를 관통하는 핵심 주제와 집필 의도를 압축적으로 담아 놓습니다. '이 글은 무엇에 대한 이야기인가?', '글쓴이는 어떤 문제의식을 가지고 이 글을 썼는가?'에 대한 단서를 얻을 수 있습니다.

다음은 무조건 본문부터 읽겠다는 생각을 버리고 목차를 뜯어보는 것도 좋겠습니다. 목차는 글쓴이가 자신의 생각을 펼쳐나가는 논리의 지도입니다. 각 장과 절의 제목을 통해 이야기가 어떻게 시작해서 어떤 과정을 거쳐 결론에 이르는지 전체적인 흐름을 예측해 보세요. 특히, 제목들 간의 관계(원인과 결과, 일반적 진술과 구체적 사례, 문제 제기와 해결책 등)를 파악하면 글의 구조를 입체적으로 이해할 수 있습니다.

글 또는 책을 읽기 전에 나만의 질문을 만들어 보는 것도 좋은 방법입니다. 글을 통해 무엇을 얻고 싶은지 스스로에게 질문을 던져보세요. 예를 들어, '이 책을 통해 4차 산업혁명의 핵심 기술을 이해하고 싶다' 또는 '주인공의 선택이 옳았는지 비판적으로 따져보고 싶다'와 같이 구체적인 목표를 설정하는 것입니다. 이 질문들은 독서 과정에서 방향을 잃지 않도록 도와주는 북극성과 같습니다.

책을 사자마자, 책장을 펼치자마자 첫 페이지부터 읽어 내려가지 마세요. 딱 10분만 투자해서 표지, 목차, 서문을 넘겨보며 이 책이 어떤 '생각의 건축물'인지 대략적인 스케치를 해보는 습관을 길러보세요. 읽기 전에 책을 통해 얻고자 하는 내용에 대해 진지하게 고민하는 시간이 될 수 있습니다.

(2) 읽는 중: 저자와 대화하며 숲 거닐기 (참여 단계)

수동적으로 글자를 눈으로만 좇는 것은 진정한 읽기가 아닙니다. 글쓴이의 주장에 동의하고, 반박하고, 질문하며 끊임없이 머릿속으로 대화하는 '적극적인 읽기'가 필요합니다.

연필과 포스트잇을 친구로 삼으세요. 단순히 좋은 문장에 밑줄 긋는 것을 넘어, 여백에 자신의 생각을 적극적으로 표현하세요. 꼭 책의 내용을 정리할 필요는 없습니다. 가령, '글자가 너무 많아!'라든지, '정말 그렇게 생각하는거야?'라는 식의 내용을 본문 옆에 기록하는 것만으로도 책의 내용을 정말 제대로 읽고 있는 것입니다.

글을 읽다가 내용이 이해되지 않는 부분, 글쓴이의 주장에 동의할 수 없는 부분에 물음표(?)를 하고 질문을 적어보세요. 가령, '정말 모든 경우에 그럴까?'라는 식의 질문을 던짐으로써 글의 내용을 사실적으로 정확하게, 비판적으로 평가하며 읽어갈 수 있습니다.

요약이나 감상평을 적는 것도 좋습니다. 각 문단이나 중요한 부분의 핵심 내용을 자신만의 언어로 짧게 요약해 보세요. 글을 읽다가 감동적이었던 구절, 인상 깊은 비유, 새롭게 알게 된 사실 옆에 느낌표(!)나 짧은 감상을 남겨보세요.

글의 내용이 자신의 경험이나 이전에 읽었던 다른 책의 내용과 연결되는 지점이 있다면 화살표로 표시하고 메모를 남겨보세요. 예를 들어, "동백꽃'의 인물은 '봄봄'에 나온 인물과 이름이 같네!'라는 식의 정리를 하다보면 글을 수동적으로 받아들이는 것을 넘어서 좀더 능동적으로 읽을 수 있게 되며, 다른 책을 이어 읽을 수 있는 계기가 될 것입니다.

핵심 주장과 근거를 구분하며 읽어보세요. 글 전체를 관통하는 저자의 중심 주장은 무엇이며, 그 주장을 뒷받침하기 위해 어떤 근거 — 통계, 사례, 전문가 의견, 논리적 추론 등 ─ 를 제시하는지 파악하는 것이 중요합니다. 이는 글을 비판적으로 이해하는 첫걸음입니다.

혹 모르는 낱말이 나올 때마다 사전을 찾아보면서 읽고 있나요? 모르는 부분은 일단 건너뛰는 용기가 필요합니다. 모든 문장, 모든 단어를 완벽하게 이해해야 한다는 강박에서 벗어나세요. 처음 읽을 때는 세부적인 내용에 얽매이기보다 전체적인 흐름을 파악하는 것이 더 중요합니다. 이해되지 않는 부분은 표시만 해두고 과감히 넘어간 후, 글 전체를 한 번 읽고 나서 다시 돌아와 살펴보면 의외로 쉽게 이해되는 경우가 많습니다.

'파킹랏(Parking Lot)' 기법을 활용해 보세요. 책의 맨 뒷부분이나 별도의 노트에, 읽는 동안 떠올랐지만 당장 해결하기 어려운 질문이나 더 깊이 탐구하고 싶은 주제들을 잠시 '주차'해 두는 것입니다. 독서의 흐름을 방해하지 않으면서도 중요한 생각의 실마리를 놓치지 않을 수 있습니다.

(3) 읽은 후: 나만의 지도로 완성하기 (정리 및 확장 단계)

책을 덮는다고 해서 독서가 끝나는 것은 아닙니다. 숲 탐험을 마친 탐험가가 지도를 완성하고 보고서를 쓰듯, 읽은 내용을 자신의 것으로 온전히 소화하고 생각의 지평을 넓히는 과정이 필요합니다.

자신의 언어로 요약하고 재구성해 보는 것은 어떨까요? 이 책의 핵심 메시지를 딱 한 문장으로 줄인다면 어떻게 표현할 수 있을까를 고민해 보세요. 글의 핵심에 접근하고, 기억하는 좋은 방법입니다. 만약 정리할 내용이 좀 많다면 세 문단으로 요약하는 것도 좋습니다. 처음, 중간, 끝의 구조로 책이나 글의 전체 내용을 세 문단으로 요약해 보세요. 이 과정은 글의 핵심 논리를 완벽하게 소화했는지 점검하는 기회가 됩니다.

중심 내용을 찾았다면 마인드맵으로 정리해 보세요. 책의 중심 주제를 가운데에 놓고, 각 장의 핵심 키워드와 내용을 가지처럼 뻗어 나가며 그려 보세요. 글의 구조와 내용 간의 관계를 시각적으로 한눈에 파악할 수 있습니다.

비판적으로 질문하는 습관을 들여보세요. 다음은 비판적인 질문의 사례들입니다.

- 글쓴이의 주장에 전적으로 동의하는가?
- 혹시 저자가 놓치고 있는 부분이나 논리적 비약은 없는가?
- 저자가 제시한 해결책이 현실적으로 가능한가? 다른 대안은 없을까?
- 이 글의 내용이 현재 우리 사회 또는 나의 삶에 어떤 의미를 가지는가?

기회가 된다면, 이 책을 함께 읽은 사람들과 이야기를 나누어 보세요. 내가 미처 생각하지 못했던 다양한 관점을 발견하며 생각이 더욱 깊어지고 넓어지는 경험을 할 수 있습니다.

끝으로 글쓰기와 연결하여 '나의 생각'을 만들어봅니다. 책에서 얻은 새로운 지식이나 영감을 바탕으로 짧은 서평을 써보세요. 책의 주제와 관련된 사회적 이슈에 대한 자신의 생각을 칼럼 형식으로 정리해 보는 연습도 좋겠습니다. 이런 활동이 좀 어렵다고 생각이 된다면 책의 내용 중 한 부분을 인용하여 자신의 주장을 뒷받침하는 근거로 활용하는 글을 써보세요.

독서의 최종 목표는 글쓴이의 생각을 단순히 복제하는 것이 아니라, 글쓴이의 생각과 나의 생각이 부딪히고 융합하는 지점에서 '새로운 나만의 생각'을 탄생시키는 것입니다. 좋은 읽기는 언제나 좋은 쓰기로 이어지기 마련입니다.

지금까지 우리는 단단한 문장과 논리적인 문단을 넘어, 긴 글이라는 거대한 숲을 탐험하는 방법에 대해 알아보았습니다. 체계적인 글읽기는 단순히 정보를 효율적으로 습득하는 기술이 아닙니다. 그것은 저자의 깊은 사유를 따라 걷고, 때로는 그에게 질문을 던지며 함께 길을 만들어나가는 지적인 대화이자 창조적인 과정입니다.

문장편과 문단편에서 생각의 근육을 단련했다면, 이제 글읽기 편을 통해 그 근육을 움직일 수 있는 풍부한 에너지를 공급받을 차례입니다. 많이 읽고, 깊이 생각하고, 꾸준히 쓰는 것. 이 세 가지 활동이 선순환을 이룰 때, 우리의 생각은 더욱 단단해지고 표현은 더욱 명료해질 것입니다.

02 긴 글 읽기, 내비게이션을 켜고 휴게소에 들르듯 즐기는 법

긴 여행을 떠나기 전, 우리는 무엇부터 할까요? 아마 대부분 내비게이션에 목적지를 입력하고 전체 경로를 확인할 겁니다. 서울에서 부산까지 400km가 넘는 길을 무작정 운전해서 가는 사람은 없습니다. 중간에 어디쯤에서 쉬어갈지, 어느 휴게소에 들러 맛있는 걸 먹을지 계획을 세우죠. 이 계획이 있기에 긴 운전도 지치지 않고 즐거운 여정이 될 수 있습니다.

두꺼운 책 한 권을 읽는 것은 긴 여행과 같습니다. 500페이지가 넘는 책을 처음부터 끝까지 쉬지 않고 읽겠다는 다짐은, 마치 휴게소 한 번 들르지 않고 서울에서 부산까지 논스톱으로 달리겠다는 것과 같습니다. 처음에는 의욕이 넘칠지 몰라도, 얼마 못 가 길 위에서 지쳐버리고 말 겁니다. 머릿속은 뒤죽박죽이 되고, 방금 읽은 내용조차 가물가물해지며, 결국 책의 마지막 장을 넘기는 것은 까마득한 목표가 되어버립니다.

하지만 방법이 있습니다. 긴 글이라는 여정을 즐겁고 알차게 완주하는 기술, 그것이 바로 '끊어 읽기'입니다. 이것은 독서의 내비게이션이자, 우리를 지치지 않게 해줄 똑똑한 휴게소 활용법입니다.

(1) 왜 우리는 길을 잃고 헤매는가? : 끊어 읽지 않았을 때의 문제점

우리가 왜 두꺼운 책 앞에서 좌절하는지, 그 이유를 먼저 짚어볼 필요가 있습니다. 우선, 눈에 보이지 않는 '멀미 현상' 때문입니다. 정보 과부하로 인한 '독서 멀미'가 우리를 힘들게 한다는 말입니다. 우리의 뇌가 한 번에 처리할 수 있는 정보의 양에는 한계가 있습니다. 쉬지 않고 계속 정보를 밀어 넣으면 뇌는 과부하에 걸립니다. 마치 꽉 막힌 도로에서 계속 가속 페달을 밟는 것처럼, 집중력은 떨어지고 내용은 머리에 들어오지 않으며 피로감만 쌓입니다. 이것이 바로 '독서 멀미' 상태입니다.

다음은 성취감 부재로 인한 동기 상실을 들 수 있겠습니다. "언제 다 읽지?"라는 막막함은 독서의 가장 큰 적입니다. 500페이지라는 거대한 산 앞에서 이제 겨우 20페이지를 넘긴 자신을 보면 성취감보다는 좌절감이 먼저

듭니다. 마라톤을 뛰는데 결승점은 보이지 않고 끝없는 직선 주로만 펼쳐진 기분이죠.

책읽기는 노력으로 만들어지는 습관입니다. 누군가 "책은 이렇게 읽어야 한다."라는 말을 하는 것을 들었다고 해서 나도 그렇게 읽을 수 있는 것은 아닙니다. 또한 '책읽기 방법론'을 읽었다고 해서 책을 잘 읽을 수 있는 것도 아닙니다. 스스로 반복해서 습관을 들이듯이 책을 가까이 해야 합니다.

물론 만들어야 하는 습관이라면 좋은 습관을 들이는 것이 좋겠습니다. 책을 읽기 위해서 지금보다 조금 여유있는 마음을 가지고 넓게 바라볼 줄 아는 시야가 필요합니다. '숲'을 보지 못하고 '나무'에 시선이 갇혀 있다면 전체 숲의 분위기나 느낌을 알 수가 없습니다. 문단이나 장을 기준으로 끊어 읽지 못하고, 하나하나 문장의 세부 내용에만 매달리다 보면, 글 전체를 관통하는 핵심적인 흐름, 즉 '숲'을 놓치게 됩니다. 지금 내가 달리고 있는 이 길이 부산으로 가는 길 위의 어디쯤인지, 전체 경로에서 어떤 의미를 갖는지 파악하지 못한 채 그저 눈앞의 '나무'들만 보며 헤매는 것과 같습니다.

(2) 나만의 독서 내비게이션 설정하기: 어떻게 끊어 읽을 것인가?

'끊어 읽기'는 막연히 읽다가 쉬는 것이 아닙니다. 여행을 떠나기 전 경로를 계획하듯, 체계적인 전략이 필요합니다.

1단계: 경로 설정 - 나만의 '휴게소' 정하기

책을 펼치기 전, 우리는 어디서 멈춰 쉴지 '휴게소'를 미리 정해야 합니다. 이 휴게소를 정하는 방법은 여러 가지가 있습니다. 우선 책의 개요를 살펴보면서 확인하는 방법이 있습니다. '장, 절, 챕터'라고 부르는 부분을 끊어 읽을 수 있겠습니다. 이것은 본인이 정한 '휴게소'로 보이지만 사실을 글쓴이가 미리 만들어 놓은 '휴게소'라고 볼 수 있습니다. 한마디로 글을 쓰는 사람이 의도적으로 만들어 놓은 '논리적 휴게소'라 할 것입니다. 글쓴이는 하나의 큰 생각 덩어리가 끝나는 지점에서 장을 나누어 독자가 숨을 고르고 생각을 정리할 시간을 줍니다. 이정표를 따라가는 것처럼 편안하게 저자의 안내를 따르면 됩니다. 물론 고속도로를 달리다 보면 그날따라 컨디션이 좋을 때가 있을 것입니다. 그럴 때는 굳이 특정한 휴게소를 들러야 한다는 강박증에 사로잡힐 필요는 없습니다. 조금 여유를 가지고 '다음 휴게소에 들르지 뭐!'라는 방법도 있다는 점을 기억해야 합니다.

다음은 나만의 맞춤 휴게소 설정할 수 있습니다. 두꺼운 책을 읽으려다 보면 읽기도 전에 부담이 생기는 경우가 많습니다. 그럴 때는 특정한 '페이지 수', '읽는 시간'을 정하고 읽어도 좋습니다. 나만의 규칙을 정해서 읽어도 된다는 말입니다.

페이지 수로 끊어 읽을 때는 이런 방식을 추천합니다. "하루에 딱 20페이지만 읽자." 혹은 "이번에는 50페이지까지 읽고 쉬자."처럼 분량을 정하는 겁니다. 이는 꾸준한 독서 습관을 만드는 데 매우 효과적입니다. 시간을 정해 끊어 읽을 때는 이런 생각이 효과적입니다. "30분만 집중해서 읽고 쉬자." 또는 "타이머를 맞춰두고 정해진 시간 동안 몰입해 보자." 이와 같은 방법은 짧은 시간이라도 깊이 있는 독서를 가능하게 합니다.

내용의 흐름으로 끊어 읽을 수도 있겠습니다. 소설이라면 하나의 사건이 마무리되는 지점에서, 비문학이라면 하나의 핵심 주장에 대한 설명이 끝나는 지점에서 멈추는 것입니다. 이는 내용의 논리적 흐름을 가장 잘 따라가는 방법입니다.

2단계: 운전과 휴식 - '휴게소'에서 생각 정리하기

이제 계획한 대로 읽기 시작합니다. 그리고 약속된 '휴게소(챕터의 끝, 정해둔 페이지, 약속한 시간 등)'에 도착하면, 반드시 멈춰야 합니다. 그냥 지나치지 말고 잠시 차에서 내려 스트레칭을 하듯, 책에서 눈을 떼고 생각을 정리하는 시간을 갖는 것이 '끊어 읽기'의 핵심입니다.

그렇다면 휴게소에서 어떻게 휴식을 해야 다음 운전에 도움이 될까요? 먼저, 방금 지나온 길을 정리해 봅니다. 눈을 감고 스스로에게 질문을 던져보세요. "방금 읽은 부분의 핵심 내용은 뭐였지?" 그리고 자신만의 언어로 한두 문장으로 요약해 보세요. 소설이라면 "주인공이 드디어 단서를 발견하고 범인을 추적하기 시작했다."처럼, 비문학이라면 "이 장에서는 인공지능의 윤리적 문제 세 가지를 다뤘다."처럼 말이죠. 이 과정은 읽은 내용을 단기 기억에서 장기 기억으로 넘기는 가장 확실한 방법입니다.

다음은 궁금한 점을 그냥 넘기지 말고 질문하는 것입니다. "이해가 안 되는 부분은 뭐였지?", "작가는 왜 이런 표현을 썼을까?", "다음에는 어떤 내용이 나올까?" 등 질문을 만들어 보세요. 질문은 우리의 뇌를 능동적으로 만들고, 이어질 내용을 더 깊이 있게 이해하도록 돕는 예고편과 같습니다.

그리고 전체 지도와 현재 위치 연결해 봅니다. "방금 읽은 이 챕터는 책 전체의 주제와 어떻게 연결되지?", "지난 장의 내용과 이번 장은 어떤 관계가 있지?"라고 물으며 전체적인 그림을 그려보세요. 내비게이션 화면을 축소해서 전체 경로와 현재 내 위치를 확인하는 것과 같습니다. 이 과정을 거치면 길을 잃을 염려가 없습니다.

물론 잠시 진짜 휴식 취하는 것도 좋습니다. 생각을 정리했다면, 잠시 책을 덮고 다른 활동을 하세요. 차 한 잔을 마시거나, 가벼운 스트레칭을 하거나, 창밖 풍경을 보는 것도 좋습니다. 우리 뇌는 휴식을 취하는 동안에도 무의식적으로 정보를 정리하고 연결합니다. 이 짧은 쉼이 다음 독서를 위한 최고의 재충전이 됩니다. 꽉 막혀서 잘 풀리지 않는 문제를 잠시 덮어놓고 산책을 하고 와서 다시 보면 기가 막히게 잘 풀린 경험이 있다면 바로 '무의식의 작용과 효과'를 본 셈입니다.

끊어 읽기의 효과를 제대로 보기 위해서 마음에 드는 책갈피를 준비해 두는 것도 좋겠습니다. 본인이 원하는 부분까지 책을 읽은 뒤, 책갈피를 끼워두면 심리적으로 성취감을 높이는 데 도움이 됩니다. '여기까지 읽었어!', '다음 책갈피는 어느 정도 분량 뒤에 꽂게 될까?'와 같은 질문들을 하다보면 '작은 일이지만 해 냈다.'라는 만족감을 느낄 수 있습니다.

3단계: 목적지 도착 - 전체 여정 돌아보기

수많은 휴게소를 거쳐 마침내 책의 마지막 장을 덮었다면, 여행이 끝난 것일까요? 아닙니다. 여행의 완성은 돌아와서 사진을 정리하고 여운을 즐기는 데 있습니다. 책을 다 읽은 후 활동은 우리가 거쳐 온 긴 여정을 온전히 내 것으로 만드는 과정입니다.

먼저 내가 지나온 길을 복기해 봅니다. 목차를 다시 한 번 펼쳐보는 것도 좋겠습니다. 그리고 끊어 읽었던 내용 옆에 내가 휴게소에서 정리했던 핵심 요약을 한두 단어로 적어보세요. 그러면 책 한 권의 전체적인 논리적 흐름이 한눈에 들어올 겁니다.

여행을 다녀 온 뒤 주변 사람들과 여행 이야기를 할 때처럼 즐거운 일이 있을까요? 이와 같이 책을 읽은 후 대화 나누기, 인상 깊은 구절 정리하기 등을 글로 정리하기를 해 보면 확실히 글의 내용이 명확하게 정리된다는 느낌을 갖게 됩니다. '책 전체를 관통하는 핵심 메시지는 무엇이었지?', '가장 인상 깊었던 구절이나 주장은 무엇이었지?', '이 책을 읽기 전과 후, 나의 생각은 어떻게 달라졌지?' 이런 질문들에 답하며 짧은 글을 써보는 습관을 들여보세요. 여행을 다녀와 블로그에 후기를 남기는 것처럼, 이 기록은 흩어져 있던 생각과 감상을 단단하게 묶어주는 역할을 합니다.

긴 글 읽기는 더 이상 막막한 고행이 아닙니다. 여행 계획을 세우듯 읽기 전에 '휴게소'를 정하고, 운전하듯 집중해서 읽다가, 휴게소에 들러 생각을 정리하고, 목적지에 도착한 후에는 전체 여정을 돌아보는 것. 이 '끊어 읽기'라는 내비게이션만 있다면 아무리 두꺼운 책이라도 즐겁게 완주할 수 있습니다.

이제부터 두꺼운 책을 마주하더라도 부담 갖지 마세요. 첫 장, 혹은 딱 10페이지만 첫 번째 휴게소로 삼고 가벼운 마음으로 여행을 시작해 보세요. 한 번에 한 걸음, 한 번에 한 휴게소씩 나아가다 보면, 어느새 당신은 지식과 감동이라는 멋진 목적지에 도착해 있을 것입니다. '끊어 읽기'를 통해 독서라는 여행을 즐기는 현명한 여행자가 될 수 있습니다.

03 문해력 향상을 위한 5계명 (비문학 독서를 위한 5계명)

딱딱한 규칙보다는 선배가 들려주는 이야기처럼 편안하게 독서의 핵심 비법 5가지를 이야기해 볼게요. 이 원칙들만 제대로 익혀도 글이 훨씬 명확하게 보일 겁니다.

제1계명: 그냥 읽지 말고, 흔적을 남기며 읽으세요!

글을 읽을 때 눈으로만 쓱 훑고 지나가면 머릿속에 남는 게 별로 없어요. 글쓴이와 제대로 대화하려면 적극적으로 흔적을 남겨야 합니다. "이 글, 대체 뭐에 대한 거지?" 하고 중심 소재부터 찾으세요. 글에서 자꾸 반복되는 단어나 개념이 바로 중심 소재입니다. 이걸 놓치면 엉뚱한 내용에만 집중하게 됩니다.

중요한 내용이라고 생각되면 밑줄이나 동그라미 같은 표시를 해두세요. 특히 개념의 정의, 특징, 장단점, 원인과 결과 같은 내용이 나오면 꼭 표시해야 합니다. 자신만의 기호(☆, □, O)를 활용하면 나중에 다시 볼 때 한눈에 들어와서 더 좋습니다.

그렇지만 너무 자세한 예시나 설명은 과감히 건너뛰세요. 이런 부분은 이해를 돕기 위한 장치일 뿐, 핵심 흐름을 파악하는 데는 오히려 방해가 될 수 있습니다. '예시'나 '과정' 정도로만 메모하고 넘어가도 충분합니다.

제2계명: 글쓴이의 생각 설계도를 파악하세요!

모든 글에는 나름의 논리적인 구조, 즉 설계도가 있습니다. 글쓴이가 어떤 방식으로 이야기를 풀어가는지 파악하면 내용을 훨씬 깊이 있게 이해할 수 있어요.

먼저 주장과 근거를 찾아보세요. "그래서 하고 싶은 말이 뭐지? 근거는 뭐지?" 이렇게 질문하며 읽으면 글의 뼈대가 보입니다.

원인과 결과 관계를 따져보세요. 어떤 사건이 왜 일어났고, 그로 인해 어떤 결과가 생겼는지 인과 관계를 파악하는 건 기본 중의 기본입니다. 이때 주의해야 할 점이 있습니다. 우리는 글을 읽으면서 '인과성'과 '관계성'을 자주 혼동하곤 합니다. 다시 말해서 '원인'과 '결과'로 필연적인 연결이 되어 있는 것과 그저 관계가 있을 것 같은 내용을 헷갈리기 쉽습니다. '필연성'과 '우연성'을 구분하지 못하면 깊이 있는 내용을 제대로 읽지 못하게 되니 주의해야 합니다. 예를 들어 '당신을 사랑합니다. 그래서 당신이 꼭 필요해요.'라는 문장과 '당신이 꼭 필요합니다. 그래서 당신을 사랑합니다.'라는 문장은 완전히 다른 내용을 다루고 있습니다. 전자는 '사랑'이라는 원인이 '함께 하고 싶은 마음'이라는 결과를 이끌어내고 있는데, 후자는 그 반대이기 때문입니다. 두 문장의 '인과성'을 확인하게 되면, 결국 '사랑'과 '함께 하는 삶'은 '필연적인 인과성'을 갖는 것이 아니라 그저 서로 '관계성'을 가지고 있다고 볼 수 있습니다.

두 가지 이상을 다룬다면 비교와 대조를 의심해 보세요. 글쓴이는 종종 두 대상의 공통점(비교)이나 차이점(대조)을 통해 자신의 생각을 선명하게 드러냅니다.

제3계명: 행간에 숨은 의미를 추리하며 읽으세요!

고수들은 글에 직접 드러나지 않은 내용까지 읽어냅니다. 글쓴이가 생략한 내용이나 숨겨진 의도를 논리적으로 추론하는 거죠.

"왜 이렇게 말했을까?" 하고 질문을 던져보세요. 글쓴이가 어떤 주장을 할 때는 그 밑바탕에 깔린 생각, 즉 전제가 있기 마련입니다. 이 숨은 전제를 찾아내는 연습을 하면 글을 더 깊이 이해할 수 있습니다.

만일 결론이 없다면 직접 만들어보세요. 글의 전체적인 흐름을 바탕으로 "이 글이 계속된다면 어떤 내용으로 끝날까?" 하고 예측해 보는 겁니다. 이런 훈련이 추론 능력을 키워줍니다.

제4계명: 무조건 믿지 말고, 따져보며 읽으세요!

글의 내용을 그대로 받아들이기만 하면 생각의 근육이 자라지 않습니다. 글쓴이의 주장이 타당한지, 정보는 정확한지, 한쪽으로 치우치지는 않았는지 따져보는 비판적 읽기가 필요합니다.

우선, 주장과 근거가 논리적인지 평가해 보세요. "이 근거가 주장을 뒷받침하기에 충분한가? 너무 비약은 아닌가?" 하고 따져보는 겁니다. 주장은 명확한데 근거가 부족한 글이라면 단순한 비판을 넘어 스스로 근거를 고민해 보는 것도 좋습니다.

글쓴이의 관점과 내 생각을 비교해 보세요. 글쓴이는 어떤 입장에서 글을 썼는지 파악하고, "나라면 어떻게 생각할까?" 하고 자신의 관점과 비교하며 읽어야 합니다. 이런 생각들은 글을 읽은 뒤 또는 읽는 과정에 책이나 메모지 등에 간단히 정리하면 좋습니다.

제5계명: 내 삶에 적용하며 읽으세요!

진정한 독서는 글에서 얻은 지식을 내 삶과 연결하는 데서 완성됩니다. 글의 내용을 다른 상황이나 구체적인 사례에 적용해 보는 창의적인 읽기죠.

추상적인 내용이 나오면 구체적인 예를 떠올려 보세요. 예를 들어, '산업 기술의 발전'에 대한 글을 읽었다면, '진공청소기'나 '자동 제빵기'처럼 여러 공정이 하나로 합쳐진 우리 주변의 사례를 생각해보는 겁니다.

그리고 다른 분야에 적용해 보세요. 글에서 배운 원리나 아이디어를 전혀 다른 문제에 적용하면 새로운 해결책을 찾을 수도 있습니다. 이것이 바로 지식을 창조하는 과정입니다.

제2부. 목적과 상황에 맞는 글 읽기 전략

　모든 글을 똑같은 방식으로 읽을 수는 없습니다. 여유롭게 지혜를 얻기 위한 독서와, 제한된 시간 안에 정확한 정보를 찾아야 하는 시험 독서는 달라야 합니다. 평소 편하게 글을 읽을 때는 질문도 잘 떠오르고 정리도 잘 되던 사람이 시험에 나온 글을 읽을 때는 도무지 글의 내용이 눈에 들어오지 않아 당황했던 기억이 한 번쯤 있을 것입니다. 평소 여유를 갖고 책을 읽을 때는 음악을 켜고, 차를 한 잔 마시면서도 충분히 내용을 감상할 수 있습니다만, 시험 문제에 나온 글을 읽을 때에 이런 방법을 사용하게 되면 내용을 정확하게 읽어낼 수 없습니다.

　"인간은 멀티태스킹을 할 수 없다."라는 말을 심리학자들은 자주 사용합니다. 이를 학문적으로는 '전환 비용(Switch-Cost)' 개념으로 설명할 수 있습니다. 뇌는 여러 가지 일을 동시에 처리하는 것이 아니라, 여러 작업 사이를 매우 빠르게 오가는 스위칭(Switching)을 합니다. 이 과정에서 필연적으로 인지적 자원 소모와 시간이 발생하는데, 이를 전환 비용이라고 합니다. '운전 중 휴대폰 사용', '공부하며 음악 듣기', '회의 중 이메일 확인하기', '걸으면서 휴대폰 보기' 등은 본인의 입장에서는 문제없이 잘하고 있는 것처럼 보이지만 제대로 못하고 있다는 대표적인 사례가 됩니다. 따라서 고도의 집중력이 필요한 시험에 나온 글을 읽을 때, 음악을 함께 듣는 행위는 시험을 미리 포기하는 것과 같습니다.

01　일상적 독서 : 지혜를 쌓는 즐거움, 느림의 미학

　예전에 아버지들께서 아침마다 돋보기를 코끝에 걸치고 묵묵히 신문을 읽으시던 모습이 떠오릅니다. 그분들은 밑줄을 긋거나 동그라미를 치지 않아도 긴 기사의 내용을 세부적인 사항까지 거침없이 이야기하시곤 했죠. 놀라운 기억력의 비결이 무엇인지 궁금했지만, 그분들이 내용을 암기하려 한 것이 아니라, 세상의 흐름을 이해하고 지혜를 얻기 위해 글과 온전히 소통했기 때문일 겁니다.

이처럼 일상적인 독서는 효율성이나 속도에 얽매이지 않고, 텍스트 자체에 깊이 몰입하는 경험을 추구해야 합니다. 디지털 시대에 우리는 수많은 정보를 빠르게 소비하지만, 정작 깊이 있는 사고를 위한 시간을 갖지 못합니다. 정보가 넘치지만 가치는 떨어지는 이 시대에, 종이 신문이나 책장을 직접 넘기며 저자의 생각과 호흡을 맞춰보는 느린 독서는 우리에게 지식 이상의 통찰과 지혜를 선물할 것입니다.

빠르게 스크롤을 내리거나 핵심만 훑어보는 '훑어보기 독서'는 정보를 습득하는 데는 효과적일 수 있지만, 그 과정에서 맥락을 잃기 쉽습니다. 글 속의 작은 단어 하나, 문장 구조 하나에 담긴 저자의 의도와 감정을 놓치게 되는 것이죠. 진정한 독서는 텍스트와 독자가 서로 대화하는 과정과 같습니다. 마치 좋은 친구와 이야기를 나누듯, 질문을 던지고, 공감하며, 때로는 반박하기도 하는 능동적인 상호작용이 필요합니다. 이러한 과정에서 우리는 단순히 정보를 습득하는 것을 넘어, 비판적 사고력을 기르고 세상을 다각도로 바라보는 힘을 얻게 됩니다.

어떤 심리학자는 '애정'과 '애착'의 차이를 다음과 같이 설명하고 있습니다. 연애 초기의 애정은 흥분성 및 휘발성이 강한 감정으로 사라질 가능성이 높지만, 애착은 '이 사람이 살아있는 세상이라면 나도 살아있고 싶다.'라는 공존의 소망입니다. 가족 관계는 기쁨과 즐거움은 많지 않아도 이 공존의 소망을 쌓아가는 중요한 존재이므로, 가장 감사를 표현해야 할 대상인 것이지요.

책을 읽는 일도 이와 비슷합니다. 누구나 한 번쯤은 서점에 앉아서 책을 읽는 즐거움을 느껴보고 싶어 합니다. 때로는 오프라인 서점이나 인터넷 서점 등에서 평소 읽고 싶었던 책을 여러 권 사보기도 합니다. 그런데 막상 거기까지는 책 읽기에 대한 애정이 있는 상태라고 볼 수 있습니다. 진짜 중요한 단계는 책을 읽는 일에 대한 애착을 형성하는 일입니다. 책을 읽는 일이 무언가 큰 결심이 필요하거나 도전 정신이 있어야 한다거나 특별한 위험을 감수해야 한다면 책과 함께 하고 싶은 공존의 소망은 멀게만 느껴질 것입니다. 따라서 일상적이면서 소소한 기쁨을 찾는 일처럼 책을 가까이하는 일이 중요합니다.

일상적 독서의 가치는 바로 이 '느림'과 '몰입'에 있습니다. 이는 바쁜 일상 속에서 잠시 멈춰 서서 내면의 목소리에 귀 기울이는 것과 같습니다. 디지털 기기의 끊임없는 알림과 방해로부터 벗어나, 조용한 공간에서 책 한 권에 집중하는 시간은 정신적 피로를 덜어주고, 생각을 정리하는 데 도움을 줍니다. 이렇게 쌓은 지혜는 단순한 시험 성적이나 스펙으로 나타나지 않지만, 우리가 마주하는 문제들을 해결하고 더 나은 결정을 내리는 데 중요한 나침반이 될 것입니다. 결국, 일상적 독서는 효율성이라는 족쇄에서 벗어나, 삶의 깊이를 더하는 가장 아름다운 습관인 것입니다.

02 시험을 위한 글 읽기 : 출제자의 마음을 읽는 기술

국어 시험에서 많은 학생이 시간 부족을 호소합니다. 그리고 그 해결책으로 더 많은 문제를 풀거나 글을 더 빨리 읽으려고 노력하죠. 하지만 이는 밑 빠진 독에 물 붓기와 같습니다. 문제 푸는 속도를 조금 높여도, 결국 지문을 제대로 이해하지 못해 오답이 늘어나고, 다시 지문으로 돌아가는 악순환을 반복하기 때문입니다. 시간 문제의 본질은 읽기 속도가 아니라 읽기 방식에 있습니다.

잘못된 접근법: 왜 시간이 부족할까?

> 많은 학생이 다음과 같은 순서로 문제를 풉니다.
> (1) 지문을 보기 전에 문제를 먼저 훑어본다.
> (2) 지문을 문제의 내용에 맞추어 부분적으로 읽어간다.
> (3) 정답을 찾기보다 오답을 찾아 지워나간다.

이와 같은 방식은 효율적인 것처럼 보이지만, 결국 글의 핵심을 놓치게 만들어 선택지를 확인할 때마다 지문으로 다시 돌아가는 일을 반복하게 만듭니다. 예를 들어, '신기술의 사회적 영향'에 대한 지문이 나왔다고 가정해 보세요. 문제를 먼저 보고 '기술 발전의 부정적 측면'에 대한 내용만 찾으려

합니다. 지문의 절반만 대충 읽고 답을 찾으려 하지만, 정작 선택지에는 '기술 발전의 긍정적 측면'이나 '신기술의 역사적 배경'에 대한 내용이 포함되어 있습니다. 결국 다시 지문 전체를 처음부터 읽어야 하는 비효율적인 상황이 발생합니다. 이것이 바로 시간 부족의 가장 큰 원인입니다.

올바른 접근법: "글을 읽고, 물음에 답하라."

문제지의 첫 장에 쓰인 이 단순한 지시 속에 해답이 있습니다. 바로 지문을 완벽히 이해한 후 문제를 푸는 것입니다. 먼저, 지문을 꼼꼼하게 읽습니다. 문제를 푸는 시간보다 지문을 정확하게 이해하는 데 더 많은 시간을 투자해야 합니다. 글의 주제와 구조를 완벽히 이해하면, 문제는 훨씬 빠르고 정확하게 풀립니다. 예를 들어, '오존층 파괴의 원인과 영향'에 대한 지문이 나왔다면, 첫 번째 문단에서 오존층이 무엇인지, 두 번째 문단에서 파괴 원인이 무엇인지, 세 번째 문단에서 그 영향이 무엇인지 등 글의 전체적인 흐름과 구조를 머릿속에 정리하며 읽는 것입니다. 이렇게 지문 전체의 '마인드맵'을 그리는 방식으로 글을 읽으면, 문제를 볼 때마다 지문으로 돌아갈 필요가 없어집니다.

- 1문단: 최근 발표된 연구에 따르면, 기후 변화로 인해 북극 해빙의 녹는 속도가 예상보다 빨라지고 있다. 이는 단순히 자연 현상을 넘어 생태계와 인류에게 심각한 위협을 초래할 수 있다.
- 2문단: 해빙 감소는 북극곰과 같은 극지방 동물들의 서식지를 파괴하며, 먹이사슬의 붕괴를 초래한다.
- 3문단: 또한, 해빙이 녹아내리면 해수면이 상승하여 저지대 국가들이 침수될 위험에 처하게 된다.
- 4문단: 따라서 전 지구적인 온실가스 감축 노력이 시급하다.

이렇게 글의 전체적인 흐름과 구조를 머릿속에 정리하며 읽으면, 문제를 볼 때마다 지문으로 돌아갈 필요가 없어집니다.

첫 문단을 읽을 때 에너지의 70%를 쏟아부으세요. 시험에 나온 글(비문학) 첫 문단에는 글 전체의 화제, 목적, 내용 전개 방식 등 핵심 정보가 담겨 있습니다. 첫 문단을 완벽히 이해하는 데 집중하면, 이어지는 내용을 예측하며 읽을 수 있어 전체 독해가 훨씬 수월해집니다. 만약 첫 문단에서 '최근 유행하는 미니멀리즘의 철학적 배경'이라는 화제가 제시되었다면, 다음 문단들에서는 미니멀리즘이 어떤 철학에서 유래했는지, 그 철학이 현대사회에 어떻게 적용되는지에 대한 내용이 나올 것을 예상할 수 있습니다.

만약 시험에 나온 지문이 5~7문단 정도라면 글의 시작과 끝을 먼저 확인하여 화제를 파악할 수도 있습니다. 시험 문제를 만들기 위해 지문을 제시할 때는 '완결성'이라는 목표를 달성해야 합니다. 글이 미완성으로 제시되면 학생들이 글을 읽고 얻을 수 있는 '교육적' 효과를 달성하기 어렵기 때문입니다. 예를 들어 "오늘은 여기까지~~~ 이어지는 내용은 내년에 다시!"라는 식의 글이 수능 시험에 나왔다고 생각해 보세요. 이건 뭐 대놓고 재수를 하라는 것 아닌가요?

- 1문단: 미니멀리즘은 단순히 물건을 적게 소유하는 삶의 방식을 넘어, 삶의 본질을 탐구하는 철학적 태도에 가깝다. 고대 그리스의 금욕주의나 동양의 선(禪) 사상에서 그 뿌리를 찾을 수 있다.
- 2문단: (미니멀리즘의 철학적 뿌리인 금욕주의와 선 사상에 대한 구체적 설명이 이어질 것을 예측할 수 있다.)
- 3문단: (이러한 철학이 현대사회에 어떻게 적용되는지 구체적인 사례를 제시할 것을 예상할 수 있다.)

다음은 '대의(大意)'를 파악하며 읽습니다. 세부 정보 하나하나에 집착하면 머리에 과부하가 걸립니다. 마치 '아빠 생신상 차리기'라는 큰 주제를 정하고 '갈비찜', '잡채'라는 소주제에 맞춰 재료를 고르듯, 글 전체를 관통하는 핵심 내용을 중심으로 정보를 정리해야 합니다. 글에 등장하는 수많은 개념과 숫자들 중, 무엇이 이 글의 핵심을 뒷받침하는 근거인지 구분하는 연습을 해야 합니다.

- 지문 내용: 조선 시대 유학자인 이황은 '경(敬)' 사상을 강조했다. 그는 '경'을 통해 마음을 바르게 다스리고 학문에 정진해야 한다고 주장했다. 또한, 이황의 사상은 훗날 일본의 유학에도 큰 영향을 주었다. 그는 제자들에게 편지를 통해 자신의 생각을 전달했고, 특히 '도산서원'에서 수많은 후학을 양성했다.

윗글을 읽으면서 '도산서원', '제자들에게 편지', '일본 유학에 영향'과 같은 세부 정보만 기억하면 글의 핵심 내용을 제대로 파악하지 못하게 됩니다. '이황의 사상은 '경(敬)'을 중심으로 한 학문 수양의 중요성을 강조했다.'라는 핵심을 파악해야 합니다. 세부 정보는 이 핵심을 뒷받침하는 근거로 이해해야 한다는 말입니다.

오답을 지우지 말고, 정답을 찾으세요. 출제자는 글의 핵심 내용을 바탕으로 정답 선택지를 만듭니다. 따라서 주제를 명확히 파악하면 매력적인 오답의 유혹을 피하고 정답을 바로 고를 수 있습니다. 좀 더 풀어 말하자면 출제하는 사람들은 정답지를 먼저 만들면서 핵심 내용을 떠올리게 되고, 오답지는 지문의 구석구석에서 찾아낸 내용을 비틀어 만듭니다. 그런데 오답인 이유를 찾아서 정답을 확인하려는 시도는 결국 숨겨진 내용을 비틀어 놓은 문장을 찾아야하기 때문에 늘 그럴듯해 보이고, 심지어는 오답을 정답으로 확신하게 되는 오류를 범하게 되는 것입니다. 출제자의 입장에서 생각해 보세요. '유교 사상의 현대적 의의'에 대한 지문이라면, 정답 선택지는 반드시 유교가 현대 사회에 미치는 긍정적인 영향과 관련된 내용일 것입니다. '유교의 한계점'을 언급하는 선택지는 아무리 그럴듯해 보여도 오답일 가능성이 높습니다.

- 지문 주제: 유교 사상이 현대 사회에 미치는 긍정적 영향
- 선택지:
  (오답) 유교 사상이 개인의 창의성을 억압하는 한계점.
  (정답) 유교의 '효' 사상이 현대 가족 공동체 회복에 기여하는 측면.

지문의 주제가 '긍정적 영향'이므로, '한계점'을 언급하는 선택지는 아무리 그럴듯해 보여도 오답일 가능성이 높습니다. 주제와 직접적으로 연결되는 선택지가 정답입니다.

마지막으로 '오답 노트' 대신 '정답 노트'를 만드세요. 내가 왜 틀렸는지를 분석하는 것보다 "왜 이 선택지가 정답인가?"를 분석하는 것이 훨씬 중요합니다. 정답이 글의 핵심 내용과 어떻게 연결되는지를 정리하는 '정답 노트'는 출제자의 시각을 기르는 최고의 훈련법입니다. 이 훈련을 통해 여러분은 글을 읽을 때부터 출제자가 어떤 부분을 문제로 낼지 예측하는 능력을 기를 수 있습니다. 이는 단순히 문제를 푸는 기술을 넘어, 글의 핵심을 꿰뚫는 진정한 독해력을 키우는 가장 효과적인 방법입니다.

- 문제: 윗글의 내용과 일치하는 것은?
- 정답 선택지: 이황은 자신의 사상을 편지를 통해 제자들에게 전달했다.

〈정답 노트 작성〉
- 정답: 이황은 제자들에게 편지를 통해 자신의 생각을 전달했다.
- 근거: 지문의 '그는 제자들에게 편지를 통해 자신의 생각을 전달했고..'라는 문장에서 직접적으로 확인할 수 있다.
- 연결: 이 문장은 이황의 사상을 제자들이 어떻게 학습했는지에 대한 '세부 정보'이며, 이는 '이황의 학문 전파 방식'이라는 '소주제'를 뒷받침한다.

제3부. 실전 비문학 독해 훈련

산업 혁명 이후 우리는 수많은 정보 속에서 살아가고 있습니다. 중요한 것은 단순히 글자를 읽는 것을 넘어, 글에 담긴 핵심 정보를 정확히 파악하고, 비판적으로 수용하며, 자신의 지식으로 재구성하는 능력, 즉 실질적인 문해력입니다.

이 자료는 다양한 기출 지문을 활용하여, 비문학 독해의 핵심 원리를 익히고 실전에 적용하는 훈련을 위해 만들었습니다. 글의 주제를 파악하는 기본기부터, 구조를 예측하며 읽는 전략, 그리고 문제 유형에 맞춰 효율적으로 답을 찾는 기술까지 단계별로 학습할 수 있도록 구성했습니다.

이 자료를 통해 여러분은 텍스트의 단순한 소비자를 넘어, 의미를 능동적으로 구성하는 주체적인 독자로 성장하게 될 것입니다.

독해의 기초 다지기

독해의 시작과 끝: 핵심 주제 파악하기

(1) 글을 읽는다는 것의 의미

독서는 단순히 글자를 눈으로 따라가는 행위가 아닙니다. 독자는 목표한 결과에 도달하기 위해 글을 읽고 의미를 구성하는 인지 행위를 수행합니다. 즉, 글 속에 담긴 정보를 이해하고, 글쓴이의 중심 생각을 파악하여 자신의 지식으로 만드는 능동적인 과정입니다. 성공적인 독서는 글의 내용을 얼마나 정확하고 깊이 있게 이해했느냐에 달려있습니다.

(2) 독서의 나침반, '주제'를 찾아라!

모든 비문학 글에는 글쓴이가 전달하고자 하는 핵심 내용, 즉 주제가 있습니다. 주제란 글 전체를 아우르는 중심 생각이나 핵심 화제를 말합니다. 수많은 정보 속에서 길을 잃지 않으려면, 이 주제를 나침반 삼아 글을 읽어야 합니다.

주제를 찾는 일은 정보의 중요도를 판단하는 기준이 됩니다. 무엇이 중요하고 무엇이 부수적인지에 대한 기준을 잡는 데 중요한 요소가 됩니다. 또한 세부 내용을 유기적으로 연결하여 기억하게 돕기도 합니다. 마지막으로 글쓴이의 의도를 파악하고 글을 비판적으로 이해할 수 있게 합니다. 이러한 이유로 주제를 찾으면서 읽는 훈련은 글 읽기의 처음이자 마지막이라고 할 수 있습니다.

(3) 독서 과정 점검과 조정, 초인지 활용 전략

성공적인 독서를 위해서는 초인지를 활용하는 것이 매우 중요합니다. 초인지란 자신의 독서 행위에 대해 인지하고, 독서 과정을 스스로 점검하며 조정하는 역할을 합니다. 초인지를 활용하는 가장 좋은 책 읽기 방법으로는 나보다 못하거나 어린 사람, 혹은 내 일을 잘 모르는 사람에게 설명을 시작할 때입니다. 뛰어난 물리학 이론이라도 대학 1학년 신입생에게 설명했을 때 그들이 이해하지 못한다면 아직 완벽한 이론이 아니라고 본 물리학자 리처드 파인만의 말처럼, 타인에게 설명하는 과정을 통해 우리는 지혜를 점검받게 됩니다.

이러한 초인지를 독서에 활용하기 위해서 우선, 책을 읽으면서 다음과 같은 질문을 스스로에게 던져보세요. "내가 지금 무엇을 위해 이 글을 읽고 있지?"와 같은 질문은 책을 읽는 목표를 확인하는 데 좋은 역할을 합니다. 다음으로 "이 문단의 핵심 내용은 무엇인가?"라는 질문을 통해 글의 핵심 내용을 점검할 수 있게 됩니다. 또한 "앞서 읽은 내용과 어떻게 연결되지?"와 같은 질문을 하게 되면 글 전체의 구조 파악을 쉽게 만듭니다. "이해가 잘 안 되는 부분이 있는데, 왜 그럴까?"와 같은 질문을 통해 문제를 진단하기도 하며, "이해가 안 되니, 다시 한 번 천천히 읽어보거나 뒤 내용을 먼저 확인해 봐야겠다."라는 질문을 활용하게 되면 자신의 독서 전략을 조정할 수 있게 됩니다.

> "내가 지금 무엇을 위해 이 글을 읽고 있지?"
> "이 문단의 핵심 내용은 무엇인가?"

> "앞서 읽은 내용과 어떻게 연결되지?"
> "이해가 잘 안 되는 부분이 있는데, 왜 그럴까?"
> "이해가 안 되니, 다시 한 번 천천히 읽어보거나 뒤 내용을 먼저 확인해 봐야겠다."

이처럼 자신의 이해 상태를 객관적으로 바라보고, 문제가 발생했을 때 해결하기 위해 독서 전략을 수정하는 것이 초인지의 핵심입니다. 이해한 내용을 중간중간 정리하는 것도 문제 발생 여부를 점검하는 좋은 방법입니다.

그리고 앞서 설명한 대로 자신이 읽은 내용을 그 내용과 전혀 관련이 없는 어린 아이에게 설명하듯 내용을 풀어 말하는 연습을 하게 되면 시험에 나오는 지문과 문제 해결을 위한 가장 좋은 방법을 실천하고 있는 것입니다.

사람들은 흔히 '익숙한 것'에 대한 착각을 하며 살아갑니다. 이와 관련된 재미있는 실험이 있습니다. 가령, 다른 사람에게 '꽃사슴'이라고 다섯 번 외치게 하고 "산타클로스가 타는 것은?"이라고 물었을 때, 상대방은 순간적으로 '루돌프'를 말하기도 합니다. 이와 같은 현상이 일어나는 이유는 익숙함이 주는 착각 때문입니다. 사람들은 자신이 익숙하다고 느끼는 것과 정답이라고 확신하는 것을 구별하기 어렵다는 말입니다. 우리들은 무엇이든 머릿속에서 익숙하다고 느끼면 그것이 정답이라고 착각하는 독특한 특징을 가지고 있습니다. 책을 읽고 문제를 푸는 일을 끊임없이 반복하면서 점수가 오르지 않는다면 방법을 바꿔야 하는 것이 당연한데도 좀더 많이 해야 한다는 강박증에 시달리면서 문제집을 더 많이 사서 푸는 일이 이와 비슷합니다.

02 글의 지도를 읽는 법 : 첫 문단의 중요성

많은 학생이 첫 문단은 가볍게 훑고, 구체적인 정보가 많이 나오는 본론부터 집중하려는 경향이 있습니다. 하지만 이는 매우 비효율적인 독서 습관입니다. 첫 문단은 글 전체의 방향을 알려주는 지도와 같습니다.

(1) 왜 첫 문단에 집중해야 하는가?

첫 문단에는 화제가 제시되어 있습니다. 글이 무엇에 대해 이야기할 것인지 명확히 밝힌다는 말입니다. 또한 본문에서 다룰 핵심 용어나 개념을 정의하기도 합니다. 만약 글이 '문제 해결 전략'으로 전개된다면 첫 문단에서 글 전체가 답하고자 하는 질문이나 문제 상황을 제시합니다. 또한 앞으로 어떤 순서로 내용이 전개될지 암시하기도 합니다. 예를 들어 "이와 같은 문제를 A와 B로 설명할 수 있다."와 같은 문장이 첫 문단의 끝에 제시되었다면 그 글은 A를 설명한 다음 B를 설명하는 순서로 전개될 가능성이 매우 높으며, A와 B의 차이점을 정리하는 것만으로도 어려운 문제를 쉽게 해결할 수도 있습니다. 결국 첫 문단을 제대로 이해하면, 이어질 내용을 예측하며 읽을 수 있어 정보 처리의 부담이 줄고, 글의 전체적인 흐름을 놓치지 않게 됩니다.

(2) 첫 문단으로 글의 전개 방식 예측하기

:: 정의로 시작하는 글

만약 첫 문단이 개념 정의로 시작했다면, 해당 개념의 특징, 종류, 원리, 장단점 등이 이어질 가능성이 높습니다. 혹시 정의로 된 문장만 나오면 밑줄을 치는 습관이 있다면 정의가 곧 주제 문장이라는 착각에서 비롯된 행위라는 점을 기억해야 합니다. 대부분 정의를 내리는 문장은 글에서 다룰 화제를 제시하는 경우가 많기 때문입니다. 즉, 글의 주제를 다루기 위해 미리 언급하는 소재 정도라고 봐야 한다는 말입니다. 그렇기 때문에 정의는 곧 주제라는 생각으로 글을 읽는 방법은 다소 위험한 습관입니다.

일반으로 '정의'란 어떤 말이나 사물의 뜻을 명확히 밝혀 규정하는 것으로, (A) = (B) + (C)의 구조를 가집니다. 여기서 (A)는 정의를 받는 대상입니다. 그리고 (C)는 그 대상이 속하는 가장 가까운 종류나 범주를 말합니다. 마지막으로 (B)는 같은 종류의 다른 것들과 구별되는 본질적인 속성을 의미합니다. 예를 들어보겠습니다.

> 사람(A)은 이성적(B) 동물(C)이다.

위에서 '사람'이 피정의항, '동물'은 종류나 범주, '이성적'은 다른 것과의 차이가 됩니다. 올바른 정의는 이처럼 명확하고 본질적인 특성을 제시해야 하며, 너무 넓거나 좁아서는 안 됩니다.

반면에 잘못된 정의는 논리적 오류를 포함하여 개념을 명확하게 설명하지 못하는 경우에 발생합니다. 우선, '순환 정의'가 있습니다. 정의하려는 대상의 단어나 개념을 정의 자체에 포함시켜, 실질적으로 아무런 정보를 주지 못하는 오류입니다.

> 정의란 어떤 것의 의미를 정의하는 것이다.
> ⇨ '정의'라는 말을 설명하기 위해 '정의'라는 단어를 그대로 사용하고 있습니다.

> 경제학이란 경제 현상을 연구하는 학문이다.
> ⇨ '경제 현상'이 무엇인지 설명하지 않으면 '경제학'이 무엇인지 알 수 없습니다.

다음으로 '지나치게 넓은 정의'도 문제가 됩니다. 정의가 대상이 가진 범위보다 훨씬 넓어서 관련 없는 대상까지 포함하는 경우입니다.

> 컴퓨터는 계산을 할 수 있는 기계이다.

이 정의는 맞는 말이지만, 주판이나 계산기 등 컴퓨터가 아닌 다른 계산 도구까지 모두 포함하게 됩니다.

물론 '지나치게 좁은 정의'도 적절하지 않습니다. 정의가 대상이 가진 본질적 속성 중 일부만 포함하여 전체를 설명하지 못하는 경우입니다.

> 조류는 날 수 있는 동물이다.
> 인간은 두 다리로 걷는 동물이다.

닭, 펭귄, 타조처럼 날지 못하는 조류를 설명하지 못하는 오류를 범합니다. 정의를 하는 부분과 정의를 받는 부분을 뒤바꾸면 오류가 분명해집니다. "두 다리로 걷는 동물은 모두 인간이다?"

마지막으로 흔히 방송 등에서 자주 볼 수 있는 '비유적 정의'의 사례가 있습니다. 대상을 명확한 속성으로 설명하는 대신, 은유나 직유와 같은 비유적 표현을 사용하여 감성적으로만 전달하는 경우입니다. 이러한 사례는 (C)가 정의받는 대상이나 구별되는 요소를 모두 포함하지 못한다는 점에서 문제가 분명해집니다.

> 인생은 마라톤이다.

인생의 한 측면을 비유적으로 보여줄 수는 있지만, '인생'이 무엇인지 명확하게 규정하는 정의라고 할 수는 없습니다.

> 사랑은 장미꽃과 같다.

아름다움과 가시를 동시에 가진 사랑의 속성을 암시할 뿐, 사랑의 본질적인 개념을 설명해주지 못합니다.

:: **통념 비틀기**

다음으로 첫 문단에서 통념을 제시하는 경우가 있습니다. '사람들은 일반적으로 ~라고 생각한다.'와 같은 내용이 나옵니다. 물론 그 뒤에 이어서 바로 '그러나 ~'와 같은 구조로 통념의 문제점을 지적하고 새로운 관점을 제시하는 경우도 있습니다. 하지만 대부분 글의 중간과 끝부분을 이어가면서 통념을 비판하거나 뒤집는 내용이 나오게 됩니다. 상식적으로 생각해 보세요. 가령, "사람들은 대개 예술하면 아름다움을 떠올린다."라는 문장이 처음에 나왔습니다. 그리고 글의 흐름을 보니 "나도 그렇게 생각한다."라는 내용이 나왔다면 교육적 가치가 전혀 없는 글이 될 것입니다. 이럴 때는 "나는 그렇게 생각하지 않는다."라는 내용으로 전개해야 독자의 시선을 잡아두면서 새로운 내용을 알려주는 가치있는 글이 됩니다. 수능 지문은 이렇게 교육적이면서도 참신한 가치를 전달하는 방식으로 전개됩니다. 아래의 글을 읽어 보세요.

> 흔히 "천재는 1%의 영감과 99%의 노력으로 이루어진다."라는 토머스 에디슨의 말을 단순히 노력의 중요성을 강조하는 격언으로 받아들이는 경향이 있습니다. 이 말에 따르면, 비범한 성취는 타고난 재능보다는 거의 전적으로 땀과 인내에 의해 결정되는 것처럼 보입니다. 하지만 이러한 해석은 에디슨이 말하고자 했던 본래 의도를 왜곡할 수 있습니다. 그가 실제로 강조하려 했던 것은 99%의 노력이 뒷받침되지 않으면 아무리 뛰어난 1%의 영감이라도 무용지물이 된다는 점이었습니다. 즉, 이 말의 핵심은 단순히 노력을 찬양하는 것이 아니라, 결정적인 아이디어나 발상의 전환(영감)이 반드시 필요하며, 그것을 현실로 구현하기 위해 엄청난 노력이 수반되어야 한다는 상호보완적 관계를 설명하는 것입니다. 따라서 노력을 맹목적으로 강조하며 영감의 가치를 폄하하는 것은, 창의적 성과를 이끄는 핵심 동력 중 하나를 간과하는 오류를 범하는 것입니다.

이 문단은 "천재에 대한 통념, 즉 '99%의 노력'만이 전부라는 해석은 에디슨의 본래 의도를 왜곡하며, 영감이라는 핵심 동력의 가치를 간과하는 오류이다."라는 소주제를 전달하고 있습니다. 그리고 통념을 제시하고 이를 논리적으로 비판하는 전형적인 '통념-반박(비판)-결론' 구조를 따르고 있습니다. 글의 내용을 다음과 같이 정리할 수 있습니다.

> 도입 (통념 제시)
> "천재는 1%의 영감과 99%의 노력으로 이루어진다."라는 말을 '노력'의 중

요성만 강조하는 격언으로 받아들이는 일반적인 생각(통념)을 소개한다.

전개 (통념 비판 및 새로운 해석)
 '하지만'이라는 전환어를 사용하여 앞서 제시한 통념에 문제를 제기하여, 단순히 노력만 강조하는 것은 에디슨의 본래 의도를 왜곡하는 것이라고 지적한다.
 또한 영감과 노력의 '상호보완적 관계'라는 새로운 해석을 제시하며 주장을 뒷받침한다.

결론 (주장 강조 및 마무리)
 '따라서'라는 접속 부사로 내용을 정리하며, 통념을 따를 경우 '영감의 가치를 폄하하는 오류'를 범하게 됨을 강조한다.

∷ 묻고 답하기

다음은 질문으로 시작하는 경우입니다. 이와 같은 글은 글 전체가 그 질문에 대한 답을 찾아가는 과정으로 구성됩니다.

질문과 답변이 이어지는 대화 형식으로 글을 구성하게 되면 독자의 궁금증을 직접 질문으로 제시하고 곧바로 답을 제공하기 때문에 가독성이 높고 독자의 이해를 돕기 쉽다는 장점이 있습니다. 또한, 복잡한 내용을 주제별로 나누어 설명하기 쉬우며, 독자가 마치 대화에 참여하는 듯한 느낌을 주어 흥미와 몰입도를 높일 수 있습니다. 반면, 모든 내용을 질문과 답변으로 나누다 보면 글의 전체적인 흐름이 끊기거나 산만해질 수 있고, 질문이 인위적이거나 단조롭게 반복될 경우 글이 어색하게 느껴질 수 있다는 단점이 있습니다. 다음 사례를 읽어보세요.

 비판적 사고란 무엇인가요? 이는 단순히 부정적으로 따지는 것이 아니라, 주어진 정보를 맹목적으로 수용하지 않고 그 근거나 논리를 능동적으로 분석하고 평가하는 고등 사고 과정입니다. 그렇다면 이러한 사고방식은 왜 중

> 요한가요? 정보가 넘쳐나는 현대 사회에서 가짜 뉴스나 왜곡된 주장에 휘둘리지 않고 문제의 본질을 꿰뚫어 합리적인 결정을 내리는 데 필수적인 역량이 되기 때문입니다.

이 글은 '비판적 사고는 정보를 주체적으로 분석하는 능력으로, 정보 과잉 시대에 합리적 판단을 내리기 위해 반드시 필요한 역량이다.'라는 내용의 주제를 묻고 답하는 형식으로 전개하고 있습니다. 내용을 좀더 구체적으로 살펴보겠습니다.

> - 핵심 개념 질문: "비판적 사고란 무엇인가요?"
>   ⇨ 정의에 대한 질문을 먼저 던집니다.

개념 정의를 활용하여 질문에 답하며 비판적 사고의 뜻을 명확히 설명한다.

> - 심화 질문: "왜 중요한가요?"
>   ⇨ 앞선 답변에 기초하여 중요성에 대한 질문으로 논의를 확장한다.

> - 가치 설명: 질문에 답하며 현대 사회에서 비판적 사고가 지니는 필수적인 가치를 설명하며 내용을 마무리한다.

:: 사례나 현상으로 시작하기

특정 사례나 현상으로 글을 시작하여 독자의 흥미를 유발하고, 이어지는 분석을 통해 주장의 설득력을 높이는 글쓰기 방식은 매우 효과적입니다. 이 구조는 구체적인 현실의 문제에서 출발하여 원인, 문제점, 해결 방안, 그리고 의의나 전망 순서로 논의를 심화시키는 논리적 흐름을 가집니다. 독자는 눈에 보이는 현상을 통해 글의 주제에 쉽게 몰입할 수 있으며, 이어지는 다각적 분석을 통해 문제의 본질과 중요성을 체계적으로 이해하게 됩니다.

이 방식은 단순한 주장 나열을 넘어, 현실에 기반한 깊이 있는 통찰을 제공함으로써 글의 전문성과 설득력을 크게 향상시킵니다.

> 코로나19 팬데믹 이후 카페나 휴양지에서 노트북으로 일하는 '디지털 노마드'가 급증하는 현상을 쉽게 볼 수 있다. 이는 팬데믹으로 촉발된 원격근무의 확산과 IT 기술의 발전이 근본적인 원인다. 하지만 일과 삶의 경계가 무너져 오히려 번아웃을 유발하거나, 동료와의 유대감 약화로 조직의 결속력을 해치는 문제점을 낳기도 한다. 이를 해결하기 위해 기업은 명확한 원격근무 규정을 수립하고, 정기적인 오프라인 활동을 통해 소속감을 고취할 필요가 있다. 이러한 노력은 단순히 근무 형태의 변화를 넘어, 일의 자율성과 조직의 효율성을 조화시키는 미래 노동 환경의 중요한 시금석이 된다는 점에서 큰 의의를 가진다.

윗글은 '디지털 노마드 현상의 확산은 일의 자율성을 높였지만 번아웃과 조직 결속력 약화라는 문제를 야기하므로, 이를 보완할 제도적 노력을 통해 미래 지향적인 노동 환경을 구축해야 한다.'는 내용을 전달하고 있습니다. 글의 내용은 다음과 같은 방식으로 구성되었습니다.

> 내용 전개 (현상 → 원인 → 문제점 → 해결 방안 → 의의)
> - 도입 (현상 제시)
>   독자가 쉽게 공감할 수 있는 '디지털 노마드'의 증가 현상을 제시하며 글을 시작한다.
> - 전개 1 (원인 분석)
>   해당 현상이 나타난 배경으로 '팬데믹'과 'IT 기술 발전'이라는 원인을 분석한다.
> - 전개 2 (문제점 분석)
>   현상의 이면에 있는 '번아웃', '조직 결속력 약화' 등 부정적인 측면을 지적한다.
> - 전개 3 (해결 방안 제시)

> 앞서 제기한 문제에 대한 대안으로 '명확한 규정 수립', '오프라인 활동'을 제시한다.
> - 결론 (의의 및 전망)
> 이러한 노력이 갖는 중요성, 즉 '미래 노동 환경의 시금석'이라는 의의를 부여하며 글을 마무리한다.

(3) 실전 분석

> 경마식 보도는 경마 중계를 하듯 지지율 변화나 득표율 예측 등을 집중 보도하는 선거 방송의 한 방식이다. 경마식 보도는 선거일이 가까워질수록 증가한다. 새롭고 재미있는 정보를 원하는 시청자들의 요구에 부응하고, 방송사로서도 매일 새로운 뉴스를 제공하는 방편이 될 수 있기 때문이다. 경마식 보도는 선거와 정치에 무관심한 유권자들의 선거 참여, 정치 참여를 독려하는 장점이 있다. 하지만 흥미를 돋우는 데 치중하는 경마식 보도는 선거의 주요 의제를 도외시하고 경쟁 결과에 초점을 맞춰 선거의 공정성을 저해할 수 있다.

> 핵심 화제: 경마식 보도
> 내용 분석:
> - 정의: 지지율, 득표율 예측 등을 집중 보도하는 방식
> - 증가 원인: 시청자 요구 부응, 방송사 편의성
> - 장점: 무관심한 유권자의 참여 독려
> - 문제점(단점): 주요 의제 도외시, 공정성 저해
> - 향후 내용 예측:
> 첫 문단에서 '문제점'을 명확히 지적했으므로, 이어지는 내용에서는 이 문제점을 줄이려는 조치나 보완책에 대해 설명할 가능성이 매우 높습니다. 실제로 이 지문은 이후 '공직선거법' 규정, '선거방송심의 규정', 그리고 대안으로서의 '선거 방송 토론회'에 대한 내용으로 이어집니다.

03 똑똑한 독자의 습관 : 전략적 밑줄 긋기

밑줄 긋기는 가장 보편적인 독서 전략이지만, 무분별한 밑줄은 오히려 독서의 효과를 떨어뜨립니다. 효과적인 밑줄 긋기는 주요 정보가 무엇인지에 대한 판단이 선행되어야 한다는 점에서 단순하지 않습니다.

(1) 효과적인 밑줄 긋기

글을 읽으면서 효과적으로 밑줄을 긋다 보면 정보를 머릿속에 저장하고 기억을 인출하는 데 도움을 줍니다. 또한 방대한 정보 속에서 주요 정보를 선별하는 데 효과적입니다. 표시한 부분이 색인 역할을 하여 내용을 다시 찾기 쉽게 합니다. 읽는 이로 하여금 글을 수동적으로 받아들이는 것이 아니라, 능동적으로 읽어 나가게 돕기도 합니다. 이런 의미에서 글을 읽을 때 효과적인 밑줄을 그을 수 있다면 능동적이면서 효율적인 독서로 가는 지름길을 찾은 것과 다름없습니다.

(2) 밑줄 긋기의 원칙과 방법

글을 읽으면서 바로 긋지 말고, 잠시 생각할 시간을 갖는 것이 좋습니다. 한 문장이나 문단을 다 읽고 정보 간의 상대적 중요도를 판단한 후에 주요 정보에 밑줄을 그어야 한다는 말입니다. 학생들이 문제를 풀기위해 지문을 읽는 모습을 보면, 한 손에 필기도구를 들고 문장의 왼쪽부터 오른쪽까지 아무 생각 없이 밑줄을 그어가면서 읽는 모습을 자주 보게 됩니다. 이러한 습관은 마치 텔레비전 영화를 보면서 화면에 밑줄을 긋는 것과 다르지 않습니다. 능숙한 독자라면 내용을 이해하고 중요하다고 생각하는 부분이나 감동적인 부분을 다시 찾아 밑줄을 그어야 합니다 .

독서 목적을 고려하는 것도 밑줄 긋기에서 빼놓을 수 없는 중요한 점입니다. 무엇을 얻기 위해 글을 읽는지에 따라 주요 정보는 달라질 수 있기 때문입니다. 간혹 정보를 얻기 위해 글을 읽다가도 특별히 감동적이거나 여운이 남는 부분을 찾을 수도 있습니다. 그렇다면 그 부분에 밑줄을 긋는 것도 좋겠습니다. 하지만 가장 중요한 점은 자신이 무엇 때문에 글을 읽고 있는지를 잊지 말아야 한다는 것입니다. 글의 목적에 맞지 않는 부분만 밑줄을 그어 놓고 나면 정작 필요한 내용을 놓치기 쉽기 때문입니다.

자신만의 표시 체계를 세우면 효과가 2배로 높아집니다. 단순 밑줄 외에, 중요도에 따라 다른 기호(물결선, 별표, 동그라미 등)를 활용하면 더 효과적입니다. 예를 들어, 하나의 기준으로 묶이는 정보에는 동일한 기호를 붙이거나 순차적 번호를 붙일 수 있습니다.

(3) 연습하기

아래 독서 자료를 읽고, 제시된 〈독서 목적〉에 따라 전략적으로 밑줄 긋기를 해봅시다.

> - 〈독서 목적〉 고래의 외형적 특징에 대한 정보 습득
> - 〈표시 기호〉
>   외형적 특징에 대한 설명: 밑줄
>   외형적 특징이 아닌 정보: 표시하지 않음

> [독서 자료]
>
> 고래는 육지 포유동물에서 기원했지만, 수중 생활에 적응하여 새끼를 수중에서 낳는다. 암컷들은 새끼를 낳을 때 서로 도와주며, 어미들은 새끼들을 정성껏 보호한다.
>
> 고래의 생김새는 고래의 종류마다 다른데, 대체로 몸길이는 1.3m에서 30m에 이른다. 피부에는 털이 없거나 아주 짧게 나 있다. 지느러미는 배를 젓는 노와 같은 형태이고, 헤엄칠 때 수평을 유지하는 기능을 한다.
>
> 고래는 폐로 호흡하므로 물속에서 숨을 쉴 수 없다. 고래의 머리 꼭대기에는 분수공이 있다. 물속에서 참았던 숨을 분수공으로 내뿜고 다시 숨을 들이마신 뒤 잠수한다. 작은 고래들은 몇 분밖에 숨을 참지 못하지만, 큰 고래들은 1시간 정도 물속에 머물 수 있다.

[분석]
- 1문단: 고래의 기원과 양육 방식에 대한 내용으로, '외형적 특징'이라는 독서 목적과 맞지 않습니다. 따라서 밑줄을 긋지 않는 것이 맞습니다.
- 2문단: '몸길이', '피부', '지느러미 형태' 등 독서 목적에 직접적으로 관련된 정보들이므로 밑줄을 긋습니다. '헤엄칠 때 수평을 유지하는 기능'은 '형태'가 아닌 '기능'에 대한 설명이므로, 목적에 따라 긋지 않을 수도 있습니다.
- 3문단: 호흡 방식이나 잠수 시간에 대한 내용은 외형적 특징이 아닙니다. 다만, '머리 꼭대기의 분수공'은 외형적 특징에 해당하므로 밑줄을 긋는 것이 적절합니다.

04 뼈대를 보면 구조가 보인다 : 글의 구조 파악하기

글의 구조를 파악하는 것은 내용을 체계적으로 이해하고 정보를 조직화하는 데 필수적입니다. 구조를 알면 글쓴이의 논리 전개 방식을 파악할 수 있고, 앞으로 나올 내용을 예측할 수 있습니다.

(1) 구조 파악의 중요성

구조를 생각하면서 글을 읽게 되면 글에 담긴 정보를 체계화할 수 있습니다. 문장으로 흩어져 있는 정보들을 논리적 틀 안에서 정리할 수 있다는 말입니다. 그렇기 때문에 읽은 문장 다음에 어떤 내용이 나올지 예상하며 능동적으로 읽을 수 있게 됩니다. 또한 글쓴이가 어떤 구조를 통해 주제를 강조하는지 파악하기 쉽습니다.

(2) 유형별 구조 분석 훈련

:: 비교와 대조

두 대상의 공통점(비교)과 차이점(대조)을 중심으로 서술하여 각 대상의 속성을 명확하게 드러내는 방식입니다. 다음 예문을 살펴보겠습니다.

서양의 르네상스 회화가 채택한 '선 원근법'은 수학적 원리에 기반하여 3차원의 공간을 2차원의 평면에 재현하고자 했다. 화가는 고정된 하나의 시점에서 출발하여 소실점을 향해 연장되는 선들을 따라 사물의 크기를 비례적으로 축소함으로써 사실적인 공간감을 구현했다. 이처럼 단일 시점을 전제하는 원근법은 관찰자인 인간을 세계의 중심으로 놓고 대상을 객관적으로 파악하려는 서양의 합리주의적 세계관을 반영한다. 반면, 동양의 전통 '산수화'에서는 하나의 고정된 시점을 거부하는 '다시점' 구도를 흔히 발견할 수 있다. 화가는 산을 오르며 보는 시점, 멀리서 조망하는 시점 등 다양한 위치에서 파악한 대상의 본질적 모습을 한 화폭에 종합적으로 담아낸다. 이는 자연과 합일하여 그 근원을 직관적으로 이해하려는 동양의 자연관이 투영된 결과로, 대상을 분석의 객체로 보기보다 관계 속에서 파악하려는 태도를 보여준다.

윗글의 내용은 아래와 같이 정리할 수 있습니다.

소주제
 서양의 선 원근법과 동양의 다시점 산수화는 고정된 단일 시점과 가변적 복수 시점이라는 차이를 통해 각 문화권의 세계관을 드러낸다.

내용 전개
비교/대조 대상 1 제시 (서양 원근법)
- '선 원근법'의 개념과 원리(고정 시점, 소실점, 비례적 축소)를 설명합니다.
- 그 안에 담긴 사상적 배경(합리주의, 인간 중심주의)을 분석합니다.

비교/대조 대상 2 제시 (동양 산수화)
- 반면이라는 접속어를 사용하여 대조 관계임을 명확히 합니다.
- '다시점' 구도의 특징을 설명합니다.
- 그 안에 담긴 사상적 배경(자연과의 합일, 관계 중심)을 분석하며 앞선 대상과 차이점을 부각합니다.

:: 과정과 원리

어떤 현상이나 결과가 일어나는 시간 순서(과정)나 작동 방식(원리)을 단계적으로 설명하는 방식입니다.

> 외부의 감각 정보가 장기기억으로 저장되기까지는 여러 단계의 처리 과정을 거친다. 먼저 시각, 청각 등 감각기관을 통해 들어온 방대한 정보는 아주 짧은 시간 동안 '감각기억'에 등록된다. 이 중 우리가 주의를 기울인 정보만이 단기기억으로 넘어간다. '단기기억'은 현재 의식하고 있는 정보를 일시적으로 저장하는 단계로, 용량에 한계가 있어 반복적인 '암송'과 같은 시연 과정이 없다면 정보는 금방 사라진다. 여기서 더 나아가 정보의 의미를 분석하고 기존 지식과 연결하는 '정교화 부호화' 과정이 이루어질 때, 그 정보는 비로소 영구적인 저장소인 '장기기억'으로 전이된다. 이처럼 기억은 단순히 정보를 입력하는 것이 아니라, 주의, 시연, 부호화라는 정교한 인지적 절차를 통해 단계적으로 구성되는 것이다.

> 소주제
>
> 기억은 감각기억, 단기기억, 장기기억의 단계를 거치며, 각 단계에서 주의, 암송, 부호화와 같은 인지적 처리 과정을 통해 형성된다.
>
> 내용 전개 (시간 순서에 따른 단계적 설명)
> 과정의 시작 (1단계 : 감각기억)
> - 먼저라는 표현을 사용하여 과정의 시작을 알립니다.
> - 감각 정보가 '감각기억'에 등록되는 첫 단계를 설명합니다.
>
> 과정의 중간 (2단계 : 단기기억)
> - 감각기억에서 주의를 통해 '단기기억'으로 정보가 넘어가는 과정을 설명합니다.
> - 단기기억의 특징(용량 한계, 암송의 역할)을 제시합니다.

과정의 최종 단계 (3단계 : 장기기억)

'정교화 부호화'라는 핵심 원리를 통해 정보가 '장기기억'으로 전이되는 마지막 단계를 설명합니다.

정리 및 요약

'이처럼'이라는 표현으로 전체 과정을 요약하며 기억이 단계적으로 구성되는 원리임을 강조합니다.

:: 문제와 해결

특정 현상이 가진 문제점을 명시하고, 그 원인을 분석한 뒤 합리적인 해결 방안을 제시하는 방식입니다.

페니실린의 발견 이후 인류는 세균 감염의 위협에서 상당 부분 벗어났지만, 항생제의 오남용은 기존 항생제에 저항성을 갖는 '슈퍼 박테리아'의 출현이라는 심각한 문제를 낳았다. 이러한 내성 문제의 원인은 항생제에 살아남은 일부 세균이 내성 유전자를 다음 세대로 전달하고, 불필요한 항생제 처방과 환자의 임의적 복용 중단이 내성균의 확산을 가속화하기 때문이다. 이 문제를 해결하기 위해 우선 의료계는 항생제 사용을 최소화하는 신중한 처방 기준을 확립해야 하며, 환자 역시 처방된 복용 기간과 용량을 반드시 지켜야 한다. 더 나아가, 기존 항생제와는 다른 방식으로 작용하는 '박테리오파지' 연구나 세균 간의 신호전달 체계를 교란하는 '정족수 감지 억제' 기술처럼 새로운 감염 통제 전략을 개발하는 데 투자를 확대해야 근본적인 위협에 대응할 수 있다.

소주제

항생제 오남용으로 인한 내성균 출현 문제를 해결하기 위해서는 기존 항생제의 올바른 사용과 더불어, 박테리오파지 연구 등 새로운 감염 통제 기술의 개발이 시급하다.

내용 전개

문제 제기

'슈퍼 박테리아(항생제 내성균)'의 출현이라는 심각한 문제 상황을 제시합니다.

원인 분석

내성균이 발생하는 유전적 원리와 확산을 가속하는 사회적 원인(오남용)을 분석합니다.

해결 방안 제시

- '해결하기 위해'라는 구문을 사용하여 해결책을 제시할 것임을 명시합니다.
- 단기적/개인적 차원의 해결 방안 (신중한 처방, 올바른 복용)을 먼저 제시합니다.
- '더 나아가'를 통해 장기적/근본적 차원의 해결 방안 (박테리오파지, 신기술 개발)으로 논의를 심화합니다.

05 출제자의 의도 읽기 (문제와 선택지 분석)

글을 정확히 이해했다면 문제도 정확히 풀 수 있어야 합니다. 문제와 선택지는 글의 핵심 내용을 바탕으로 만들어집니다. 출제자의 의도를 파악하면 더 빠르고 정확하게 정답을 찾을 수 있습니다.

(1) 정답은 주제와 연결된다

흔히 '적절한 것', '알맞은 것', '일치하는 것' 등으로 사용되는 긍정 발문에서 정답이 되는 선택지는 글의 주제나 각 문단의 핵심 내용을 가장 정확하게 반영한 문장일 가능성이 높습니다. 반면에, '적절하지 않은 것', '알 수 없는 것', '일치하지 않는 것' 등의 부정 발문의 경우에 정답 선택지는 글의 주제나 핵심 내용을 왜곡하거나 반대로 서술한 문장일 가능성이 높습니다. 따라서 글의 주제를 명확히 파악했다면, 선택지를 볼 때 '이것이 글의 핵심 내용과 부합하는가?'를 기준으로 판단해야 합니다. 오답을 하나씩 지워나가는 일명 '소거법'보다 주제에 부합하는 정답을 적극적으로 찾아가는 방식이 더 효율적입니다. 사실 '소거법'이라는 용어는 몇몇 학원과 인터넷 강사들이 만든 것으로 출제 과정에서는 사용하지 않는 말입니다.

(2) 매력적인 오답을 피하자

출제자는 수험생을 혼동시키기 위해 정교한 오답 선택지를 만듭니다. 앞에서 언급했듯이 정답의 경우 글의 핵심 내용을 근거로 만든다면, 오답은 세부 내용을 비틀어서 만듭니다. 따라서 정답을 찾는 것이 오답을 지우는 것보다 훨씬 효율적인 문제 풀이 방식입니다. 다만, 자주 틀리는 오답의 유형을 알아두면 매력적인 오답의 함정에 빠지지 않을 수 있습니다.

- **부분을 전체로 확대**: 지엽적인 내용을 글 전체의 내용인 것처럼 서술합니다.

- **단어 교체/왜곡**: 본문에 나온 단어를 사용하지만, 미묘하게 다른 단어로 바꾸거나 관계를 왜곡하여 의미를 변질시킵니다. (예: '포함한다' → '제외한다', '원인' → '결과')

- **범주 오류**: A에 대한 설명을 B에 대한 설명인 것처럼 뒤섞어 놓습니다. (비교/대조 지문에서 자주 등장)

- **언급 없음**: 본문에서 전혀 다루지 않은 내용을 그럴듯하게 만들어 넣습니다.

- **인과 관계 해석의 오류**: 원인과 결과에 해당하는 내용을 뒤집어 놓으면 매우 그럴듯한 답지가 되어 수험생을 괴롭히게 됩니다. 다음 문장들은 앞

뒤 순서만 바꾸었는데 완전히 다른 의미를 갖고 있습니다.

- 내가 사랑받기 때문에 남을 사랑한다. VS 남을 사랑하다보면 내가 사랑 받는다.
- 기분이 나빠서 스트레스가 쌓인다. VS 스트레스가 쌓여서 기분이 나쁘다.
- 당신을 사랑하므로 당신이 필요합니다. VS 당신이 필요하므로 당신을 사랑합니다.
- 성공해서 행복한 것이다. VS 행복해서 성공한 것이다.
- 즐거워서 웃음이 난다. VS 웃다 보니 즐거워진다.
- 건강하기 때문에 운동을 할 수 있다. VS 운동을 하기 때문에 건강한 것이다.
- 아는 것이 많아서 자신감이 있다. VS 자신감이 있어서 아는 것이 많아 보인다.
- 그 사람을 이해하므로 용서할 수 있다. VS 그 사람을 용서하기로 하니 이해가 된다.
- 세상이 아름답기 때문에 희망을 갖는다. VS 희망을 가지니 세상이 아름다워 보인다.
- 자유로워서 원하는 것을 할 수 있다. VS 원하는 것을 하다 보니 자유로워졌다.

(3) 실전처럼 분석하라

:: 파고들고 확인하기

내용을 사실적으로 확인하는 일명 '일치 문제'는 지문의 정보를 정확하게 이해하고 확인하는 능력을 평가하는 가장 기본적인 유형입니다. 선택지와 지문의 내용을 일대일로 대응시키며 근거를 찾는 훈련이 중요합니다. 특히, 단어만 바꾸어 서술하거나 인과 관계를 뒤집는 '매력적인 오답'을 가려내는 연습이 필요합니다.

동아시아 근대 사상의 전개

(가) 개항 이후 서양의 과학과 기술이 유입되자 조선의 지식인 사회는 큰 충격에 빠졌다. 위정척사 사상가들은 서양의 문물을 오랑캐의 잡스러운 기술로 치부하며 그 수용을 전면 반대했다. 이들의 주장은 개항 이후에도 한동안 강한 영향력을 유지하며 서구화에 대한 저항의 논리로 작용했다.

한편, 개화파 지식인들은 부국강병을 위해 서양의 과학 기술을 적극적으로 받아들여야 한다고 주장했다. 그러나 이들의 논의는 대부분 기술의 효용성에만 집중되어 있었기에, 서양 문물이 가져올 정신적, 가치관적 변화에 대한 깊은 성찰은 부족했다.

이러한 상황에서 을사늑약이라는 국가적 위기를 맞자, 박은식과 같은 사상가들은 새로운 방향을 모색했다. 그는 서양의 과학 기술은 물질세계를 다루는 도구로 수용하되, 인간의 내면과 사회질서를 다루는 정신적 영역은 우리의 주체성을 지켜야 한다고 보았다. 이를 위해 그는 전통적인 유학이 지닌 관념적 한계를 극복하고, 현실 문제에 대응할 수 있는 실천적 학문으로서 '철학'으로 재구성해야 한다고 역설했다.

(나) 청일 전쟁에서의 패배는 중국 지식인들에게 서양의 기술을 수용하는 양무운동만으로는 근대 국가를 이룰 수 없다는 뼈아픈 자각을 안겨주었다. 이러한 성찰 속에서 옌푸는 국가 간의 경쟁에서 승리하기 위해서는 군사 기술뿐만 아니라, 그 기술을 운용하는 국민의 정신적 자질이 결정적으로 중요하다고 주장했다. 그는 서양의 힘이 합리적이고 논리적인 사유 능력, 즉 '과학 정신'에서 나온다고 진단했다. 따라서 그는 과학 정신이 사회 전반에 뿌리내리는 것이 모든 개혁의 전제 조건이며, 이러한 정신적 토대가 마련되지 않은 정치적 변혁은 결국 실패할 수밖에 없다고 역설했다.

이후 신문화운동을 이끈 천두슈는 여기서 한 걸음 더 나아가, 과학과 민주주의를 신시대의 두 기치로 내세웠다. 그는 모든 가치와 제도는 과학의 합리적인 근거 위에서 재평가되어야 하며, 이러한 과학적 토대 위에서만 진정한 민주 정치가 실현될 수 있다고 주장했다.

그러나 이러한 과학만능주의적 흐름에 대해 장쥔마이는 강하게 비판하며 '과학과 인생관' 논쟁을 촉발했다. 그는 과학적 방법은 객관적이고 분석적인 세계에만 적용될 뿐, 인간의 의지와 가치판단이 개입되는 인생관의 문제에는 적용될 수 없다고 선을 그었다. 그는 과학이 해결할 수 없는 영역이 분명히 존재함을 인정하고, 혼란스러운 시대일수록 중국의 전통적 가치관을 수호하며 정신적 중심을 잡아야 한다고 강조했다.

윗글에 대한 이해로 적절하지 <u>않은</u> 것은?

- 청일 전쟁 패배 후, 중국은 기술 수용만으로는 부족하다는 인식을 갖게 됨.
- 옌푸: 경쟁에서 이기려면 기술뿐 아니라 국민의 정신적 자질(특히 과학적 사유 능력)이 뒷받침되어야 한다고 봄. 과학 정신이 전제되지 않은 정치적 변혁은 뿌리내릴 수 없다고 생각함.
- 천두슈: 과학의 근거 위에서만 민주 정치 실현이 가능하다고 주장.
- 장쥔마이: 과학만능주의를 비판하며 인생관의 문제에는 과학적 방법이 적용될 수 없다고 지적. 중국 전통 가치관 수호를 내세움.

〔선택지 분석〕

① (가) : 서양 과학과 기술의 국내 유입을 반대하는 주장이 개항 이후에도 이어졌다. (→ 일치)
② (가) : 유학을 혁신하여 철학으로 재구성하는 것이 필요하다는 견해가 을사늑약 이후에 제기되었다. (→ 일치, 박은식의 주장)
③ (나) : 진정한 근대를 이루려면 기술 수용의 차원을 넘어서야 한다는 인식이 등장하였다. (→ 일치)
④ (나) : 과학 정신이 사회에 자리 잡으려면 정치적 변혁이 선행되어야 한다는 주장이 제기되었다. (→ 불일치)
⑤ (나) : 근대 과학 문명에 대한 비판적 인식을 바탕으로 전통 가치관에 주목하는 견해가 제시되었다. (→ 일치, 장쥔마이의 주장)

〔해설〕

선택지 ④는 지문의 핵심 내용을 정면으로 왜곡하고 있습니다. 엔푸는 "과학 정신이 전제되지 않은 정치적 변혁은 뿌리내릴 수 없다."라고 주장했습니다. 이는 정치적 변혁보다 과학 정신의 확립이 선행되어야 한다는 의미입니다. 하지만 선택지는 인과관계를 뒤집어 '정치적 변혁이 선행되어야 한다.'라고 서술했으므로 적절하지 않습니다. 이처럼 핵심 인물의 주장을 정확히 이해하고 그 논리 관계를 파악하는 것이 중요합니다.

:: **적용하고 응용하기**

시험 문제에 대한 질문을 하러 오는 학생들 가운데 대다수가 "저는 〈보기〉만 나오면 문제를 틀려요."라고 말합니다. 저는 이 말이 참 이상하게 들렸습니다. 〈보기〉도 종류에 따라 여러 가지가 있는데 무조건 〈보기〉만 나오면 틀린다니 이상한 일관성이라고 생각했습니다. 그런데 많은 강사들이 문제를 해설하면서 〈보기〉가 나오면 단순히 〈보기〉 문제라고 말하는 것을 보고 그런 질문을 하는 학생들이 이해되었습니다. 〈보기〉가 제시된 경우 '수렴적 형태'의 문제와 '발산적 형태'의 문제로 나눌 수 있습니다.

- 윗글을 읽고 〈보기〉를 이해한 것~
- 〈보기〉를 바탕으로 윗글을 감상한 것~

이 두 문제는 얼핏 보기에 동일한 구조를 가지고 있는 것처럼 보이지만 따져보면 완전히 상반된 풀이 과정을 거쳐야 합니다. 전자는 윗글의 핵심 내용을 〈보기〉에 적용해야 하는 것이므로, 글의 주제를 명확하게 이해하는 것이 필요합니다. 후자의 경우 〈보기〉의 내용이 글을 이해하거나 감상하는 데 좋은 참고자료가 된다는 점에서 차이가 있습니다.

발산형 문제 (지문 → 〈보기〉) : 지문의 원리를 사례에 적용하기

"윗글을 읽고 〈보기〉를 이해한 내용~"과 같은 발문으로 제시되는 가장 일반적인 유형입니다. 이는 지문의 추상적인 개념이나 원리라는 하나의 기준점을 바탕으로, 〈보기〉라는 새로운 구체적 사례로 생각을 확장(발산)하여 분석하고 판단하는 능력을 요구합니다. 따라서 지문의 핵심 원리를 정확히 파악하는 것이 문제 해결의 첫걸음입니다.

예시 (앞의 지문 참고)

(가), (나)를 이해한 학생이 〈보기〉에 대해 보인 반응으로 적절하지 <u>않은</u> 것은?

〈보기〉

A 마을은 가난했지만 전통문화와 공동체적 삶을 중시했다. 정부가 경제 발전을 목표로 서양 생산 기술을 도입했고, 마을은 물질적 풍요를 누렸지만 이웃과 경쟁하며 갈등하게 되었다. 기술 수용만을 우선시했고, 협력과 나눔의 인생관은 낡은 관념이 되었다. 젊은이들은 전통문화를 열등한 것으로 여겼다.

① (가)의 박은식은 〈보기〉 마을의 갈등 상황에 대해, 물질적 발전과 조화를 이룰 정신적 가치관을 정립하지 못했기 때문이라고 진단하겠군.
② (나)의 옌푸는 〈보기〉 마을이 기술은 수용했지만 국민의 정신적 자질을 잃었으므로, 진정한 의미에서 경쟁력을 갖추었다고 보기 어렵다고 생각하겠군.
③ (나)의 천두슈는 〈보기〉에서 젊은이들이 전통 문화를 열등하게 여기는 것을, 낡은 관습을 과학의 합리적 근거 위에서 재평가하는 긍정적 과정으로 볼 수 있겠군.
④ (나)의 장쥔마이는 〈보기〉의 상황에 대해, 과학으로는 해결할 수 없는 인생관의 문제를 기술 도입으로 해결하려 했기 때문에 문제가 발생했다고 분석하겠군.
⑤ (나)의 장쥔마이는 〈보기〉 마을의 변화가 과학 기술을 통해 낡은 공동체적 삶을 극복하고 개인의 합리성을 찾아가는 바람직한 과정이라고 평가하겠군.

[해설]

정답: ⑤

이 문제는 (가), (나)에 제시된 각 사상가의 관점을 〈보기〉의 'A 마을' 사례에 적용하여 올바르게 이해했는지를 평가합니다.

⑤ 장쥔마이는 과학만능주의를 비판하며 과학으로 해결할 수 없는 '인생관'의 문제가 있으며, 이럴 때일수록 '전통적 가치관'을 수호해야 한다고 주장했습니다. 〈보기〉의 마을은 기술 수용 이후 공동체적 삶과 같은 전통적 가치관이 무너졌습니다. 따라서 장쥔마이는 이러한 변화를 비판적으로 볼 것이므로, 이를 '바람직한 과정'이라고 긍정적으로 평가한다는 진술은 그의 주장과 정면으로 배치됩니다.

오답 분석:

① 박은식은 과학 기술(물질)과 철학(정신)의 조화를 강조했으므로, 정신적 가치관 정립의 부재를 문제의 원인으로 보는 것은 타당합니다.
② 옌푸는 기술과 정신적 자질이 모두 뒷받침되어야 경쟁력을 갖는다고 보았으므로, 정신적 가치를 잃은 A 마을은 경쟁력이 없다고 판단하는 것이 타당합니다.
③ 천두슈는 모든 가치를 과학의 합리적 근거 위에서 재평가해야 한다고 주장했으므로, 젊은이들이 전통을 재평가하는 것을 긍정적으로 볼 수 있습니다.
④ 장쥔마이는 '협력과 나눔의 인생관'과 같은 문제는 과학으로 해결할 수 없다고 보았으므로, 기술 도입으로 인해 문제가 발생했다고 분석하는 것은 타당합니다.

수렴형 문제 (〈보기〉 → 지문) : 〈보기〉를 관점으로 지문 감상하기

"〈보기〉를 바탕으로 윗글을 감상한 내용~"과 같은 발문으로 주로 제시됩니다. 이 유형에서 〈보기〉는 지문을 이해하거나 감상하는 데 필요한 새로운 관점이나 이론적 틀 또는 참고 자료의 역할을 합니다. 따라서 〈보기〉라는 외부 정보를 기준으로 삼아 지문의 여러 내용들을 하나의 관점으로 모아 깊이 있게 감상하는 능력이 필요합니다.

〈보기〉를 바탕으로 (가)를 감상한 내용으로 적절하지 않은 것은?

〈보기〉

외부의 선진 문물이 유입될 때 한 사회의 지식인들이 보이는 대응 양상은 크게 세 가지로 나뉜다.
○ 전면적 저항: 외부 문물을 전통적 가치관을 훼손하는 절대적인 위협으로 간주하여 그 수용을 완강히 거부하는 태도이다.
○ 도구적 수용: 부국강병과 같은 특정 목표를 달성하기 위한 수단으로 외부 문물의 효용성에만 집중하여 수용하는 태도이다.
○ 선별적 수용: 외부 문물의 물질적, 기술적 측면은 긍정적으로 받아들이되, 정신적, 가치관적 측면에서는 자신들의 주체성을 지키려는 태도이다.

① 위정척사 사상가들이 서양 문물을 오랑캐의 기술로 치부한 것은, 외부 문물을 전통의 위협으로 본 '전면적 저항'의 태도로 볼 수 있겠군.
② 개화파가 기술의 효용성에만 집중하고 정신적 변화에 대한 성찰이 부족했던 것은, '도구적 수용'이 지닌 한계를 보여주는 사례로 이해할 수 있겠군.
③ 박은식이 과학 기술은 수용하되 정신적 주체성을 지키려 한 것은, 외부 문물의 장점을 취사선택하는 '선별적 수용'의 태도에 해당한다고 볼 수 있겠군.
④ (가)에 나타난 세 갈래의 대응은 〈보기〉의 이론적 틀을 통해 당시 지식인 사회가 처했던 복잡한 고민을 입체적으로 이해하는 데 도움을 주는군.
⑤ 박은식이 전통 유학을 '철학'으로 재구성하자고 주장한 것은, 외부 문물에 맞서기 위해 '전면적 저항'의 논리를 더욱 강화하려는 시도로 감상할 수 있겠군.

[해설]

정답: ⑤

이 문제는 〈보기〉에 제시된 세 가지 대응 양상을 기준으로 (가)에 나타난 각 지식인 집단의 사상을 감상(해석)하는 능력을 평가합니다.

⑤ 박은식의 사상은 〈보기〉의 '선별적 수용'에 해당합니다. 그는 서양의 과학 기술은 받아들이되(수용), 정신적 주체성을 지키기 위해 유학을 혁신하자고 주장했습니다. 그가 유학을 '철학'으로 재구성하자고 한 것은 전통의 맹목적 수호가 아니라, 시대의 변화에 맞게 우리의 정신적 토대를 새롭게 하려는 노력이었습니다. 이를 외부 문물 자체를 거부하는 '전면적 저항'의 논리를 강화하려는 시도로 보는 것은 〈보기〉의 관점과 지문의 내용을 모두 왜곡한 감상입니다.

오답 분석:
① 위정척사 사상가들은 서양 문물 자체를 반대했으므로 '전면적 저항'으로 볼 수 있습니다. (적절)
② 개화파는 기술의 유용성에만 집중했으므로 '도구적 수용'에 해당하며, 지문은 그들의 성찰이 부족했다고 서술합니다. (적절)
③ 박은식은 과학 기술(물질)과 철학(정신)을 구분하여 대응했으므로 '선별적 수용'의 전형적인 사례입니다. (적절)
④ 〈보기〉의 이론적 틀은 (가)에 흩어져 있던 각 집단의 입장을 체계적으로 분류하고 그 의미를 명확하게 이해하는 데 도움을 줍니다. 이는 수렴형 문제의 본질을 설명하는 진술입니다. (적절)

종합 훈련

지금까지 학습한 독해 원리와 전략을 바탕으로 실전 문제에 적용할 차례입니다. 수능 지문과 문제 구성을 보여드릴 테니 잘 읽고 물음에 답을 해 보세요.

연습문제

다음은 2026학년도 대학수학능력시험 9월 모의평가 국어 영역 1번부터 17번까지의 문제와 해설입니다. 앞서 배운 내용대로 글을 정확히 읽은 후, 문제의 정답을 찾아보도록 합니다.

[1~3] 다음 글을 읽고 물음에 답하시오.

  필요한 자료를 언제든 곧바로 만들어 주는 생성형 인공지능의 등장으로 정보 탐색을 위한 읽기의 양상에도 변화가 나타났다. 독자는 어떤 대상에 대한 정보가 필요할 때 인공지능을 통해, 읽을 자료를 생성하여 읽을 수 있게 되었다. 여러 정보를 다각적으로 살펴보고자 할 때 인공지능을 활용하면 정보 검색에 소요되는 노력과 시간을 크게 줄일 수 있다. 또한 독자의 예상 범위를 넘어서는 정보가 포함된 자료를 얻을 수도 있기에 지식의 범위를 확장하는 데에 효과적이다. 더 필요한 자료를 인공지능을 활용해 추가로 생성하는 것이 용이하기에, 독자는 원하는 내용과 형식에 부합하는 독자 맞춤형 자료를 생성하여 읽을 수 있다.

[A]
  방대한 규모의 정보를 사전에 학습한 인공지능은 독자의 요구에 따라 필요한 정보를 추출하고 조합하여 자료를 생성한다. 학습한 정보에 인종, 지역, 성별 등에 대해 편견이 있거나 사실이 아닌 정보가 포함된 경우, 인공지능이 생성한 자료에도 그런 내용이 나타날 수 있다. 학습한 정보에 문제가 없더라도 정보의 추출 및 조합 과정에서 정보의 왜곡이

나타날 수 있다. 즉, 독자의 요구나 선호에 부합하는 일부 정보만 편중되게 발췌하거나 일부 해석을 누락하기도 한다. 또한 원래의 자료가 가지고 있던 작성 의도나 맥락이 훼손되기도 하며, 출처가 누락되거나 잘못 표시될 가능성도 있다.

따라서 독자는 인공지능이 생성한 자료에 편견이 있는 표현이 나타나는지, 사실과 다른 부정확한 정보가 있는지, 왜곡되게 편집된 정보가 있는지, 출처는 명확한지 등을 점검하며 읽어야 한다. 또한 독자는 한쪽으로 치우친 방향의 자료만 생성하게 하고 있는 것은 아닌지 지속적으로 점검해야 한다. 이 과정에서 독자는 인공지능을 활용하여, 생성한 자료를 추가적으로 검토하게 할 수 있으며 필요할 경우 다른 방식의 인공지능을 통해 내용을 비교할 수도 있다. 인터넷을 검색하거나 도서관을 방문하여 글이나 서적을 통해 내용을 비교해 볼 수도 있다.

1. 윗글에 대한 이해로 적절하지 않은 것은?
① 인공지능은 독자가 원하는 내용과 형식에 맞추어 자료를 생성할 수 있다.
② 인공지능이 생성하는 자료의 정보는 독자가 예상할 수 있는 범위 내로 제한된다.
③ 독자는 자신이 읽고자 하는 자료를 인공지능을 활용해 생성하여 읽을 수 있게 되었다.
④ 독자는 인공지능이 생성한 자료의 검토를 위해 다른 방식의 인공지능을 활용할 수 있다.
⑤ 독자가 대상에 대한 다방면의 정보를 얻고자 할 때, 인공지능을 활용하면 시간과 노력을 아끼는 데 도움이 된다.

2. [A]에서 알 수 있는 내용으로 가장 적절한 것은?
① 인공지능은 독자의 개인적 선호를 배제하면서 균형 있게 자료를 생성한다.

② 독자가 인공지능에 요구한 정보를 위주로 하여 인공지능은 정보를 사전에 학습한다.
③ 인공지능이 정보를 추출 및 조합하는 과정에서, 편견이 있는 정보는 일괄적으로 제거된다.
④ 인공지능이 자료를 생성하는 과정에서 원래 자료의 작성 의도나 맥락의 변화 가능성은 차단된다.
⑤ 인공지능이 사전에 학습한 정보가 사실에 부합하더라도 자료 생성 과정에서 왜곡이 발생할 가능성이 있다.

3. 〈보기〉는 학생의 독서 일지이다. 본문과 관련하여 학생의 읽기 양상을 이해한 내용으로 가장 적절한 것은? [3점]

〈보기〉

'체독(體讀)'이라는 독서 방법이 궁금해서 인공지능으로 자료를 생성해서 읽어 보았다. 생성된 자료에 '체독은 글의 근본적인 의미를 깨달아 몸으로 느끼며 읽는 읽기입니다.'라는 설명이 있었다. '근본적인 의미를 깨달아'라는 말이 어려워서 추가적인 자료를 생성해서 알아보았다. 생성된 자료에서 '동양인의 높은 정신 수준에 적절한 독서 방법'이라는 구절이 마음에 들어, 체독에 관한 동양의 다양한 사례를 더 생성하여 읽어 보았다. 자료를 읽다 보니 동양의 사례만 찾아보고 있는 것 같아, 방향을 달리하여 다양한 지역과 시대의 체독 사례를 생성해서 읽어 보았다. 체독에 대해 알게 된 후 인공지능이 제공한 자료의 출처를 확인하기 위해 인터넷 검색을 해 보았다. 주말에는 인공지능을 통해 알게 된 정보가 사실과 부합하는지 알아보기 위해 도서관에서 다른 책을 더 찾아 읽어 보아야겠다.

① 인공지능을 활용하여 '추가적인 자료를 생성'한 것은, 출처가 명확한지를 점검한 것에 해당하겠군.
② '다양한 사례'와 관련된 자료를 생성한 것은, 편견이 있는 표현이 나타나는지를 점검한 것에 해당하겠군.

③ '방향을 달리하여' 자료를 생성한 것은, 한쪽으로 치우친 방향의 자료만 생성하게 하고 있는 것은 아닌지를 점검한 것에 해당하겠군.
④ 인공지능으로 생성된 자료를 읽은 후 '인터넷 검색을 해' 본 것은, 왜곡되게 편집된 정보가 있는지를 점검한 것에 해당하겠군.
⑤ '인공지능을 통해 알게 된 정보를 다른 책의 내용과 비교'하고자 한 것은, 원래 자료의 맥락이 훼손되었는지를 점검하는 것에 해당하겠군.

[4~9] 다음 글을 읽고 물음에 답하시오.

(가) 대중 예술인 영화는 대중의 취향에 민감하게 반응해 왔다. 장르 영화가 대표적인 사례다. 특정 장르가 유행했다가 침체되는 현상이나, 장르의 전형적인 관습이 형성되고 변형되는 과정에는 대중의 취향이 반영되어 있다. 영화를 사회적 생산물로 간주한 지크프리트 크라카우어는 영화에는 대중의 취향뿐만 아니라 대중이 공유하고 있는 이념도 반영되어 있다고 생각했다. 그런데 이런 이념은 영화에 투명하게 드러나지 않는다. 크라카우어에 따르면, 영화는 드러내면서 동시에 숨기는 매체이다. 사회에서 불순하거나 위험하다고 간주되는 이념은 영화의 이면에 감추어진다. 크라카우어는 영화의 표면에 가시적으로 드러난, 전형적인 모티브나 이미지가 암시하고 비유하는 것을 해석함으로써 그 이면에 감추어진 이념을 읽어 내고, 이를 바탕으로 사회를 이해할 수 있다고 보았다. 예를 들어, 1920년대 독일 영화에 반복해서 등장하는 밀실, 광인, 독재자 등을 담은 이미지의 이면에서 패전 이후 독일 사회 전반에 만연했던 현실 도피의 퇴행적인 심리와, 왕정복고를 바라는 정치적 이념을 읽어 낼 수 있다는 것이다.

크라카우어가 모티브나 이미지에 대한 해석을 통해 사회를 심층적으로 이해하고자 한다면, 프레드릭 제임슨은 영화의 서사를 통해 영화에 반영된 사회를 총체적으로 이해하고자 한다. 그에 따르면, 오늘날의 사회는 분산적이고 파편적이기 때문에 그 총체적인 양상은 시간이 흐른 뒤에야, 즉 역사가 된 이후에야 파악된다. 그런데 만약 현재를 역사처럼 조망할 수 있다면, 우리가 속한 사회의 총체적인 양상을 파악할 수 있을 것이다. 제임슨은 서사를 통한 '역사화'의 가능성에 주목했다. 서사는 사건을 회고적인 방식으로, 이미 완료된 과거처럼 서술한다는 점에서 총체적인 조망을 가능하게 한다. 이러한 '역사화'는 미래를 다룬 SF의 경우에도 해당된다.

(나) SF(Science Fiction)는 기존의 검증된 과학적 지식을 기반으로 한 허구적인 상황 설정을 통해 미래에 대한 상상력을 자극하는 서사 예술이다. 과학적 지식에 기반을 둔다고 해서 SF가 다루는 소재나 서사가 모두 과학적으로 사실이어야 하는 것은 아니다. SF에서는 과학적 진위가 아니라 개연성, 즉 작품의 주요 설정이나 사건의 인과 관계가 합리적으로 납득될 수 있느냐가 중요하다.

기발한 상상력이 촉발하는 경이로움은 SF의 중요한 장르적 특징이다. SF에 등장하는 장대하고 압도적인 대상들은 광대한 자연을 마주했을 때와 유사한 경이로움을 선사한다. SF 연구자 다르코 수빈은 SF에서 당대의 지식, 기술, 경험을 뛰어넘어 경이로움을 안겨주는 대상을 '노붐'이라고 이름 붙였다. 라틴어로 '새로움'을 의미하는 노붐은 일회적인 놀라움을 유발하는 장치가 아니라, 작품 전반에 영향을 미치는 지배적인 요소이자, 현실 세계와 SF 작품이 묘사하는 허구적 세계 사이의 차이를 드러내는 핵심적인 요소이다. 또한 작품의 세계관을 드러내는 장치이기도 하다. 그런 점에서 노붐은 SF 작품의 진정한 주인공이라고도 할 수 있다.

수빈은 SF가 현실의 반영이라고 말한다. SF는 미래 세계에 대한 상상을 표현하지만, 그 상상은 작품이 생산된 그 시대에 기반하고 있기 때문이다. 따라서 SF에 등장하는 인물이나 시·공간적 설정 등은 그 시대의 현실과 유사하면서도 다르다. 수빈은 이처럼 현실을 닮

왔지만 현실과는 다른 SF 속의 세계가 '인지적 낯섦'을 촉발한다고 말한다. SF 속에 등장하는 대상은 현실에서 일상적이고 친숙했던 대상을 낯설고 새롭게 느끼도록 만든다. 이 '낯섦'을 유발하는 것은 '다름'이며, 작품을 통해 다름을 인지함으로써, 우리는 현실에 거리를 두고 비판적으로 현실을 바라보게 된다. 따라서 인지적 낯섦은 감각적 충격을 통해 이성적 성찰에 도달하는 정서적이고 지적인 체험이라고 할 수 있다.

[A] 수빈은 SF가 등장하기 이전에도 인간은 허구적 이야기를 통해, 낯선 미지의 세계에 대한 동경심을 충족해 왔다고 말한다. 특히 수빈은 이상적인 세계인 유토피아에 대한 동경을 다룬 이야기와 SF 사이의 유사성을 인정하고 유토피아를 SF의 중요한 소재로 받아들인다. 오늘날 환경오염, 전쟁 등으로 인해 인류가 심각한 위기에 처한 상황에서 현실 너머에 존재하는 이상적인 세계를 탐색하는 SF의 역할이 더욱 중요해졌다고 수빈은 주장한다.

4. (가), (나)에 대한 이해로 가장 적절한 것은?

① (가): 영화에 나타나는 전형적인 모티브는 특정 시대의 대중이 공유하고 있는 이념을 투명하게 드러낸다.
② (가): 크라카우어는 독일 영화들에 쓰인 밀실, 광인, 독재자의 이미지에서 불순하다고 여겨지는 이념을 읽어 낼 수 있다고 본다.
③ (나): SF 속 세계와 현실 세계 간의 '다름'은 SF의 허구적 설정을 통해 그 간격을 좁힐 수 있다.
④ (나): 수빈은 당대에서 체험할 수 있는 범위를 넘어서는 상상은 SF의 소재로 부적절하다고 본다.
⑤ (나): SF 작품의 허구적 세계가 현실 세계와 닮았다는 점을 깨달아야 현실에 대한 비판적 인식이 가능하다.

5. '프레드릭 제임슨'의 견해를 바탕으로, "이러한 '역사화'는 미래를 다룬 SF의 경우에도 해당된다."의 의미를 추론한 내용으로 가장 적절한 것은?

① SF는 현재 시점에서 미래를 묘사하여 사회의 발전 양상에 대한 총체적인 전망을 드러낸다.
② SF는 미래를 완료된 과거처럼 바라보는 방식을 통해 오늘날의 사회를 총체적으로 이해하게 한다.
③ SF는 현재 진행되는 사건이 미래에 완료되는 내용을 담아 사회 변화를 통시적으로 고찰하게 한다.
④ SF는 미래에 일어날 법한 사건을 현재의 사건으로 재구성하여 보여 줌으로써 우리 사회의 지향점을 제시한다.
⑤ SF는 미래 시점에서 시작해서 현재 시점을 향해 전개되는 이야기를 통해 우리 사회의 총체적 면모에 주목하게 한다.

6. 다음의 입장에서 [A]를 평가한 내용으로 가장 적절한 것은?

> 수많은 SF 영화나 소설이 유토피아를 소재로 삼는 것은 현실에서 벗어나고 싶은 인간의 욕망이 본연의 것임을 말해 준다. SF 작품들에 묘사된 유토피아는 대부분 '봉쇄된 요새' 같은 공간으로 묘사된다. 공간적으로 분리되고 차단됨으로써 SF 속 유토피아는 안전하고 평화로운 듯 보인다. 하지만 궁극적으로 유토피아는 외부의 위협이나 내부의 갈등에 의해 붕괴되고 만다. 이런 결말은 유토피아가 근본적으로 실현 불가능하다는 점과 더불어, 현실의 문제에 대한 해답이 현실 너머에는 존재하지 않는다는 점을 말해 준다.

① 수빈은 현실의 부정적 양상에 대한 인식이 부재한 상황에서, SF에서 그리는 이상적 가치에 대한 탐색을 말하고 있다.
② SF에서 이상적인 세계를 상정할 수 있다는 수빈의 생각은 유토피아의 근원적인 모순에 대한 인식에 기반한 것이다.
③ SF가 유토피아에 대한 동경을 계승한다는 수빈의 생각은 유토피아에 대한 인간의 갈망이 항구적임을 간과한 것이다.

④ 수빈이 말하는 유토피아는 현실에서 실현될 수 없지만, 현실을 벗어나려는 욕망은 SF의 허구적 이야기를 통해 해소된다.
⑤ 유토피아의 한계를 고려할 때, SF를 통해 현실 너머에서 대안을 모색하고자 하는 수빈의 생각은 수정될 필요가 있다.

7. 노붐, 인지적 낯섦에 대한 설명으로 적절하지 <u>않은</u> 것은?
① 노붐은 현실 세계와 작품 속 세계 간의 차이를 드러내는 요소이다.
② 노붐은 당대의 지식이나 기술로는 현실적으로 구현하기 어려운 새로운 대상이다.
③ 노붐은 작품 전반에 영향을 미치는 요소이자, 작품의 세계관을 드러내는 장치이다.
④ 인지적 낯섦은 친숙함을 주던 일상적인 대상이나 세계에 대해 낯섦을 느끼게 되는 경험이다.
⑤ 인지적 낯섦은 작품에 표현된 세계에서 촉발되는 감각적 충격이 이성적 성찰에 수반되는 체험이다.

8. 〈보기〉는 영화 비평이다. (가), (나)를 바탕으로 이를 이해한 내용으로 적절하지 <u>않은</u> 것은? [3점]

〈보기〉

　지난주 개봉한 SF 영화 『○○』속 미래 세계는 두 구역으로 나뉘어 있다. 첫 화면에 등장하는 허공의 도시는 첨단 과학 기술이 집약된 거대한 우주선 같은 공간이고, 지상은 무너진 콘크리트 건물의 잔해로 뒤덮인 공간이다. 화면 가득 등장하는, 은빛으로 빛나는 허공의 도시는 가히 압도적이다. 몇몇 장면은 물리적 법칙에 어긋나 보이지만, 주요 사건의 인과 관계가 설득력이 있어서 영화의 전개를 따라가는 데 전혀 문제가 없다. 두 구역 사이의 갈등을 중심으로 한 서사는 우리 사회를 조망하게 한다. 다만, 두 구역 간의 갑작스러운 화해로 맺는 결말은 요즘 유행하는 SF 영화의 경향에서 크게 벗어나지 못했다.

① 〈보기〉에서 '지상'을 '콘크리트 건물의 잔해로 뒤덮인 공간'이라고 언급한 것은, (가)에 따르면 이미지의 이면을 읽어 내어 사회를 심층적으로 이해한 결과에 해당하겠군.
② 〈보기〉에서 '허공의 도시'와 관련해 언급한 '압도적'인 느낌은, (나)에 따르면 SF의 장르적 특징에 해당하는 것이라고 할 수 있겠군.
③ 〈보기〉에서 '몇몇 장면'의 과학적 오류를 문제 삼지 않은 것은, (나)에 따르면 SF에서 과학적 진위가 아니라 개연성이 중요하다는 점과 관련 있겠군.
④ 〈보기〉에서 두 구역의 갈등을 다룬 서사가 '우리 사회를 조망하게 한다'라고 언급한 것은, (가)에 따르면 분산적이고 파편적인 사회를 종합적으로 통찰한 것이라고 할 수 있겠군.
⑤ 〈보기〉에서 최근 'SF 영화의 경향'이라고 간주한 '갑작스러운 화해'는, (가)에 따르면 대중의 취향이 영화에 반영된 것이라고 할 수 있겠군.

9. '과학적 지식에 기반을 둔다고 해서'의 '둔다고'와 '현실에 거리를 두고'의 '두고'의 의미로 쓰인 예가 바르게 짝지어진 것은?

ⓐ: 우리가 들은 이야기는 실화에 근거를 두고 있었다.
ⓑ: 나는 이사를 하면서 큰언니와 거리를 두게 되었다.
① ⓐ: 뜻을 어디에 두느냐에 따라 다양한 길이 펼쳐진다.
　 ⓑ: 곁에 있어도 그와 두었던 거리는 멀어지기만 했다.
② ⓐ: 그렇게 어리석은 사람에게는 큰 미련을 두지 마라.
　 ⓑ: 그는 할 수 없이 산 아래 두었던 본진을 포기했다.
③ ⓐ: 우리는 올해부터 체력 증진을 목표로 두려고 한다.
　 ⓑ: 사랑하는 누이를 뒤에 두고도 떠날 수밖에 없었다.
④ ⓐ: 사랑하는 누이를 뒤에 두고도 떠날 수밖에 없었다.
　 ⓑ: 나는 이사를 하면서 큰언니와 거리를 두게 되었다.
⑤ ⓐ: 우리들은 환경 문제 해결에 최고의 가치를 두었다.

ⓑ: 그는 결승선을 겨우 6미터 앞에 두고 힘이 빠졌다.

[10~13] 다음 글을 읽고 물음에 답하시오.

저널리즘이란 공적 관심이 큰 시사 현안을 일련의 규칙에 따라 취재 및 편집하여 미디어를 통해 알리는 지적 활동이다. 20세기 중·후반에 언론은 주로 권력 집단과 관련된 사안을 피상적으로 보도하는 경향이 있었다. 보도 내용이 대다수의 일반 사람들인 공중의 일상과 괴리되고, 일회적 문제 제기 수준을 벗어나지 못함에 따라 공중은 뉴스를 기피하였다. 이에 대한 대안으로 공중의 관심사를 보도의 중심 의제로 삼는 '공공 저널리즘'이 등장했다.

공공 저널리즘에 대한 논의의 배경은 일찍이 언론과 공중의 관계에 대해 상반된 입장을 가진 리프만과 듀이의 견해에서 찾을 수 있다. 리프만은 공중이 저마다의 경험과 지식에 기반한 고정 관념의 틀로 세상을 바라보는 경향이 있으며, 이러한 고정 관념을 분별할 수 있는 이는 드물다고 판단했다. 또한 공중은 공공의 문제에 대한 전문적 지식이 부족하다고 보았다. 따라서 그는 정확하고 객관적인 뉴스를 공중에게 전달하는 언론의 역할이 중요하며, 이것은 언론인의 전문화를 통해 구현될 수 있다고 보았다. 반면 듀이는 공중을 합리적인 존재로 보았다. 그는 '파편화된 공중의 유기적인 결합'을 위해 언론이 공적 담론의 장을 이끌어내야 한다고 주장했다. 공중이 자신에게 필요한 사항을 요구하는 이성적인 공적 담론의 장을 통해 민주주의가 발전할 수 있다는 것이다.

언론학자 로젠에 따르면, 공공 저널리즘은 공중을 공공 문제의 잠재적 참여자로 간주하고, 다양한 층위의 사람들을 공론장에 참여하게 함으로써, 공공 문제의 해결 방안이 원활히 토의될 수 있도록 하는 목적을 가진다. 이를 위해 공공 저널리즘은 설문이나 회의, 이해 당사자들의 집단 인터뷰 등의 사회 과학적 방법을 적극 활용한다. 공론장에서 논의된 문제 해결 방안에 대한 언론 보도가 실제로 문제 해결까지 담보하는 것은 아니지만, 공론장을 형성한 것만으로도 충분한 의의가 있다.
  공공 저널리즘은 언론이 적합한 대상을 취재하여 정확하고 중립적으로 보도해야 한다는 언론의 객관성 측면에서 비판을 받기도 한다. 언론인이 취재 과정에서 공중과 밀접하게 결합하여 주관성이 개입되면 현상을 객관적으로 바라보지 못할 수도 있다는 것이다. 이러한 비판에 대해 마이어는 공공 저널리즘이 사회 과학적 방법을 통해 달성되는 방법론적 객관주의에 중점을 둔다고 주장했다. 대상을 선정하고 자료를 취합 및 분석하는 등의 취재 과정에 사회 과학적 방법을 활용함으로써 주관성이 개입될 수 있는 한계를 보완하고 공중의 숙고를 촉진한다는 것이다.

10. 윗글에서 답을 찾을 수 있는 질문으로 적절하지 <u>않은</u> 것은?
① 듀이는 공중을 어떠한 존재로 보았는가?
② 공공 저널리즘이 중심 의제로 삼는 것은 무엇인가?
③ 공중의 일상과 괴리된 보도가 불러온 결과는 무엇인가?
④ 공공 저널리즘을 비판하는 주장에 대한 대응 논리는 무엇인가?
⑤ 언론인의 전문화는 어떠한 제도와 절차를 통해 이루어지는가?

11. '파편화된 공중의 유기적인 결합'을 이해한 내용으로 가장 적절한 것은?
① 공중이 각자의 경험과 지식으로 세상을 판단하는 방식이다.
② 공중이 언론 보도를 통해 공공 문제를 해결했음을 전제로 한다.
③ 공중이 공공 저널리즘의 한계를 극복하기 위해 제시한 방안이다.
④ 공중이 공공 문제에 관심을 갖고 논의에 참여할 때 실현 가능하다.
⑤ 공중이 공공 저널리즘의 취재 대상으로 선정되기 위해 지녀야 할 요건이다.

12. 윗글을 바탕으로 〈보기〉를 이해한 내용으로 적절하지 않은 것은? [3점]

〈보기〉

[사례 1] A 지역 ○○ 신문사는 지역민 인터뷰를 통해 그 지역의 가장 심각한 문제가 높은 범죄율이라는 점을 파악했다. 범죄 문제에 관해 자문할 지원자를 모집하여, 공정한 절차를 통해 지역민과 사회 지도자 및 전문가 등으로 자문단을 구성했다. 지역 자문단 회의에서 범죄 퇴치 방안에 대해 논의했고, 신문사는 그 결과를 취합·분석해서 지속적으로 보도했다. 이후 시민 포럼 등에서 관련 논의가 이어졌고, A 지역의 범죄율은 크게 낮아졌다.

[사례 2] B지역 △△신문사는 설문을 통해 지역민의 최근 관심이 지역 경제 위기임을 파악하여, 전문가와 지역민 대상의 집단 인터뷰를 마련하고 수차례 회의를 통해 문제 해결 방안으로 국제 행사 유치를 논의했다. 그 결과, 전문가는 B지역의 기반 시설이 부족하다고 판단했으나 행사 유치를 강력히 원하는 지역민의 입장에 동화된 신문사는 B지역이 적합한 후보지라고 보도했다. 최종적으로 B지역은 행사 개최지로 선정되지 못했다.

① [사례 1]에서 치안상의 긍정적 변화가 일어난 것에 대해, 듀이와 로젠은 모두 공공 문제에 능동적으로 참여한 공중이 변화에 기여했다고 평가하겠군.
② [사례 1]에서 신문사가 지역민, 사회 지도자, 전문가 등을 공적 담론의 장으로 유도한 것에 대해, 듀이는 민주주의 발전에 긍정적 영향을 미쳤다고 평가하겠군.
③ [사례 1]에서 신문사가 공정한 절차로 지역 자문단을 구성하여 자문단 회의의 논의 결과를 취합하고 분석한 것에 대해, 마이어는 취재 과정에 사회 과학적 방법을 사용했다고 평가하겠군.
④ [사례 2]에서 지역민의 바람이 이루어지지 못한 결과에 대해, 로젠과 마이어는 모두 공공 저널리즘이 추구하는 목적이 실

현되지 못했다고 평가하겠군.

⑤ [사례 2]에서 신문사가 지역민과 인터뷰하고 수차례 회의하며 논의한 것에 대해, 리프만은 공중에 대한 자신의 관점에 비추어 신문사의 취재 방식이 적절하지 않다고 평가하겠군.

13. 문맥상 ⓐ~ⓔ와 바꿔 쓰기에 적절하지 않은 것은?
(본문에 표시된 단어: ⓐ괴리되고, ⓑ기피하였다, ⓒ분별할, ⓓ적합한, ⓔ구현될)

① ⓐ: 동떨어지고
② ⓑ: 멀리하였다
③ ⓒ: 깨달을
④ ⓓ: 알맞은
⑤ ⓔ: 이루어지는

[14~17] 다음 글을 읽고 물음에 답하시오.

소리 특히 음악을 저장하는 방법은 축음기에서 시작하여 매체의 발명과 발맞추어 많은 발전을 이루었다. 축음기의 원리는 간단하다. 끝부분에 날카로운 바늘을 장착한 원뿔형 나팔을 준비한다. 바늘 아래에 섬세하게 긁히는 회전판을 대고 나팔에 소리를 들려준다. 소리는 나팔의 진동으로 바뀌고 진동의 형태를 따라서 바늘이 판에 홈을 만들어 소리를 저장한다. 이것이 초기 녹음기의 원리인데, 소리를 아날로그 형태로 저장하였고, 이후에 등장한 매체에서도 한동안 소리를 아날로그 형태로 기록하였다.

현재는, 소리를 디지털 신호, 즉 이진수로 이루어진 오디오 신호로 바꾸어 파일로 저장한다. 한 파일 내의 오디오 신호에는 모든 소리 크기에 균일한 개수의 비트가 할당된다. 일반적으로 각 소리 크기에 16비트를 할당하며, 소리 크기에 따라 16자리의 이진수 값을 달리한다. 각 소리 크기에 할당되는 비트의 개수가 늘면 소리는 아날로그 원음에 가까워진다. 그런데 오디오 파일은 저장하거나 네트워크를 통해 전송하기에는 데이터 양이 많다. 따라서 저장 공간을 아끼고 전송이 가능하도록 오디오 신호를 압축할 필요가 있다.

일반적으로 오디오 신호 압축에는 지각부호화를 이용한다. 지각부호화는 청각 특성에 따라 감도가 낮은 소리를 제거하여 오디오 신호를 압축하는 기술이다. 지각부호화에서 이용하는 청각 특성에는 최소가청강도와 차폐가 있다. 최소가청강도는 조용할 때 청각이 감지할 수 있는 소리 크기의 최솟값이다. 최소가청강도보다 큰 소리는 들을 수 있지만, 작은 소리는 들을 수 없다. 최소가청강도는 주파수별로 그 크기가 정해져 있다. 예를 들어, 1,000 Hz부터 10,000 Hz 사이에서는 아주 작은 소리도 들을 수 있지만, 100 Hz 이하의 저음에서는 훨씬 큰 소리여야 들을 수 있다.

한편, 큰 소리로 인해 작은 소리가 들리지 않는 현상을 차폐라고 하며 차폐를 일으키는 큰 소리를 차폐음이라 한다. 두 소리의 주파수가 가까울수록 차폐가 쉽게 일어나고, 주파수가 어느 정도 차이가 나면 차폐가 일어나지 않는다. 차폐음의 주파수를 기준으로 차폐가 일어날 수 있는 가장 낮은 주파수와 가장 높은 주파수 사이의 구간을 임계대역이라고 한다. 임계대역의 폭은 차폐음의 주파수에 따라 다른데 고음에서는 저음에서보다 임계대역이 훨씬 넓다. 차폐를 고려한, 실제 청각이 감지할 수 있는 소리 크기의 최솟값을 차폐 문턱값이라 한다.

지각부호화는 이런 성질들을 이용하여 오디오 신호를 압축한다. 지각부호화에서는 오디오 신호를 먼저 주파수에 따라 여러 개의 임계대역으로 나누고, 각 임계대역에서 최소가청강도와 차폐음을 고려하여 차폐 문턱값을 구한다. 소리 크기와 차폐 문턱값의 차이가 큰 소리일수록 해당 소리 크기에 비트를 많이 할당하여 소리의 손실을 낮춘다. 차폐 문턱값보다 작은 소리들은 들리지 않으므로 제거한다. 즉 지각부호화는 각 임계대역마다 다른 개수의 비트를 할당하여 소리의 품질 저하를 최소화하면서 오디오 신호를 압축하는 기술이다.

14. 내용 간의 관계에 주목하여 윗글을 읽은 방법으로 적절하지 않은 것은?

① 1문단에서 초기 녹음기의, 2문단에서 최근 매체의 음악 저장 방법을 설명한 점에 주목하고, 그 차이점을 이해하며 읽었다.
② 2문단에서 오디오 파일을 저장하거나 전송할 때의 난점을 언급한 점에 주목하고, 이러한 난점으로 인한 오디오 신호 압축의 필요성을 이해하며 읽었다.
③ 2문단에서 소리 크기를, 3문단에서 청각 특성을 각각 압축의 변수라고 언급한 점에 주목하고, 두 변수의 관계를 이해하며 읽었다.
④ 3문단에서 최소가청강도에 대해 설명한 점에 주목하고, 이를 바탕으로 소리의 감지와 주파수의 관련성을 이해하며 읽었다.
⑤ 4문단에서 오디오 신호 압축에 관여하는 요소를 언급한 점에 주목하고, 이를 바탕으로 5문단에서 압축의 과정을 이해하며 읽었다.

15. 윗글을 이해한 내용으로 가장 적절한 것은?

① 초기 녹음기는 오디오 신호를 저장한 파일과 마찬가지로 소리를 디지털 신호로 저장한다.
② 축음기의 판에 새겨진 홈은 오디오 신호의 이진수와 달리, 저장된 소리에 해당한다.
③ 파일로 저장된, 압축 전의 오디오 신호는 소리 크기마다 할당된 비트의 개수가 동일하다.
④ 비트를 많이 사용하여 오디오 신호를 저장할수록 네트워크 전송에 적합하다.
⑤ 오디오 신호를 압축할 때, 소리의 품질 저하가 최소가 되도록 아날로그 형태로 저장한다.

16. 청각 특성에 대한 설명으로 가장 적절한 것은?
① 최소가청강도는 사람이 들을 수 있는 주파수의 최솟값이다.
② 임계대역은 차폐음의 주파수와 그것보다 높은 주파수 사이의 구간이다.
③ 저음에서는 최소가청강도가 크므로 임계대역도 고음의 임계대역보다 넓다.
④ 임계대역 내에서 큰 소리로 인해 들리지 않는 작은 소리를 차폐음이라 한다.
⑤ 차폐음과 어떤 소리의 주파수 차이가 임계대역의 폭보다 크면 두 소리 사이에는 차폐가 일어나지 않는다.

17. 윗글을 바탕으로 〈보기〉를 이해한 내용으로 적절한 것은? [3점]

〈보기〉

다음은 소리 A~D의 주파수와 크기, 청각 특성을 제시한 가상의 표이다. 각 소리는 서로 다른 임계대역에 있다.

소리	A	B	C	D
주파수(Hz)	150	1,000	1,500	2,000
소리 크기(dB)	30	30	63	55
최소가청강도(dB)	38	8	12	2
차폐 문턱값(dB)	38	20	38	6

① A가 포함된 임계대역에서는 차폐가 일어나지 않았으므로 A를 들을 수 있겠군.
② D가 포함된 임계대역에서는 차폐가 일어났으므로 D를 들을 수 없겠군.
③ A와 B는 소리 크기가 같으므로 압축할 때 두 소리 크기에 같은 개수의 비트가 할당되겠군.
④ A와 C의 차폐 문턱값이 같으므로 A가 포함된 임계대역의 폭과 C가 포함된 임계대역의 폭은 같겠군.
⑤ 압축할 때는 C의 소리 크기보다 D의 소리 크기에 더 많은 비트가 할당되겠군.

■ 모범 답안 449p

읽고 쓰는 문해력, 그리고 생각을 여는 기술

글 심층 분석 훈련
인문편

> 심층 분석 훈련: 텍스트의 숨은 맥락을 읽다

    지금까지 우리는 글을 정확하게 읽기 위한 여러 가지 도구를 연마해 왔습니다. 글의 핵심 주제를 파악하는 법, 첫 문단을 통해 전체 구조를 예측하는 법, 비교·대조나 문제-해결과 같은 구조를 파악하며 내용을 체계화하는 법, 그리고 출제자의 의도를 파악하여 문제에 효율적으로 접근하는 법까지, 여러분은 이제 텍스트라는 숲에서 길을 잃지 않고 목표를 향해 나아갈 수 있는 튼튼한 기초 체력을 갖추었습니다.

    이제 마지막 관문이 남았습니다. 바로 다양한 분야의 글을 깊이 있게 읽고, 그 안에 담긴 다층적인 의미와 숨은 맥락까지 꿰뚫어 보는 심층 분석 훈련입니다. 이 단계는 단순히 글의 내용을 이해하는 것을 넘어, 텍스트를 비판적으로 분석하고 종합하여 자신만의 시각으로 재구성하는, 진정한 의미의 문해력을 완성하는 과정입니다.

    우리가 앞으로 마주할 글들은 저마다 다른 세계를 담고 있습니다. 인간의 정신을 탐구하는 인문, 예술 작품을 분석하는 문화·예술, 사회의 구조와 현상을 분석하는 사회, 자연의 원리를 파헤치는 과학, 그리고 그 원리를 현실에 구현하는 기술 지문은 각각 고유한 특성과 논리 전개 방식을 가집니다. 마치 각기 다른 규칙을 가진 게임과도 같습니다. 따라서 각 분야의 글을 효과적으로 읽기 위해서는 그 특성에 맞는 맞춤형 접근 전략이 필요합니다.

    이 훈련 자료는 여러분을 각 분야의 전문적인 분석가로 만들어 줄 것입니다. 제시되는 지문과 문제들은 단순한 연습이 아닌, 여러분의 사고력을 한 단계 끌어올리기 위해 정교하게 설계된 도전 과제입니다. 각 지문을 분석하며 글의 표면적 의미를 넘어 그 이면에 담긴 필자의 의도, 사회적 맥락, 그리고 지식의 연결고리를 발견하는 즐거움을 느끼게 될 것입니다.

01 개념의 흐름을 따라 사상의 숲을 거닐다

인문학 지문은 철학, 역사, 윤리학 등 인간의 정신적 가치와 문화를 탐구합니다. 눈에 보이지 않는 추상적인 개념을 다루는 경우가 많아 처음에는 막막하게 느껴질 수 있습니다. 하지만 인문 지문 독해의 핵심은 핵심 개념의 정의와 그 개념들 사이의 논리적 관계를 정확히 파악하는 것입니다.

> **접근 전략:**
> - **핵심 개념에 집중하라:** '도(道)', '개화(開化)', '진리 적합성' 등 지문 전체를 관통하는 핵심 개념이 무엇인지 파악하고, 필자가 그 개념을 어떻게 정의하고 설명하는지에 주목해야 합니다.
> - **학자/사상가의 주장 비교하기:** 여러 학자의 견해가 제시될 경우, 각 주장의 핵심 근거와 공통점, 차이점을 명확히 구분해야 합니다. 예를 들어, 『노자』를 해석하는 한비자와 여러 유학자의 관점 차이를 정리하거나, 도덕 문장에 대한 에이어와 헹크스의 견해 차이를 파악하는 것이 중요합니다.
> - **시대적 배경과 변화의 흐름을 읽어라:** 특정 사상이나 개념이 시대에 따라 어떻게 변화했는지를 설명하는 경우가 많습니다. '개화'의 의미가 개항 이전, 『한성순보』 시절, 갑신정변을 거치며 어떻게 변했는지 그 흐름을 따라가는 것이 중요합니다.

인문 지문은 마치 사상의 지도를 탐험하는 것과 같습니다. 낯선 개념이라는 이정표를 따라 필자의 논리적 흐름을 놓치지 않고 따라가다 보면, 어느새 복잡하게 얽혀 있던 사상의 숲 전체를 조망하고 있는 자신을 발견하게 될 것입니다.

02 작품 속에 담긴 상징과 의미를 해석하다

문화·예술 지문은 영화, 문학, 미술 등 구체적인 예술 작품이나 장르를 분석하고 비평하는 내용을 다룹니다. 특정 비평 이론이나 관점을 제시하고, 이를 실제 작품에 적용하여 그 의미와 상징, 사회적 맥락을 해석하는 구조가 많습니다.

> **접근 전략 :**
> - **분석 대상과 비평 이론을 구분하라:** 글이 무엇을(분석 대상: 예 1920년대 독일 영화, SF 장르) 어떤 관점(비평 이론: 예 크라카우어의 이론, 수빈의 이론)으로 분석하는지 구분해야 합니다.
> - **핵심 비평 용어를 파악하라:** 지문 속 분석의 도구로 사용되는 핵심 용어의 개념을 정확히 이해해야 합니다. 예를 들어, SF 장르를 분석하는 '노붐(Novum)'이나 '인지적 낯섦'의 개념, 또는 영화 기법인 '몽타주'와 '디프 포커스'의 특징을 파악하는 것이 중요합니다.
> - **해석의 논리적 과정을 따라가라:** 비평가가 작품의 어떤 요소(이미지, 서사, 기법)를 근거로 자신의 주장을 펼치는지 그 연결고리를 따라가야 합니다. 크라카우어가 1920년대 독일 영화의 '밀실, 광인, 독재자' 같은 이미지를 통해 어떻게 '현실 도피의 퇴행적인 심리'를 읽어냈는지 그 해석 과정을 이해하는 것이 핵심입니다. 영화는 드러내면서 동시에 숨기는 매체라는 그의 관점을 이해해야 합니다.

문화·예술 지문은 탐정이 단서를 찾아 사건을 재구성하는 과정과 유사합니다. 비평가가 제시하는 이론적 단서들을 활용해 예술 작품이라는 사건 현장을 분석하다 보면, 표면적으로 보이지 않던 깊은 의미와 새로운 재미를 발견할 수 있습니다.

03 시스템의 작동 원리와 사회 현상의 인과관계를 파헤치다

사회 과학 지문은 법, 경제, 정치, 사회 제도 등 우리가 살아가는 사회의 구조와 현상을 분석합니다. 주로 특정한 사회 문제나 제도를 소개하고, 그것의 원인, 특징, 문제점, 그리고 해결 방안을 제시하는 구조를 띱니다.

> 접근 전략:
> - 문제-해결 구조를 파악하라: 많은 사회 지문이 '이러한 문제가 있다.' -> '그에 대한 해결책은 다음과 같다.'의 구조로 이루어집니다. 예를 들어, '과두제적 경영'의 폐해를 지적하고 스톡옵션이나 사외 이사 제도 같은 보완책을 제시하는 것이 대표적입니다.
> - 인과 관계를 명확히 하라: 'A 때문에 B가 발생한다.'와 같은 원인과 결과의 연결고리를 정확히 파악해야 합니다. 가령, '경마식 보도'가 증가하는 원인은 무엇이며, 그로 인해 어떤 장점과 문제점이 발생하는지를 파악하는 것이 독해의 핵심입니다.
> - 제도/법률의 핵심 조건을 파악하라: 법이나 제도에 대한 지문은 특정 제도가 적용되기 위한 '조건'과 그에 따른 '효과(결과)'를 명확히 하는 것이 중요합니다. 재판매 가격 유지 행위가 원칙적으로 금지되지만, 어떤 조건 하에서 예외적으로 허용되는지를 구분하며 읽어야 합니다.

사회 지문을 읽는 것은 마치 복잡한 기계의 설계도를 분석하는 것과 같습니다. 각 부품(개념, 제도)이 어떤 기능을 하고, 서로 어떻게 연결되어 전체 시스템(사회)을 움직이는지 그 원리를 파악하면, 어떤 복잡한 사회 현상도 명쾌하게 이해할 수 있습니다.

04 자연의 원리를 탐구하고 과정의 단계를 이해하다

과학 지문은 자연 현상의 원리나 특정 과학적 개념을 설명합니다. 전문 용어가 많아 어렵게 느껴질 수 있지만, 가장 논리적이고 명료한 구조를 가지고 있기도 합니다. 과학 지문 독해의 핵심은 개념의 정확한 정의를 바탕으로 과정의 각 단계를 순서대로 이해하고, 변수들 사이의 관계(원인-결과, 비례-반비례)를 파악하는 것입니다.

> **접근 전략:**
> - **핵심 개념을 정의하라**: '압전 효과', '결측치', '최소 가청 강도' 등 낯선 과학 용어가 나오면 지문 속 정의를 통해 그 의미를 명확히 해야 합니다. 용어에 겁먹지 말고, '이것은 ~라는 것이다.'라고 설명하는 부분을 찾아 표시하는 습관이 중요합니다.
> - **과정의 순서를 파악하라**: 특정 현상이나 실험, 기술의 작동 방식은 시간 순서나 단계별 과정으로 설명되는 경우가 많습니다. 가령, 플라스틱의 한 종류인 '폴리에틸렌'이 중합되는 과정을 단계별로 따라가거나, 데이터의 결측치를 처리하는 방법을 순서대로 이해하는 것이 중요합니다.
> - **변수 간의 관계를 정리하라**: 'A가 증가하면 B는 감소한다.'와 같은 변수 간의 관계를 파악하는 것이 핵심입니다. 예를 들어, 플라스틱의 '결정 영역'이 많아질수록 '유연성'은 낮아지고 '밀도'는 높아진다는 관계를 파악해야 합니다.

과학 지문은 정교하게 짜인 한 편의 설명서와 같습니다. 각 부분의 명칭과 기능을 정확히 이해하고, 조립 순서에 따라 차근차근 따라가다 보면, 아무리 복잡해 보이는 자연의 원리라도 명확하게 이해할 수 있게 될 것입니다.

05 원리의 적용과 시스템의 작동 방식을 파악하다

기술 지문은 과학적 원리를 응용하여 현실의 문제를 해결하는 구체적인 기술이나 장치에 대해 설명합니다. 과학 지문과 유사하지만, '어떻게 작동하는가'와 '무엇을 위한 것인가'라는 실용적 목적에 더 초점을 맞춥니다.

> **접근 전략:**
> - **기술의 목적과 원리를 연결하라**: 이 기술이 왜 필요하며(목적), 어떤 과학적 원리를 바탕으로 하는지 파악해야 합니다. 예를 들어, '수소'를 안전하게 저장하고 운송하기 어렵다는 문제 때문에 '액상 유기 화합물'이나 '액화 암모니아' 같은 수소 운반체가 제안되었다는 흐름을 이해해야 합니다.
> - **구성 요소와 각 요소의 기능을 파악하라**: 기술이나 장치는 여러 구성 요소로 이루어집니다. 가령, AI '확산 모델'이 '노이즈 생성기, 이미지 연산기, 노이즈 예측기'로 구성되며 각 부분이 순확산과 역확산 과정에서 어떤 역할을 하는지 파악하는 것이 핵심입니다.
> - **장점과 단점(한계)을 비교하라**: 새로운 기술을 설명할 때는 기존 기술과의 비교나 해당 기술이 가진 장점과 한계를 함께 제시하는 경우가 많습니다. 예를 들어, '블록체인' 기술이 무결성이라는 강력한 장점을 가지지만, 보안성, 탈중앙성, 확장성을 동시에 높이기 어렵다는 '트릴레마' 한계를 가지고 있다는 점을 파악해야 합니다.

기술 지문은 하나의 발명품을 분해하고 조립하는 과정과 같습니다. 각 부품의 역할과 그것들이 모여 전체 시스템을 어떻게 구동시키는지 이해하면, 현대 사회를 움직이는 복잡한 기술의 핵심을 꿰뚫어볼 수 있습니다.

이제, 이론 학습을 넘어 실전 훈련을 시작할 시간입니다. 각 분야의 지문들을 깊이 있게 분석하며 여러분의 문해력을 한 단계 더 도약시키길 바랍니다.

[인문 - 철학]
인간, 스스로를 만들어가는 존재 - 사르트르의 실존주의

1 인간은 무엇으로 정의되는가? 전통 철학은 인간에게는 변치 않는 본질이 있으며, 그 본질에 따라 살아가는 것이 인간의 운명이라고 답해왔다. 그러나 20세기 프랑스의 철학자 장폴 사르트르는 "실존은 본질에 앞선다"는 명제를 통해 이러한 관점을 전복시켰다. 이는 인간이 어떤 정해진 목적이나 설계도에 따라 만들어진 존재가 아니라는 선언이다. 예를 들어, 종이칼은 '자른다'는 본질(목적)이 정해진 뒤에 그 목적에 맞게 만들어진(실존) 사물이다. 하지만 사르트르는 인간만큼은 이와 정반대라고 보았다. 인간은 그저 아무런 이유 없이 이 세상에 '내던져진' 존재로서 먼저 실존하며, 그 이후에 자신의 선택과 행동을 통해 스스로의 본질, 즉 자기 자신을 만들어나간다는 것이다.

2 인간이 정해진 본질 없이 세상에 존재한다는 것은, 역설적으로 인간이 '절대적으로 자유롭다.'라는 의미를 갖는다. 신이나 자연법칙, 사회적 관습 등 우리가 의지할 수 있는 그 어떤 객관적인 가치 체계도 존재하지 않기 때문이다. 사르트르는 이러한 인간의 상태를 "인간은 자유롭도록 선고받았다."라고 표현했다. 이 자유는 축복인 동시에 가혹한 형벌이다. 왜냐하면 인간은 자신의 모든 선택에 대해 전적으로 책임을 져야 하기 때문이다. 내가 어떤 사람이 될 것인지를 선택하는 것은, 동시에 인류 전체에게 '인간이란 이런 존재여야 한다.'라는 모범을 제시하는 행위와 같으므로, 나의 선택은 나 개인에게만 머무는 것이 아니라 전 인류에 대한 책임으로 이어진다는 것이다.

3 이처럼 거대한 자유와 책임 앞에서 인간은 깊은 '불안(Angoisse)'을 느낄 수밖에 없다. 자신의 선택이 자신뿐만 아니라 타인에게까지 영향을 미친다는 사실을 깨달을 때, 우리는 그 무게감에 압도된다. 많은 사람들은 이 불안에서 벗어나기 위해 '자기기만(Mauvaise foi)'에 빠지곤 한다. 자기기만이란, 자신의 자유로운 선택을 외면하고 "나는 어쩔 수 없었어."라며 자신의 책임을 외부의 조건이나 타인의 탓으로 돌리는 태도를 말한다. 예를 들어, 자신

의 비겁한 행동을 '상사의 명령 때문'이라거나 '사회 구조 때문'이라고 변명하며 스스로를 사물처럼 여기는 것이다. 사르트르에게 이는 자신의 자유를 포기하고 인간이기를 거부하는 가장 비겁한 태도였다.

4 사르트르는 인간이 불안을 직시하고 자기기만에서 벗어나, 자신의 자유와 책임을 온전히 받아들이는 '주체적인 삶'을 살아야 한다고 역설했다. 이를 '앙가주망(Engagement)', 즉 사회 참여 혹은 주체적 결단이라고 한다. 앙가주망은 단순히 정치 활동에 참여하는 것만을 의미하지 않는다. 그것은 자신의 모든 행위가 의미를 창조하는 과정임을 자각하고, 매 순간의 선택에 진실하게 임하는 삶의 태도 전반을 가리킨다. 정해진 길이나 정답이 없는 세상 속에서, 내가 내딛는 한 걸음 한 걸음이 곧 새로운 길이 되고 의미가 된다는 것을 깨닫는 것이다.

5 결국 사르트르의 실존주의는 우리에게 삶의 의미가 외부에서 주어지는 것이 아니라, 각자의 주체적인 선택과 행동을 통해 창조되는 것임을 일깨워 준다. "인생은 B(Birth)와 D(Death) 사이의 C(Choice)"라는 그의 유명한 말처럼, 인간은 끊임없는 선택의 과정 속에서 자기 자신을 빚어 나가는 존재이다. 비록 그 과정이 불안과 책임의 무게를 동반할지라도, 자신의 자유를 끌어안고 용기 있게 삶의 의미를 만들어나가는 것, 그것이 바로 사르트르가 제시한 인간다운 삶의 모습이다.

― 지문 해설 및 문항 ―

1. 주제
사르트르의 실존주의 철학을 통해 본 인간의 조건: 절대적 자유, 책임, 그리고 주체적 삶의 의미

2. 문단별 TOPIC
1 "실존은 본질에 앞선다."라는 명제를 통해 본 인간의 무규정성.
2 인간에게 주어진 절대적 자유와 그에 따르는 전적인 책임.
3 자유와 책임 앞에서 느끼는 불안과 이를 회피하려는 자기기만의 문제.
4 불안을 직시하고 주체적으로 삶에 참여하는 태도 '앙가주망'.

5️⃣ 선택을 통해 삶의 의미를 스스로 창조해야 하는 존재로서의 인간.

3. 전체 내용 전개

이 글은 사르트르 실존주의의 핵심 명제인 "실존은 본질에 앞선다."를 소개하며 인간의 본질이 정해져 있지 않음을 설명한다1️⃣. 이는 인간의 절대적 자유와 책임으로 이어지며2️⃣, 이로 인해 인간은 불안을 느끼고 자기기만에 빠질 수 있음이 제시된다3️⃣. 이에 대한 해결책으로 사르트르는 주체적 참여인 '앙가주망'을 제시했으며4️⃣, 궁극적으로 인간은 선택을 통해 스스로 삶의 의미를 만들어가야 하는 존재임을 강조하며 글을 마무리한다5️⃣.

4. OX로 내용 확인

O|X　① 사르트르에 따르면, 종이칼과 인간은 '본질이 실존에 앞선다'는 공통점을 가진다.

O|X　② "인간은 자유롭도록 선고받았다"는 말은 인간이 선택의 자유를 포기할 수 없음을 의미한다.

O|X　③ 사르트르는 개인의 선택이 인류 전체에 대한 책임으로 이어진다고 보았다.

O|X　④ '자기기만'은 자신의 책임을 외부의 탓으로 돌리며 스스로를 사물처럼 여기는 태도이다.

O|X　⑤ '앙가주망'은 불안에서 벗어나기 위해 사회로부터 거리를 두는 삶의 태도를 의미한다.

O|X　⑥ 사르트르에게 삶의 의미는 인간 외부에 객관적으로 존재하는 것이다.

① X / ② O / ③ O / ④ O / ⑤ X / ⑥ X

[인문 - 심리학]
마음의 평화를 찾아서 - 태도를 바꾸는 힘, 인지부조화

1 우리는 스스로가 일관성 있고 합리적인 존재라고 믿고 싶어 한다. 그러나 종종 우리의 신념과 실제 행동 사이에는 모순이 발생한다. 건강이 중요하다고 믿으면서도 운동을 게을리하거나, 흡연이 해롭다는 것을 알면서도 담배를 피우는 경우가 그렇다. 이처럼 두 가지 이상의 생각, 신념, 태도 등이 서로 충돌하여 심리적으로 불편하고 긴장된 상태를 겪는 것을 사회심리학자 레온 페스팅거는 '인지부조화(Cognitive Dissonance)'라고 명명했다.

2 인지부조화 이론의 핵심은, 인간이 이러한 심리적 불편함을 해소하고 마음의 평안, 즉 '인지적 조화' 상태로 돌아가려는 강력한 동기를 가지고 있다는 것이다. 이 불편함을 줄이기 위해 사람들은 몇 가지 전략을 사용한다. 첫째, 자신의 행동이나 태도 중 하나를 바꾸는 것이다. 예를 들어, 흡연자가 담배가 해롭다는 생각과 흡연하는 행동 사이의 부조화를 겪을 때, 가장 확실한 해결책은 금연이라는 '행동'을 바꾸는 것이다. 둘째, 부조화를 일으키는 인지 요소의 중요성을 낮추는 것이다. "담배가 몸에 나쁘긴 하지만, 그 스트레스 해소 효과가 더 크다."거나 "어차피 인간은 언젠가 죽는다."라고 생각하며 흡연의 위험성을 애써 평가절하하는 방식이다.

3 셋째, 자신의 행동을 정당화할 새로운 인지 요소를 추가하는 방법이다. 이는 기존의 모순 관계를 희석시키는 새로운 믿음을 끌어들이는 전략이다. 흡연자가 "내가 피우는 담배는 타르 함량이 낮아서 괜찮다."거나 "나의 할아버지도 평생 담배를 피우셨지만 장수하셨다."와 같은 새로운 정보를 추가하여 자신의 행동을 합리화하는 것이 그 예이다. 페스팅거의 고전적인 실험에서도 이러한 경향이 잘 드러난다. 그는 피험자들에게 매우 지루하고 단조로운 과제를 수행하게 한 뒤, 다음 대기자에게 "이 과제가 아주 재미있었다"는 거짓말을 하도록 요청했다. 이때 한 그룹에게는 거짓말의 대가로 1달러를, 다른 그룹에게는 20달러를 주었다. 흥미롭게도, 적은 돈(1달러)을 받은 그룹이 큰돈(20달러)을 받은 그룹보다 나중에 그 과제가 실제로 더 재미있었다고 자신의 태도를 바꾸는 경향을 보였다.

4 왜 이런 결과가 나타났을까? 20달러를 받은 사람들은 "돈 때문에 거짓말을 했다"고 자신의 행동을 쉽게 정당화할 수 있었다. 즉, '거짓말'이라는 행동에 '충분한 보상'이라는 새로운 인지 요소가 추가되어 부조화가 크지 않았다. 하지만 1달러라는 불충분한 보상을 받은 사람들은 "고작 1달러 때문에 내가 거짓말을 했단 말인가?"라는 심각한 인지부조화를 겪게 된다. 이 불편함을 해소하기 위해 그들은 바꾸기 쉬운 쪽, 즉 자신의 '태도'를 바꾸는 쪽을 선택한다. "생각해보니 그 과제가 그렇게 지루하지만은 않았어. 나름 재미있는 구석이 있었던 것 같아."라고 스스로를 설득함으로써, '재미있었다'는 자신의 거짓말과 일치하는 방향으로 태도를 변경하는 것이다.

5 인지부조화 이론은 우리의 일상적인 선택과 판단에 깊숙이 관여한다. 비싼 물건을 산 뒤에 그 물건의 단점보다는 장점만을 찾아보며 자신의 선택을 합리화하는 '구매 후 합리화'나, 힘든 노력을 들여 얻은 것일수록 더 가치 있게 여기는 '노력 정당화 효과' 등이 모두 인지부조화로 설명될 수 있다. 이 이론은 인간이 항상 합리적으로 행동하는 존재가 아니라, 자신의 행동을 합리화하기 위해 생각을 바꾸는 '합리화하는 존재'일 수 있음을 보여준다는 점에서 중요한 의의를 가진다.

■ *지문 해설 및 문항* ■

1. 주제

신념과 행동의 불일치로 발생하는 심리적 불편함인 '인지부조화'의 개념과, 이를 해소하기 위한 인간의 심리적 기제

2. 문단별 TOPIC

1 인지부조화의 개념 정의 (신념과 행동의 충돌).

2 인지부조화를 해소하려는 동기와 두 가지 전략 (행동/태도 변경, 중요성 낮추기).

3 인지부조화 해소의 세 번째 전략 (새로운 인지 추가)과 페스팅거의 고전적 실험 소개.

4 페스팅거 실험 결과 분석 ('불충분한 정당화' 효과).

5 인지부조화 이론의 일상적 적용 사례와 인간을 '합리화하는 존재'로 보는 관점 제시.

3. 전체 내용 전개

이 글은 '인지부조화'의 개념을 일상적 사례를 통해 정의하며 시작한다1. 이후 인지부조화를 해소하기 위한 세 가지 심리적 전략을 설명하고23, 이를 증명한 페스팅거의 고전적 실험을 소개한다4. 실험 결과를 '불충분한 정당화' 효과를 중심으로 심층 분석하여4, 인지부조화 이론이 인간의 비합리적이지만 합리화하려는 경향을 잘 보여줌을 일상 사례와 함께 설명하며 글을 마무리한다5.

4. OX로 내용 확인

O|X ① 인지부조화는 신념과 행동이 일치할 때 발생하는 심리적 안정 상태를 말한다.

O|X ② 인지부조화를 겪는 사람은 심리적 불편함을 해소하려는 동기를 갖게 된다.

O|X ③ "스트레스 해소에 도움이 되니 흡연은 괜찮다"고 생각하는 것은 부조화를 일으키는 인지 요소의 중요성을 낮추는 전략에 해당한다.

O|X ④ 페스팅거의 실험에서, 거짓말의 대가로 20달러를 받은 그룹은 1달러를 받은 그룹보다 더 심한 인지부조화를 겪었다.

O|X ⑤ 페스팅거의 실험 결과는 보상이 불충분할 때 사람들은 행동보다 태도를 바꾸는 경향이 있음을 보여준다.

O|X ⑥ 힘들게 들어간 동아리를 더 아끼고 가치 있게 여기는 현상은 인지부조화 이론으로 설명할 수 있다.

① X / ② O / ③ O / ④ X / ⑤ O / ⑥ O

[인문 - 철학]

흔들리지 않는 평온함을 향하여 - 스토아학파의 행복론

■1 우리는 왜 불안하고 고통스러운가? 고대 그리스의 철학자 제논에서 시작된 스토아학파는 그 원인이 외부 사건 그 자체가 아니라, 그 사건에 대한 우리의 '잘못된 판단'에 있다고 보았다. 그들은 외부 세계의 변화에 흔들리지 않는 정신적 평온함, 즉 '아파테이아(Apatheia)'에 이르는 것을 행복의 최고 목표로 삼았다. 이를 위해 스토아 철학자들이 제시한 가장 근본적인 수양법이 바로 '통제력의 이분법'이다. 이는 세상의 모든 일을 '내가 통제할 수 있는 것'과 '내가 통제할 수 없는 것'으로 명확히 구분하는 것에서부터 시작한다.

■2 우리가 통제할 수 있는 것은 오직 우리의 내면, 즉 자신의 생각, 판단, 의지와 같은 것들뿐이다. 반면, 우리가 통제할 수 없는 것은 우리의 신체, 건강, 재산, 타인의 평판 등 우리 외부에서 일어나는 거의 모든 일이다. 스토아학파에 따르면, 우리의 모든 고통은 통제할 수 없는 것을 통제하려는 헛된 시도에서 비롯된다. 예를 들어, 교통 체증으로 약속에 늦는 상황을 생각해보자. 교통 체증 자체는 내가 통제할 수 없는 외부 사건이다. 이때 "차가 왜 이렇게 막히는 거야!"라며 분노하고 불안해하는 것은 통제 불가능한 것에 감정적 에너지를 낭비하는 어리석은 행동이다. 현명한 스토아주의자는 교통 체증이라는 현실을 담담히 받아들이고, 자신이 통제할 수 있는 것, 즉 '이 상황에 어떻게 반응할 것인가.'에 집중한다. "늦을 것 같으니 상대방에게 미리 연락해야겠다."라고 이성적으로 판단하고 행동하는 것이다.

■3 이처럼 스토아 철학은 사건 자체는 좋거나 나쁘지 않으며, 오직 그것에 대한 우리의 '판단'만이 좋고 나쁨을 결정한다고 강조한다. 철학자 에픽테토스는 "우리를 혼란시키는 것은 사건이 아니라, 사건에 대한 우리의 의견이다."라고 말했다. 시험에 떨어졌다는 사건 자체는 그저 하나의 사실일 뿐이다. 이 사실에 "나는 실패자야."라는 파멸적인 판단을 덧씌우는 것이 우리를 고통스럽게 만든다. 따라서 우리는 외부 사건에 대해 자동적으로 반응하는 대신, 잠시 멈추어 그 사건에 대한 나의 첫 판단이 과연 합리적인지를 성찰

해야 한다. 이성적 성찰을 통해 외부 사건과 나의 감정 사이에 거리를 둘 때, 우리는 비로소 마음의 평정을 유지할 수 있다.

4 스토아학파가 추구하는 삶은 단순히 소극적으로 운명을 받아들이는 체념적인 삶이 아니다. 그들은 '자연에 따라 사는 삶'을 강조했는데, 여기서 자연이란 우주를 지배하는 합리적인 질서, 즉 '로고스(Logos)'를 의미한다. 인간은 이 로고스를 인식할 수 있는 이성을 가진 존재이므로, 자연의 섭리를 이해하고 그것과 조화롭게 살아가는 것이 곧 덕스러운 삶이다. 이는 자신이 통제할 수 없는 것들을 받아들이되, 자신이 통제할 수 있는 영역 안에서는 사회적 의무를 다하고 공동선에 기여하는 책임감 있는 삶을 살아가는 것을 포함한다.

5 2000년도 더 지난 고대의 철학인 스토아주의는 예측 불가능한 변화와 스트레스로 가득한 현대 사회에 깊은 울림을 준다. 통제력의 이분법은 우리가 바꿀 수 없는 것들에 대한 집착을 내려놓고, 오롯이 자신이 바꿀 수 있는 것에 집중하게 함으로써 불필요한 불안과 무력감에서 벗어날 힘을 준다. 외부 환경이 아닌 내면의 평온에서 행복의 근원을 찾으려 했던 스토아학파의 지혜는, 급변하는 세상 속에서 자신만의 중심을 잡고 살아가고자 하는 현대인들에게 여전히 유효한 삶의 기술을 제공하고 있다.

■ 지문 해설 및 문항 ■

1. 주제

외부 환경에 흔들리지 않는 내면의 평정(아파테이아)을 얻기 위한 스토아학파의 철학적 방법론

2. 문단별 TOPIC

1 스토아 철학의 목표('아파테이아')와 핵심 방법론('통제력의 이분법') 소개.
2 통제 가능한 것과 불가능한 것을 구분하고, 고통의 원인이 후자에 대한 집착에 있음을 설명.
3 사건이 아닌 '판단'이 고통의 근원임을 강조하며 이성적 성찰의 필요성을 역설.

4 '자연에 따라 사는 삶'의 의미를 설명하며, 스토아주의가 소극적 체념이 아님을 밝힘.
5 현대 사회에서 스토아 철학이 갖는 현재적 의의와 가치.

3. 전체 내용 전개

이 글은 스토아학파가 추구하는 행복의 목표인 '아파테이아'와 그 핵심 방법론인 '통제력의 이분법'을 소개하며 시작한다1. 통제 가능한 것과 불가능한 것을 구분하는 구체적인 방법을 사례를 통해 설명하고2, 고통의 원인이 사건 자체가 아닌 판단에 있다는 핵심 사상을 제시한다3. 이어 스토아주의가 소극적 체념이 아니라 '자연에 따라 사는' 적극적 삶의 태도임을 밝히고4, 마지막으로 이러한 고대 철학이 현대인에게 주는 교훈과 의의를 강조하며 마무리한다5.

4. OX로 내용 확인

- O|X ① 스토아학파에 따르면, 인간의 고통은 외부 사건 그 자체에서 비롯된다.
- O|X ② '통제력의 이분법'은 내가 통제할 수 있는 것과 없는 것을 구분하는 것이다.
- O|X ③ 스토아학파는 타인의 평판이나 나의 건강을 내가 온전히 통제할 수 있는 것으로 보았다.
- O|X ④ 에픽테토스는 사건 자체가 아니라 사건에 대한 우리의 의견이 우리를 혼란스럽게 한다고 주장했다.
- O|X ⑤ '자연에 따라 사는 삶'이란 우주의 합리적 질서인 '로고스'와 조화를 이루는 삶을 의미한다.
- O|X ⑥ 스토아학파가 추구하는 삶은 사회적 의무를 외면하고 운명을 소극적으로 받아들이는 것이다.

①X / ②O / ③X / ④O / ⑤O / ⑥X

[인문 - 심리학]
보고 싶은 것만 보고 믿고 싶은 것만 믿는다 - 생각의 함정, 확증 편향

① 우리는 스스로가 객관적이고 공정한 사고를 한다고 믿지만, 실제로는 종종 자신의 기존 신념이나 가설을 지지하는 정보만을 선택적으로 찾고 해석하는 경향을 보인다. 이러한 인지적 오류를 '확증 편향(Confirmation Bias)'이라고 한다. 확증 편향은 새로운 정보를 접할 때 중립적인 태도를 유지하기보다, 자신의 생각을 확인하고 강화시켜 줄 증거는 적극적으로 수용하고, 자신의 생각에 반하는 증거는 무시하거나 애써 폄하하는 형태로 나타난다. 이는 이성적인 판단을 방해하고 편협한 사고를 강화하는 대표적인 심리적 함정이다.

② 확증 편향은 정보 탐색과 해석의 모든 과정에 영향을 미친다. 첫째, '선택적 정보 탐색' 과정에서 사람들은 자신의 입장과 일치하는 정보 소스를 선호하는 경향이 있다. 예를 들어, 특정 정치적 견해를 가진 사람은 자신의 견해를 지지하는 신문이나 방송 채널만을 주로 소비하고, 반대 의견을 제시하는 매체는 의도적으로 회피한다. 둘째, 동일한 정보를 접하더라도 '편향된 해석'을 통해 자신의 신념에 맞게 왜곡한다. 한 연구에서는 사형 제도의 효과에 대한 상반된 연구 결과를 찬성론자와 반대론자 모두에게 보여주었다. 그 결과, 양측 모두 자신의 기존 입장을 지지하는 연구 결과는 신뢰성이 높다고 평가한 반면, 반대되는 연구 결과는 연구 방법상의 결함이 있다며 평가절하하는 모습을 보였다.

③ 이러한 확증 편향은 왜 발생하는 것일까? 인지심리학자들은 이를 정보 처리의 효율성을 높이려는 뇌의 '인지적 구두쇠' 전략으로 설명한다. 세상의 모든 정보를 공평하게 분석하고 평가하는 것은 엄청난 정신적 에너지를 요구한다. 따라서 우리의 뇌는 기존에 형성된 생각의 틀(스키마)에 부합하는 정보는 쉽게 처리하고, 틀에 맞지 않는 정보는 위협으로 간주하여 배척함으로써 에너지를 절약하려 한다는 것이다. 또한, 자신의 신념이 옳다고 확인받는 것은 심리적인 안정감과 만족감을 주기 때문에, 사람들은 무의식적으로 자신의 믿음을 지지해 줄 증거를 찾아 헤매게 된다.

4 확증 편향은 개인의 합리적 의사결정을 방해할 뿐만 아니라, 심각한 사회적 문제를 야기하기도 한다. 특히 소셜 미디어의 발달은 확증 편향을 심화시키는 주된 요인으로 꼽힌다. 추천 알고리즘은 사용자가 좋아할 만한 콘텐츠를 계속해서 보여줌으로써, 사용자를 비슷한 생각을 가진 사람들로 이루어진 '필터 버블'이나 '반향실 효과' 속에 가두게 된다. 이 안에서 사람들은 자신의 생각이 보편적인 진리라고 착각하게 되며, 다른 의견에 대한 관용은 사라지고 사회 전체의 양극화는 극심해진다. 또한, 한번 형성된 잘못된 편견이나 고정관념이 반대 증거에도 불구하고 계속 유지되는 것 역시 확증 편향의 결과이다.

5 확증 편향은 인간의 자연스러운 인지 경향이므로 완전히 제거하기는 어렵다. 하지만 그 위험성을 인지하고 의식적으로 노력한다면 그 영향을 최소화할 수는 있다. 자신의 생각과 반대되는 의견이나 정보를 의도적으로 찾아보는 '악마의 변호인' 역할을 스스로에게 부여하는 것이 한 방법이다. 또한, 자신의 의견에 대해 과도한 확신을 경계하고, 내가 틀릴 수도 있다는 '지적 겸손'의 태도를 유지하는 것이 중요하다. 결국, 열린 마음으로 다양한 관점을 비판적으로 검토하려는 노력만이 우리를 확증 편향의 덫에서 벗어나 더 나은 판단으로 이끌 수 있다.

■ 지문 해설 및 문항 ■

1. 주제

자신의 신념과 일치하는 정보만 받아들이려는 인지적 오류인 '확증 편향'의 개념, 작동 방식, 원인 및 그 극복 방안

2. 문단별 TOPIC

1 확증 편향의 개념 정의 및 핵심 특징 소개.
2 확증 편향의 작동 방식 (선택적 정보 탐색, 편향된 해석)과 실험 사례.
3 확증 편향의 발생 원인 (인지적 효율성, 심리적 안정감 추구).
4 확증 편향의 사회적 문제점 (소셜 미디어, 양극화, 편견 강화).
5 확증 편향의 극복을 위한 의식적인 노력과 태도의 중요성.

3. 전체 내용 전개

이 글은 '확증 편향'이라는 인지적 오류를 정의하며 시작한다❶. 이후 정보 탐색과 해석 과정에서 확증 편향이 어떻게 작동하는지를 구체적 사례와 함께 설명하고❷, 그 심리적 원인을 분석한다❸. 다음으로 소셜 미디어 환경에서 확증 편향이 심화되어 사회적 문제로 이어짐을 지적한다❹. 마지막으로, 확증 편향을 완전히 없앨 수는 없지만 의식적인 노력을 통해 그 영향을 줄일 수 있다며 구체적인 극복 방안을 제시하며 마무리한다❺.

4. OX로 내용 확인

O|X ① 확증 편향은 자신의 신념에 반하는 증거를 적극적으로 수용하는 인지 경향이다.

O|X ② 사형 제도에 대한 연구에서 사람들은 자신의 기존 입장과 다른 연구 결과를 더 신뢰하는 경향을 보였다.

O|X ③ 확증 편향은 정신적 에너지를 절약하려는 뇌의 효율성 추구 전략과 관련이 있다.

O|X ④ 소셜 미디어의 추천 알고리즘은 확증 편향을 완화하는 데 긍정적인 역할을 한다.

O|X ⑤ '필터 버블'은 다양한 의견에 노출되어 사고가 유연해지는 현상을 말한다.

O|X ⑥ 자신의 의견과 반대되는 정보를 의도적으로 찾아보는 것은 확증 편향을 극복하는 데 도움이 될 수 있다.

① X / ② X / ③ O / ④ X / ⑤ X / ⑥ O

[인문 - 논리학]
타당성과 개연성, 논리적 사고의 두 기둥 – 연역과 귀납

① 우리는 어떤 주장을 펼치거나 결론을 내릴 때, 그 주장을 뒷받침하는 근거, 즉 '전제'를 제시한다. 이처럼 전제로부터 결론을 이끌어내는 추론의 과정을 '논증'이라고 한다. 논리적 사고는 바로 이 논증의 타당성을 평가하고 구성하는 능력의 핵심이다. 논증은 크게 '연역 논증(Deductive Argument)'과 '귀납 논증(Inductive Argument)'이라는 두 가지 방식으로 구분된다. 이 두 방식은 전제와 결론의 관계, 그리고 결론이 보장하는 확실성의 수준에서 근본적인 차이를 보인다.

② 연역 논증은 이미 알고 있는 하나 이상의 일반적인 원리나 사실(전제)로부터 필연적으로 참인 특수한 결론을 이끌어내는 추론 방식이다. 연역 논증의 핵심적인 특징은 '타당성'이다. 연역에서 타당한 논증이란, 제시된 모든 전제가 참이라면 결론이 '반드시' 참이 되는 논증을 말한다. 예를 들어, "모든 사람은 죽는다(대전제). 소크라테스는 사람이다(소전제). 따라서 소크라테스는 죽는다(결론)."라는 삼단논법은 대표적인 연역 논증이다. 이 논증에서 두 전제가 참이라면, 소크라테스가 죽는다는 결론은 결코 거짓일 수 없다. 이처럼 연역 논증은 새로운 정보를 추가하기보다는 전제에 이미 포함된 정보를 명확하게 드러내는 역할을 하며, 수학이나 논리학에서 주로 사용된다.

③ 반면 귀납 논증은 여러 개의 구체적이고 개별적인 관찰 사례(전제)들을 바탕으로 일반적인 원리나 법칙(결론)을 이끌어내는 추론 방식이다. 귀납 논증의 특징은 '개연성(확률)'이다. 귀납 논증에서 전제들은 결론을 필연적으로 보장하지는 않지만, 결론이 참일 것이라는 '높은 가능성'을 제공한다. 예를 들어, "지금까지 관찰한 모든 까마귀는 검은색이었다(전제). 따라서 모든 까마귀는 검다(결론)."라는 논증을 생각해보자. 수많은 까마귀를 관찰했더라도, 언젠가 흰색 까마귀가 발견될 가능성을 원천적으로 배제할 수는 없다. 따라서 이 결론은 100% 확실한 참이 아니라, 매우 그럴듯한 '개연성 높은' 결론이다. 귀납 논증은 이처럼 새로운 지식을 확장하는 역할을 하며, 자연과학의 법칙 발견이나 사회 현상 예측에 필수적으로 사용된다.

4 연역과 귀납은 평가의 기준도 다르다. 연역 논증은 전제가 결론을 필연적으로 지지하는지 여부에 따라 '타당하다' 또는 '부당하다'라는 이분법적 평가를 받는다. 전제가 참인데 결론이 거짓일 가능성이 조금이라도 있다면 그 논증은 부당하다. 하지만 귀납 논증은 '강하다' 또는 '약하다'와 같이 정도의 문제로 평가된다. 전제를 지지하는 관찰 사례가 더 많고 다양할수록, 그리고 반대 사례가 없을수록 그 논증은 더 '강한' 논증이 된다. 예를 들어, 까마귀 관찰 사례가 100건일 때보다 100만 건일 때 '모든 까마귀는 검다'는 결론은 더 강한 설득력을 얻게 된다.

5 연역과 귀납은 서로 대립하는 관계가 아니라, 상호 보완적인 관계 속에서 인간의 지식 체계를 확장해 나간다. 과학자들은 수많은 실험과 관찰(귀납)을 통해 일반적인 가설을 세우고, 그 가설로부터 특정한 현상을 예측(연역)하여 다시 실험을 통해 검증하는 과정을 반복한다. 이처럼 논리적 사고란 어느 한쪽에 치우치는 것이 아니라, 100%의 확실성을 추구하는 연역적 엄밀함과 새로운 가능성을 탐구하는 귀납적 개방성을 조화롭게 사용할 때 비로소 완성된다고 할 수 있다.

■─────────────────── ■ 지문 해설 및 문항 ■

1. 주제
논리적 추론의 두 가지 핵심 방식인 연역 논증과 귀납 논증의 개념, 특징, 그리고 상호보완적 관계

2. 문단별 TOPIC
1 논증의 개념과 두 가지 핵심 방식인 연역과 귀납 소개.
2 연역 논증의 개념 (일반→특수), 특징(타당성), 그리고 예시.
3 귀납 논증의 개념 (특수→일반), 특징(개연성), 그리고 예시.
4 연역과 귀납의 평가 기준 차이 (타당/부당 vs. 강함/약함).
5 대립이 아닌 상호보완적 관계로서 연역과 귀납의 역할과 의의.

3. 전체 내용 전개

이 글은 논증을 연역과 귀납으로 나누어 설명한다❶. 먼저 연역 논증의 개념과 '타당성'이라는 특징을 삼단논법의 예를 들어 설명하고❷, 이어서 귀납 논증의 개념과 '개연성'이라는 특징을 까마귀의 예를 들어 설명한다❸. 다음으로 두 논증 방식의 평가 기준이 근본적으로 다름을 명확히 비교하고❹, 마지막으로 두 방식이 대립하는 것이 아니라 과학적 탐구 등에서 상호보완적으로 사용됨을 강조하며 마무리한다❺.

4. OX로 내용 확인

- O|X ① 연역 논증은 구체적인 사례들로부터 일반적인 원리를 이끌어 내는 추론 방식이다.
- O|X ② 타당한 연역 논증에서 모든 전제가 참이라면 결론은 반드시 참이다.
- O|X ③ 귀납 논증의 결론은 전제에 의해 필연적으로 보장된다.
- O|X ④ '지금까지 본 백조는 모두 하얬다. 따라서 모든 백조는 희다.'는 연역 논증에 해당한다.
- O|X ⑤ 연역 논증은 '강하다' 또는 '약하다'로 평가되고, 귀납 논증은 '타당하다' 또는 '부당하다'로 평가된다.
- O|X ⑥ 귀납 논증은 전제를 지지하는 관찰 사례가 많아질수록 더 강한 논증이 된다.
- O|X ⑦ 이 글은 연역과 귀납이 지식 체계를 확장하는 데 있어 상호보완적으로 기능한다고 본다.

①X / ②O / ③X / ④X / ⑤X / ⑥O / ⑦O

[인문 - 교육학]
자연으로 돌아가라, 본성을 따르는 교육 - 루소의 『에밀』

❶ "자연의 손에서 나올 때는 모든 것이 선하지만, 인간의 손에서 타락한다." 장자크 루소의 교육 소설 『에밀』의 첫 문장은 그의 교육 철학 전체를 압축한다. 루소는 문명과 사회가 인간의 선한 본성을 왜곡하고 타락시킨다고 보았다. 따라서 그가 제시한 이상적인 교육의 목표는 인위적인 사회의 때를 묻히지 않고, 아이가 지닌 자연 그대로의 선한 본성을 보존하고 발현시키는 '자연주의 교육'이었다. 이는 당시의 주입식, 암기식 교육과는 근본적으로 다른, 아동 중심 교육 사상의 혁명적인 출발점이었다.

❷ 자연주의 교육에서 교사의 역할은 지식을 적극적으로 주입하는 사람이 아니라, 아이의 성장을 방해하는 장애물을 제거해주는 '소극적 안내자'이다. 루소는 이를 '소극적 교육'이라고 불렀다. 교사는 아이에게 "이것을 해라, 저것을 하지 마라"고 명령하는 대신, 아이가 스스로 자연과 사물을 통해 배울 수 있는 환경을 조성해 주어야 한다. 아이를 부도덕한 사회의 영향으로부터 보호하고, 아이의 자연스러운 발달 단계를 인내심을 갖고 기다려주는 것, 그것이 바로 교사의 가장 중요한 임무라고 루소는 강조했다.

❸ 루소에게 진정한 학습은 책을 통해서가 아니라 '경험'을 통해 이루어진다. 그는 아동기의 아이에게 책을 읽히는 것을 강하게 반대하며, 아이가 자신의 감각과 신체를 통해 직접 세계와 부딪히며 배우는 '사물 교육'을 주장했다. 『에밀』에서 주인공 에밀은 정원 한구석에 콩을 심으며 노동의 즐거움과 소유의 개념을 배운다. 하지만 어느 날 정원사가 "그 땅은 내가 먼저 가꾼 곳"이라며 에밀이 심은 콩을 다 뽑아버리자, 에밀은 분노와 좌절 속에서 타인의 소유권을 존중해야 한다는 사회적 규칙을 몸소 깨닫게 된다. 이처럼 루소는 지식이나 도덕률을 말로 가르치는 것이 아니라, 행동의 자연스러운 결과로부터 스스로 깨닫게 해야 한다고 보았다.

❹ 또한 루소는 교육이 아동의 자연스러운 '발달 단계'에 따라 이루어져야 한다고 역설했다. 그는 인간의 발달을 유아기, 아동기, 소년기, 청년기의 네 단계로 구분하고, 각 단계에 맞는 교육의 내용과 방법이 달라야 한다고 주

장했다. 예를 들어, 이성적 판단이 미숙한 아동기에는 신체 단련과 감각 훈련에 집중해야 하며, 추상적인 도덕이나 종교 교육은 이성이 발달하는 청년기에 이르러서야 비로소 가능하다고 보았다. 아동을 '작은 어른'으로 취급하며 성인의 지식을 억지로 주입하려 했던 당시의 교육관에 대한 근본적인 비판이었다.

5 루소의 『에밀』이 제시한 교육 사상은 현대 교육에 지대한 영향을 미쳤다. 아동의 고유한 세계를 인정하고, 주입이 아닌 경험을 통한 학습을 강조하는 그의 생각은 오늘날의 아동 중심 교육, 체험 학습, 놀이 교육 등의 이론적 토대가 되었다. 물론 그의 철학이 '자연'의 상태를 지나치게 이상화했다거나, 여성 교육에 대한 편견을 보였다는 비판도 존재한다. 그럼에도 불구하고, 사회가 요구하는 인간이 아닌 자연의 원리에 따라 성장하는 온전한 인간을 길러내고자 했던 루소의 목소리는, 교육의 본질이 무엇인지 우리에게 끊임없이 되묻고 있다.

■ 지문 해설 및 문항 ■

1. 주제

루소의 『에밀』에 나타난 자연주의 교육 철학의 핵심 원리(선한 본성, 소극적 교육, 경험 학습)와 현대적 의의

2. 문단별 TOPIC

1 루소 교육 철학의 핵심인 '자연주의 교육'의 개념과 목표 제시.
2 지식 주입이 아닌 환경 조성을 강조하는 교사의 역할, '소극적 교육'.
3 책이 아닌 직접적인 경험을 통한 학습, '사물 교육'의 중요성과 사례.
4 아동의 '발달 단계'에 맞는 교육의 필요성.
5 루소 교육 사상의 현대적 의의와 한계.

3. 전체 내용 전개

이 글은 루소의 '자연주의 교육' 사상을 소개하며, 인간의 선한 본성을 보존하는 것이 교육의 목표임을 밝히며 시작한다1. 이후 교사의 역할은 '소극적

교육'에②, 학습의 방법은 '경험을 통한 교육'에③, 교육의 내용은 '발달 단계'에 맞춰져야 함을 순차적으로 설명한다④. 마지막으로, 루소 교육 철학이 현대 교육에 미친 영향과 그 의의를 정리하며 글을 마무리한다⑤.

4. OX로 내용 확인

| O|X | ① 루소는 인간의 본성이 태어날 때부터 선하다고 보았다.
| O|X | ② 루소의 '소극적 교육'에서 교사는 아동에게 적극적으로 지식을 주입해야 한다.
| O|X | ③ 『에밀』에서 주인공 에밀은 책을 통해 소유권의 개념을 학습한다.
| O|X | ④ 루소는 아동을 '작은 어른'으로 보고, 어릴 때부터 추상적인 도덕 교육을 시켜야 한다고 주장했다.
| O|X | ⑤ 루소는 교육이 모든 발달 단계에서 동일한 내용과 방법으로 이루어져야 한다고 보았다.
| O|X | ⑥ 이 글에 따르면, 루소의 교육 사상은 현대의 아동 중심 교육에 영향을 미쳤다.

① O / ② X / ③ X / ④ X / ⑤ X / ⑥ O

[인문 - 역사학]
과거를 향한 두 개의 시선, 객관적 사실인가 주관적 해석인가

■1 역사가는 과거에 일어났던 사실을 어떻게 기술해야 하는가? 이 질문에 대해 19세기 독일의 역사가 랑케는 "있는 그대로의 과거(as it actually was)"를 보여주는 것이 역사가의 임무라고 선언했다. 이는 역사가가 자신의 주관을 철저히 배제하고, 사료에 근거하여 객관적인 사실을 복원해야 한다는 '실증주의 역사관'의 토대가 되었다. 그러나 20세기에 들어서면서 E. H. 카와 같은 역사가들은 "역사란 역사가와 사실 사이의 부단한 상호작용 과정이며, 현재와 과거의 끊임없는 대화"라고 주장하며, 역사가의 해석적 역할을 강조하는 '상대주의 역사관'을 제시했다.

■2 실증주의 역사관은 역사를 과학의 반열에 올리고자 했다. 이 관점에서 역사가는 편견이나 가치판단을 제거한 채, 남아있는 사료를 엄밀하게 비판하고 검토하여 과거의 사실을 재구성하는 기술자와 같다. 예를 들어, 한 역사적 사건에 대해 기록된 여러 문헌을 비교하여 교차 검증하고, 위조된 사료를 가려내며, 기록의 이면에 숨겨진 의도를 분석하는 작업이 이에 해당한다. 이러한 과정을 통해 개인의 주관이 개입할 여지를 최소화하고, 누구나 인정할 수 있는 객관적인 역사적 지식을 구축할 수 있다고 이들은 믿었다.

■3 반면 상대주의 역사관은 완벽한 객관성이란 불가능한 신화에 불과하다고 비판한다. 과거는 이미 사라졌고, 우리에게 남은 것은 과거의 파편적인 흔적, 즉 '사료'뿐이기 때문이다. 역사가는 무한한 과거의 사실들 중에서 무엇을 기록하고 무엇을 버릴지 '선택'해야만 한다. 이 선택의 과정에는 역사가가 살고 있는 현재의 시대적 관심사와 개인적 가치관이 개입될 수밖에 없다. 예를 들어, 과거에는 주목받지 못했던 여성이나 노예의 역사가 오늘날 중요한 연구 주제가 되는 것은, 역사를 바라보는 우리의 현재적 관점이 변했기 때문이다.

■4 더 나아가 일부 포스트모던 역사가들은 역사 서술이 본질적으로 '이야기 만들기(narrative)'와 다르지 않다고 주장한다. 헤이든 화이트와 같은 학자는 역사가는 흩어진 사실의 파편들을 모아 비극, 희극, 로맨스와 같은 문학적

줄거리(플롯)의 형태로 엮어냄으로써 과거에 의미를 부여한다고 보았다. 즉, 역사가가 특정 사건을 '영웅의 탄생'으로 그리느냐 '한 시대의 몰락'으로 그리느냐에 따라 동일한 사실도 전혀 다른 이야기로 구성될 수 있다는 것이다. 이 관점에서 역사는 발견되는 것이 아니라 창조되는 것에 가깝다.

⑤ 그렇다면 역사는 객관적인 사실의 총체인가, 아니면 역사가의 주관적인 상상물에 불과한가? 오늘날 많은 역사가는 두 관점의 극단을 경계한다. 완전한 객관은 불가능할지라도, 역사가의 해석은 반드시 사료라는 명백한 증거에 기반해야 하며, 논리적 추론 과정을 통해 다른 역사가들에게 검증받아야 한다. 역사가 허구적인 소설과 다른 점이 바로 이 지점이다. 결국 현대의 역사학은 '증거에 기반한 가장 설득력 있는 해석'을 찾아 나가는 과정이며, 이 과정을 통해 우리는 과거와 더 깊이 있는 대화를 나눌 수 있게 된다.

■ 지문 해설 및 문항 ■

1. 주제
역사 서술의 본질에 대한 탐구: 객관적 사실 복원을 지향하는 실증주의와 역사가의 해석을 강조하는 상대주의의 대립 및 종합

2. 문단별 TOPIC
① 역사 서술을 둘러싼 두 가지 대립적 관점, 실증주의와 상대주의 역사관 제시.
② 객관적 사실 복원을 강조하는 실증주의 역사관의 논리와 방법.
③ 역사가의 주관적 선택과 해석이 필연적임을 주장하는 상대주의 역사관의 논리.
④ 역사 서술을 '이야기 만들기'로 보는 포스트모던 역사관 소개.
⑤ 두 관점의 종합적 이해: 역사를 '증거에 기반한 가장 설득력 있는 해석'으로 규정.

3. 전체 내용 전개
이 글은 역사 서술에 대한 두 가지 핵심 관점인 '실증주의'와 '상대주의'를

대비시키며 논의를 시작한다■. 이후 실증주의의 입장■과 상대주의의 입장
■, 그리고 더 나아간 포스트모던적 관점■을 순차적으로 설명한다. 마지막
으로, 두 관점의 한계를 지적하고 '증거에 기반한 해석'이라는 종합적인 관
점을 제시하며 현대 역사학의 지향점을 설명하며 글을 마무리한다■.

4. OX로 내용 확인

- O|X ① 랑케는 역사가의 주관적 해석을 역사 서술의 가장 중요한 요소로 보았다.
- O|X ② E. H. 카는 역사를 현재와 과거의 끊임없는 대화로 정의했다.
- O|X ③ 실증주의 역사관에 따르면, 역사가는 사료를 엄밀하게 비판하여 객관적 사실을 구축해야 한다.
- O|X ④ 상대주의 역사관은 역사가가 과거의 모든 사실을 완벽하게 복원할 수 있다고 본다.
- O|X ⑤ 헤이든 화이트는 역사 서술이 문학적 이야기 구성 방식과 유사하다고 주장했다.
- O|X ⑥ 이 글은 역사가의 해석이 증거에 기반할 필요가 없다고 결론 내린다.

①X / ②O / ③O / ④X / ⑤O / ⑥X

[인문 - 윤리학]
무엇이 옳은 행동인가? 결과와 의무의 윤리적 딜레마

1 어떤 행동이 도덕적으로 옳고 그름을 판단하는 기준은 무엇인가? 윤리학의 역사에서 이 근본적인 질문에 대한 답변은 크게 두 갈래로 나뉘어 발전해왔다. 하나는 행동의 '결과'가 도덕적 판단의 유일한 기준이라고 보는 '결과주의'이며, 다른 하나는 결과와 상관없이 행동 그 자체에 내재된 '도덕 법칙'이나 '의무'를 따라야 한다는 '의무론'이다. 이 두 관점은 각각 공리주의와 칸트 윤리학을 통해 대표적으로 전개되었으며, 우리의 도덕적 딜레마 상황에서 종종 서로 다른 해답을 제시한다.

2 "최대 다수의 최대 행복"이라는 원칙으로 대표되는 공리주의는 결과주의 윤리의 가장 대표적인 이론이다. 제러미 벤담과 존 스튜어트 밀에 의해 체계화된 공리주의는 어떤 행동의 결과가 더 많은 쾌락이나 행복을 낳고 고통을 줄일수록 더 도덕적인 행동이라고 주장한다. 이 관점에서 도덕은 행복과 고통의 양을 계산하는 문제이다. 예를 들어, 거짓말이 당장은 한 사람을 속이는 행위일지라도, 그 결과로 수많은 사람의 생명을 구할 수 있다면 공리주의는 그 거짓말을 도덕적으로 옳은 행위로 판단할 것이다. 즉, 행동의 동기나 과정보다는 오직 그 결과가 사회 전체의 총 행복량을 얼마나 증진시켰는지가 유일한 판단 기준이 된다.

3 반면, 이마누엘 칸트로 대표되는 의무론은 도덕적 판단이 결코 결과에 의존해서는 안 된다고 주장한다. 칸트에게 도덕 법칙은 '만약 ~하면, ~하라'는 식의 조건적인 '가언명령'이 아니라, 어떤 상황에서든 무조건적으로 따라야 하는 '정언명령'이어야 한다. 그 핵심은 '네 의지의 준칙이 언제나 동시에 보편적 입법의 원리가 될 수 있도록 행위하라'는 것이다. 즉, 나의 행동 원칙이 모든 사람이 모든 상황에서 따라도 괜찮은 보편적인 법칙이 될 수 있는지를 따져봐야 한다는 의미다. 이 원칙에 따르면, 거짓말은 '모든 사람이 거짓말을 해도 좋다'는 세상을 만들 수 없으므로 결과와 상관없이 그 자체로 비도덕적인 행위가 된다.

4 공리주의와 의무론의 차이는 '트롤리 딜레마'와 같은 사고 실험에서 명

확히 드러난다. 브레이크가 고장 난 전차가 다섯 명의 인부를 향해 돌진하고 있고, 당신은 선로 변환기를 당겨 전차의 방향을 한 명의 인부가 있는 다른 선로로 바꿀 수 있다. 공리주의적 관점에서는 한 명을 희생하여 다섯 명을 구하는 것이 전체의 효용(행복)을 극대화하므로 도덕적으로 옳은 선택이다. 하지만 의무론적 관점에서는 내가 선로를 바꿈으로써 한 사람을 죽게 만드는 '행위'에 직접 개입하는 것은, 그 사람을 수단으로 이용하는 것이므로 그 자체로 비도덕적이라고 볼 수 있다.

5 결과의 중요성을 강조하는 공리주의와 보편적 의무를 강조하는 의무론은 각각의 장점과 함께 뚜렷한 한계를 지닌다. 공리주의는 다수의 행복을 위해 소수의 권리를 침해할 수 있다는 위험을 내포하며, 의무론은 현실의 복잡한 갈등 상황에 유연하게 대처하기 어렵다는 비판을 받는다. 현대 윤리학 논쟁은 이 두 거대한 흐름 사이의 긴장 관계 속에서 전개된다. 무엇이 옳은 행동인가에 대한 질문은 하나의 정답을 찾기보다, 결과에 대한 책임과 보편적 원칙에 대한 존중 사이에서 끊임없이 성찰하고 균형을 찾아나가는 과정 그 자체에 있는지도 모른다.

■ 지문 해설 및 문항 ■

1. 주제

도덕 판단의 두 가지 핵심 기준인 결과(공리주의)와 의무(의무론)의 개념, 특징, 그리고 윤리적 딜레마 상황에서의 적용

2. 문단별 TOPIC

1 도덕 판단의 두 가지 주요 관점인 결과주의(공리주의)와 의무론(칸트 윤리학) 소개.
2 '최대 다수의 최대 행복'을 추구하는 공리주의의 핵심 원리.
3 보편적 도덕 법칙과 '정언명령'을 강조하는 칸트 의무론의 핵심 원리.
4 '트롤리 딜레마'를 통해 본 공리주의와 의무론의 실천적 차이.
5 두 이론의 한계와 현대 윤리학에서의 상호보완적 의의.

3. 전체 내용 전개

이 글은 도덕 판단의 기준을 '결과'와 '의무'라는 두 가지로 나누어 제시하며 시작한다❶. 이후 '결과'를 중시하는 공리주의❷와 '의무'를 중시하는 칸트의 의무론❸을 각각의 핵심 원리를 중심으로 설명한다. 그리고 '트롤리 딜레마'라는 구체적인 사례를 통해 두 이론이 어떻게 다른 결론에 도달하는지를 명확히 보여준다❹. 마지막으로 각 이론의 한계를 짚어주며, 현대 윤리학에서 두 관점이 어떻게 상호작용하는지를 설명하며 마무리한다❺.

4. OX로 내용 확인

O|X ① 공리주의는 행동의 동기보다 그 행동이 낳는 결과를 더 중요하게 생각한다.

O|X ② 칸트의 의무론에 따르면, 행동의 도덕성은 상황에 따라 변할 수 있다.

O|X ③ '정언명령'은 '만약 행복해지고 싶다면, 정직하라'와 같은 조건적인 명령이다.

O|X ④ 칸트에게 거짓말은 그 결과가 좋더라도 보편화될 수 없으므로 비도덕적이다.

O|X ⑤ '트롤리 딜레마'에서 한 명을 희생해 다섯 명을 구하는 것은 의무론적 판단에 해당한다.

O|X ⑥ 이 글은 공리주의가 소수의 권리를 침해할 수 있다는 비판을 받는다고 서술한다.

① O / ② X / ③ X / ④ O / ⑤ X / ⑥ O

[인문 - 미학]
아름다움을 넘어서는 압도적 경험, '숭고미'

① 우리는 아름다운 꽃이나 조화로운 그림을 보며 미적 쾌감을 느낀다. 이처럼 질서, 조화, 균형과 같이 우리에게 안정감과 즐거움을 주는 미적 범주를 전통적으로 '미(美, The Beautiful)'라고 불러왔다. 그러나 거대한 폭포 앞에서 압도당하거나 끝없는 사막을 보며 두려움을 느낄 때, 우리는 분명 아름다움과는 다른 종류의 강렬한 미적 경험을 하게 된다. 미학은 이러한 경외감과 공포, 고통과 쾌감이 뒤섞인 복합적인 감정을 '숭고(崇高, The Sublime)'라는 또 다른 미적 범주로 설명한다.

② 숭고의 개념을 체계적으로 논의한 초기 철학자는 18세기 영국의 에드먼드 버크이다. 그는 『숭고와 미의 관념의 기원에 대한 철학적 탐구』에서 미가 사랑이나 사교성과 같은 긍정적 감정과 연결되는 반면, 숭고는 자기 보존의 위협과 관련한 '고통'과 '공포'의 감정에서 비롯된다고 보았다. 무한한 힘을 가진 자연, 끝없는 어둠, 거대한 크기 등 우리를 압도하고 파괴할 수 있는 대상 앞에서 우리는 공포를 느낀다. 하지만 그 위협이 직접적으로 우리를 해치지 않는 '안전한 거리'가 확보될 때, 이 공포는 불쾌감이 아닌 일종의 짜릿한 쾌감, 즉 숭고한 감정으로 전환된다는 것이다.

③ 이마누엘 칸트는 버크의 논의를 발전시켜 숭고의 원천이 대상 그 자체가 아니라, 그 대상을 마주한 우리의 '정신 능력'에 있다고 보았다. 칸트는 숭고를 두 종류로 나누었다. 첫째, 끝없이 펼쳐진 밤하늘의 별이나 거대한 산맥처럼, 우리의 상상력이 한 번에 담아낼 수 없는 무한한 크기와 마주할 때 느끼는 것을 '수학적 숭고'라고 했다. 둘째, 모든 것을 휩쓰는 폭풍우나 지진처럼, 저항할 수 없는 자연의 막강한 힘 앞에서 느끼는 것을 '역학적 숭고'라고 했다. 이 두 경우 모두, 우리의 감각과 상상력은 한계에 부딪혀 무력감을 느끼지만, 바로 그 순간 우리는 이러한 혼돈조차 사유할 수 있는 '이성'의 위대함을 깨닫게 된다. 결국 숭고는 자연의 압도적인 힘을 통해 역설적으로 인간 정신의 위대함을 확인하는 경험인 것이다.

④ 미와 숭고는 뚜렷한 차이를 보인다. 미가 대상의 명확한 '형식'과 '한계'

에서 비롯된다면, 숭고는 오히려 '형식 없음'과 '무한함'에서 발생한다. 아름다운 대상은 우리의 마음을 평화롭게 만들고 즐거움을 주지만, 숭고한 대상은 우리의 마음을 뒤흔들고 고양시킨다. 미는 이해와 관조의 대상이지만, 숭고는 상상력의 좌절과 이성의 승리를 포함하는 역동적인 정신의 운동 과정이다. 즉, 미가 '긍정적 쾌'라면, 숭고는 고통이라는 '부정적 감정'을 매개로 하여 도달하는 보다 '고차원적인 쾌'라고 할 수 있다.

5 숭고의 개념은 단순히 자연미를 설명하는 데 그치지 않고 현대 예술과 문화를 이해하는 중요한 틀을 제공한다. 추상표현주의 화가 마크 로스코의 거대한 색면 추상화나, 복잡한 현대 도시의 마천루가 주는 압도적인 느낌 역시 숭고의 경험으로 설명될 수 있다. 아름다움만으로는 포착할 수 없는 인간의 복합적인 미적 경험을 설명해 줌으로써, 숭고의 개념은 미학의 지평을 넓혔다. 그것은 우리에게 질서정연한 세계뿐만 아니라, 우리가 이해할 수 없는 거대하고 혼돈스러운 세계와 마주하는 방식에 대해서도 깊은 통찰을 준다.

― 지문 해설 및 문항 ―

1. 주제
전통적인 미적 범주인 '미(美)'와 구별되는 '숭고'의 개념, 철학적 논의(버크, 칸트), 그리고 현대적 의의

2. 문단별 TOPIC
1 '미'와는 다른 미적 범주로서 '숭고'의 개념 소개.
2 공포와 고통을 숭고의 원천으로 본 버크의 이론.
3 숭고의 원인을 인간의 정신 능력에서 찾은 칸트의 이론 (수학적/역학적 숭고).
4 '미'와 '숭고'의 핵심적인 차이점 비교 분석.
5 현대 예술과 문화에서 숭고 개념의 적용과 의의.

3. 전체 내용 전개

이 글은 '미'와 '숭고'를 대조하며 숭고라는 미적 범주를 소개하는 것으로 시작한다❶. 이후 숭고에 대한 버크의 철학적 논의❷와 이를 심화시킨 칸트의 논의❸를 순차적으로 설명한다. 그리고 1문단에서 제시했던 미와 숭고의 차이점을 다시 한 번 명확하게 비교·분석하고❹, 마지막으로 숭고라는 개념이 현대 사회에서 갖는 의의를 설명하며 글을 마무리한다❺.

4. OX로 내용 확인

O|X ① '숭고'는 질서와 조화에서 비롯되는 안정적인 미적 경험을 의미한다.

O|X ② 버크에 따르면, 숭고한 감정은 대상이 주는 위협으로부터 안전거리가 확보될 때 발생한다.

O|X ③ 칸트는 숭고의 원천이 대상 자체가 아니라 그것을 마주한 인간의 정신 능력에 있다고 보았다.

O|X ④ 칸트의 '역학적 숭고'는 대상의 저항할 수 없는 힘과 관련된다.

O|X ⑤ '미'는 '형식 없음'과 '무한함'에서, '숭고'는 대상의 명확한 '형식'에서 비롯된다.

O|X ⑥ 이 글에 따르면 숭고의 개념은 자연미뿐만 아니라 현대 도시의 마천루를 설명하는 데에도 적용될 수 있다.

①X / ②O / ③O / ④O / ⑤X / ⑥O

[인문 - 언어학]
언어는 생각의 감옥인가, 창문인가? - 사피어-워프 가설

１ 우리가 사용하는 언어가 우리가 세상을 인식하고 사고하는 방식에 영향을 미칠까? 아니면 언어는 이미 형성된 생각을 표현하는 도구에 불과할까? 이처럼 언어와 사고의 관계를 둘러싼 오랜 질문에 대해, "언어 구조가 사고방식을 결정하거나 그에 영향을 준다."라고 주장하는 가설이 있다. 미국의 언어학자 에드워드 사피어와 그의 제자 벤저민 리 워프의 이름을 딴 '사피어-워프 가설(Sapir-Whorf hypothesis)'이 바로 그것이다. 이 가설은 언어가 단순히 생각을 담는 그릇이 아니라, 생각의 틀 그 자체를 형성한다는 혁신적인 관점을 제시했다.

２ 사피어-워프 가설은 주장의 강도에 따라 '강한 버전'과 '약한 버전'으로 나뉜다. '강한 버전'은 '언어 결정론(Linguistic Determinism)'이라고도 불리는데, 이는 언어가 사고를 완전히 결정하고 지배한다는 주장이다. 이 관점에 따르면, 특정 언어에 존재하지 않는 개념은 그 언어를 사용하는 사람은 아예 생각조차 할 수 없다. 예를 들어, 무지개 색을 셋으로만 구분하는 언어를 쓰는 사람은 일곱 가지 무지개 색을 인식하는 것이 불가능하다는 것이다. 즉, 언어는 우리가 생각할 수 있는 범위의 한계를 규정하는 '생각의 감옥'과 같다.

３ 반면, 오늘날 더 널리 받아들여지는 '약한 버전'은 '언어 상대성(Linguistic Relativity)'이라고 불린다. 이는 언어가 사고를 결정하는 것이 아니라, 사고방식에 영향을 미친다고 보는 보다 온건한 관점이다. 언어는 우리가 특정 방식으로 생각하도록 유도하고, 어떤 범주에 더 주의를 기울이게 만드는 경향이 있다는 것이다. 예를 들어, 러시아어에는 '진한 파랑(siniy)'과 '연한 파랑(goluboy)'을 구분하는 별개의 기본 단어가 있다. 연구에 따르면 러시아어 사용자들은 영어 사용자들보다 이 두 파란색 계열을 더 빠르고 정확하게 구분하는 경향을 보인다. 이는 언어가 우리의 지각과 인지에 영향을 미친다는 점을 시사한다.

４ 그러나 사피어-워프 가설, 특히 '강한 버전'인 언어 결정론은 여러 비판

에 직면했다. 우선, 우리는 특정 단어가 없더라도 그 개념을 이해하고 설명할 수 있다. 한국어에 'schadenfreude(남의 불행에 대해 느끼는 기쁨)'라는 한 단어는 없지만, 우리는 그 감정을 느끼고 설명하는 데 아무런 문제가 없다. 또한, 한 언어에서 다른 언어로의 '번역'이 가능하다는 사실 자체가 언어 결정론에 대한 강력한 반증이 된다. 만약 언어가 사고를 완전히 결정한다면, 서로 다른 언어 사용자들은 근본적으로 다른 세계에 사는 셈이 되어 진정한 소통과 번역은 불가능할 것이다.

5 언어와 사고의 관계에 대한 논쟁은 여전히 진행 중이지만, 현대 언어학계의 중론은 '언어 결정론'을 기각하고 '언어 상대성'의 관점을 지지하는 방향으로 모아지고 있다. 언어는 우리가 벗어날 수 없는 감옥은 아니지만, 우리가 세상을 바라보는 창문의 색깔이나 모양에 영향을 주는 것은 분명해 보인다. 우리가 사용하는 언어는 우리가 무엇을 더 쉽게 보고, 무엇을 더 자주 생각하게 만드는지에 영향을 줌으로써, 각 문화권의 고유한 세계관을 형성하는 데 중요한 역할을 한다. 결국, 다양한 언어를 배운다는 것은 세상을 바라보는 새로운 창문을 얻는 것과 같다고 할 수 있다.

■ 지문 해설 및 문항 ■

1. 주제

언어가 인간의 사고와 인식에 미치는 영향에 대한 '사피어-워프 가설'의 두 가지 관점(언어 결정론, 언어 상대성)과 그에 대한 비판 및 현대적 의의

2. 문단별 TOPIC

1 언어와 사고의 관계에 대한 질문과 사피어-워프 가설 소개.
2 언어가 사고를 완전히 결정한다는 '강한 버전', 즉 언어 결정론.
3 언어가 사고에 영향을 미친다는 '약한 버전', 즉 언어 상대성.
4 언어 결정론에 대한 비판과 그 근거(개념 이해, 번역 가능성).
5 현대 언어학계의 중론(언어 상대성 지지)과 언어의 역할을 '창문'에 비유하며 마무리.

3. 전체 내용 전개

이 글은 언어와 사고의 관계에 대한 사피어-워프 가설을 소개하며 시작한다❶. 가설의 '강한 버전(언어 결정론)'❷과 '약한 버전(언어 상대성)'❸을 각각의 논리를 중심으로 설명한다. 이후 '강한 버전'에 대한 주요 비판을 제시하고❹, 현대 언어학계의 일반적인 견해를 소개하며 언어가 사고에 미치는 영향을 '창문'에 비유하며 글을 종합적으로 마무리한다❺.

4. OX로 내용 확인

O|X ① 사피어-워프 가설은 언어가 사고에 아무런 영향을 미치지 않는다고 본다.

O|X ② '언어 결정론'에 따르면, 특정 언어에 없는 개념은 그 언어 사용자가 생각할 수 없다.

O|X ③ 오늘날 언어학계에서는 '언어 결정론'보다 '언어 상대성'이 더 널리 받아들여진다.

O|X ④ 러시아어 사용자가 특정 파란색 계열을 더 잘 구분하는 경향은 '언어 결정론'을 지지하는 근거이다.

O|X ⑤ 한 언어에서 다른 언어로 번역이 가능하다는 사실은 '언어 결정론'을 비판하는 근거가 될 수 있다.

O|X ⑥ 이 글은 언어를 '생각의 감옥'에 비유하며 언어가 사고를 완전히 지배한다고 결론 내린다.

① X / ② O / ③ O / ④ X / ⑤ O / ⑥ X

[인문 – 철학]
공정한 사회를 위한 합의의 조건 – 존 롤스의 정의론

■1 어떻게 하면 사회의 기본적인 규칙과 부의 분배를 모든 구성원이 동의할 수 있도록 공정하게 정할 수 있을까? 20세기 미국의 정치철학자 존 롤스는 이 질문에 답하기 위해 독창적인 사고 실험을 제안했다. 그는 모든 사람이 자신의 사회적 지위나 타고난 능력을 전혀 모르는 가상의 상황, 즉 '원초적 입장(Original Position)'에서 사회의 기본 원칙을 합의해야 한다고 주장했다. 이는 실제 현실에서 각자의 이해관계 때문에 공정한 합의에 이르기 어렵다는 문제의식에서 출발한다. 롤스에게 정의로운 사회란, 바로 이 원초적 입장이라는 공정한 조건하에서 모든 참여자가 동의한 원칙에 의해 운영되는 사회이다.

■2 원초적 입장에 있는 사람들은 '무지의 베일(Veil of Ignorance)'을 쓰고 있다고 가정된다. 이 베일은 합의에 참여하는 사람들이 자신의 사회적 계층, 재능, 성별, 인종, 종교, 가치관 등 개인적인 특성에 대해 전혀 알지 못하게 막는 장치이다. 내가 부자인지 가난한지, 뛰어난 재능을 가졌는지 아닌지, 어떤 신념을 가지고 살아갈지 모르는 상태에서 사회의 규칙을 정해야 하는 것이다. 롤스는 이러한 무지의 상태가 오히려 공정한 판단을 가능하게 한다고 보았다. 특정 집단에 유리한 원칙을 주장할 수 없게 되므로, 모든 사람은 자신이 사회에서 어떤 위치에 놓이더라도 최소한의 인간다운 삶을 보장받을 수 있는, 가장 보편적이고 공정한 원칙을 선택하게 될 것이기 때문이다.

■3 무지의 베일 뒤에서 합리적인 개인들이 가장 먼저 합의할 원칙은 바로 '제1원칙: 평등한 자유의 원칙'이다. 이는 모든 사람이 다른 사람의 자유와 동등한 수준에서 최대한의 기본적 자유를 누려야 한다는 원칙이다. 여기에 포함되는 기본적 자유란 사상과 양심의 자유, 언론과 집회의 자유, 신체의 자유 등 인간으로서의 존엄성을 지키기 위해 필수적인 권리들을 말한다. 사람들은 무지의 베일 뒤에서 자신이 어떤 신념을 가진 소수자가 될지 모르기 때문에, 사회 전체의 이익이라는 명분으로 개인의 기본적인 자유가 침해당하는 것을 원치 않을 것이다. 따라서 이 자유의 원칙은 다른 어떤 원칙보다

도 우선적으로 보장되어야 한다.

4 기본적인 자유가 보장된 후, 사람들은 사회·경제적 불평등의 문제를 다룰 '제2원칙'에 합의하게 된다. 이 원칙은 두 부분으로 구성된다. 첫째, 사회·경제적 불평등은 모든 사람에게 직위와 직책에 접근할 기회가 공정하게 균등하게 주어진 조건에서 발생해야 한다는 '공정한 기회균등의 원칙'이다. 둘째, 불평등이 허용된다면, 그 불평등은 사회에서 가장 혜택을 받지 못하는 '최소 수혜자'에게 최대의 이익이 돌아가도록 조정되어야 한다는 '차등의 원칙'이다. 무지의 베일 뒤에 있는 사람들은 자신이 사회의 최하층이 될 가능성을 염두에 두기 때문에, 만약의 경우를 대비하여 가장 어려운 사람들의 처지를 우선적으로 개선하는 원칙에 합의할 것이라는 논리이다.

5 롤스의 정의론은 '최대 다수의 최대 행복'을 추구하는 공리주의에 대한 강력한 대안을 제시했다는 점에서 큰 의의를 가진다. 공리주의가 사회 전체의 이익을 위해 개인의 희생을 정당화할 수 있는 위험을 내포한 반면, 롤스는 정의의 원칙을 통해 개인의 기본적인 자유와 권리를 최우선으로 보호하고자 했다. 특히 사회적 약자의 입장을 최우선으로 고려하는 '차등의 원칙'은, 단순한 결과의 평등이 아닌 공정한 절차를 통해 사회적 연대를 구현하려는 시도라는 점에서 오늘날에도 복지 국가의 이념적 토대를 제공하는 등 깊은 영향을 미치고 있다.

━━━━━━━━━━━━━━━━━ ▪ 지문 해설 및 문항 ▪

1. 주제

존 롤스의 정의론: '원초적 입장'과 '무지의 베일'이라는 사고 실험을 통해 공정한 사회의 원칙(정의의 두 원칙)을 도출하는 과정

2. 문단별 TOPIC

1 공정한 사회 원칙을 찾기 위한 롤스의 사고 실험 '원초적 입장' 소개.
2 공정한 판단을 위한 핵심 장치인 '무지의 베일'의 개념과 기능.
3 원초적 입장에서 도출되는 '제1원칙: 평등한 자유의 원칙'.
4 사회·경제적 불평등을 규율하는 '제2원칙: 공정한 기회균등 및 차등의

원칙'.

5 롤스 정의론의 현대적 의의와 공리주의와의 차이점.

3. 전체 내용 전개

이 글은 공정한 사회 원칙을 수립하기 위한 롤스의 사고 실험인 '원초적 입장'을 소개하며 시작한다1. 공정한 합의의 핵심 조건인 '무지의 베일'의 역할을 설명한 후2, 이 조건하에서 합의될 두 가지 정의의 원칙을 순서대로 제시한다. 먼저 개인의 기본권을 보장하는 '평등한 자유의 원칙'3을, 다음으로 사회·경제적 불평등을 조절하는 '차등의 원칙'과 '기회균등의 원칙'4을 설명한다. 마지막으로 롤스의 이론이 공리주의의 대안으로서 사회적 약자를 보호하는 데 큰 의의가 있음을 밝히며 글을 마무리한다5.

4. OX로 내용 확인

O|X ① 롤스의 '원초적 입장'은 실제 역사 속에 존재했던 특정 시기를 가리킨다.

O|X ② '무지의 베일'은 합의 참여자들이 자신의 타고난 재능과 사회적 지위를 알지 못하는 상태를 가정한다.

O|X ③ 롤스에 따르면, 사회 전체의 이익을 위해 개인의 기본적인 자유는 제한될 수 있다.

O|X ④ '차등의 원칙'은 불평등을 절대적으로 금지하는 원칙이다.

O|X ⑤ '차등의 원칙'은 사회에서 가장 어려운 처지에 있는 사람들의 이익을 우선적으로 고려한다.

O|X ⑥ 롤스의 정의론은 '최대 다수의 최대 행복'을 최고의 원칙으로 삼는 공리주의와 입장을 같이한다.

① X / ② O / ③ X / ④ X / ⑤ O / ⑥ X

[인문 - 심리학]
우리는 왜 타인을 쉽게 단정하는가? - 기본적 귀인 오류

1 우리는 다른 사람의 행동을 볼 때 그 원인을 어디에서 찾는 경향이 있을까? 사회 심리학에서는 타인의 행동을 설명할 때, 그 사람이 처한 외부의 '상황적 요인'의 영향력은 과소평가하고, 그 사람의 내적인 '성향적 요인'의 영향력은 과대평가하는 경향을 '기본적 귀인 오류(Fundamental Attribution Error)'라고 부른다. 예를 들어, 길에서 넘어진 사람을 보고 "조심성이 없군"이라고 생각하는 것은 그의 성향에서 원인을 찾는 것이며, "바닥이 미끄러웠나 보군"이라고 생각하는 것은 상황에서 원인을 찾는 것이다. 기본적 귀인 오류는 우리가 타인의 행동을 성향 탓으로 돌리는 인지적 편향이 매우 보편적임을 시사한다.

2 이러한 오류가 발생하는 데에는 인지적 요인이 크게 작용한다. 타인의 행동을 관찰할 때, 우리 눈에 가장 두드러지게 보이는 것은 행동의 주체인 '사람'이지 그를 둘러싼 '상황'이 아니기 때문이다. 따라서 관찰자는 가장 눈에 띄는 정보인 사람에게 주의를 집중하고, 행동의 원인을 그의 내적 성향으로 돌리는 것이 인지적으로 더 쉽고 빠르다. 반면, 보이지 않는 상황적 요인(예: 그 사람이 밤을 새웠다거나, 신발에 문제가 있었다는 등)을 고려하기 위해서는 더 많은 인지적 노력이 필요하다. 이처럼 기본적 귀인 오류는 일종의 정신적 지름길, 즉 휴리스틱으로 작동하는 측면이 있다.

3 동기적 요인 또한 기본적 귀인 오류를 강화한다. 사람들은 세상을 예측하고 통제하고 싶어 하는 기본적인 욕구를 가지고 있다. 만약 모든 행동이 예측 불가능한 상황 탓이라면 세상은 매우 혼란스럽고 불안한 곳이 될 것이다. 하지만 행동의 원인이 개인의 성향에 있다고 믿으면, 그 사람의 성향을 파악함으로써 미래의 행동을 예측하고 통제할 수 있다는 안정감을 얻게 된다. 또한 "세상은 공정하며, 사람들은 각자 마땅한 것을 얻는다"고 믿는 '공정한 세상 가설'도 이와 관련이 있다. 이 가설에 따르면, 불행한 일을 겪은 사람은 그럴 만한 내적 원인이 있기 때문이라고 생각함으로써, 자신에게는 그런 일이 일어나지 않을 것이라는 심리적 위안을 얻는다.

4️⃣ 흥미롭게도 기본적 귀인 오류는 문화에 따라 다른 양상을 보인다. 일반적으로 개인의 자율성과 독립성을 강조하는 서양의 '개인주의 문화권'에서는 타인의 행동을 성향으로 귀인하는 경향이 강하게 나타난다. 반면, 관계와 조화를 중시하는 동양의 '집단주의 문화권'에서는 개인의 행동을 설명할 때 그가 속한 집단이나 주변 상황과의 관계를 더 많이 고려하는 경향이 있다. 이는 사고방식이 문화적 환경에 의해 어떻게 형성되는지를 보여주는 중요한 사례이다.

5️⃣ 기본적 귀인 오류는 단순히 심리학적 현상을 넘어, 사회적 편견과 갈등의 원인이 되기도 한다. 가난한 사람을 보고 '게으르기 때문'이라고 쉽게 단정하거나, 범죄 피해자를 보고 '조심하지 않았기 때문'이라고 비난하는 것이 그 예이다. 이러한 오류는 복잡한 사회 문제의 원인을 개인의 탓으로 돌려 구조적인 문제를 보지 못하게 만든다. 따라서 우리가 타인과 사회를 더 깊이 이해하기 위해서는, 눈에 보이는 행동만으로 섣불리 판단하기 전에 그 사람이 처했을 보이지 않는 상황적 맥락을 고려하려는 의식적인 노력이 반드시 필요하다.

■━━━━━━━━━━━━━━━━━━━━━━ ■ 지문 해설 및 문항 ■

1. 주제
타인의 행동 원인을 상황보다 성향에서 찾는 인지 편향인 '기본적 귀인 오류'의 개념, 원인(인지적, 동기적), 문화적 차이 및 사회적 함의

2. 문단별 TOPIC
1️⃣ '기본적 귀인 오류'의 개념 정의와 예시.
2️⃣ 기본적 귀인 오류의 '인지적 요인' (관찰의 초점, 정신적 지름길).
3️⃣ 기본적 귀인 오류의 '동기적 요인' (통제 욕구, 공정한 세상 가설).
4️⃣ 개인주의와 집단주의 문화권에 따른 귀인 오류의 차이.
5️⃣ 기본적 귀인 오류의 사회적 문제점과 극복을 위한 태도.

3. 전체 내용 전개

이 글은 타인의 행동을 성향 탓으로 돌리는 '기본적 귀인 오류'의 개념을 소개하며 시작한다❶. 이후 이러한 오류가 발생하는 원인을 인지적 측면❷과 동기적 측면❸으로 나누어 분석한다. 또한 이 현상이 문화에 따라 다르게 나타날 수 있음을 보여주고❹, 마지막으로 이 오류가 야기하는 사회적 문제점을 지적하며 상황적 맥락을 고려하는 태도의 중요성을 강조하며 글을 마무리한다❺.

4. OX로 내용 확인

O|X ① '기본적 귀인 오류'는 타인의 행동을 설명할 때 상황적 요인을 과대평가하는 경향이다.

O|X ② 행동의 원인을 파악할 때 상황보다 사람에게 주의가 더 집중되는 것은 귀인 오류의 인지적 원인 중 하나이다.

O|X ③ '공정한 세상 가설'은 사람들이 불행을 겪는 것은 그럴 만한 이유가 있기 때문이라고 믿는 경향이다.

O|X ④ 집단주의 문화권은 개인주의 문화권보다 기본적 귀인 오류를 범할 가능성이 더 크다.

O|X ⑤ 이 글은 기본적 귀인 오류가 사회적 편견을 강화하는 원인이 될 수 있다고 지적한다.

①X / ②O / ③O / ④X / ⑤O

[인문 - 철학]
동물은 도덕적 권리를 가질 수 있는가? - 싱어와 레건의 동물 윤리

1 인간은 동물을 도덕적으로 고려해야 할 의무가 있는가? 만약 그렇다면, 그 근거는 무엇인가? 현대 동물 윤리 논쟁은 이 질문에 답하는 과정에서 크게 두 가지 흐름으로 전개되었다. 하나는 공리주의에 기반하여 동물의 '고통'을 최소화해야 한다고 주장하는 피터 싱어의 '이익 평등 고려의 원칙'이며, 다른 하나는 의무론에 기반하여 동물에게도 인간처럼 침해받지 않을 '권리'가 있다고 주장하는 톰 레건의 '권리론'이다. 두 철학자는 동물에 대한 도덕적 지위를 옹호한다는 점에서는 같지만, 그 근거와 실천적 함의에서 뚜렷한 차이를 보인다.

2 공리주의 철학자 피터 싱어는 도덕적 고려의 기준이 이성이나 언어 능력이 아니라 '쾌고감수능력(sentience)', 즉 쾌락과 고통을 느낄 수 있는 능력에 있다고 주장한다. 고통을 느끼는 존재의 이익은 그 존재가 어떤 종(種)에 속하는지와 무관하게 동등하게 고려되어야 한다는 것이 '이익 평등 고려의 원칙'이다. 인간의 고통이 동물의 고통보다 본질적으로 더 중요하다고 여기는 것은 '종차별주의(speciesism)'이며, 이는 인종차별이나 성차별과 다를 바 없는 비합리적인 편견이라고 싱어는 비판한다. 그러나 그의 주장은 동물에게 인간과 똑같은 권리를 주자는 것이 아니라, 고통을 피하려는 동물의 이익을 인간의 동등한 이익과 똑같이 중요하게 고려하자는 것이다.

3 반면, 톰 레건은 칸트의 의무론적 전통을 이어받아 동물 권리를 옹호한다. 레건에 따르면, 단순히 고통을 느끼는 것을 넘어 지각, 기억, 미래에 대한 감각, 정체성 등을 가지고 자신의 삶을 영위하는 존재는 '삶의 주체(subject-of-a-life)'이다. 한 살 이상의 포유동물 대부분이 여기에 해당하며, 이러한 삶의 주체는 그 자체로 존중받아야 할 '내재적 가치'를 지닌다. 따라서 삶의 주체인 동물은 다른 존재를 위한 수단으로 취급되어서는 안 되며, 존중받을 도덕적 권리를 갖는다. 이는 동물의 고통을 사회 전체의 이익과 저울질할 수 있다는 공리주의적 계산을 근본적으로 거부하는 것이다.

4 두 이론의 차이는 동물 실험과 같은 구체적인 사례에서 분명하게 드러난

다. 싱어의 공리주의적 관점에서, 만약 어떤 동물 실험이 소수의 동물에게 고통을 주지만 그 결과로 수많은 인간의 생명을 구하고 전체의 행복을 증진시킨다면, 그 실험은 정당화될 수 있다. 여기서 중요한 것은 이익과 고통의 총량을 계산하는 것이다. 하지만 레건의 권리론적 관점에서, 그 실험은 단 한 마리의 동물을 대상으로 하더라도 절대 정당화될 수 없다. 왜냐하면 그 실험은 '삶의 주체'인 동물을 인류의 이익을 위한 수단으로 취급함으로써 동물의 내재적 가치와 존중받을 권리를 침해하기 때문이다.

5 싱어의 이익 고려론과 레건의 권리론은 현대 동물 해방 운동의 중요한 철학적 토대를 제공했다. 싱어의 주장은 공장식 축산과 같이 불필요한 고통을 야기하는 관행을 비판하는 강력한 논리가 되었고, 레건의 주장은 동물을 재산이나 자원으로 보는 근본적인 시각에 도전하며 동물권에 대한 법적, 제도적 논의를 촉발시켰다. 두 이론은 접근 방식은 다르지만, 인간만이 도덕적 고려의 유일한 대상이라는 전통적인 인간중심주의를 비판하고 윤리의 지평을 동물에게까지 확장했다는 점에서 공통적인 의의를 지닌다.

■ 지문 해설 및 문항 ■

1. 주제
현대 동물 윤리의 두 가지 핵심 이론인 피터 싱어의 공리주의적 관점과 톰 레건의 의무론적 관점의 비교 분석

2. 문단별 TOPIC
1 현대 동물 윤리 논쟁의 두 가지 주요 흐름인 싱어의 공리주의와 레건의 권리론 소개.
2 '쾌고감수능력'과 '이익 평등 고려의 원칙'을 중심으로 한 싱어의 주장.
3 '삶의 주체'와 '내재적 가치'를 중심으로 한 레건의 권리론.
4 동물 실험 사례를 통해 본 두 이론의 실천적 차이점.
5 두 이론의 현대적 의의와 공통점.

3. 전체 내용 전개

이 글은 현대 동물 윤리를 대표하는 싱어와 레건의 이론을 소개하며 시작한다❶. 이후 싱어의 공리주의적 접근법❷과 레건의 의무론적 접근법❸을 각각의 핵심 개념을 중심으로 설명한다. 그리고 동물 실험이라는 구체적 사례를 통해 두 이론이 어떻게 다른 결론으로 이어지는지를 명확히 대비시킨다❹. 마지막으로 두 이론이 동물 해방 운동에 미친 영향을 설명하고, 인간중심주의를 비판했다는 공통적 의의를 제시하며 글을 마무리한다❺.

4. OX로 내용 확인

- O|X ① 피터 싱어는 동물의 고통보다 인간의 고통을 본질적으로 더 중요하게 고려해야 한다고 주장했다.
- O|X ② 싱어에게 도덕적 고려의 기준은 이성이나 언어 능력이 아닌 '쾌고감수능력'이다.
- O|X ③ 톰 레건은 '삶의 주체'가 내재적 가치를 지니며, 수단으로 취급되어서는 안 된다고 보았다.
- O|X ④ 레건의 관점에 따르면, 인류 전체의 행복을 위해 소수 동물을 실험에 이용하는 것은 정당화될 수 있다.
- O|X ⑤ 이 글에 따르면, 싱어와 레건은 모두 인간중심주의적 윤리관을 비판했다.

①X / ②O / ③O / ④X / ⑤O

[인문 – 역사]
우리는 어떻게 '국민'이 되었는가? – 베네딕트 앤더슨의 상상의 공동체

1️⃣ 우리는 한 번도 만나본 적 없는 수많은 동포들에게 강한 유대감을 느끼며, 스스로를 '국민'의 일원으로 여긴다. 민족 또는 국민이란 무엇이며, 이러한 강력한 소속감은 어디에서 비롯되는가? 역사학자 베네딕트 앤더슨은 그의 저서 『상상의 공동체』에서 민족을 "상상된 정치 공동체"라고 정의했다. 그에 따르면, 민족이란 태고부터 존재해 온 자연적이고 혈연적인 집단이 아니라, 근대에 들어 특정한 역사적 조건 속에서 '상상'되고 '만들어진' 문화적 구성물이다.

2️⃣ 앤더슨은 민족이라는 상상의 공동체를 가능하게 한 핵심 동력으로 '인쇄 자본주의)'를 꼽았다. 15세기 인쇄술의 발명과 자본주의의 확산은 라틴어와 같은 소수 엘리트의 언어가 아닌, 다수가 사용하는 토착어로 된 서적과 신문의 대량 생산을 가능하게 했다. 각기 다른 지역에 사는 수많은 사람들이 자신의 모국어로 된 똑같은 신문이나 소설을 읽게 되면서, 이들은 이전에는 알 수 없었던 다른 사람들의 존재를 인식하고, 보이지 않는 거대한 공동체에 소속되어 있다는 연대감을 느끼기 시작했다.

3️⃣ 인쇄 매체의 확산은 시간 개념의 근본적인 변화를 가져왔다. 앤더슨은 발터 벤야민의 용어를 빌려, 근대 소설과 신문이 '동질적이고 공허한 시간'이라는 새로운 시간관을 창조했다고 설명한다. 이는 시계와 달력으로 측정되는 직선적인 시간관으로, 이 시간 속에서 수많은 사건들이 동시적으로 일어난다. 신문의 1면을 생각해보자. 서로 관련 없는 다양한 사건들이 같은 날짜 아래 나란히 배치되어 있다. 독자는 이 기사들을 읽으며, 자신과 직접 관련 없는 사람들이 '나와 같은 시간' 속에서 '우리나라'라는 공동의 무대 위에서 함께 살아가고 있음을 상상하게 된다.

4️⃣ 이러한 근대적 민족 공동체는 이전 시대의 공동체와는 본질적으로 다르다. 특정 군주에 대한 충성으로 묶이는 '왕국'이나, 신성한 언어를 공유하는 초월적인 '종교 공동체'와는 구별된다. 앤더슨에 따르면, 민족은 '제한적'이라고 상상된다. 즉, 다른 민족과의 경계를 가지고 있으며 전 인류를 포함하

지는 않는다. 또한 민족은 '주권적'이라고 상상된다. 즉, 신의 계시나 왕조의 정통성이 아닌, 국민 스스로가 국가의 주권자라고 믿는 계몽주의 시대의 산물이다.

5 앤더슨의 이론은 민족주의가 혈연이나 인종 같은 원초적인 감정에서 비롯된 것이 아니라, 인쇄 자본주의와 새로운 시간관이라는 근대적 조건 속에서 탄생한 '문화적 산물'임을 밝혔다. 사람들이 자신의 민족을 위해 기꺼이 목숨까지 바치는 이유는, 민족이 단지 추상적인 개념이 아니라 수많은 서사와 상징을 통해 우리의 감정과 정체성에 깊이 각인된 '상상의 공동체'이기 때문이다. 그의 이론은 우리가 당연하게 여기는 '국민'이라는 정체성이 어떻게 역사적으로 형성되었는지를 이해하는 데 중요한 통찰을 제공한다.

■────────────────────── ■ 지문 해설 및 문항 ■

1. 주제
베네딕트 앤더슨의 이론을 중심으로, 민족(국민)이 근대에 '상상의 공동체'로서 어떻게 형성되었는지 그 과정과 요인을 분석

2. 문단별 TOPIC
1 민족을 '상상된 정치 공동체'로 정의한 앤더슨의 핵심 개념 소개.
2 공동체 형성에 기여한 핵심 동력으로서의 '인쇄 자본주의'와 토착어 매체의 역할.
3 근대적 시간관('동질적이고 공허한 시간')이 동시성의 상상을 가능하게 한 방식.
4 근대적 민족 공동체가 이전의 왕국, 종교 공동체와 구별되는 특징(제한성, 주권성).
5 앤더슨 이론의 의의: 민족주의를 원초적인 감정이 아닌 근대적 문화 구성물로 이해.

3. 전체 내용 전개
이 글은 앤더슨의 '상상의 공동체'라는 핵심 개념을 제시하며 시작한다■.

이후 상상의 공동체를 가능하게 한 두 가지 핵심 요인으로 '인쇄 자본주의'❷와 '새로운 시간관'❸을 차례로 설명한다. 그리고 이러한 근대적 민족이 이전 시대의 공동체와 어떻게 다른지를 분석하고❹, 마지막으로 앤더슨 이론이 민족주의를 이해하는 데 갖는 중요한 의의를 정리하며 글을 마무리한다❺.

4. OX로 내용 확인

O|X　① 앤더슨에 따르면, 민족은 혈연에 기반한 자연 발생적인 집단이다.

O|X　② '인쇄 자본주의'는 소수 엘리트의 언어인 라틴어 서적의 확산에 기여했다.

O|X　③ '동질적이고 공허한 시간'이라는 개념은 서로 다른 곳의 사람들이 동시대에 살고 있다는 인식을 가능하게 했다.

O|X　④ 앤더슨이 말하는 민족 공동체는 전 인류를 포함하는 보편적인 공동체를 지향한다.

O|X　⑤ 이 글에 따르면, 사람들이 민족을 위해 희생하는 이유는 민족이 강력한 문화적 상상을 통해 형성된 공동체이기 때문이다.

①X / ②X / ③O / ④X / ⑤O

[인문 - 예술철학]
기술 시대, 예술은 무엇을 잃고 무엇을 얻었는가? - 발터 벤야민의 '아우라'

1 레오나르도 다빈치의 〈모나리자〉 원본을 루브르 박물관에서 직접 마주하는 경험과, 내 방 벽에 걸린 복제 포스터를 보는 경험은 어떻게 다를까? 독일의 사상가 발터 벤야민은 이 차이를 '아우라(Aura)'라는 개념으로 설명했다. 그의 기념비적인 저서 『기술복제시대의 예술작품』에서 아우라란 예술작품의 원본이 지니는 유일무이한 현존성, 즉 시간과 공간 속에서의 단 한 번뿐인 존재감을 의미한다. 그것은 작품이 겪어온 역사와 전통의 무게가 만들어내는 고유한 분위기이자 권위이다.

2 벤야민은 사진과 영화와 같은 '기술적 복제' 기술의 등장이 바로 이 아우라를 몰락시킨다고 진단했다. 손으로 베끼는 모사(模寫)와 달리, 기술적 복제는 원본과 똑같은 복제품을 무한히 생산해낼 수 있다. 복제된 이미지는 언제 어디서든 감상할 수 있게 되면서, 작품을 특정한 장소와 시간, 역사적 맥락으로부터 분리시킨다. 사진으로 찍힌 〈모나리자〉는 더 이상 루브르 박물관에 고유하게 존재하는 '그것'이 아니라, 누구나 소유하고 소비할 수 있는 '이미지'가 된다. 이 과정에서 원본의 유일성과 권위, 즉 아우라는 필연적으로 붕괴된다.

3 그러나 벤야민은 아우라의 몰락을 비관적으로만 보지 않았다. 오히려 그는 여기서 예술의 새로운 가능성을 발견했다. 아우라를 가진 전통 예술은 소수의 전문가나 부유층이 경배하듯 감상하는 '제의적(祭儀的) 가치'에 기반을 두고 있었다. 예술은 종교적 의식이나 귀족의 과시와 같은 특정 목적을 위해 복무하며 대중으로부터 멀리 떨어져 있었다. 하지만 기술 복제를 통해 아우라가 사라진 예술은 더 이상 숭배의 대상이 아니다. 대신 누구나 쉽게 접하고 비평할 수 있는 '전시적(展示的) 가치'를 지니게 되며, 이는 예술이 대중의 일상과 정치 속으로 들어올 수 있는 길을 열었다.

4 벤야민에게 이러한 변화의 정점에 있는 예술이 바로 '영화'였다. 영화는 태생적으로 복제를 전제로 하는 예술이며, 원본의 개념이 희박하다. 배우의 연기는 카메라 앞에서 파편적으로 이루어지고 편집을 통해 재구성되며, 완

성된 필름은 여러 극장에서 동시에 상영된다. 관객들은 영화를 비판적으로 분석하고 집단적으로 토론하며 감상한다. 이는 전통 예술을 감상할 때의 몰입적이고 명상적인 태도와는 다르다. 벤야민은 이러한 집단적이고 비판적인 수용 방식이 대중의 정치의식을 일깨우는 중요한 역할을 할 수 있다고 보았다.

5 결국 벤야민에게 '기술복제시대'는 예술이 전통의 굴레에서 벗어나 대중과 만나는 해방의 시대였다. 아우라의 상실은 예술의 엘리트주의적 특권을 해체하고, 예술을 민주화하는 계기가 되었다. 물론 오늘날 원본 예술작품은 여전히 높은 가치를 지니며, 복제 기술이 오히려 원본에 대한 신화를 강화한다는 비판도 가능하다. 그럼에도 불구하고, 기술이 예술의 본질과 가치를 어떻게 근본적으로 변화시켰는지에 대한 벤야민의 통찰은, 디지털 미디어가 지배하는 오늘날 우리가 예술을 어떻게 경험하고 이해해야 하는지에 대해 여전히 중요한 질문을 던지고 있다.

■ 지문 해설 및 모방 ■

1. 주제
발터 벤야민의 '아우라' 개념을 중심으로, 기술 복제 기술이 예술 작품의 가치(제의적/전시적)와 수용 방식을 어떻게 변화시켰는지 분석

2. 문단별 TOPIC
1 예술 작품 원본의 고유한 현존성을 의미하는 벤야민의 '아우라' 개념 정의.
2 사진, 영화 등 기술적 복제가 예술 작품의 아우라를 붕괴시키는 과정.
3 아우라의 몰락이 가져온 예술 가치의 변화: '제의적 가치'에서 '전시적 가치'로.
4 기술복제시대의 대표적 예술인 '영화'의 특징과 정치적 가능성.
5 벤야민 이론의 핵심 의의(예술의 민주화)와 현대적 시사점.

3. 전체 내용 전개

이 글은 벤야민의 핵심 개념인 '아우라'를 정의하며 시작한다❶. 이후 기술 복제가 어떻게 아우라를 붕괴시키는지 설명하고❷, 이로 인해 예술의 가치가 '제의적 가치'에서 '전시적 가치'로 이동하며 예술이 대중화되는 과정을 분석한다❸. 그리고 이러한 변화를 가장 잘 보여주는 예시로 '영화'를 제시한다❹. 마지막으로, 아우라 붕괴가 갖는 예술의 민주화라는 긍정적 의의를 강조하며 벤야민 이론의 현대적 가치를 설명하며 글을 마무리한다❺.

4. OX로 내용 확인

- [O|X] ① 벤야민의 '아우라'는 기술로 복제된 작품에서도 동일하게 나타나는 분위기를 의미한다.
- [O|X] ② 기술적 복제는 예술 작품을 그것이 존재하던 원래의 시공간적 맥락으로부터 분리시킨다.
- [O|X] ③ 벤야민은 아우라의 몰락을 예술의 퇴보로만 간주하며 비판했다.
- [O|X] ④ '제의적 가치'를 지닌 예술은 소수의 전유물이었던 반면, '전시적 가치'를 지닌 예술은 대중에게 개방된다.
- [O|X] ⑤ 벤야민은 영화의 집단적이고 비판적인 수용 방식이 대중의 정치의식을 고취할 수 있다고 보았다.

①X / ②O / ③X / ④O / ⑤O

[인문 - 철학]
자연의 길을 따르는 삶, 노자와 장자의 도가 사상

1 인간 사회의 질서와 규범을 강조한 유가(儒家) 사상과 더불어 중국 고대 철학의 양대 산맥을 이룬 도가(道家) 사상은 인위적인 모든 것을 벗어나 자연 그대로의 순리를 따르는 삶을 지향했다. 도가의 핵심 개념은 우주 만물의 근원이자 법칙인 '도(道)'와, 그 도가 각 사물에 구현된 모습인 '덕(德)'이다. 도가 사상가들은 인간 사회의 혼란이 바로 이 근원적인 '도'를 잊고 인위적인 지식과 제도로 세상을 억지로 다스리려 하기 때문에 발생한다고 보았다.

2 도가 사상의 문을 연 노자(老子)는 '도'를 "이름 붙일 수 없는 만물의 시작"이라고 설명했다. 도는 형태도 없고 소리도 없지만, 세상 모든 것을 낳고 기르는 근원적인 힘이다. 노자는 이러한 도의 성질을 본받는 삶의 태도로 '무위자연(無爲自然)'을 제시했다. '무위(無爲)'란 아무것도 하지 않는다는 뜻이 아니라, 억지로 무언가를 하려 하지 않고 자연의 흐름에 순응하는 것을 의미한다. 물이 위에서 아래로 흐르듯, 가장 낮은 곳으로 임하며 다투지 않는 '상선약수(上善若水)'의 자세가 바로 무위를 실천하는 삶이다. 노자는 통치자 역시 이러한 무위의 원리로 백성을 다스려야 한다고 보았다.

3 노자의 사상을 이어받은 장자(莊子)는 개인의 정신적 자유와 해방에 더 깊은 관심을 두었다. 장자는 '제물론(齊物論)'을 통해 세상 만물이 근원적으로는 모두 평등하다고 주장했다. 인간의 언어와 지식은 크고 작음, 옳고 그름, 삶과 죽음과 같은 분별을 만들어내지만, 이는 모두 인간 중심의 편협한 시각일 뿐이라는 것이다. 그가 꿈에서 나비가 되어 날아다니다가 깨어난 후, "내가 나비의 꿈을 꾼 것인가, 나비가 나의 꿈을 꾸고 있는 것인가?"라고 물었던 일화는 바로 이러한 분별을 넘어선 절대적인 자유의 경지를 상징한다.

4 노자와 장자는 모두 자연으로 돌아갈 것을 주장했지만, 그 지향점에는 미묘한 차이가 있었다. 노자가 '무위'의 원리를 통해 이상적인 사회와 통치술을 모색하는 등 정치철학적 측면에 무게를 두었다면, 장자는 사회의 속박

에서 벗어나 완전한 정신적 자유를 누리는 개인의 실존적 해방에 초점을 맞추었다. 그럼에도 불구하고 두 사상가는 공통적으로 인간의 인위적인 가치 체계와 문명이 인간을 불행하게 만드는 족쇄라고 비판하며, 자연의 질서인 '도'에 순응하는 삶을 궁극적인 이상으로 제시했다.

5 도가 사상은 복잡한 사회 규범과 끝없는 경쟁에 지친 현대인들에게 깊은 울림을 준다. 인위적인 모든 것을 내려놓고 자연의 일부로서 소박하게 살아가라는 도가의 가르침은, 문명의 발전이 과연 인간을 행복하게 했는가에 대한 근본적인 질문을 던진다. 세상을 지배하고 통제하려는 태도에서 벗어나, 세상의 흐름에 몸을 맡기고 조화롭게 살아가려는 도가의 지혜는 오늘날 생태주의 사상과 맞닿으며 새로운 가치를 인정받고 있다.

■─────────────────────── ■ 지문 해설 및 문항 ■

1. 주제

인위적인 규범을 비판하고 자연의 순리를 따르는 삶을 강조한 도가(道家) 사상의 핵심 개념과 노자, 장자의 사상적 특징

2. 문단별 TOPIC

1 도가 사상의 기본 개념('도'와 '덕')과 문제의식 소개.
2 자연의 흐름에 순응하는 '무위자연'을 강조한 노자의 사상.
3 인간 중심의 분별을 넘어선 정신적 자유를 강조한 장자의 사상.
4 노자와 장자의 사상적 공통점과 차이점 비교.
5 도가 사상의 현대적 의의와 가치.

3. 전체 내용 전개

이 글은 도가 사상의 핵심 개념을 소개하며 시작한다**1**. 이후 도가의 대표 사상가인 노자**2**와 장자**3**의 사상을 각각의 핵심 개념('무위자연', '제물론')을 중심으로 설명한다. 그리고 두 사상가의 공통점과 차이점을 비교 분석한 뒤**4**, 마지막으로 도가 사상이 현대 사회에 던지는 메시지와 그 의의를 설명하며 글을 마무리한다**5**.

4. OX로 내용 확인

○|× ① 도가 사상은 인간 사회의 질서와 규범을 가장 중요한 가치로 여긴다.

○|× ② 노자가 말한 '무위'는 아무런 행동도 하지 않는 완전한 정지 상태를 의미한다.

○|× ③ 장자는 삶과 죽음, 옳고 그름과 같은 인간의 분별이 편협한 시각에서 비롯된 것이라고 보았다.

○|× ④ 노자는 장자와 달리 개인의 정신적 해방보다는 이상적인 통치술에 더 큰 관심을 두었다.

○|× ⑤ 이 글은 도가 사상이 현대의 생태주의 사상과 맞닿아 있는 부분이 있다고 서술한다.

① ✕ / ② ✕ / ③ ○ / ④ ○ / ⑤ ○

[인문 - 역사학]
조선의 길을 묻다, 실학의 개혁 사상

1️⃣ 17세기 후반부터 19세기에 걸쳐 조선 사회는 안으로 신분제의 모순이 심화되고 밖으로는 서양 문물이라는 새로운 도전에 직면했다. 이러한 시대적 배경 속에서 기존의 관념적인 성리학을 비판하며 사회의 실질적인 문제를 해결하고자 하는 새로운 학문 경향이 등장했으니, 바로 '실학(實學)'이다. 실학은 하나의 통일된 학파는 아니었지만, 공통적으로 '실사구시(實事求是, 사실에 근거하여 진리를 탐구함)'의 정신을 바탕으로 당시 조선이 당면한 문제에 대한 구체적인 개혁 방안을 제시하고자 했다.

2️⃣ 실학의 흐름 중 하나인 '경세치용(經世致用) 학파'는 토지 제도의 개혁을 통해 농업 중심의 국가 경제를 안정시키는 것을 최우선 과제로 삼았다. 유형원, 이익을 거쳐 정약용(다산)에 의해 집대성된 이들의 사상은 소수의 양반 지주가 대부분의 토지를 독점하고 다수의 농민은 소작농으로 전락한 현실을 비판했다. 정약용은 토지의 공동 소유와 노동량에 따른 분배를 주장한 '여전론(閭田論)'과 같은 급진적인 개혁안을 제시하며, 자영농을 육성하고 국가 재정을 튼튼히 할 수 있는 제도적 방안을 모색했다.

3️⃣ 한편, 18세기 후반에 등장한 '이용후생(利用厚生) 학파'는 농업뿐만 아니라 상공업의 진흥과 기술 혁신을 통해 나라를 부강하게 만들어야 한다고 주장했다. 박지원, 박제가, 홍대용 등 주로 북경을 여행하며 청나라의 발전된 문물을 직접 목격한 이들은, 상업을 천시하는 사농공상의 경직된 신분 의식을 비판했다. 특히 박제가는 『북학의』에서 "소비는 우물과 같아서 퍼낼수록 가득 찬다"고 주장하며, 절약만이 능사가 아니라 적극적인 생산과 소비가 경제를 활성화시킨다고 보았다.

4️⃣ 실학의 또 다른 흐름인 '실사구시 학파'는 구체적인 고증을 통해 학문의 객관성을 추구했다. 이들은 경전의 글자 하나하나를 깊이 연구하거나, 금석문(金石文)과 같은 실제 유물을 통해 역사를 실증적으로 재구성하는 데 힘썼다. 추사체로 유명한 김정희는 청나라 고증학의 영향을 받아 비석에 새겨진 글씨를 연구하여 북한산의 진흥왕 순수비(巡狩碑)를 발견하는 등 탁월한 학

문적 성과를 남겼다. 이러한 고증학적 방법론은 학문 연구에 있어 공리공론을 배격하고 실질적인 증거를 중시하는 실학의 정신을 잘 보여준다.

⑤ 비록 실학자들의 개혁안 대부분은 당시 보수적인 지배층의 반대로 정책에 직접 반영되지는 못했다는 뚜렷한 한계를 지닌다. 그러나 실학은 성리학적 세계관에 안주하던 조선 사회에 근대 지향적인 새로운 사유의 길을 열었다는 점에서 중요한 역사적 의의를 갖는다. 민생 안정과 부국강병을 위한 그들의 현실적인 고민과 과학적 탐구 정신은 이후 개화사상으로 이어지며 한국 근대사상의 중요한 밑거름이 되었다.

■─────────────────── ■ 지문 해설 및 문항 ■

1. 주제

조선 후기 사회 모순을 극복하기 위해 등장한 실학의 주요 학파(경세치용, 이용후생, 실사구시)의 특징과 역사적 의의

2. 문단별 TOPIC

① 실학의 등장 배경과 공통적인 학문 정신('실사구시') 소개.
② 토지 제도 개혁을 중심으로 한 '경세치용 학파'의 주장.
③ 상공업 진흥과 기술 혁신을 강조한 '이용후생 학파'의 주장.
④ 실증적, 고증적 연구 방법을 중시한 '실사구시 학파'의 특징.
⑤ 실학의 역사적 한계와 의의.

3. 전체 내용 전개

이 글은 조선 후기 실학의 등장 배경과 그 정신을 설명하며 시작한다①. 이후 실학의 주요 흐름을 세 가지로 나누어, '경세치용 학파'②, '이용후생 학파'③, '실사구시 학파'④의 핵심적인 주장과 특징을 각각 설명한다. 마지막으로 실학이 현실 정치에 큰 영향을 미치지 못했다는 한계를 지적하는 동시에, 조선 사회에 새로운 사유의 방향을 제시했다는 역사적 의의를 밝히며 글을 마무리한다⑤.

4. OX로 내용 확인

O|X　① 실학은 기존의 관념적인 성리학을 비판하며 등장했다.
O|X　② 경세치용 학파는 상공업의 진흥을 가장 시급한 과제로 보았다.
O|X　③ 박제가는 절약보다 적극적인 소비가 경제 활성화에 도움이 된다고 주장했다.
O|X　④ 김정희는 청나라의 학문적 영향을 받아 고증학적 연구에서 큰 성과를 거두었다.
O|X　⑤ 실학자들의 개혁안은 대부분 당시 정책에 즉각 반영되어 조선 사회를 크게 변화시켰다.

① O / ② X / ③ O / ④ O / ⑤ X

[인문 - 심리학]
인간의 욕망에는 순서가 있다 - 매슬로의 욕구 단계 이론

◼1 인간은 무엇을 위해 살아가는가? 인본주의 심리학의 대표적인 학자 에이브러햄 매슬로는 인간이 단순히 무의식적 충동이나 외부 환경에 의해 좌우되는 수동적인 존재가 아니라, 내면에 잠재력을 실현하려는 긍정적인 동기를 가진 존재라고 보았다. 그는 인간의 동기를 설명하기 위해 '욕구 단계 이론(Hierarchy of Needs)'을 제시했는데, 이는 인간의 욕구가 중요도에 따라 단계적인 계층을 이루고 있으며, 하위 단계의 욕구가 충족되어야 상위 단계의 욕구가 나타난다는 것을 핵심 내용으로 한다.

◼2 매슬로의 욕구 피라미드에서 가장 아래층을 차지하는 것은 가장 기본적이고 강력한 '생리적 욕구'이다. 여기에는 허기, 갈증, 수면 등 생존에 필수적인 욕구들이 포함된다. 이 욕구가 충족되지 않으면 인간은 다른 어떤 욕구에도 관심을 갖지 못한다. 생리적 욕구가 어느 정도 해결되면, 다음 단계인 '안전의 욕구'가 나타난다. 이는 신체적 위험이나 경제적 불안으로부터 벗어나 안정적이고 예측 가능한 환경에서 살고 싶어 하는 욕구이다. 튼튼한 집, 안정된 직업, 사회 보장 제도 등이 이 욕구와 관련된다.

◼3 생리적, 안전 욕구가 충족되면 인간은 사회적 존재로서 다른 사람들과 관계를 맺고 싶어 한다. 이것이 바로 '소속감과 사랑의 욕구'이다. 가족, 친구, 연인 등 친밀한 관계를 형성하고 어떤 집단에 소속되어 소외되지 않고 싶어 하는 욕구가 여기에 해당한다. 이 욕구가 충족되면, 다음으로 '존중의 욕구'가 중요해진다. 이는 타인으로부터 인정과 존중을 받고, 스스로를 가치 있는 존재로 느끼고 싶어 하는 욕구이다. 명예, 성취, 지위 등이 이 단계의 욕구를 만족시킨다.

◼4 앞선 네 가지 욕구가 모두 '결핍 욕구', 즉 부족한 것을 채우려는 동기에서 비롯된다면, 피라미드의 최상층에 있는 '자아실현의 욕구'는 '성장 욕구'에 해당한다. 이는 자신의 잠재력을 최대한 발휘하여 자신이 될 수 있는 모든 것이 되고자 하는 욕구이다. 매슬로는 이 단계에 이른 사람들은 현실을 정확히 인식하고, 창의적이며, 자발적이고, 인류에 대한 깊은 애정을 갖는

특징을 보인다고 설명했다. 자아실현은 도달해야 할 최종 목적지가 아니라, 끊임없이 성장하고 발전해 나가는 과정 그 자체이다.

5 매슬로의 욕구 단계 이론은 모든 사람의 욕구가 항상 고정된 순서로 나타나는 것은 아니라는 비판을 받기도 한다. 예를 들어, 가난한 예술가는 생리적, 안전 욕구가 충족되지 않은 상태에서도 자아실현을 추구할 수 있다. 그럼에도 불구하고 그의 이론은 인간의 동기를 체계적으로 설명하고, 인간의 긍정적인 성장 가능성에 주목했다는 점에서 교육, 경영, 상담 등 다양한 분야에 큰 영향을 미쳤다. 그것은 우리가 단지 생존을 넘어 무엇을 추구하며 살아가야 하는지에 대한 중요한 통찰을 제공한다.

■─────────────────────────────── ■ 지문 해설 및 문항 ■

1. 주제
인본주의 심리학자 매슬로가 제시한 '욕구 단계 이론'의 계층적 구조와 각 단계별 욕구의 특징 및 의의

2. 문단별 TOPIC
1 매슬로의 인본주의적 인간관과 '욕구 단계 이론'의 핵심 개념 소개.
2 하위 단계 욕구인 '생리적 욕구'와 '안전의 욕구' 설명.
3 중간 단계 욕구인 '소속감과 사랑의 욕구'와 '존중의 욕구' 설명.
4 최상위 단계 욕구인 '자아실현의 욕구'의 특징과 '성장 욕구'로서의 의미.
5 욕구 단계 이론에 대한 비판과 현대적 의의.

3. 전체 내용 전개
이 글은 매슬로의 '욕구 단계 이론'을 인간 동기에 대한 긍정적 관점으로 소개하며 시작한다1. 이후 욕구 피라미드의 계층에 따라 하위 단계인 생리적·안전 욕구2, 중간 단계인 소속감·존중 욕구3, 그리고 최상위 단계인 자아실현 욕구4를 순차적으로 설명한다. 마지막으로 이 이론이 갖는 한계점을 언급하면서도, 인간의 성장 가능성에 주목했다는 점에서의 긍정적 의의를 제시하며 글을 마무리한다5.

4. OX로 내용 확인

| O | X | ① 매슬로는 인간을 잠재력 실현을 추구하는 긍정적인 존재로 보았다.
| O | X | ② 욕구 단계 이론에 따르면, 일반적으로 안전의 욕구는 존중의 욕구보다 먼저 나타난다.
| O | X | ③ '소속감과 사랑의 욕구'는 타인과의 사회적 관계 형성을 추구하는 욕구이다.
| O | X | ④ 매슬로는 '자아실현의 욕구'를 부족한 것을 채우려는 '결핍 욕구'로 분류했다.
| O | X | ⑤ 이 글은 매슬로의 이론이 욕구의 발현 순서가 항상 고정적이지는 않다는 비판을 받는다고 서술한다.

① O / ② O / ③ O / ④ X / ⑤ O

[인문 – 문예이론]
익숙한 것을 새롭게 보라 – 러시아 형식주의의 '낯설게 하기'

1 문학 작품을 다른 글과 구별되게 만드는 본질적인 특징은 무엇인가? 20세기 초 러시아의 문예 비평가들은 "문학이란 무엇인가?"라는 질문에 답하기 위해 작품의 내용이나 작가의 사상이 아닌, 작품 자체의 '형식'과 '기법'에 주목했다. 이들을 '러시아 형식주의'라고 부르는데, 이들은 문학의 고유성, 즉 '문학성'이 우리가 세상을 인식하는 방식과 깊은 관련이 있다고 보았다. 특히 이들은 일상적인 언어와 문학적 언어를 구분하며, 문학이 우리에게 익숙해진 감각을 깨우는 역할을 한다고 주장했다.

2 러시아 형식주의의 핵심 개념은 빅토르 쉬클로프스키가 제시한 '낯설게 하기'이다. 그는 "예술의 목적은 사물에 대한 감각을 그것이 알려진 그대로가 아니라 지각되는 그대로 부여하는 것"이라고 말하며, 예술의 기법은 사물을 '자동화'된 인식에서 끌어내는 '낯설게 하기' 기법이라고 주장했다. '자동화'란 우리가 어떤 대상이나 행위에 너무 익숙해져서 그것을 의식하지 않고 무감각하게 받아들이는 상태를 말한다. 예를 들어, 우리는 매일 걷는 길의 풍경을 더 이상 새롭게 지각하지 않는다. '낯설게 하기'는 바로 이러한 자동화된 인식을 파괴하고, 마치 처음 보는 것처럼 사물을 생생하게 느끼도록 만드는 예술적 장치이다.

3 문학에서 '낯설게 하기'는 다양한 방식으로 구현된다. 가장 대표적인 것은 서술의 시점을 의도적으로 비트는 것이다. 톨스토이의 소설 『홀스토메르』는 말이 인간 사회를 관찰하는 시점으로 서술되는데, '사유 재산'이라는 개념을 모르는 말의 눈을 통해 인간의 소유욕이 매우 기이하고 비합리적인 것으로 묘사된다. 또한 시간 순서를 뒤섞는 플롯의 재구성이나, 은유나 직유와 같은 비유법을 통해 일상적 대상을 전혀 다른 대상과 연결하는 것 역시 익숙한 세계를 낯설게 만드는 기법이다. 이러한 기법들의 공통적인 목표는 독자의 '지각 시간을 연장'시켜, 대상을 깊이 있게 다시 보도록 만드는 것이다.

4 '낯설게 하기'는 단순히 독자에게 신기함이나 충격을 주기 위한 기법이

아니다. 그것은 우리를 둘러싼 세계의 본질을 새롭게 보게 하는 인식론적 기능을 수행한다. 자동화된 인식은 삶의 감각을 마비시키고 우리를 무기력하게 만든다. 낯설게 하기는 이러한 무감각의 상태에서 우리를 깨어나게 한다. "예술은 돌의 돌다움을 돌려주기 위해 존재한다"는 쉬클로프스키의 유명한 말처럼, 예술은 우리가 당연하게 여겼던 사물과 세계의 생생한 감각을 회복시켜 삶의 의미를 되찾게 하는 역할을 한다.

5 쉬클로프스키의 '낯설게 하기'는 이후 독일의 극작가 베르톨트 브레히트의 '생소화 효과' 이론으로 이어지는 등 20세기 예술과 비평 이론에 지대한 영향을 미쳤다. 그것은 문학이 단순히 현실을 모방하거나 교훈을 전달하는 것을 넘어, 우리의 인식 체계를 흔들고 세계를 비판적으로 성찰하게 만드는 힘을 가지고 있음을 밝혔다. 익숙함의 타성에서 벗어나 세상을 새로운 눈으로 바라보게 하는 것, 그것이 바로 예술이 우리에게 주는 가장 큰 선물이자 문학이 존재하는 이유일 것이다.

■ 지문 해설 및 문항 ■

1. 주제
러시아 형식주의의 핵심 개념인 '낯설게 하기'의 의미, 구체적인 문학적 기법, 그리고 예술에서의 인식론적 기능과 의의

2. 문단별 TOPIC
1 러시아 형식주의의 문제의식과 문학성에 대한 관점 소개.
2 '자동화'된 인식을 파괴하는 '낯설게 하기'의 개념 정의.
3 문학 작품에서 '낯설게 하기'가 구현되는 구체적인 기법들(시점 비틀기 등).
4 '낯설게 하기'의 본질적 기능: 세계의 감각을 회복시키는 인식론적 역할.
5 '낯설게 하기'의 후대 영향과 문학의 존재 이유에 대한 통찰.

3. 전체 내용 전개
이 글은 러시아 형식주의가 문학의 본질을 '형식'에서 찾았음을 소개하며 시작한다 1. 이들의 핵심 개념인 '낯설게 하기'를 '자동화'된 인식과 대비하

여 정의하고②, 문학에서 사용되는 구체적인 기법들을 예시와 함께 설명한다③. 이후 '낯설게 하기'가 단순한 기법을 넘어 세계를 새롭게 보게 하는 인식론적 기능을 수행함을 밝히고④, 마지막으로 이 개념의 후대 영향과 의의를 정리하며 글을 마무리한다⑤.

4. OX로 내용 확인

O|X ① 러시아 형식주의는 작품의 내용보다 형식을 통해 '문학성'을 규명하고자 했다.

O|X ② '자동화'는 대상을 마치 처음 보는 것처럼 생생하게 느끼는 인식 상태를 말한다.

O|X ③ '낯설게 하기'의 목적 중 하나는 독자가 대상을 지각하는 시간을 연장시키는 것이다.

O|X ④ 쉬클로프스키에 따르면, 예술은 우리가 당연하게 여겼던 사물의 감각을 회복시키는 역할을 한다.

O|X ⑤ 이 글은 '낯설게 하기'가 문학에만 한정되는 고유한 기법이며 다른 예술 장르에는 영향을 미치지 않았다고 본다.

① O / ② X / ③ O / ④ O / ⑤ X

[인문 - 철학]
악은 과연 악마적인가? - 한나 아렌트의 '악의 평범성'

1 인류의 역사에 지울 수 없는 상처를 남긴 홀로코스트와 같은 거대한 악(惡)을 마주할 때, 우리는 흔히 그 가해자를 '악마'와 같은 괴물로 상상한다. 악이란 보통 사람과는 근본적으로 다른, 특별하고 병적인 존재가 저지르는 예외적인 행위라고 생각하는 것이다. 그러나 20세기 정치사상가 한나 아렌트는 이러한 통념에 근본적인 의문을 제기했다. 그는 나치 전범 아돌프 아이히만의 재판을 참관한 후, 거대한 악이 특별한 사상이나 동기가 아니라 극히 평범한 개인에 의해서도 자행될 수 있다는 통찰을 '악의 평범성'이라는 개념으로 제시했다.

2 아돌프 아이히만은 수백만 명의 유대인을 학살 수용소로 이송하는 실무를 총괄했던 나치 친위대 장교였다. 그러나 예루살렘의 법정에 선 그의 모습은 광신적인 반유대주의자나 가학적인 괴물이 아니었다. 그는 그저 상관의 명령을 성실히 수행했을 뿐이라고 주장하는, 지극히 평범하고 성실해 보이기까지 하는 한 명의 관료였다. 그에게서 발견된 가장 두드러진 특징은 '사유의 불능', 즉 자신의 행동이 타인에게 어떤 결과를 가져올지 상상하고 그 의미를 성찰하는 능력이 완전히 결여되어 있다는 점이었다.

3 아렌트는 바로 이 '사유의 불능'이 '악의 평범성'의 핵심이라고 보았다. 아이히만의 악은 악마적인 신념에서 비롯된 것이 아니라, 주어진 명령과 규칙을 아무런 비판 없이 받아들이고 그 체제 안에서 자신의 의무를 효율적으로 수행하는 데만 몰두한 '성실성'에서 비롯되었다는 것이다. 즉, 악의 평범성이란 거대한 악이 광신자나 반사회적 인격장애자에 의해서가 아니라, 우리 주변의 평범한 이웃처럼 자신의 행동의 의미를 성찰하기를 멈춘 사람들에 의해 저질러질 수 있다는 섬뜩한 진실을 가리킨다.

4 아렌트에게 '사유'란 전문적인 철학적 사색이 아니라, 모든 인간이 가진 능력으로서 스스로에게 질문하고 자신과 대화하는 내면 활동을 의미한다. 이러한 사유의 과정은 우리가 기존의 규칙이나 통념을 무비판적으로 따르는 것을 멈추고, 자신의 행동에 대해 도덕적 판단을 내리게 하는 기반이 된

다. 아이히만은 바로 이 내면의 대화, 즉 '양심'의 활동을 멈추었기 때문에 엄청난 범죄를 저지르고도 죄책감을 느끼지 못했다. 그가 따른 것은 자신의 양심이 아니라, 범죄적인 국가의 '법'과 상부의 '명령'이었던 것이다.
⑤ 아렌트의 '악의 평범성' 개념은 아이히만의 죄를 가볍게 하거나 그에게 면죄부를 주려는 것이 결코 아니다. 오히려 그것은 우리에게 더 엄중한 경고를 보낸다. 악이 언제나 우리의 눈에 띄는 뿔과 꼬리를 달고 나타나는 것은 아니며, 시스템의 부속품이 되어 생각 없이 살아가는 우리 모두가 언제든 거대한 악의 일부가 될 수 있다는 것이다. 결국 악의 평범성에 맞서는 유일한 방법은, 주어진 질서를 당연하게 받아들이지 않고 끊임없이 사유하며 스스로 판단하고 책임지려는 개인의 도덕적 용기뿐이다.

■─────────────────── ■ 지문 해설 및 문항 ■

1. 주제
한나 아렌트의 '악의 평범성' 개념을 중심으로, 거대한 악이 특별한 악인이 아닌 '사유하지 않는' 평범한 개인에 의해 자행될 수 있음을 분석

2. 문단별 TOPIC
① 악에 대한 통념을 비판하며 '악의 평범성'이라는 개념 제시.
② 악의 평범성의 계기가 된 아돌프 아이히만의 특징: '사유의 불능'.
③ '사유의 불능'과 '성실성'이 결합하여 악이 되는 메커니즘 설명.
④ 악을 막는 기제로서의 '사유'의 의미와 역할.
⑤ '악의 평범성' 개념의 진정한 경고와 그에 맞서는 방법.

3. 전체 내용 전개
이 글은 악을 '악마적'인 것으로 보는 통념을 소개하고, 이에 반대되는 아렌트의 '악의 평범성' 개념을 제시하며 시작한다①. 이 개념이 도출된 계기인 아이히만 재판의 사례를 통해, 그의 핵심 특징이 '사유의 불능'이었음을 설명한다(2, 3문단). 이후 아렌트가 말하는 '사유'의 진정한 의미를 밝히고, 이것이 악을 막는 도덕적 판단의 기반이 됨을 분석한다④. 마지막으로, '악의

평범성'이 주는 경고의 메시지를 강조하며, 이에 맞서기 위한 개인의 사유와 도덕적 용기를 촉구하며 글을 마무리한다⑤.

4. OX로 내용 확인

O|X ① 아렌트는 거대한 악이 악마와 같은 특별한 존재에 의해서만 저질러진다고 보았다.

O|X ② 아렌트가 본 아이히만의 가장 큰 특징은 타인의 고통을 즐기는 가학성이었다.

O|X ③ '악의 평범성'은 '사유의 불능'과 깊은 관련이 있다.

O|X ④ 아렌트가 말하는 '사유'는 소수의 철학자만이 할 수 있는 전문적인 활동을 의미한다.

O|X ⑤ 아렌트의 이론은 아이히만과 같은 인물의 행동을 정당화하기 위한 것이다.

O|X ⑥ 이 글에 따르면, 악에 맞서는 방법은 끊임없이 사유하며 스스로 판단하는 것이다.

① X / ② X / ③ O / ④ X / ⑤ X / ⑥ O

[인문 – 논리학]
닮음으로 미지의 세계를 추론하다 – 유비추론의 힘과 한계

① 유비추론은 이미 알고 있는 익숙한 대상과 어떤 미지의 대상 사이에 유사점이 있다는 것을 근거로, 알려진 대상의 다른 속성이 미지의 대상에도 존재할 것이라고 추론하는 방식이다. 우리는 일상생활에서 "내가 써보니 이 회사 노트북이 튼튼하던데, 새로 나온 스마트폰도 튼튼할 거야"와 같이 무의식적으로 유비추론을 사용한다. 이처럼 두 대상 간의 닮음을 바탕으로 미지의 속성을 추측하는 유비추론은 인간의 가장 기본적인 사고방식 중 하나이자, 새로운 지식을 확장해 나가는 중요한 인지적 도구이다.

② 유비추론은 '출발 영역'과 '목표 영역'이라는 두 대상 간의 구조적 유사성을 바탕으로 이루어진다. 출발 영역은 속성이 잘 알려진 익숙한 대상을, 목표 영역은 우리가 알고자 하는 미지의 대상을 의미한다. 추론 과정은 먼저 두 영역 간에 공통적으로 존재하는 '유사 속성'들을 확인하는 것에서 시작된다. 그리고 이를 바탕으로 출발 영역만이 가지고 있는 특정 '추론 속성'이 목표 영역에도 존재할 것이라는 결론을 내린다. 예를 들어, '지구(출발 영역)와 화성(목표 영역)은 태양계 행성이며, 대기와 물이 존재한다(유사 속성)'는 사실로부터 '지구에 생명체가 있으니(추론 속성), 화성에도 생명체가 있을 것이다'라고 추론하는 것이 유비추론의 전형적인 구조이다.

③ 유비추론은 논리적 필연성을 보장하지는 않지만, 새로운 가설을 형성하고 창의적 사고를 촉진하는 데 매우 중요한 역할을 한다. 과학사에서 많은 위대한 발견이 유비추론에서 비롯되었다. 물리학자 러더퍼드는 태양 주위를 도는 행성의 모습(출발 영역)과 원자의 구조(목표 영역) 사이의 유사성을 바탕으로, 원자핵 주위를 전자가 도는 원자 모델 가설을 세웠다. 또한 복잡하고 추상적인 개념을 설명할 때도 유비추론은 효과적으로 사용된다. 전류의 흐름을 물의 흐름에 비유하여 설명하는 것이 그 예이다. 이처럼 유비추론은 미지의 세계를 탐구하는 첫걸음이자, 어려운 지식을 이해 가능한 형태로 변환하는 강력한 설명 도구이다.

④ 그러나 유비추론의 결론은 개연적일 뿐 필연적으로 참이 아니므로, 그

신뢰도를 비판적으로 평가해야 한다. 유비추론의 설득력은 두 영역 간 유사성의 질과 양에 따라 크게 달라진다. 비교되는 속성들이 결론과 얼마나 관련성이 깊은지, 그리고 간과된 중요한 차이점은 없는지가 추론의 신뢰도를 결정하는 핵심 요소이다. 만약 피상적이거나 우연한 유사성에만 의존하여 성급한 결론을 내린다면, 이는 '잘못된 유비의 오류'에 해당한다. 예를 들어, "국가는 선장이 이끄는 배와 같으므로, 국가의 통치자에게는 절대적인 권한이 주어져야 한다"는 주장은 국가와 배가 가진 본질적인 차이점을 무시한 논리적 비약이다.

5 결론적으로 유비추론은 엄격한 논리적 증명보다는 발견과 설득의 맥락에서 강력한 힘을 발휘하는 사고 도구라고 할 수 있다. 연역추론처럼 결론의 참을 보장하지는 못하지만, 기존의 지식으로부터 새로운 가능성을 탐색하게 함으로써 지식의 지평을 넓히는 데 기여한다. 현대 인공지능 분야에서 과거의 유사한 사례를 바탕으로 현재의 문제를 해결하는 '사례 기반 추론' 역시 유비추론의 원리를 응용한 것이다. 따라서 유비추론의 한계를 명확히 인식하면서도 그 창의적 잠재력을 적절히 활용하는 것은 비판적 사고의 중요한 부분이다.

■ ─────────────── ■ 지문 해설 및 문항 ■

1. 주제
유비추론의 개념, 구조, 창의적 기능과 논리적 한계, 그리고 현대적 의의

2. 문단별 TOPIC
1 유비추론의 기본 개념과 일상적 예시.
2 '출발 영역'과 '목표 영역'을 중심으로 한 유비추론의 구조 분석.
3 과학적 가설 형성, 창의적 사고 촉진 등 유비추론의 긍정적 기능.
4 유비추론의 개연적 한계와 '잘못된 유비의 오류'.
5 유비추론의 종합적 가치와 현대적 활용.

3. 전체 내용 전개

이 글은 두 대상 간의 유사성을 근거로 추론하는 '유비추론'의 개념을 정의하며 시작한다❶. 이후 유비추론의 논리적 구조를 '출발 영역'과 '목표 영역'으로 나누어 분석하고❷, 과학적 발견과 설명 도구로서의 긍정적 기능을 설명한다❸. 그러나 유비추론은 결론이 필연적이지 않다는 한계를 가지며 '잘못된 유비의 오류'를 범할 수 있음을 지적한다❹. 마지막으로 유비추론이 증명보다는 발견의 맥락에서 중요한 사고 도구임을 강조하며 그 의의를 정리한다❺.

4. OX로 내용 확인

- ☐O☐X ① 유비추론은 두 대상 사이의 차이점을 근거로 미지의 속성을 추론하는 방식이다.
- ☐O☐X ② 러더퍼드의 원자 모델 가설 수립은 유비추론이 과학적 발견에 기여한 사례로 볼 수 있다.
- ☐O☐X ③ 유비추론의 결론은 개연적이기 때문에 항상 참이라고 할 수 없다.
- ☐O☐X ④ 두 대상 간의 유사성이 피상적일수록 유비추론의 신뢰도는 높아진다.
- ☐O☐X ⑤ 현대 인공지능의 '사례 기반 추론'은 유비추론의 원리를 응용한 것이다.
- ☐O☐X ⑥ '잘못된 유비의 오류'는 두 대상 간의 중요한 차이점을 간과할 때 발생할 수 있다.

①X / ②O / ③O / ④X / ⑤O / ⑥O

읽고 쓰는 문해력, 그리고 생각을 여는 기술

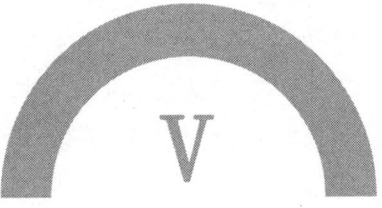

글 심층 분석 훈련
문화/예술편

[문화]

문화의 거울: 상대주의적 시선과 정체성의 탐색

1 문화를 올바르게 이해하는 첫걸음은 각 문화가 지닌 고유한 가치를 인정하고 존중하는 태도, 즉 '문화 상대주의'에서 시작된다. 20세기 인류학자 클로드 레비스트로스는 그의 저서 『슬픈 열대』에서 서구의 잣대로는 '미개'하고 '야만적'이라 여겨졌던 아마존 원주민 사회를 깊이 있게 탐구했다. 그는 이를 통해 서구 문명의 기준으로 재단할 수 없는 그들만의 정교한 사회 체계와 세계관이 존재함을 역설하며, 문명의 이면에 가려진 서구 중심주의의 폭력성을 고발했다. 이는 어떠한 문화도 절대적인 우열의 척도로 평가될 수 없으며, 각 문화는 그 사회의 특수한 역사적, 환경적 맥락 속에서 형성된 나름의 논리와 가치를 지닌다는 점을 시사한다. 만약 특정 문화의 기준을 보편적인 것으로 착각하고 다른 문화를 평가하는 '자문화 중심주의'에 빠진다면, 타문화에 대한 왜곡된 이해를 넘어 문화 간의 갈등과 오해를 증폭시키는 결과를 낳게 될 것이다.

2 역사적으로 서구 중심주의는 자신들의 문화를 보편적인 기준으로 삼고 다른 문화를 위계적으로 배열하려는 시도 속에서 폭력적인 양상을 띠어왔다. 근대 제국주의 시대, 서구 열강은 자신들의 과학 기술과 정치 제도, 종교를 '문명'의 상징으로 내세우며 비서구 사회의 문화를 '계몽'하거나 '발전'시켜야 할 대상으로 규정했다. 이러한 시각은 식민 지배를 정당화하는 이데올로기로 작동했으며, 그 과정에서 수많은 고유문화가 파괴되거나 본래의 모습을 잃는 비극을 낳았다. 예를 들어, 문자의 유무나 산업화의 정도를 기준으로 문화의 발전 단계를 설정하는 것은 인류 문화의 다양한 발전 경로를 무시하는 오만한 태도이다. 정교한 구전 서사를 발전시킨 문화나 자연과 조화로운 삶의 방식을 유지해온 문화는 서구의 선형적 발전 모델로는 설명할 수 없는 독자적인 가치를 지니고 있기 때문이다.

3 현대 사회에서 문화는 전 지구적인 자본주의의 영향 아래 '소비'의 대상으로 전락하는 경향을 보인다. 세계화의 흐름 속에서 문화 간의 교류는 활발해졌지만, 동시에 문화의 고유한 맥락과 의미는 사라지고 피상적인 이미

지만이 상품으로 유통되는 '문화의 상품화' 현상이 심화되고 있다. 예컨대, 제3세계의 전통 의상은 선진국의 패션쇼에서 '이국적인 스타일'로 소비되고, 소수 민족의 신성한 의식은 관광객을 위한 '체험 상품'으로 전락한다. 이 과정에서 문화는 본래의 총체성을 잃고 파편화된 기호로만 남게 되며, 사람들은 깊이 있는 이해 대신 즉각적이고 감각적인 만족만을 추구하게 된다. 결국 이러한 소비문화는 문화의 다양성을 존중하는 듯 보이지만, 실질적으로는 모든 문화를 시장의 논리 아래 획일화시키는 결과를 초래할 수 있다.

④ 타문화를 연구하는 학문인 문화인류학 역시 과거의 오류를 성찰하며 끊임없이 발전해왔다. 초창기 인류학자들은 서구인의 시선으로 비서구 사회를 관찰하고 기록하는 데 머물렀으며, 이들의 연구는 종종 제국주의 통치에 필요한 정보를 제공하는 역할을 하기도 했다. 연구자 스스로는 객관적이라고 믿었지만, 그들의 시선에는 서구 중심적 편견이 깊이 내재되어 있었던 것이다. 하지만 20세기 중반 이후, 인류학계 내부에서는 이러한 연구 태도에 대한 깊은 자성이 일어났다. 연구자가 현지인들과 함께 생활하며 그들의 관점으로 문화를 이해하려는 '참여 관찰' 방법론이 중시되었고, 연구 과정에서 드러나는 권력 관계를 성찰하는 것이 중요한 윤리적 과제로 떠올랐다. 이로써 문화인류학은 타자를 대상화하는 학문을 넘어, 복잡한 현대 세계 속에서 문화의 역동성을 이해하려는 자기성찰적 학문으로 거듭나게 되었다.

⑤ 우리 문화의 독창성과 정체성을 올바르게 확립하기 위해서는 타문화와의 관계 속에서 우리를 바라보는 성찰적 자세가 요구된다. 우리 것만이 최고라고 주장하는 국수주의적 태도나, 외국의 것을 무비판적으로 추종하는 문화 사대주의는 모두 건강한 문화 발전을 저해한다. 진정한 우리 문화의 이해는 다른 문화라는 거울에 우리 모습을 비추어 볼 때 비로소 가능해진다. 다른 문화와의 비교와 교류를 통해 우리는 무엇이 다르고 같은지, 우리 문화의 어떤 부분이 더 보편적인 가치를 지니는지를 객관적으로 파악할 수 있다. 세계화 시대에 문화적 고립은 불가능하며, 바람직하지도 않다. 다양한 문화와 능동적으로 교류하며 우리 문화의 외연을 넓히고 내적인 깊이를 더해 나갈 때, 비로소 우리 문화는 세계 속에서 고유한 생명력을 지닌 문화로 발전해 나갈 수 있을 것이다.

■───────────────────── ■ 지문 해설 및 문항 ■

1. 주제

문화 상대주의적 관점을 바탕으로 서구 중심주의와 현대 소비문화를 비판적으로 성찰하고, 타문화와의 관계 속에서 우리 문화의 정체성을 탐색해야 할 필요성

2. 문단별 TOPIC

1️⃣ 문화를 이해하는 기본 원리로서 문화 상대주의의 개념과 중요성
2️⃣ 역사 속에서 드러난 서구 중심주의의 폭력성과 그 논리적 한계
3️⃣ 현대 자본주의 사회에서 발생하는 문화의 상품화 현상과 그 문제점
4️⃣ 서구 중심적 시각을 반성하며 발전해 온 문화인류학의 자기성찰적 과정
5️⃣ 타문화와의 상호 관계 속에서 우리 문화의 정체성을 확립해야 할 필요성

3. 전체 내용 전개

이 글은 문화 이해의 기본 원칙으로 '문화 상대주의'를 제시하며 시작한다 1️⃣. 이후 역사 속 '서구 중심주의'의 폭력적인 양상을 비판하고 2️⃣, 현대 자본주의 사회에서 나타나는 '문화의 상품화' 현상과 그 문제점을 분석한다 3️⃣. 다음으로, 타문화를 연구하는 '문화인류학'이 과거의 오류를 성찰하며 발전해 온 과정을 살펴본다 4️⃣. 마지막으로, 타문화와의 상호 관계 속에서 '우리 문화'의 정체성을 확립해야 할 필요성을 강조하며 글을 마무리한다 5️⃣.

4. OX로 내용 확인

O|X　① 레비스트로스는 『슬픈 열대』에서 서구 문화를 인류 보편의 기준으로 삼아야 한다고 주장했다.

O|X　② 자문화 중심주의는 서로 다른 문화 간의 상호 이해를 증진시키는 데 기여한다.

O|X　③ '문화의 상품화'는 문화의 본래 의미보다는 피상적인 이미지를 소비하게 만드는 경향이 있다.

○|× ④ 초창기 문화인류학은 제국주의적 시각으로부터 완전히 자유로웠다는 평가를 받는다.

○|× ⑤ '참여 관찰'은 연구자가 연구 대상과 철저히 거리를 두고 객관성을 유지하려는 연구 방법이다.

○|× ⑥ 이 글은 우리 문화의 고유성을 지키기 위해 다른 문화와의 교류를 최소화해야 한다고 주장한다.

○|× ⑦ 건강한 문화 정체성은 국수주의나 문화 사대주의를 통해 확립될 수 있다.

○|× ⑧ 산업화의 정도는 문화의 우열을 가리는 절대적인 기준이 될 수 없다.

① × / ② × / ③ ○ / ④ × / ⑤ × / ⑥ × / ⑦ × / ⑧ ○

[예술]
고요한 균형에서 격동하는 감정으로: 르네상스 미술과 바로크 미술

■1 15세기 이탈리아에서 시작된 르네상스 미술은 인간 이성에 대한 신뢰를 바탕으로 조화와 균형, 안정이라는 고전적 이상을 추구했다. 고대 그리스와 로마의 예술을 부활시킨 르네상스의 거장들은 신 중심의 세계관에서 벗어나 인간을 세계의 중심으로 인식하기 시작했다. 레오나르도 다빈치의 '모나리자'나 라파엘로의 '아테네 학당'과 같은 작품들은 인체의 비례와 원근법, 명암법 등 수학적이고 과학적인 원리를 통해 현실을 질서정연하게 재현하고자 했다. 특히 화면 전체에 안정감을 주는 삼각형 구도는 르네상스 회화의 대표적인 특징으로, 인물과 배경이 조화롭게 어우러져 관람자에게 평온하고 이성적인 감상을 유도한다. 이처럼 르네상스 미술은 감정의 과잉을 절제하고 명료한 형식미를 통해 완벽한 아름다움을 구현하려 했다.

■2 16세기에 이르러 르네상스가 추구했던 안정된 세계관은 종교개혁이라는 거대한 사회적 격변을 맞으며 흔들리기 시작했다. 마르틴 루터로부터 시작된 종교개혁의 물결은 유럽 전역으로 퍼져나갔고, 이에 위기감을 느낀 가톨릭교회는 내부 개혁을 단행하며 '반(反)종교개혁' 운동을 전개했다. 이 시기 가톨릭교회는 분열된 신자들의 마음을 되돌리고 교회의 권위를 회복하기 위한 새로운 예술 양식을 필요로 했다. 더 이상 르네상스의 고요하고 이성적인 미술은 대중의 신앙심을 뜨겁게 고취하는 데 한계가 있었다. 교회는 사람들의 감정에 직접 호소하고, 극적인 장면을 통해 종교적 감동과 경외심을 불러일으킬 수 있는 강력하고 역동적인 미술을 원하게 되었고, 이는 바로크 미술이 탄생하는 중요한 배경이 되었다.

■3 바로크 미술은 르네상스의 조화로운 고전주의에서 벗어나 역동적인 움직임과 극적인 감정 표현을 통해 관람자를 압도하고자 했다. '바로크(Baroque)'라는 단어 자체가 '일그러진 진주'를 의미하듯, 이 시기의 예술은 의도적으로 균형을 깨뜨리고 격렬한 감정을 표출하는 것을 특징으로 삼았다. 카라바조의 작품에서 볼 수 있듯, 바로크 화가들은 성스러운 종교적 주제를 평범한 민중의 모습으로 그리거나, 순교의 순간과 같이 가장 극적인 찰나를 포

착하여 관람자가 그림 속 사건에 깊이 몰입하도록 유도했다. 인물들은 더 이상 정적인 자세로 서 있지 않고, 금방이라도 화면 밖으로 튀어나올 것처럼 역동적인 자세를 취한다. 이처럼 바로크 미술은 이성적 이해보다는 감성적 체험을, 고요한 관조보다는 격렬한 공감을 이끌어내는 것을 목표로 삼았다.

4 바로크 미술가들은 극적인 효과를 극대화하기 위해 빛과 어둠의 강렬한 대비, 즉 '키아로스쿠로(Chiaroscuro)' 기법을 적극적으로 활용했다. 이 기법은 화면의 특정 부분에만 빛을 집중적으로 비추고 나머지는 깊은 어둠 속에 잠기게 하여, 중요한 인물이나 사건을 부각시키고 극적 긴장감을 고조시키는 역할을 했다. 또한 안정적인 삼각형 구도 대신, 화면에 운동감과 불안정함을 부여하는 사선 구도를 즐겨 사용했다. 인물이나 사물을 대각선 방향으로 배치함으로써 시선이 한곳에 머무르지 않고 역동적으로 움직이게 만들었다. 화려한 색채와 풍부한 장식, 인물들의 과장된 표정과 몸짓 역시 관람자의 시선을 사로잡고 감정적 동요를 일으키기 위한 장치였다.

5 결론적으로 르네상스에서 바로크로의 전환은 단순한 화풍의 변화를 넘어, 세상을 바라보는 관점과 예술의 역할에 대한 근본적인 인식 변화를 의미한다. 르네상스 미술이 세상을 객관적으로 관찰하고 그 안에 내재된 질서를 표현하는 '거울'의 역할을 했다면, 바로크 미술은 관람자의 마음을 움직이고 특정 메시지를 설득력 있게 전달하는 '선전'의 역할을 수행했다. 비록 종교적 목적으로 시작되었지만, 바로크의 역동성과 극적인 표현 방식은 이후 궁정 예술과 서민 예술에까지 폭넓은 영향을 미쳤다. 이처럼 바로크 미술은 인간의 복합적인 감정과 역동적인 삶의 모습을 담아내며 서양 미술사에 풍성하고 강렬한 흐름을 더한 중요한 양식으로 평가받는다.

■ 지문 해설 및 문항 ■

1. 주제

르네상스 미술과 바로크 미술의 특징을 비교하고, 시대적 배경의 변화에 따라 미술 양식이 어떻게 전환되었는지에 대한 분석

2. 문단별 TOPIC

■1 르네상스 미술은 이성을 바탕으로 조화와 균형, 안정감이라는 고전적 이상을 추구했다.
■2 종교개혁과 반종교개혁이라는 사회적 배경은 감정에 호소하는 새로운 예술 양식의 등장을 촉진했다.
■3 바로크 미술은 르네상스와 대조적으로 역동적인 움직임과 극적인 감정 표현을 특징으로 한다.
■4 바로크 화가들은 강렬한 명암 대비(키아로스쿠로)와 사선 구도를 사용하여 극적인 효과를 극대화했다.
■5 르네상스에서 바로크로의 전환은 예술의 역할이 객관적 재현에서 감성적 설득으로 변화했음을 의미한다.

3. 전체 내용 전개

이 글은 이성과 조화, 균형을 중시한 '르네상스 미술'의 특징을 정의하며 시작한다■1. 이후 종교개혁이라는 시대적 배경이 어떻게 새로운 예술 양식을 요구하게 되었는지 그 전환점을 설명한다■2. 다음으로, 르네상스와 대조적으로 역동성과 감정 표현을 중시한 '바로크 미술'의 특징을 설명하고■3, 이를 구현하기 위한 강렬한 명암 대비(키아로스쿠로)와 사선 구도 같은 구체적인 기법을 분석한다■4. 마지막으로, 두 양식의 근본적인 차이를 예술의 역할이라는 관점에서 종합하며 바로크 미술의 의의를 평가하며 글을 마무리한다■5.

4. OX로 내용 확인

O|X ① 르네상스 미술은 인물들의 격렬한 감정 표현을 가장 중요한 특징으로 삼았다.

O|X ② 안정감을 주는 삼각형 구도는 바로크 회화의 대표적인 구도이다.

O|X ③ 종교개혁은 바로크 미술이 탄생하는 데 영향을 미친 사회적 배경 중 하나이다.

- O|X ④ 바로크 미술은 관람자의 이성적 판단보다는 감성적 체험을 중요하게 여겼다.
- O|X ⑤ '키아로스쿠로'는 화면 전체를 밝고 고르게 표현하여 평온함을 주는 기법이다.
- O|X ⑥ 바로크 미술가들은 운동감을 표현하기 위해 사선 구도를 자주 사용했다.
- O|X ⑦ 카라바조는 르네상스 시대의 대표적인 화가이다.
- O|X ⑧ 이 글에 따르면, 예술 양식의 변화는 사회적, 시대적 상황과 밀접한 관련이 있다.

①X / ②X / ③O / ④O / ⑤X / ⑥O / ⑦X / ⑧O

[문화]
대중문화의 두 얼굴: 획일성과 다양성의 공존

1 대중문화는 신문, 라디오, 텔레비전과 같은 대중 매체의 발달과 함께 탄생했으며, 불특정 다수의 대중이 보편적으로 향유하는 문화적 경험을 의미한다. 과거의 문화가 특정 계층이나 지역 공동체에 한정되어 전수되던 것과 달리, 대중문화는 대량 복제 기술과 미디어의 힘을 통해 시공간의 제약을 넘어 광범위하게 확산된다. 인기 드라마나 유행가, 블록버스터 영화 등은 사회 구성원들에게 공통의 화젯거리와 정서적 유대감을 제공하며 시대를 반영하는 거울이 되기도 한다. 이처럼 대중문화는 현대 사회를 살아가는 사람들의 일상에 깊숙이 자리하며 그들의 가치관과 생활 양식에 지대한 영향을 미치는 중요한 사회 현상이다.

2 그러나 프랑크푸르트학파의 비판 이론은 대중문화가 지닌 부정적인 측면을 날카롭게 지적하며, 그것이 자본주의 체제를 유지하기 위한 이데올로기적 도구로 기능한다고 주장했다. 사상가 아도르노와 호르크하이머는 이윤 추구를 목적으로 문화를 상품처럼 찍어내는 현대 사회의 시스템을 '문화 산업'이라고 명명했다. 그들에 따르면, 문화 산업이 생산하는 대중문화는 관객의 비판적 사고를 마비시키는 표준화되고 규격화된 상품에 불과하다. 비슷한 줄거리의 영화, 예측 가능한 전개의 드라마 등은 대중에게 깊은 사유보다는 즉각적이고 피상적인 즐거움만을 제공함으로써, 현실의 사회 구조적 모순에 의문을 제기하기보다 순응하게 만드는 역할을 수행한다는 것이다.

3 문화 산업의 논리가 지배하는 대중문화는 창의성을 획일화하고 문화적 다양성을 저해할 수 있다는 비판에 직면한다. 문화 상품의 성공 여부가 철저히 상업적 성과, 즉 얼마나 많은 수익을 내는가에 따라 결정되면서, 제작자들은 실패의 위험을 줄이기 위해 검증된 흥행 공식을 반복하는 경향을 보인다. 이는 새롭고 실험적인 시도보다는 익숙하고 대중적인 형식의 콘텐츠가 대량 생산되는 결과로 이어진다. 그 결과, 소수의 거대 자본이 주도하는 주류 문화가 시장을 독점하게 되고, 비주류 문화나 소수 집단의 목소리를 담은 대안적 문화는 설 자리를 잃게 될 위험에 처한다. 이러한 현상은 장기

적으로 사회 전체의 문화적 토양을 척박하게 만드는 원인이 될 수 있다.

4 반면, 대중문화를 비판적으로만 바라보는 시각에서 벗어나 수용자의 능동적인 역할을 강조하는 이론도 존재한다. '능동적 수용자론'은 대중이 문화 산업이 주입하는 메시지를 아무런 저항 없이 수용하는 수동적인 존재가 아니라고 본다. 수용자들은 자신의 사회적 배경, 가치관, 경험에 따라 주어진 문화 텍스트를 비판적으로 수용하고, 때로는 전혀 다른 의미로 재해석하며, 심지어 그것을 바탕으로 새로운 문화를 창조하기도 한다. 예를 들어, 팬들은 자신이 좋아하는 드라마나 아이돌 그룹의 세계관을 바탕으로 팬픽(fan fiction)을 창작하거나 패러디 영상을 만들며 원본 콘텐츠의 의미를 확장하고 변형시킨다. 이는 대중이 더 이상 문화의 소비자에만 머무르지 않고, 의미를 생산하는 주체로 거듭날 수 있음을 보여준다.

5 디지털 미디어 환경의 도래는 대중문화의 생산과 소비 방식을 근본적으로 바꾸며, 획일성과 다양성이 공존하는 복합적인 양상을 만들어내고 있다. 유튜브나 넷플릭스와 같은 글로벌 플랫폼은 알고리즘을 통해 소수의 인기 콘텐츠를 집중적으로 노출시키며 문화적 획일성을 강화하는 측면이 있다. 하지만 동시에, 과거에는 주목받기 어려웠던 수많은 개인 창작자에게 자신의 콘텐츠를 전 세계에 선보일 기회를 제공하며 문화적 다양성을 폭발적으로 증대시키는 역할도 수행한다. 생산자와 소비자의 경계가 허물어지고 누구나 문화를 만들고 유통할 수 있는 시대가 된 것이다. 따라서 오늘날 대중문화를 올바르게 이해하기 위해서는 그 속에 담긴 상업성과 획일성을 비판적으로 인식하는 동시에, 그것을 새롭게 재구성하고 향유하는 수용자들의 능동성과 잠재력 또한 균형 있게 평가하는 시각이 필요하다.

■ 지문 해설 및 문항 ■

1. 주제

대중문화에 대한 비판적 시각과 긍정적 시각을 비교 분석하고, 디지털 미디어 시대의 복합적인 대중문화 현상을 이해하는 균형 잡힌 관점의 필요성

2. 문단별 TOPIC

■1 대중문화는 대중 매체의 발달을 통해 형성된 현대 사회의 보편적인 문화 현상이다.

■2 프랑크푸르트학파는 대중문화를 대중의 비판적 사고를 마비시키는 '문화 산업'의 상품으로 비판했다.

■3 대중문화의 상업성은 문화의 획일화를 초래하고 다양성을 저해할 수 있다는 문제점을 가진다.

■4 능동적 수용자론은 대중이 문화를 비판적으로 재해석하고 새로운 의미를 창조하는 주체라고 본다.

■5 디지털 미디어 환경에서 대중문화는 획일성과 다양성이라는 양면성을 동시에 지니므로 균형 잡힌 시각이 요구된다.

3. 전체 내용 전개

이 글은 '대중문화'의 일반적인 개념과 특징을 정의하며 논의를 시작한다■1. 이후 프랑크푸르트학파의 '문화 산업' 이론을 통해 대중문화가 지닌 획일성과 상업성을 비판하는 시각을 제시하고■2, 이러한 상업성이 문화적 다양성을 저해할 수 있음을 지적한다■3. 반면, '능동적 수용자론'의 관점에서 대중이 문화를 주체적으로 재해석하는 측면을 설명한다■4. 마지막으로, 디지털 미디어 환경에서 대중문화가 지닌 획일성과 다양성의 양면성을 종합하며, 균형 잡힌 비판적 이해의 태도를 강조하며 글을 마무리한다■5.

4. OX로 내용 확인

O|X ① 대중문화는 특정 계층만이 공유할 수 있는 고급문화와 동일한 의미이다.

O|X ② 아도르노는 대중문화가 대중의 비판적 사고를 촉진하는 긍정적 역할을 한다고 보았다.

O|X ③ 문화 산업의 가장 중요한 목표는 상업적 이윤을 추구하는 것이다.

- ○|× ④ 능동적 수용자론에 따르면, 대중은 미디어가 전달하는 메시지를 그대로 수용할 뿐이다.
- ○|× ⑤ 팬들이 드라마의 내용을 바탕으로 새로운 이야기를 만드는 것은 수용자의 능동성을 보여주는 사례이다.
- ○|× ⑥ 디지털 미디어 플랫폼의 알고리즘은 문화적 다양성을 증진하는 역할만을 수행한다.
- ○|× ⑦ 이 글은 대중문화를 긍정적 또는 부정적인 한쪽 측면으로만 평가해야 한다고 주장한다.
- ○|× ⑧ 현대 사회에서는 대중문화의 생산자와 소비자의 경계가 점차 뚜렷해지고 있다.

①X / ②X / ③O / ④X / ⑤O / ⑥X / ⑦X / ⑧X

[문화]
'진짜' 문화라는 환상: 혼종성과 문화의 역동성

① 우리는 종종 '전통문화'나 '고유문화'라는 이름 아래 변치 않는 순수한 원형으로서의 '진짜' 문화를 상상하곤 한다. 외부의 영향 없이 오랜 시간 동안 이어져 온 고유한 생활 양식이야말로 한 사회의 정체성을 담보하는 진정한 문화라는 믿음이 그것이다. 그러나 문화인류학적 관점에서 문화는 박물관의 유물처럼 고정된 실체가 아니라, 끊임없이 외부와 교류하며 변화하고 재창조되는 역동적인 흐름에 가깝다. 한 시대의 문화는 과거로부터 물려받은 유산에 동시대의 필요와 외래적 요소가 결합하여 만들어지는 복합적인 결과물이다. 따라서 특정 시점의 문화를 절대적인 원형으로 고정하고 그것만이 '진짜'라고 주장하는 시각은, 살아 숨 쉬는 문화의 본질적인 속성을 간과하는 오류를 범할 수 있다.

② 전 지구적 교류가 활발해진 현대 사회에서 '순수한 문화'라는 개념은 더욱 유지되기 어렵다. 특히 서구의 대중문화를 중심으로 한 세계화의 물결은 각 지역의 고유한 문화적 정체성을 위협하는 요인으로 지적되기도 한다. 거대 자본을 앞세운 할리우드 영화나 글로벌 패스트푸드 체인이 전 세계의 문화 시장을 장악하면서, 지역 문화가 점차 획일화되고 있다는 우려가 제기된다. 이러한 현상을 '문화 제국주의'라고 부르며, 힘의 논리에 따라 강대국의 문화가 약소국의 문화를 잠식하는 현상으로 비판한다. 이는 문화적 다양성을 위협할 뿐만 아니라, 비서구 사회의 문화가 스스로 발전할 기회를 박탈하고 서구의 기준에 종속되게 만들 수 있다는 문제점을 안고 있다.

③ 그러나 문화를 힘의 논리로만 파악하는 시각은 문화 접변 과정에서 나타나는 능동적이고 창의적인 측면을 간과할 수 있다. 문화인류학자들은 서로 다른 문화가 만났을 때 일방적인 동화만 일어나는 것이 아니라, 상호 영향을 주고받으며 완전히 새로운 형태의 문화가 탄생하는 현상에 주목한다. 이를 '문화의 혼종성(Hybridity)'이라고 부른다. 혼종성은 단순히 여러 문화 요소가 뒤섞이는 것을 넘어, 기존에 없던 새로운 의미와 가치를 창조해내는 역동적인 과정이다. 예를 들어, 카리브해 지역의 음악인 레게는 아프리카의

리듬과 자메이카의 민속음악, 그리고 미국의 R&B가 결합하여 탄생한 독창적인 장르이다. 이는 문화가 외부의 영향을 수동적으로 받아들이는 것이 아니라, 그것을 주체적으로 선택하고 재해석하여 자신들만의 새로운 문화로 재창조할 수 있음을 보여준다.

④ '우리 문화'의 독창성 역시 이러한 혼종성의 관점에서 새롭게 이해될 수 있다. 오늘날 세계적인 주목을 받는 K팝은 그 대표적인 사례이다. K팝은 미국의 힙합, R&B, 유럽의 일렉트로닉 팝 등 다양한 외래 음악 요소를 적극적으로 수용했지만, 그것을 단순히 모방하는 데 그치지 않았다. 여기에 한국적인 감성의 멜로디와 화려한 군무, 아이돌 육성 시스템과 같은 독자적인 기획력이 결합되면서 세계 어디에서도 찾아볼 수 없는 새로운 문화 상품으로 재탄생했다. 이는 우리 문화가 외부와의 교류를 통해 정체성을 잃는 것이 아니라, 오히려 그것을 창조적으로 재구성하여 세계적인 보편성을 획득할 수 있음을 증명한다.

⑤ 결론적으로, '진짜' 혹은 '순수한' 문화를 고집하는 태도는 변화하는 현실 속에서 문화가 지닌 생명력을 잃게 만들 수 있다. 문화의 가치는 변치 않는 원형을 지키는 데 있는 것이 아니라, 시대의 변화에 발맞추어 새로운 의미를 창출하고 공동체의 삶을 풍요롭게 만드는 역동성에 있다. 서구 중심주의의 획일성을 경계하는 것은 중요하지만, 그렇다고 해서 외부와의 모든 교류를 차단하고 문화적 고립을 자초하는 것은 바람직하지 않다. 진정한 문화적 주체성은 우리 문화의 전통을 깊이 이해하는 동시에, 다른 문화의 요소를 창조적으로 수용하고 재해석하여 새로운 가치를 만들어내는 열린 태도에서 비롯된다.

■ 지문 해설 및 동향 ■

1. 주제

고정불변의 '진짜' 문화라는 관념을 비판하고, 외부와의 교류를 통해 새로운 가치를 창조하는 문화의 혼종성과 역동성의 중요성을 이해한다.

2. 문단별 TOPIC

1 문화는 고정된 실체가 아니라 끊임없이 변화하고 재창조되는 역동적인 흐름이다.

2 서구 중심의 세계화는 지역 문화의 획일화를 초래하는 '문화 제국주의' 현상을 낳을 수 있다.

3 문화의 혼종성은 서로 다른 문화가 만나 기존에 없던 새로운 문화를 창조하는 능동적 과정이다.

4 K팝의 사례는 우리 문화가 혼종성을 통해 어떻게 새로운 독창성을 확보할 수 있는지를 보여준다.

5 진정한 문화적 주체성은 순수성을 고집하는 것이 아니라, 외부 문화를 창조적으로 수용하는 열린 태도에서 나온다.

3. 전체 내용 전개

이 글은 '진짜' 혹은 '순수한' 문화라는 통념이 문화의 역동성을 간과하는 오류임을 지적하며 논의를 시작한다**1**. 이후 세계화 과정에서 나타나는 '문화 제국주의'가 문화적 다양성을 위협하는 현상임을 설명하고**2**, 이에 대한 대안적 관점으로 문화가 능동적으로 결합하여 새로움을 창조하는 '혼종성'의 개념을 제시한다**3**. 다음으로, 'K팝'을 이러한 혼종성의 성공적인 사례로 분석하여 주장을 구체화한다**4**. 마지막으로, 문화적 고립주의를 경계하고 창조적 수용이라는 열린 태도를 통해 문화적 주체성을 확립해야 함을 강조하며 글을 마무리한다**5**.

4. OX로 내용 확인

O|X ① 이 글은 문화가 외부의 영향 없이 순수성을 지킬 때 가장 가치 있다고 주장한다.

O|X ② '문화 제국주의'는 다양한 지역 문화가 동등하게 교류하며 발전하는 현상을 의미한다.

O|X ③ '문화의 혼종성'은 한 문화가 다른 문화에 일방적으로 동화되는 현상을 가리킨다.

O|X ④ 카리브해의 레게 음악은 여러 문화가 결합하여 탄생한 혼종성의 사례로 볼 수 있다.

O|X ⑤ K팝은 외래 음악 요소를 전혀 수용하지 않고 순수하게 한국적인 요소로만 구성되어 있다.

O|X ⑥ 이 글에 따르면 K팝의 성공은 우리 문화가 정체성을 상실했음을 의미한다.

O|X ⑦ 문화적 고립주의는 문화의 생명력을 유지하는 가장 좋은 방법이다.

O|X ⑧ 진정한 문화적 주체성은 다른 문화를 비판 없이 수용하는 태도를 의미한다.

① X / ② X / ③ X / ④ O / ⑤ X / ⑥ X / ⑦ X / ⑧ X

[문화]

기호의 소비: 현대 소비문화와 정체성의 관계

1 현대 사회에서 소비는 단순히 필요에 의해 물건을 사용하는 행위를 넘어, 자신의 정체성을 표현하고 사회적 의미를 교환하는 복합적인 문화 활동이 되었다. 과거의 소비가 물건의 기능적 가치, 즉 '사용 가치'를 중심으로 이루어졌다면, 현대의 소비는 그 상품이 담고 있는 상징적 의미, 즉 '기호 가치'를 소비하는 경향이 짙다. 프랑스의 철학자 장 보드리야르는 현대인들이 상품 그 자체보다 상품에 부여된 이미지, 고급스러움, 세련됨, 젊음과 같은 기호들을 소비한다고 분석했다. 예를 들어, 고가의 명품 가방을 구매하는 행위는 가방이라는 실용적 도구를 얻는 것만큼이나, 그 브랜드가 상징하는 부와 사회적 지위라는 기호를 소유하려는 욕망이 크게 작용하는 것이다.

2 상품의 기호 가치는 광고를 비롯한 대중 매체에 의해 끊임없이 생산되고 유포된다. 광고는 제품의 기능적 장점을 설명하기보다, 특정 상품을 매력적인 라이프스타일이나 선망하는 인물의 이미지와 결합시키는 데 주력한다. 특정 자동차 광고는 속도나 연비를 강조하는 대신, 그 차를 타는 사람이 자유롭고 성공적인 인물이라는 환상을 심어준다. 이러한 과정을 통해 상품은 본래의 기능을 넘어 특정한 사회적 의미를 지닌 기호로 변모하고, 소비자들은 그 기호를 구매함으로써 광고가 제시하는 이상적인 이미지에 자신을 동화시키고자 한다. 결국 대중 매체는 끝없이 새로운 유행과 욕망을 창조하며 소비를 부추기는 거대한 기호 공장 역할을 수행하게 된다.

3 이러한 소비문화는 현대인의 정체성을 구성하는 핵심적인 방식으로 자리 잡았다. 전통 사회에서는 개인의 정체성이 주로 혈연, 지역, 종교와 같은 공동체에 의해 주어졌지만, 현대 사회에서 개인은 스스로 자신의 정체성을 만들어가야 하는 과제를 안게 되었다. 이 과정에서 '무엇을 소비하는가'가 '내가 누구인가'를 보여주는 가장 손쉬운 표현 수단이 된 것이다. 사람들은 자신이 입는 옷의 브랜드, 즐겨 마시는 커피의 종류, 구독하는 콘텐츠를 통해 자신의 취향과 가치관, 사회적 소속감을 드러낸다. 이처럼 소비는 파편화된 현대 사회에서 개인이 자신의 존재를 확인하고 타인과 구별되기를 원

하는 욕구를 실현하는 중요한 통로가 된다.

4 그러나 소비를 통해 정체성을 구축하는 방식은 여러 가지 문제점을 내포한다. 우선, 그것은 개인의 가치를 물질적 소유와 동일시하는 물질주의적 가치관을 확산시킬 수 있다. 또한, 유행과 신상품의 논리에 따라 끊임없이 새로운 상품을 욕망하게 만들고, 타인과의 비교를 통해 상대적 박탈감을 느끼게 하는 원인이 되기도 한다. 사회학자 소스타인 베블런은 상류층이 자신의 지위를 과시하기 위해 값비싼 재화를 소비하는 현상을 '과시적 소비'라고 명명했는데, 이러한 소비 행태가 오늘날에는 모든 계층으로 확산되고 있다. 정체성이 시장의 논리에 종속되면서, 진정한 자아 성찰보다는 피상적이고 불안정한 유행을 좇는 삶으로 이어질 위험이 커지는 것이다.

5 결론적으로 현대 사회에서 소비와 정체성의 관계를 분리하여 생각하기는 어렵지만, 우리는 소비 행위에 대한 비판적 성찰의 자세를 잃지 말아야 한다. 나의 소비가 진정한 필요와 주체적 선택에 의한 것인지, 아니면 대중매체가 만들어낸 인위적인 욕망에 휩쓸린 결과인지 되돌아볼 필요가 있다. 최근 주목받는 공정무역 제품을 구매하는 '윤리적 소비'나 불필요한 소비를 줄이는 '미니멀리즘'과 같은 대안적 소비 운동은, 시장의 논리를 넘어서는 새로운 가치를 통해 정체성을 구성하려는 시도라는 점에서 의미가 있다. 소비가 나를 표현하는 유일한 수단이 아님을 인식하고, 다양한 문화적, 사회적 활동을 통해 자아를 실현하려는 노력이 균형을 이룰 때 더 건강한 정체성을 확립할 수 있을 것이다.

― 지문 해설 및 문항 ―

1. 주제
현대 소비문화 속에서 상품의 '기호 가치'가 개인의 정체성을 구성하는 방식과 그 문제점을 이해하고, 주체적인 소비의 필요성을 성찰한다.

2. 문단별 TOPIC
1 현대 사회의 소비는 상품의 기능적 가치보다 그 안에 담긴 상징적 의미, 즉 '기호 가치'를 소비하는 문화적 활동이다.

2️⃣ 광고와 대중 매체는 상품에 특정 이미지를 부여하여 기호 가치를 생산하고 소비자의 욕망을 자극한다.
3️⃣ 현대 사회에서 소비는 개인이 자신의 정체성을 표현하고 구성하는 핵심적인 수단으로 작용한다.
4️⃣ 소비를 통한 정체성 구성은 물질주의, 끊임없는 욕망, 과시적 소비와 같은 부정적인 결과를 낳을 수 있다.
5️⃣ 현대 소비문화에 대한 비판적 성찰이 필요하며, 윤리적 소비 등 대안적 실천을 통해 건강한 정체성을 모색해야 한다.

3. 전체 내용 전개

이 글은 현대 사회의 소비가 상품의 기능적 가치보다 상징적 의미인 '기호 가치'를 소비하는 활동임을 정의하며 시작한다 1️⃣. 이후 광고와 대중 매체가 어떻게 상품에 이미지를 부여하여 기호 가치를 생산하고 욕망을 자극하는지 설명한다 2️⃣. 다음으로, 이러한 소비 방식이 현대인의 정체성을 구성하는 핵심 수단으로 작용하고 있음을 분석한다 3️⃣. 그러나 소비를 통한 정체성 구축이 물질주의, '과시적 소비' 등 여러 문제점을 내포하고 있음을 비판한다 4️⃣. 마지막으로, 주체적 소비에 대한 비판적 성찰의 필요성을 강조하고 '윤리적 소비'와 같은 대안을 제시하며 글을 마무리한다 5️⃣.

4. OX로 내용 확인

O|X ① 장 보드리야르에 따르면 현대인들은 상품의 사용 가치보다 기호 가치를 더 중시하는 경향이 있다.

O|X ② 광고는 주로 제품의 기능적 장점을 객관적으로 설명하는 데 집중한다.

O|X ③ 전통 사회에서는 현대 사회보다 소비를 통해 정체성을 표현하는 경향이 강했다.

O|X ④ 소스타인 베블런의 '과시적 소비'는 자신의 부와 지위를 드러내기 위한 소비 행태를 말한다.

O|X ⑤ 소비를 통한 정체성 구축은 안정적이고 깊이 있는 자아를 형성하는 가장 좋은 방법이다.

O|X ⑥ '미니멀리즘'은 더 많은 상품을 소비함으로써 자신의 정체성을 확립하려는 태도이다.

O|X ⑦ 이 글은 현대 사회에서 소비와 정체성은 아무런 관련이 없다고 주장한다.

O|X ⑧ 윤리적 소비는 시장의 상업적 논리를 넘어서는 새로운 가치를 추구하는 소비 방식의 한 예이다.

① O / ② X / ③ X / ④ O / ⑤ X / ⑥ X / ⑦ X / ⑧ O

[예술]
일상과 예술의 경계를 허물다: 팝아트

① 제2차 세계대전 이후, 현대미술의 중심지였던 뉴욕 화단은 소수의 비평가와 컬렉터만이 이해할 수 있는 추상표현주의가 주류를 이루고 있었다. 화가의 격정적인 내면세계를 뜨거운 추상 이미지로 표현한 이 예술은 대중에게는 너무나 난해하고 멀게만 느껴졌다. 바로 이러한 엘리트주의적 예술에 대한 반작용으로, 1950년대 중반 영국에서 시작되어 1960년대 미국에서 꽃피운 예술 사조가 바로 '팝아트(Pop Art)'이다. 팝아트는 '대중적인 예술(Popular Art)'의 줄임말로, 텔레비전, 잡지, 광고, 만화와 같이 대중문화 속에서 흔히 볼 수 있는 이미지들을 미술의 영역으로 적극적으로 끌어들였다. 팝아트는 예술이 더 이상 고상하고 어려운 것만이 아니라, 우리 주변의 일상 그 자체가 될 수 있음을 선언한 파격적인 움직임이었다.

② 팝아트의 가장 큰 특징은 대량 생산된 상품이나 대중 스타의 이미지를 실크스크린 판화 기법 등을 이용해 반복적으로 복제하여 표현하는 데 있다. 앤디 워홀(Andy Warhol)이 슈퍼마켓 진열대에서 흔히 볼 수 있는 캠벨 수프 캔이나, 당대 최고의 스타였던 마릴린 먼로의 얼굴을 여러 가지 색상으로 찍어낸 작품들은 그 대표적인 예이다. 이는 마치 공장에서 상품을 찍어내듯 예술 작품을 생산하는 방식으로, 예술가의 유일무이한 창조성을 강조했던 기존 미술의 관념을 정면으로 뒤집는 행위였다. 또한, 만화의 한 장면처럼 밝고 선명한 원색과 뚜렷한 윤곽선을 사용하는 것은 광고나 상업 디자인의 시각 언어를 차용한 것으로, 순수 미술과 상업 미술의 경계를 의도적으로 허물려는 시도였다.

③ 팝아트는 단순히 대중문화를 예찬하기만 한 것이 아니라, 그 이면에 숨겨진 현대 소비 사회의 본질을 날카롭게 풍자하고 비판하는 역할을 했다. 예술가들은 대량 생산된 기성품 이미지를 캔버스에 그대로 옮겨옴으로써, '원본'의 가치와 '창조'의 의미에 대해 근본적인 질문을 던졌다. 앤디 워홀의 작품 속에서 캠벨 수프 캔은 더 이상 배를 채우는 음식이 아니라, 자본주의 사회를 상징하는 하나의 기호로 기능한다. 모든 것이 상품화되고, 미디어를

통해 무한히 복제되고 소비되는 현대 사회의 속성을 팝아트는 거울처럼 비춰 보여주었다. 이로써 관객들은 익숙한 이미지를 낯설게 바라보며 자신이 살아가는 사회의 이면을 성찰할 기회를 갖게 되었다.

4 팝아트를 대표하는 또 다른 거장인 로이 리히텐슈타인(Roy Lichtenstein)은 만화의 한 컷을 그대로 확대하여 캔버스에 옮기는 작업을 통해 팝아트의 영역을 넓혔다. 그는 만화 특유의 굵고 검은 윤곽선과, 인쇄물처럼 보이게 하는 망점(Ben-Day dots)까지 세심하게 재현했다. 그의 작품 속 인물들은 과장된 감정을 표현하지만, 기계적인 망점으로 인해 차갑고 비개인적인 느낌을 준다. 이는 대중 매체를 통해 전달되는 사랑, 슬픔, 분노와 같은 인간의 감정들이 얼마나 상투적이고 가공된 것인지를 은유적으로 보여준다. 그는 만화라는 가장 대중적인 매체를 통해 '하찮다고 여겨졌던 것'을 예술의 반열에 올려놓음으로써 예술의 주제와 표현 방식에 대한 고정관념을 깨뜨렸다.

5 팝아트는 오늘날 현대 미술을 이해하는 가장 중요한 열쇠 중 하나로 남아있다. 이 사조는 예술과 삶의 거리를 좁히고, 대중문화가 예술의 중요한 원천이 될 수 있음을 증명했다. 과거의 미술이 '무엇을' 그리는가 보다 '어떻게' 그리는가를 중시했다면, 팝아트는 '무엇을' 선택하여 보여주는가, 즉 아이디어와 개념 자체가 중요할 수 있음을 보여주며 이후의 개념 미술이나 포스트모더니즘 예술에 지대한 영향을 미쳤다. 팝아트가 남긴 유산은, 예술이 더 이상 미술관이라는 성역 안에 갇혀 있는 것이 아니라 우리를 둘러싼 모든 이미지와 사물 속에 존재할 수 있다는 인식의 전환 그 자체이다.

■ 지문 해설 및 문항 ■

1. 주제

대중문화의 이미지를 활용하여 예술과 일상의 경계를 허문 팝아트의 특징, 사회 비판적 기능 및 미술사적 의의를 이해한다.

2. 문단별 TOPIC

1 팝아트는 소수만이 즐기던 추상표현주의에 대한 반작용으로 등장한, 대중문화 이미지를 활용한 예술 사조이다.

② 팝아트는 실크스크린과 같은 상업적 기법으로 대중적 이미지를 복제하여 순수 미술과 상업 미술의 경계를 허물었다.
③ 팝아트는 대량 생산 이미지를 통해 원본의 가치에 의문을 제기하고 현대 소비 사회의 본질을 비판했다.
④ 로이 리히텐슈타인은 만화 이미지를 차용하여 대중 매체 속 감정의 상투성을 드러내고 예술의 고정관념을 파괴했다.
⑤ 팝아트는 예술과 삶의 거리를 좁혔으며, 아이디어의 중요성을 부각시켜 이후 현대 미술에 큰 영향을 미쳤다.

3. 전체 내용 전개

이 글은 '팝아트'가 엘리트주의적인 추상표현주의에 대한 반작용으로 등장했음을 그 배경과 함께 설명하며 시작한다①. 이후 앤디 워홀의 사례를 통해, 대중적 이미지를 실크스크린과 같은 상업적 기법으로 복제하며 예술의 경계를 허문 팝아트의 핵심 특징을 분석한다②. 다음으로, 이러한 표현 방식에 담긴 현대 소비 사회에 대한 비판과 풍자의 의미를 심층적으로 설명한다③. 이어서 로이 리히텐슈타인의 만화 작품을 통해 팝아트의 또 다른 측면을 구체화한다④. 마지막으로, 팝아트가 예술과 삶의 거리를 좁히고 이후 현대 미술에 남긴 중요한 미술사적 의의를 강조하며 글을 마무리한다⑤.

4. OX로 내용 확인

- O|X ① 팝아트는 팝송과 같은 대중음악에서 직접적인 영감을 받아 탄생했다.
- O|X ② 팝아트는 추상표현주의보다 먼저 등장한 예술 사조이다.
- O|X ③ 앤디 워홀은 예술가의 독창적인 손길을 강조하기 위해 복제 기법을 사용했다.
- O|X ④ 팝아트는 순수 미술과 상업 미술의 구분을 더욱 엄격하게 만들었다.
- O|X ⑤ 팝아트는 현대 소비 사회를 긍정적으로 예찬하기만 하는 예술이다.

O|X ⑥ 로이 리히텐슈타인은 인쇄물처럼 보이기 위해 망점을 작품에 사용했다.

O|X ⑦ 팝아트는 예술의 주제를 일상적인 것들로 확장하는 데 기여했다.

O|X ⑧ 이 글에 따르면, 팝아트의 등장은 예술이 대중으로부터 더 멀어지는 계기가 되었다.

①X / ②X / ③X / ④X / ⑤X / ⑥O / ⑦O / ⑧X

[예술]
사진의 역사와 미학

① 사진은 빛과 화학, 그리고 광학 기술이 결합하여 현실의 이미지를 포착하고 재현하는 매체이다. 19세기 초 그 발명 이래로, 사진은 세상을 기록하고 정보를 전달하는 방식을 근본적으로 바꾸어 놓았다. 하지만 발명 초기, 사진은 예술의 영역에서 환영받지 못했다. 많은 사람들은 사진이 단순히 기계의 힘을 빌려 현실을 기계적으로 복제하는 기술에 불과하며, 인간의 창의적인 영감과 상상력이 개입될 여지가 없는 것이라고 생각했다. 이처럼 '예술이 될 수 있는가'라는 끊임없는 질문 속에서, 사진은 스스로의 고유한 미학을 탐구하고 확장하며 오늘날 현대 예술의 가장 중요한 장르 중 하나로 자리 잡게 되었다.

② 사진이 예술로 인정받기까지의 여정은 '회화주의(Pictorialism)'라는 초기 사진 예술 운동과 함께 시작되었다. 19세기 후반, 사진작가들은 자신들의 작품이 회화와 동등한 예술적 가치를 지닌다는 것을 증명하고자 했다. 이를 위해 그들은 의도적으로 사진을 그림처럼 보이게 만드는 다양한 기법을 사용했다. 렌즈 앞에 기름을 바르거나 특수 렌즈를 사용하여 초점을 흐리게 만드는 '소프트 포커스' 기법으로 몽환적인 분위기를 연출했고, 인화 과정에서 붓질의 흔적을 남기거나 여러 장의 필름을 합성하여 신화나 문학 작품의 한 장면 같은 비현실적인 이미지를 만들어냈다. 이는 사진이 현실을 그대로 비추는 거울이 아니라, 작가의 미적 의도가 담긴 창작물임을 주장하려는 노력이었다.

③ 20세기 초, 회화주의의 인위적인 표현에 반기를 들고 사진만이 가진 고유한 특성을 강조하려는 움직임이 나타났는데, 이를 '스트레이트 포토그래피(Straight Photography)'라고 부른다. 앨프리드 스티글리츠(Alfred Stieglitz)와 같은 사진가들은 사진의 본질이 현실을 있는 그대로, 선명하고 정직하게 담아내는 데 있다고 보았다. 그들은 조작이나 합성을 배제하고, 날카로운 초점과 풍부한 디테일, 그리고 빛과 그림자의 섬세한 조화를 통해 일상적인 사물이나 풍경 속에 숨겨진 조형적 아름다움을 발견하고자 했다. 스트레이

트 포토그래피는 사진이 다른 예술을 모방할 필요 없이, 그 자체의 기계적 속성을 통해 충분히 예술적일 수 있음을 증명하며 현대 사진 미학의 중요한 토대를 마련했다.

4 사진의 예술적 가능성은 현실을 기록하는 '다큐멘터리 사진'을 통해 사회적, 역사적 맥락으로 확장되었다. 다큐멘터리 사진가들은 전쟁의 참상, 가난한 이들의 삶, 사회적 부조리와 같은 현실의 단면을 카메라에 담아 세상에 고발했다. 앙리 카르티에 브레송(Henri Cartier-Bresson)이 말한 '결정적 순간'처럼, 그들은 현실의 흐름 속에서 사건의 본질이 가장 극적으로 드러나는 찰나를 포착하여 한 장의 사진에 시대의 이야기를 담아냈다. 이러한 사진들은 단순히 정보를 전달하는 것을 넘어, 보는 이의 감정을 움직이고 사회적 변화를 이끌어내는 강력한 힘을 발휘하며 사진이 시대를 증언하는 예술임을 보여주었다.

5 디지털 기술의 발달은 사진의 영역을 또 한 번 혁명적으로 바꾸어 놓았다. 누구나 쉽게 사진을 찍고 편집하며 공유할 수 있게 되면서, 사진은 전문가의 영역을 넘어 가장 대중적인 시각적 소통 언어가 되었다. 현대 예술가들은 사진을 다른 매체와 결합하거나, 현실에 존재하지 않는 이미지를 컴퓨터 그래픽으로 창조하는 등 사진의 개념 자체를 확장하고 있다. 이처럼 사진은 기술의 발전에 따라 끊임없이 변화하면서도, '세상을 어떻게 바라볼 것인가'라는 작가의 시선을 담아내는 본질은 변하지 않는다. 결국 사진의 예술성은 대상을 선택하고, 프레임을 구성하며, 순간을 포착하는 그 모든 과정에 담긴 작가의 주관적인 해석과 창의성에 달려 있는 것이다.

■─────────────────── ■ 지문 해설 및 문항 ■

1. 주제

'예술인가 기술인가'라는 초기 논쟁에서 시작하여, 회화주의, 스트레이트 포토그래피, 다큐멘터리 사진을 거쳐 현대 디지털 사진에 이르기까지 사진 예술의 역사적 변천 과정과 그 미학적 특징을 이해한다.

2. 문단별 TOPIC

1 사진은 발명 초기 기계적 복제 기술로 취급받았으나, 스스로의 미학을 탐구하며 현대 예술의 한 장르로 자리 잡았다.

2 회화주의 사진가들은 사진을 그림처럼 보이게 하는 기법을 통해 사진이 예술임을 증명하고자 했다.

3 스트레이트 포토그래피는 회화주의에 반대하며, 사진 고유의 선명함과 정직함으로 미적 가치를 추구했다.

4 다큐멘터리 사진은 현실의 결정적 순간을 포착하여 시대를 증언하고 사회적 메시지를 전달하는 예술로 발전했다.

5 디지털 기술은 사진을 대중화시켰으며, 현대 사진은 기술의 변화 속에서도 작가의 창의적 시선을 담아내는 예술로 존재한다.

3. 전체 내용 전개

이 글은 사진 발명 초기, 예술이 아닌 기계적 기술로 취급받았던 '예술-기술' 논쟁을 소개하며 시작한다**1**. 이후 사진을 예술로 인정받게 하려던 '회화주의'의 특징과 표현 기법을 설명하고**2**, 회화주의에 대한 반작용으로 등장한 '스트레이트 포토그래피'의 미학적 특징을 설명한다**3**. 다음으로, '다큐멘터리 사진'의 사례를 통해 사진의 사회적, 역사적 기능과 예술성을 분석한다**4**. 마지막으로, 디지털 시대의 사진의 위상 변화를 설명하고, 그럼에도 불구하고 사진 예술의 본질은 작가의 시선에 있음을 강조하며 글을 마무리한다**5**.

4. OX로 내용 확인

O|X ① 사진은 발명되자마자 모든 사람에게 위대한 예술로 인정받았다.

O|X ② '회화주의'는 사진이 회화와는 완전히 다른 고유한 매체임을 강조했다.

O|X ③ '소프트 포커스'는 사진의 초점을 의도적으로 흐리게 만드는 기법이다.

| O | X | ④ '스트레이트 포토그래피'는 사진을 인위적으로 조작하거나 변형하는 것을 추구했다.
| O | X | ⑤ 앨프리드 스티글리츠는 회화주의 사진을 대표하는 작가이다.
| O | X | ⑥ '결정적 순간'은 현실의 본질이 극적으로 드러나는 찰나를 의미하는 용어이다.
| O | X | ⑦ 다큐멘터리 사진은 사회적 메시지를 전달하는 기능도 수행할 수 있다.
| O | X | ⑧ 이 글은 디지털 기술의 발달로 인해 사진의 예술적 가치가 사라졌다고 본다.

①X / ②X / ③O / ④X / ⑤X / ⑥O / ⑦O / ⑧X

[예술]
제7의 예술, 시대를 담는 종합예술 영화

① 영화는 문학의 서사, 연극의 연기, 회화의 구도, 음악의 선율, 그리고 건축의 공간 감각까지 모두 아우르는 '제7의 예술'이라 불린다. 19세기 말, 움직이는 이미지를 기록하고 재현하려는 기술적 시도에서 출발한 영화는 지난 100여 년 동안 단순한 현실의 기록을 넘어, 시대를 비추는 거울이자 인간의 꿈과 상상력을 스크린 위에 펼쳐내는 가장 대중적이고 영향력 있는 예술 양식으로 발전해왔다. 빛과 그림자로 만들어진 24분의 1초의 프레임들이 모여 하나의 이야기를 만들어내는 영화의 역사는 기술과 예술이 어떻게 만나 새로운 감동을 창조해내는지를 보여주는 위대한 서사시와 같다.

② 영화의 공식적인 탄생은 1895년 프랑스의 뤼미에르 형제가 자신들이 발명한 '시네마토그래프'로 촬영한 단편들을 대중에게 선보인 순간으로 여겨진다. 기차역에 도착하는 기차, 공장을 나서는 노동자들의 모습 등 일상의 풍경을 담은 이 초기 영화들은 움직이는 이미지 그 자체만으로도 관객에게 큰 충격과 경이로움을 선사했다. 하지만 영화가 단순한 기록을 넘어 '이야기'를 들려주는 예술이 될 수 있다는 가능성을 처음 보여준 인물은 마술사 출신의 조르주 멜리에스였다. 그는 '달나라 여행'과 같은 작품에서 이중 노출, 화면 전환과 같은 초보적인 특수 효과를 활용하여 환상적인 상상의 세계를 창조함으로써 영화가 가진 서사적, 표현적 잠재력의 문을 활짝 열었다.

③ 영화가 고유의 예술적 언어를 갖추게 된 것은 20세기 초 데이비드 그리피스와 같은 선구적인 감독들의 노력을 통해서였다. 그는 특정 인물이나 사물을 크게 보여주는 '클로즈업', 서로 다른 공간에서 동시에 일어나는 사건을 교차해서 보여주는 '교차 편집'과 같은 기법을 체계화했다. 이러한 편집 기법들은 관객의 시선을 유도하고 극적 긴장감을 고조시키며 이야기에 깊이 몰입하게 만드는, 오늘날 우리가 당연하게 여기는 '영화 문법'의 기초가 되었다. 이후 무성 영화 시대에 소리가 더해진 '유성 영화(토키)'의 등장은 영화사에 또 다른 혁명을 가져왔다. 배우의 목소리와 배경 음악, 효과음은 영화의 리얼리즘을 극대화하고 감정 표현을 더욱 풍부하게 만들며 영화를

한 차원 높은 종합예술로 끌어올렸다.

4 영화가 성숙한 예술로 인정받는 과정에서 감독의 역할을 창작의 중심으로 보는 '작가주의(Auteur Theory)'가 등장했다. 1950년대 프랑스의 영화 비평가들에 의해 주창된 이 이론은, 영화감독이 단순히 시나리오를 영상으로 옮기는 기술자가 아니라, 자신만의 독특한 스타일과 주제 의식을 작품 전체에 일관되게 불어넣는 '작가(Auteur)'라고 주장했다. 마치 소설가가 펜으로 글을 쓰듯, 감독은 카메라를 펜 삼아 자신만의 세계를 창조한다는 것이다. 작가주의는 알프레드 히치콕, 장뤽 고다르와 같은 거장들의 작품을 재평가하는 계기가 되었으며, 감독의 개성과 창의성을 영화의 가장 중요한 예술적 가치로 여기는 풍토를 만들었다.

5 오늘날 영화는 디지털 기술의 발전과 함께 또 한 번의 변혁기를 맞이하고 있다. 컴퓨터 그래픽(CGI)은 상상할 수 있는 모든 것을 시각적으로 구현해내며 표현의 한계를 무너뜨렸고, 스트리밍 서비스의 등장은 영화관이라는 물리적 공간을 넘어 언제 어디서든 영화를 즐길 수 있는 새로운 관람 문화를 만들었다. 기술의 형태는 끊임없이 변하지만, 인간의 삶과 감정을 이야기하고 세상에 대한 깊이 있는 질문을 던지는 영화 예술의 본질은 여전히 유효하다. 결국 영화는 어두운 공간 속에서 한 줄기 빛을 통해 우리에게 웃음과 눈물, 그리고 성찰의 순간을 선사하며 시대를 넘어 소통하는 가장 강력한 이야기 예술로 남아있다.

■──────────────── ■ 지문 해설 및 문항 ■

1. 주제

기술적 발명에서 시작하여 고유의 영화 문법과 작가주의를 확립하고, 디지털 시대의 새로운 변화를 맞이하기까지 영화 예술의 역사적 발전 과정과 그 특징을 이해한다.

2. 문단별 TOPIC

1 영화는 다양한 예술 장르를 아우르는 종합예술이며, 기술과 예술의 결합을 통해 발전해왔다.

2️⃣ 뤼미에르 형제가 영화의 대중화를 열었고, 조르주 멜리에스는 영화에 서사적, 환상적 요소를 도입하며 예술적 가능성을 보여주었다.
3️⃣ 클로즈업, 교차 편집 등 영화 고유의 문법이 정립되고, 유성 영화의 등장은 영화를 종합예술로 발전시켰다.
4️⃣ 작가주의는 영화감독을 작품 세계를 창조하는 핵심적인 작가로 규정하며 영화의 예술적 위상을 높였다.
5️⃣ 디지털 기술과 스트리밍 서비스는 영화의 제작 및 유통 방식을 바꾸고 있으나, 이야기를 통해 소통하는 영화의 본질은 변하지 않는다.

3. 전체 내용 전개

이 글은 영화를 문학, 연극, 음악 등을 아우르는 '제7의 예술'로 정의하며 논의를 시작한다1️⃣. 이후 뤼미에르 형제의 기술적 발명과 멜리에스의 예술적 시도를 통해 영화의 탄생 과정을 설명하고2️⃣, 그리피스의 편집 기법과 유성 영화의 등장을 통해 영화가 고유한 문법을 확립하는 과정을 설명한다3️⃣. 다음으로, 감독을 핵심 창작자로 보는 '작가주의'가 등장하며 영화의 예술적 위상이 높아진 배경을 분석한다4️⃣. 마지막으로, 디지털 시대의 기술적 변화 속에서도 이야기를 통해 소통하는 영화의 본질을 조명하며 글을 마무리한다5️⃣.

4. OX로 내용 확인

O|X ① 영화는 문학, 연극, 회화 등 다른 예술 장르의 요소를 포함하고 있다.

O|X ② 조르주 멜리에스는 주로 현실의 일상을 기록하는 다큐멘터리 영화를 만들었다.

O|X ③ '클로즈업'은 서로 다른 두 장면을 번갈아 보여주는 편집 기법을 말한다.

O|X ④ 유성 영화의 등장은 영화의 사실감을 떨어뜨리는 결과를 낳았다.

O|X ⑤ '작가주의'는 시나리오 작가를 영화의 가장 중요한 창작자로 보는 이론이다.

O│X ⑥ 이 글에 따르면, 작가주의는 감독의 개성과 스타일을 중시한다.

O│X ⑦ 컴퓨터 그래픽(CGI) 기술의 발달은 영화의 시각적 표현 가능성을 축소시켰다.

O│X ⑧ 스트리밍 서비스의 등장은 영화를 소비하는 방식에 변화를 가져왔다.

① O / ② X / ③ X / ④ X / ⑤ X / ⑥ O / ⑦ X / ⑧ O

[예술]
시간 속에 흐르는 감정, 서양 음악사의 변천

① 음악은 소리를 재료로 하여 인간의 감정과 사상을 표현하는 시간 예술이다. 화가가 캔버스 위에 색을 칠하고 조각가가 돌을 깎아 형태를 만들듯, 작곡가는 멜로디(선율), 리듬(장단), 그리고 하모니(화성)라는 세 가지 기본 요소를 시간의 흐름 속에 조직하여 의미 있는 구조물을 창조한다. 멜로디가 음악의 수평적인 흐름을, 하모니가 수직적인 깊이를, 그리고 리듬이 생동감과 질서를 부여하며, 이 세 요소가 어떻게 결합하는가에 따라 시대와 문화를 반영하는 다채로운 음악 양식이 탄생했다. 특히 서양 클래식 음악의 역사는 각 시대가 추구했던 세계관과 미적 가치가 어떻게 소리로 구현되었는지를 보여주는 흥미로운 여정이다.

② 17세기부터 18세기 중반까지 이어진 바로크 시대의 음악은 절대왕정의 화려함과 종교적 경건함을 동시에 담아내고자 했다. 요한 제바스티안 바흐와 같은 작곡가들은 여러 개의 독립적인 멜로디 라인이 정교한 규칙에 따라 얽히고설키며 하나의 전체를 이루는 '대위법(Counterpoint)'을 음악의 핵심 원리로 삼았다. 이는 신이 창조한 질서정연한 우주를 소리로 표현하려는 시도였으며, 웅장하고 장식적인 선율이 특징이다. 하프시코드나 파이프 오르간과 같은 악기가 주로 사용되었고, 하나의 곡 안에서 감정이나 분위기가 일관되게 유지되는 경향을 보였다. 바로크 음악은 수학적인 질서와 풍부한 감성이 결합된, 장엄한 건축물과도 같은 매력을 지닌다.

③ 18세기 후반, 계몽주의 사상의 영향 아래 등장한 고전주의 시대의 음악은 바로크의 복잡함과 장식성을 벗어던지고 '균형'과 '조화', 그리고 '단순함'의 미학을 추구했다. 하이든, 모차르트와 같은 작곡가들은 하나의 중심 멜로디를 다른 성부가 화성으로 뒷받침하는 '화성음악(Homophony)'을 발전시켰고, 소나타 형식과 같이 명확하고 논리적인 음악 형식을 완성했다. 이 시대의 음악은 듣기 편안하고 예측 가능한 구조 속에서 우아함과 절제된 감정을 표현하는 것을 중요하게 여겼다. 마치 잘 지어진 고대 그리스의 신전처럼, 고전주의 음악은 명료한 형식미와 보편적인 아름다움을 통해 이성적인

질서를 구현하고자 했다.

4️⃣ 19세기는 프랑스 대혁명과 함께 개인의 자유와 주관적인 감정이 중시되는 낭만주의의 시대였으며, 음악 역시 정해진 형식의 틀을 깨고 작곡가의 내면을 폭발적으로 표현하는 예술로 변모했다. 베토벤을 거치며 시작된 낭만주의 음악은 이전 시대에는 금기시되었던 극단적인 감정의 대비, 예측 불가능한 선율의 전개, 그리고 화려한 관현악법을 특징으로 한다. 쇼팽이나 리스트와 같은 작곡가들은 피아노라는 악기의 표현력을 극대화하여 개인의 고뇌와 열정을 담아냈고, 민속 선율을 작품에 도입하여 민족적 정체성을 드러내기도 했다. 낭만주의 음악은 더 이상 보편적 아름다움이 아닌, 작곡가 개인의 고유한 목소리를 담는 예술이 되었다.

5️⃣ 두 차례의 세계대전을 겪은 20세기 이후, 현대 음악은 과거와의 급진적인 단절을 시도하며 혼란과 실험의 시대로 접어들었다. 아르놀트 쇤베르크는 아름다운 화음의 위계질서, 즉 '조성(Tonality)'을 완전히 파괴하고 12개의 음을 동등하게 사용하는 '12음 기법'을 창안하며 불협화음 자체를 음악의 중심으로 가져왔다. 이후 우연의 효과를 작품에 도입한 존 케이지의 '우연성 음악'이나, 전자 장비를 이용한 '전자 음악' 등 기존의 음악 개념을 뒤흔드는 시도들이 이어졌다. 현대 음악은 아름다운 멜로디를 들려주는 대신, '음악이란 무엇인가'라는 근본적인 질문을 던지며 소리의 가능성을 무한히 확장해 나가고 있다.

■ 지문 해설 및 문항 ■

1. 주제

바로크, 고전, 낭만, 현대로 이어지는 서양 음악사의 흐름 속에서 각 시대별 음악 양식의 특징과 미학적 가치의 변화를 이해한다.

2. 문단별 TOPIC

1️⃣ 음악은 멜로디, 리듬, 하모니를 재료로 하는 시간 예술이며, 서양 음악사는 시대적 가치를 반영하며 변화해왔다.

2️⃣ 바로크 음악은 대위법을 통해 질서정연하고 웅장하며 장식적인 아름다

움을 추구했다.

3️⃣ 고전주의 음악은 화성음악과 소나타 형식을 통해 균형과 조화, 명료한 형식미를 중시했다.

4️⃣ 낭만주의 음악은 정해진 형식에서 벗어나 작곡가 개인의 주관적인 감정과 민족적 정체성을 자유롭게 표현했다.

5️⃣ 20세기 현대 음악은 조성을 파괴하고 다양한 실험을 통해 음악의 개념과 영역 자체를 확장했다.

3. 전체 내용 전개

이 글은 음악을 멜로디, 리듬, 하모니를 재료로 하는 시간 예술로 정의하며 서양 음악사 탐구의 의의를 제시한다1️⃣. 이후 질서정연하고 웅장한 '바로크' 시대 음악의 특징을 대위법을 중심으로 설명하고2️⃣, 바로크의 복잡성에서 벗어나 균형과 조화를 추구한 '고전주의' 시대 음악의 특징을 설명한다3️⃣. 다음으로, 정해진 형식보다 개인의 감정 표현을 중시한 '낭만주의' 음악의 변화를 설명한다4️⃣. 마지막으로, 조성을 파괴하는 등 전통과의 단절을 시도한 20세기 '현대 음악'의 실험적 특징을 소개하며 글을 마무리한다5️⃣.

4. OX로 내용 확인

- O|X   ① 음악의 3요소에는 선율, 장단, 조성이 포함된다.
- O|X   ② 바로크 시대 음악은 여러 멜로디가 독립적으로 움직이는 대위법을 특징으로 한다.
- O|X   ③ 고전주의 음악은 바로크 시대의 음악보다 더 복잡하고 장식적인 경향을 띤다.
- O|X   ④ 하나의 주된 멜로디를 화성이 뒷받침하는 방식을 '화성음악'이라고 한다.
- O|X   ⑤ 베토벤은 고전주의에서 낭만주의로 넘어가는 과도기적 역할을 한 작곡가이다.
- O|X   ⑥ 작곡가의 민족적 정체성을 드러내려는 시도는 주로 고전주의 시대에 나타났다.

⑦ 쇤베르크는 불협화음을 음악에서 배제해야 한다고 주장했다.
⑧ 이 글에 따르면, 서양 음악사는 점차 작곡가 개인의 주관성이 강조되는 방향으로 발전했다.

[예술]
빛과 색채의 혁명: 인상주의 미술

1 19세기 중반 프랑스 화단은 '아카데미'라는 국립 미술 기관의 보수적인 규칙이 절대적인 권위를 가졌던 시대였다. 아카데미는 신화나 역사, 종교를 주제로 한 그림만을 고귀한 예술로 인정했으며, 매끈하고 이상화된 인물 표현, 정교한 데생, 그리고 명암을 통한 입체감 표현을 그림의 가장 중요한 덕목으로 가르쳤다. 이러한 전통 아래, 화가의 개성이나 주관적인 감정 표현은 억제되었다. 바로 이처럼 경직된 아카데미의 규율에 정면으로 도전하며, 화가의 눈에 비친 '순간의 인상'을 포착하려 했던 젊은 화가들의 혁신적인 움직임이 바로 '인상주의(Impressionism)'의 시작이었다.

2 인상주의의 등장은 당대의 사회적, 기술적 변화와 밀접한 관련이 있다. 19세기 중반, 튜브 물감과 접이식 이젤의 발명은 화가들이 더 이상 어두운 화실에 갇혀 있지 않고, 야외로 나가 직접 자연의 빛을 마주하며 그림을 그릴 수 있게 만들었다. '외광(en plein air)'이라 불리는 이러한 야외 사생은 시시각각 변하는 햇빛의 효과를 직접 관찰하고 캔버스에 담아내는 것을 가능하게 했다. 또한, 현실을 놀랍도록 정밀하게 복제하는 '사진'의 등장은 화가들에게 '그림이란 무엇인가'라는 근본적인 질문을 던졌다. 더 이상 현실을 똑같이 재현하는 것이 회화의 유일한 목표가 될 수 없음을 깨달은 화가들은, 사진이 담아낼 수 없는 인간의 눈에 비친 주관적이고 순간적인 세계를 표현하는 데서 새로운 길을 찾고자 했다.

3 인상주의 화가들의 가장 큰 혁신은 빛과 색채를 다루는 방식에 있었다. 그들은 사물이 고유한 색을 가지고 있다는 고정관념에서 벗어나, 색이란 빛의 반사이며 시시각각 변하는 것이라고 믿었다. 클로드 모네(Claude Monet)가 같은 루앙 대성당을 시간과 날씨에 따라 수십 번씩 그린 연작은 이러한 탐구의 정점을 보여준다. 그는 순간적인 빛의 인상을 포착하기 위해 빠르고 짧은 붓 터치를 사용했으며, 팔레트에서 물감을 섞지 않고 원색을 그대로 캔버스 위에 병치하여 보는 이의 망막 위에서 색이 섞이게 하는 '색채 분할' 기법을 사용했다. 그 결과, 그들의 그림은 이전 시대의 그림들보다 훨씬 밝

고 생생한 색채와 빛의 떨림을 담아낼 수 있었다.

4 인상주의라는 명칭은 1874년, 이들 화가들이 아카데미의 공식 전시회인 '살롱'전에 낙선한 후 자신들만의 첫 독립 전시회를 열었을 때 탄생했다. 당시 한 비평가가 모네의 작품 '인상, 해돋이'의 제목을 비꼬아 이들 무리를 '인상주의자들'이라고 조롱한 데서 유래했다. 초기 인상주의 그림들은 형태가 불분명하고 거칠다는 이유로 대중과 평단의 혹평을 받았다. 하지만 화가들은 이에 굴하지 않고 10여 년간 8차례에 걸쳐 독자적인 전시를 이어가며 자신들의 예술 세계를 알려나갔고, 점차 그들의 혁신적인 시도를 이해하는 후원자와 대중이 늘어나면서 마침내 19세기 후반 가장 중요한 예술 운동으로 인정받게 되었다.

5 인상주의는 서양 미술의 역사에서 '근대 미술(Modern Art)'의 진정한 시작을 알린 분수령으로 평가받는다. 그들은 수백 년간 이어져 온 원근법과 명암법의 규칙에서 벗어나, 화가의 주관적인 시각과 감각을 예술의 중심으로 가져왔다. 즉, '무엇을' 그리느냐보다 '어떻게' 보고 느끼고 표현하느냐가 더 중요해진 것이다. 이러한 인식의 전환은 이후 빈센트 반 고흐나 폴 세잔과 같은 후기 인상주의 화가들에게 지대한 영향을 미쳤으며, 20세기 야수주의와 입체주의 등 다양한 현대 미술 사조가 탄생하는 길을 열어주었다. 결국 인상주의는 세상을 보이는 대로 그리는 것을 넘어, '보이는 것' 그 자체를 탐구한 최초의 예술이었다.

■─────────────────── ■ 지문 해설 및 문항 ■

1. 주제

19세기 아카데미 미술에 대한 반작용으로 등장하여, 빛과 색채에 대한 새로운 인식을 통해 현대 미술의 시작을 연 인상주의의 특징과 미술사적 의의를 이해한다.

2. 문단별 TOPIC

1 인상주의는 19세기 프랑스의 보수적인 아카데미 미술에 반발하여 화가의 주관적인 인상을 중시한 예술 운동이다.

② 튜브 물감의 발명과 사진의 등장은 화가들이 야외에서 빛을 탐구하고, 회화의 새로운 길을 모색하게 하는 배경이 되었다.
③ 인상주의는 시시각각 변하는 빛의 효과를 포착하기 위해 빠른 붓 터치와 색채 분할 기법을 사용했다.
④ 인상주의는 초기에는 조롱과 비판을 받았으나, 독자적인 전시회를 통해 점차 인정받게 되었다.
⑤ 인상주의는 화가의 주관적 시각을 중시하며 현대 미술의 시작을 열었고, 이후의 예술 사조에 큰 영향을 미쳤다.

3. 전체 내용 전개

이 글은 19세기 보수적인 아카데미 미술의 규율에 반발하여 화가의 '순간의 인상'을 중시한 '인상주의'의 탄생 배경을 설명하며 시작한다❶. 이후 튜브 물감의 발명과 사진의 등장과 같은 사회·기술적 요인이 인상주의 발전에 미친 영향을 분석하고❷, 모네의 사례를 통해 시시각각 변하는 빛을 포착하기 위한 '색채 분할' 등 핵심적인 표현 기법을 설명한다❸. 다음으로, '인상주의'라는 명칭의 유래와 초기 비판에도 불구하고 독자적인 전시를 통해 인정받게 된 과정을 서술한다❹. 마지막으로, 인상주의가 화가의 주관적 시각을 예술의 중심으로 가져오며 '근대 미술'의 진정한 시작점이 되었음을 그 미술사적 의의와 함께 강조하며 글을 마무리한다❺.

4. OX로 내용 확인

O|X ① 19세기 프랑스 아카데미는 화가의 개성적인 표현을 중요하게 여겼다.

O|X ② 사진의 등장은 화가들이 현실을 똑같이 재현하는 것에서 벗어나 새로운 방향을 찾게 만들었다.

O|X ③ 인상주의 화가들은 주로 어두운 실내에서 신화적인 주제를 그렸다.

O|X ④ 클로드 모네는 사물의 고유색은 변하지 않는다고 생각했다.

| O | X | ⑤ '색채 분할'은 물감을 팔레트에서 완전히 섞은 후 칠하는 기법이다.
| O | X | ⑥ '인상주의'라는 이름은 처음에는 긍정적인 의미로 사용되었다.
| O | X | ⑦ 인상주의 화가들은 아카데미의 '살롱'전을 통해 대중에게 처음 알려졌다.
| O | X | ⑧ 인상주의는 이후의 현대 미술 발전에 큰 영향을 주었다.

①X / ②O / ③X / ④X / ⑤X / ⑥X / ⑦X / ⑧O

[예술]
기능과 아름다움의 조화: 디자인의 세계

1 디자인은 주어진 목적을 달성하기 위해 실용성과 아름다움을 조화롭게 결합하여 결과물을 만들어내는 창조적 행위이다. 이는 단순히 사물을 아름답게 꾸미는 장식을 넘어, 인간의 삶을 더 편리하고 풍요롭게 만들기 위한 문제 해결의 과정 그 자체이다. 우리가 매일 사용하는 스마트폰과 의자부터, 책의 표지와 웹사이트의 구성에 이르기까지, 디자인은 현대인의 일상 모든 곳에 깊숙이 스며들어 있다. 순수 예술이 작가 개인의 내면세계를 표현하는 것을 목표로 한다면, 디자인은 사용자를 중심으로 한 '기능'이라는 명확한 목적을 가지며 예술과 기술, 그리고 인문학의 경계를 넘나드는 종합적인 분야이다.

2 현대 디자인의 철학적 토대를 마련한 가장 중요한 흐름은 20세기 초 독일에서 탄생한 '바우하우스(Bauhaus)'에서 찾을 수 있다. 바우하우스는 예술과 기술의 통합을 목표로 설립된 디자인 학교로, 산업혁명 이후 시작된 대량생산 시대에 맞는 새로운 조형 질서를 만들고자 했다. 그들은 "형태는 기능을 따른다(Form follows function)"는 원칙 아래 불필요한 장식을 모두 제거하고, 재료의 본질과 기능적 효율성을 극대화한 디자인을 추구했다. 바우하우스의 이러한 기능주의적 접근은 오늘날 우리가 접하는 대부분의 모던 디자인, 즉 간결하고 실용적인 형태의 가구, 건축, 타이포그래피 등에 지대한 영향을 미치며 현대 디자인의 DNA를 형성했다.

3 그렇다면 '좋은 디자인'이란 무엇일까? 20세기 산업 디자인의 거장 디터 람스(Dieter Rams)는 좋은 디자인이 갖춰야 할 10가지 원칙을 제시하며 이에 대한 명쾌한 기준을 제시했다. 그는 좋은 디자인이 혁신적이어야 하고, 제품을 유용하게 만들어야 하며, 아름다워야 할 뿐만 아니라, 정직하고 오래가야 한다고 말했다. 특히 그의 디자인 철학을 관통하는 핵심은 "더 적게, 그러나 더 좋게(Less, but better)"라는 개념이다. 이는 본질적인 것에 집중하고 불필요한 요소들을 모두 제거함으로써 오히려 사용자가 제품의 기능과 가치를 더 명확하게 인식할 수 있게 된다는 의미이다. 이러한 미니멀리즘

철학은 애플을 비롯한 수많은 현대 기업의 디자인에 깊은 영감을 주었다.

4 디자인의 한 분야인 '시각 디자인(그래픽 디자인)'은 글자와 이미지를 통해 정보를 효과적으로 전달하는 것을 목표로 한다. 포스터, 책, 로고, 웹사이트 화면 등에서 시각 디자이너는 타이포그래피(글자 디자인), 색상, 레이아웃(배치)과 같은 시각적 요소들을 전략적으로 사용하여 메시지를 명확하고 매력적으로 구성한다. 예를 들어, 긴급한 경고 메시지는 굵고 강렬한 서체와 붉은색 계열을 사용하여 주목도를 높이고, 고급스러운 제품 광고는 여백을 충분히 활용하고 정제된 서체를 사용하여 세련된 이미지를 전달한다. 이처럼 시각 디자인은 단순히 정보를 나열하는 것을 넘어, 보는 이의 감성과 인지에 영향을 미쳐 원하는 소통을 이끌어내는 설득의 기술이다.

5 디지털 시대에 접어들면서 디자인의 역할은 물리적인 제품을 넘어 사용자의 '경험'을 설계하는 영역으로 확장되고 있다. '사용자 경험(User Experience, UX)' 디자인은 사용자가 특정 제품이나 서비스를 이용하면서 느끼는 모든 감정과 상호작용의 총체를 더 편리하고 만족스럽게 만드는 것을 목표로 한다. 스마트폰 앱의 버튼을 어디에 배치해야 사용자가 쉽게 누를 수 있을지, 웹사이트의 정보 구조를 어떻게 설계해야 원하는 정보를 빠르게 찾을 수 있을지를 연구하는 것이 모두 UX 디자인의 영역이다. 이처럼 현대 사회에서 디자인은 미적 가치를 창출하는 것을 넘어, 복잡한 문제를 해결하고 더 나은 세상을 만드는 핵심적인 방법론으로 그 중요성을 더해가고 있다.

■──────────────────── ■ 지문 해설 및 문항 ■

1. 주제

사용자의 편의를 위해 기능성과 심미성을 조화시키는 디자인의 개념을 이해하고, 바우하우스의 철학부터 현대의 UX 디자인에 이르기까지 그 발전 과정과 사회적 역할을 파악한다.

2. 문단별 TOPIC

1 디자인은 순수 예술과 달리, 기능적 목적을 가지고 실용성과 아름다움을 결합하는 문제 해결의 과정이다.

② 독일의 바우하우스는 "형태는 기능을 따른다"는 원칙으로 불필요한 장식을 배제하며 현대 디자인의 기초를 마련했다.
③ 디터 람스는 "더 적게, 그러나 더 좋게"라는 철학을 통해 좋은 디자인의 핵심이 본질에 집중하는 것임을 강조했다.
④ 시각 디자인은 타이포그래피, 색상, 레이아웃 등을 활용하여 정보를 효과적으로 전달하고 사용자를 설득하는 기술이다.
⑤ 현대 디자인은 물리적 제품을 넘어 사용자의 경험(UX)을 설계하는 영역으로 확장되며 문제 해결의 핵심 방법론이 되고 있다.

3. 전체 내용 전개

이 글은 디자인이 순수 예술과 달리 '기능'이라는 목적을 가지고 실용성과 아름다움을 결합하는 문제 해결 과정임을 정의하며 시작한다①. 이후 "형태는 기능을 따른다"는 원칙으로 현대 디자인의 철학적 토대를 마련한 독일의 '바우하우스'를 소개한다②. 다음으로, 디터 람스의 "더 적게, 그러나 더 좋게"라는 철학을 통해 '좋은 디자인'의 기준을 설명한다③. 이어서 글자와 이미지를 통해 정보를 효과적으로 전달하는 '시각 디자인'의 소통 기능을 분석한다④. 마지막으로, 디지털 시대에 사용자의 '경험(UX)'을 설계하는 영역으로 확장된 디자인의 중요성을 강조하며 글을 마무리한다⑤.

4. OX로 내용 확인

O|X ① 디자인은 작가 개인의 내면 표현을 최우선 목표로 한다.
O|X ② '바우하우스'는 화려하고 복잡한 장식을 강조하는 디자인을 추구했다.
O|X ③ "형태는 기능을 따른다"는 말은 디자인에서 심미성보다 실용성을 우선시해야 한다는 의미를 담고 있다.
O|X ④ 디터 람스는 좋은 디자인일수록 더 많은 요소를 추가해야 한다고 주장했다.
O|X ⑤ 시각 디자인에서 글자의 모양이나 색깔은 정보 전달에 큰 영향을 미치지 않는다.

| O | X | ⑥ 'UX 디자인'은 제품의 외적인 아름다움만을 다루는 분야이다.
| O | X | ⑦ 스마트폰 앱에서 버튼의 위치를 결정하는 것은 UX 디자인과 관련이 깊다.
| O | X | ⑧ 이 글에 따르면, 현대 사회에서 디자인의 역할은 점차 축소되고 있다.

①X / ②X / ③O / ④X / ⑤X / ⑥X / ⑦O / ⑧X

[예술]
몸으로 쓰는 시: 무용의 세계

1️⃣ 무용은 인간의 신체를 재료로 하여 감정과 사상, 이야기를 표현하는 가장 원초적이면서도 정제된 예술이다. 이는 단순히 몸을 움직이는 행위를 넘어, 리듬과 공간, 그리고 에너지를 의식적으로 사용하여 의미를 창조하는 과정이다. 인류의 역사와 함께 시작된 무용은 고대 사회의 제의식이나 축제 속에서 공동체의 결속을 다지는 역할을 했으며, 이후 궁중의 사교 활동을 거쳐 오늘날에는 무대 위에서 독자적인 미학을 선보이는 공연 예술로 발전했다. 춤추는 인간의 몸만큼 솔직하고 강렬한 표현 수단은 없으며, 무용의 역사는 시대가 인간의 신체를 어떻게 바라보고 그 아름다움을 탐구해왔는지를 보여주는 기록과 같다.

2️⃣ 서양 무용사에서 가장 체계적인 형식미를 갖춘 장르는 17세기 프랑스 루이 14세의 궁정에서 탄생한 '발레(Ballet)'이다. 발레는 엄격하게 규정된 동작(포지션), 신체를 수직으로 곧게 펴고 중력을 거스르는 듯 가볍게 뛰어오르는 움직임, 그리고 정교한 발동작(푸앵트)을 특징으로 한다. 초기 발레는 왕의 권위를 과시하고 사교계의 질서를 보여주는 사치스러운 오락이었으나, 19세기에 이르러 '백조의 호수'나 '지젤'과 같은 낭만 발레 작품을 통해 요정이나 공주가 등장하는 환상적인 이야기를 전달하는 극 예술로 발전했다. 발레는 인간의 신체를 극한까지 단련하여 만들어내는 비현실적이고 이상화된 아름다움을 통해 고전적 형식미의 정점을 보여준다.

3️⃣ 20세기 초, 발레의 인위적이고 엄격한 형식주의에 반기를 들고 인간의 자연스러운 움직임과 내면의 감정 표현을 강조하는 '모던 댄스(Modern Dance)'가 등장했다. 이사도라 덩컨과 같은 선구자들은 코르셋과 토슈즈를 벗어던지고 맨발로 무대에 올라, 정해진 동작이 아닌 음악에서 받은 영감과 자신의 감정을 즉흥적으로 표현했다. 모던 댄스는 발레처럼 중력을 거스르기보다 오히려 중력을 적극적으로 이용하여 넘어지고 구르는 등 바닥과의 관계를 중요하게 생각했다. 특정한 이야기를 전달하기보다는 분노, 슬픔, 기쁨과 같은 인간의 내면세계를 추상적으로 표현하는 데 집중했으며, 이는 무

용이 정형화된 아름다움을 넘어 개성의 표현이 될 수 있음을 증명한 혁명적인 전환이었다.

④ 1950년대 이후 등장한 '현대무용(Contemporary Dance)'은 모던 댄스보다 더욱 개방적이고 실험적인 태도를 취하며 장르의 경계를 허무는 특징을 보인다. 현대무용에는 정해진 하나의 스타일이 없다. 무용가들은 발레의 테크닉, 모던 댄스의 자유로움, 심지어는 요가나 무술, 일상적인 몸짓까지 모든 움직임을 자신의 표현 도구로 삼는다. 비디오 아트나 설치 미술과 같은 다른 장르의 예술과 적극적으로 협업하기도 하며, 사회적 메시지를 던지거나 철학적인 주제를 탐구하는 등 춤의 주제 의식 또한 크게 확장되었다. 현대무용은 관객에게 아름다움이나 감동뿐만 아니라, 때로는 불편함과 지적인 질문을 던지며 '춤이란 무엇인가'에 대한 고정관념 자체를 해체한다.

⑤ 오늘날 무용은 클래식 발레부터 실험적인 현대무용, 그리고 대중문화 속의 스트리트 댄스에 이르기까지 그 어느 때보다 다채로운 모습으로 존재한다. 한국의 전통 춤사위를 기반으로 한 창작 무용이나, 주방 기구를 두드리며 역동적인 군무를 선보이는 '난타'와 같은 비언어극(넌버벌 퍼포먼스) 역시 넓은 의미에서 무용의 한 형태로 볼 수 있다. 이처럼 형식과 스타일은 끊임없이 변화하지만, 인간의 신체를 통해 희로애락을 표현하고 세상과 소통하고자 하는 무용의 본질은 변하지 않는다. 결국 무용은 눈으로 보는 음악이자, 몸으로 쓰는 한 편의 시로서 우리에게 깊은 울림을 선사하는 예술로 영원히 존재할 것이다.

■─────────── ■ 지문 해설 및 문항 ■
1. 주제

고전 발레에서 시작하여 모던 댄스와 현대무용으로 이어지는 서양 무용의 역사적 변천 과정을 이해하고, 각 장르의 미학적 특징과 표현 방식의 차이점을 파악한다.

2. 문단별 TOPIC

① 무용은 신체를 통해 감정과 사상을 표현하는 원초적인 예술이며, 시대에

따라 그 역할과 형식이 변화해왔다.
② 발레는 엄격한 형식미와 이상화된 아름다움을 통해 고전적 무용의 정점을 보여주는 장르이다.
③ 모던 댄스는 발레의 형식주의에 반발하여 중력을 이용한 자연스러운 움직임으로 내면의 감정을 표현했다.
④ 현대무용은 정해진 스타일 없이 다양한 움직임을 수용하고 다른 예술과 협업하며 춤의 개념 자체를 확장한다.
⑤ 현대의 무용은 다양한 형태로 존재하며, '난타'와 같은 공연 역시 무용의 한 형태로 볼 수 있으며, 신체를 통한 소통이라는 본질은 변하지 않는다.

3. 전체 내용 전개

이 글은 무용을 신체를 재료로 감정과 사상을 표현하는 원초적 예술로 정의하며 그 역사적 의미를 제시한다❶. 이후 17세기 프랑스 궁정에서 탄생한 '발레'의 엄격한 형식미와 이상화된 아름다움을 설명하고❷, 발레의 형식주의에 반발하여 내면의 감정 표현을 중시한 '모던 댄스'의 특징을 설명한다❸. 다음으로, 장르의 경계를 허무는 '현대무용'의 실험성과 개방성을 분석한다❹. 마지막으로, '난타'와 같은 현대의 다양한 공연 양식을 포괄하며, 시대를 초월하는 무용의 본질을 강조하며 글을 마무리한다❺.

4. OX로 내용 확인

O|X ① 무용은 언어를 사용하지 않고 신체를 통해 의미를 전달하는 예술이다.

O|X ② '발레'는 20세기 초 노동자 계층 사이에서 자연 발생적으로 생겨났다.

O|X ③ 발레는 중력을 거스르는 듯한 가볍고 수직적인 움직임을 특징으로 한다.

O|X ④ '모던 댄스'는 발레보다 더 정형화되고 엄격한 규칙을 강조했다.

| O | X | ⑤ 모던 댄스는 인간의 내면 감정을 추상적으로 표현하는 데 중점을 두었다.

| O | X | ⑥ 현대무용은 발레나 모던 댄스의 동작을 절대로 사용하지 않는다.

| O | X | ⑦ '난타'와 같은 비언어극은 이 글의 관점에서 무용의 한 형태로 볼 수 있다.

| O | X | ⑧ 이 글에 따르면, 무용의 스타일은 시대에 따라 변하지만 신체를 통한 표현이라는 본질은 같다.

①O / ②X / ③O / ④X / ⑤O / ⑥X / ⑦O / ⑧O

[예술]
칸과 말풍선으로 그리는 세상: 만화의 예술성

1 만화는 그림과 글을 조합하여 이야기를 전달하는 독특한 시각 예술 장르이다. 연속된 그림의 칸(Panel) 속에서 인물의 행동과 표정을 보여주고, 말풍선과 효과선을 통해 대사와 소리, 감정을 표현하는 만화는 오랫동안 어린이들의 오락거리나 가볍게 즐기는 하위문화로 여겨져 왔다. 하지만 만화는 회화의 조형성, 문학의 서사성, 그리고 영화의 연출 기법까지 모두 아우르는 복합적인 매체이다. 시대를 비판하는 날카로운 풍자에서부터 인간 내면에 대한 깊이 있는 성찰에 이르기까지, 만화는 고유의 문법과 표현력을 통해 진지한 예술 작품으로서의 가능성을 꾸준히 증명해왔다.

2 만화의 가장 기본적인 문법 단위는 '칸'과 '칸새(Gutter)'이다. 칸은 시간과 공간의 한 단위를 담는 프레임이며, 작가는 칸의 크기, 형태, 배치를 통해 이야기의 리듬과 흐름을 조절한다. 예를 들어, 긴박한 추격 장면에서는 여러 개의 작은 칸을 빠르게 나열하여 속도감을 높이고, 중요한 감정 장면에서는 페이지 전체를 차지하는 큰 칸을 사용하여 그 순간의 중요성을 강조한다. 더욱 흥미로운 것은 칸과 칸 사이의 보이지 않는 공간인 '칸새'의 역할이다. 독자는 이 빈 공간 속에서 작가가 생략한 시간의 경과나 인물의 행동을 스스로 상상하며 채워 넣게 된다. 이처럼 칸새는 독자의 상상력을 자극하여 이야기에 능동적으로 참여하게 만드는, 만화만이 가진 독특하고 창의적인 장치이다.

3 만화는 시각적 상징과 기호를 적극적으로 활용하여 비언어적인 정보를 효과적으로 전달한다. 전구 모양은 '기발한 아이디어'를, 머리 위를 도는 새는 '어지러움'을, 그리고 인물의 등 뒤로 흐르는 식은땀 한 방울은 '긴장감'을 즉각적으로 표현한다. 또한, 속도감이나 움직임을 나타내는 '효과선'이나 소리를 시각적으로 표현하는 '의성어/의태어' 디자인 역시 만화의 표현력을 풍부하게 만드는 중요한 요소이다. 이러한 상징들은 간결하고 과장된 형태를 통해 복잡한 상황이나 감정을 직관적으로 전달하며, 이는 글만으로는 전달하기 힘든 미묘한 뉘앙스와 유머를 만들어내는 만화의 강점이 된다.

4️⃣ 만화가 본격적으로 예술의 한 장르로 인정받게 된 계기는 '그래픽 노블(Graphic Novel)'의 등장이었다. 그래픽 노블은 일반적인 연재만화보다 더 길고 복잡한 서사를 가지며, 문학적이고 철학적인 주제를 진지하게 다루는 단행본 형식의 만화를 일컫는다. 아트 슈피겔만의 '쥐(Maus)'는 홀로코스트라는 무거운 역사적 비극을 쥐와 고양이의 우화를 통해 그려내 퓰리처상을 수상하며 만화의 예술적 위상을 크게 높였다. 이처럼 그래픽 노블은 만화가 더 이상 어린이만을 위한 것이 아니라, 성인 독자들을 위한 깊이 있는 사유와 감동을 담아낼 수 있는 성숙한 매체임을 세상에 알렸다.

5️⃣ 오늘날 만화는 '웹툰'이라는 새로운 디지털 플랫폼을 만나 그 영역을 무한히 확장하고 있다. 세로로 스크롤을 내리며 읽는 방식에 최적화된 연출, 배경음악(BGM)이나 간단한 애니메이션 효과의 삽입 등 웹툰은 전통적인 출판만화와는 다른 새로운 문법을 만들어가고 있다. 한국에서 시작된 웹툰은 이제 전 세계적인 문화 콘텐츠로 자리 잡았으며, 수많은 작품이 영화, 드라마, 게임으로 재창조되며 이야기의 원천 소스로서 그 가치를 인정받고 있다. 칸과 말풍선이라는 소박한 형식에서 출발한 만화는 이제 기술의 발전에 발맞춰 진화하며, 시대를 넘어 가장 친숙하고 강력한 스토리텔링 예술의 하나로 우리 곁에 존재하고 있다.

■ 지문 해설 및 문항 ■

1. 주제

칸과 말풍선이라는 고유의 문법을 통해 이야기를 전달하는 만화의 예술적 특징을 이해하고, 그래픽 노블과 웹툰으로 이어지는 현대적 발전 과정을 파악한다.

2. 문단별 TOPIC

1️⃣ 만화는 과거 하위문화로 여겨졌으나, 고유의 문법을 가진 복합적인 시각예술 장르이다.

2️⃣ 만화는 칸의 배치로 리듬을 조절하고, 칸과 칸 사이의 공간인 '칸새'를 통해 독자의 상상력을 자극한다.

③ 만화는 시각적 상징과 효과선 등을 통해 비언어적 정보를 효과적으로 전달하는 데 강점을 가진다.
④ 문학적 주제를 다루는 '그래픽 노블'의 등장은 만화가 성인을 위한 진지한 예술 장르로 인정받는 중요한 계기가 되었다.
⑤ 현대의 만화는 '웹툰'이라는 디지털 플랫폼을 통해 새로운 연출 방식을 선보이며 세계적인 문화 콘텐츠로 발전하고 있다.

3. 전체 내용 전개

이 글은 만화가 과거 하위문화로 여겨졌으나, 고유의 문법을 지닌 복합 예술 장르임을 정의하며 시작한다❶. 이후 만화의 기본 문법 단위인 '칸'의 연출과 '칸새'의 역할을 통해 독자의 상상력을 자극하는 원리를 설명하고❷, 전구 모양이나 식은땀 같은 '시각적 상징'과 기호를 통한 비언어적 정보 전달의 강점을 설명한다❸. 다음으로, 만화의 예술적 위상을 높인 '그래픽 노블'의 등장과 그 의의를 '쥐(Maus)'의 사례를 통해 분석한다❹. 마지막으로, 디지털 시대에 '웹툰'이라는 새로운 형태로 진화하며 세계적인 콘텐츠로 발전한 만화의 현재와 미래를 조망하며 글을 마무리한다❺.

4. OX로 내용 확인

- O|X ① 만화는 문학이나 영화와는 전혀 다른, 독립적인 요소로만 구성된다.
- O|X ② '칸새'는 만화에서 아무 기능 없이 비워두는 공간을 의미한다.
- O|X ③ 만화에서 칸의 크기를 조절하는 것은 이야기의 리듬감에 영향을 줄 수 있다.
- O|X ④ 만화는 글로는 표현하기 힘든 비언어적 정보를 전달하는 데 효과적일 수 있다.
- O|X ⑤ '그래픽 노블'은 주로 짧고 가벼운 개그를 다루는 만화 장르이다.

O|X ⑥ 아트 슈피겔만의 '쥐'는 만화가 진지한 역사적 주제를 다룰 수 있음을 보여주었다.

O|X ⑦ '웹툰'은 전통적인 출판 만화의 연출 방식을 그대로 따르는 것이 특징이다.

O|X ⑧ 이 글은 만화가 점차 예술적 가치를 잃고 오락적 기능만 남게 되었다고 주장한다.

①X / ②X / ③O / ④O / ⑤X / ⑥O / ⑦X / ⑧X

읽고 쓰는 문해력, 그리고 생각을 여는 기술

VI

글 심층 분석 훈련
사회편

[민법]
법률관계의 대원칙, 신의성실의 원칙

① 법은 구체적인 분쟁을 해결하기 위한 명확한 조문들로 이루어져 있지만, 모든 상황을 법 조문만으로 완벽하게 규율할 수는 없다. 이처럼 법의 공백이 발생하거나 법의 형식적 적용이 오히려 부당한 결과를 낳을 위험이 있을 때, 법률관계 전반을 지배하는 대원칙이 필요하다. 민법 제2조 제1항은 "권리의 행사와 의무의 이행은 신의에 좇아 성실히 하여야 한다"고 규정하여 '신의성실의 원칙(信義誠實의 原則)', 즉 신의칙을 선언하고 있다. 신의칙이란 모든 사람이 사회 공동생활의 일원으로서 상대방의 신뢰를 헛되이 하지 않도록 성실하게 행동해야 한다는 추상적이고 일반적인 법 원칙을 말한다.

② 신의칙은 구체적인 법률관계에서 다양한 파생 원칙을 낳는다. 대표적인 것이 '금반언의 원칙'과 '사정변경의 원칙'이다. 먼저, 금반언의 원칙이란 자신이 이전에 한 언행과 모순되는 행위를 하여 상대방의 신뢰를 깨뜨리는 것을 허용하지 않는다는 원칙이다. 예를 들어, 토지 소유자가 자신의 땅 위에 건물을 짓는 것을 오랫동안 묵인해놓고, 건물이 완공되자 뒤늦게 소유권을 주장하며 철거를 요구하는 것은 금반언의 원칙에 위배되어 허용되지 않을 수 있다. 이는 자신의 선행 행위로 형성된 상대방의 정당한 신뢰를 보호하기 위함이다.

③ '사정변경의 원칙'은 계약을 체결할 당시의 기초가 되었던 객관적인 사정이, 당사자들이 예측할 수 없었던 이유로 현저하게 변경된 경우, 원래의 계약 내용대로 권리를 행사하거나 의무를 이행하도록 강제하는 것이 부당하다면 계약 내용을 수정하거나 해지할 수 있도록 허용하는 원칙이다. 예를 들어, 특정 지역의 토지를 공장 부지로 사용하기 위해 장기 임대차 계약을 체결했는데, 계약 직후 국가 정책의 변경으로 해당 지역이 공장 설립이 불가능한 환경보호구역으로 지정되었다면, 임차인은 사정변경을 이유로 계약의 해지를 주장할 수 있다.

④ 또한 신의칙은 기존 권리의 행사를 제한하는 기능도 수행한다. 아무리 개인에게 주어진 정당한 권리라 할지라도, 그 권리를 행사하는 것이 오직

상대방에게 고통을 주고 손해를 입히려는 목적만 있을 뿐, 권리자 자신에게는 아무런 이익이 없는 경우라면 이는 '권리남용'에 해당하여 허용되지 않는다. 예컨대, 자신의 땅이라는 이유만으로 이웃집의 조망권을 해치거나 통행을 방해할 목적으로 아무 쓸모없는 담장을 높이 쌓는 행위는 권리남용으로 판단될 수 있다. 이는 권리가 사회 공동의 이익에 부합하는 범위 내에서 행사되어야 함을 의미한다.

5 결론적으로 신의성실의 원칙은 구체적인 법 조항의 한계를 보완하고, 법률관계를 신뢰와 성실의 바탕 위에서 공정하고 타당하게 규율하는 민법의 최고 지도 원리라 할 수 있다. 비록 그 내용이 추상적이라 법관의 자의적인 판단 기준이 될 수 있다는 비판도 있지만, 신의칙은 시시각각 변하는 사회의 다양한 분쟁 속에서 구체적 타당성을 실현하는 중요한 역할을 수행하며, 법이 단순한 기술이 아닌 정의를 추구하는 규범임을 보여준다.

■─────────────── ■ 지문 해설 및 준항 ■

1. 주제

민법의 대원칙인 '신의성실의 원칙'의 개념과, 이로부터 파생되는 구체적인 원칙들(금반언, 사정변경, 권리남용 금지) 및 그 법적 기능

2. 문단별 TOPIC

1 신의성실의 원칙의 개념과 민법상 지도 원리로서의 필요성.
2 신의칙의 파생 원칙 ①: 선행 행위와 모순된 주장을 금지하는 '금반언의 원칙'.
3 신의칙의 파생 원칙 ②: 계약 기초의 현저한 변경 시 계약 수정을 허용하는 '사정변경의 원칙'.
4 신의칙의 파생 원칙 ③: 정당한 권리 행사의 한계로서의 '권리남용 금지 원칙'.
5 신의칙의 종합적 의의와 기능, 그리고 한계점.

3. 전체 내용 전개

이 글은 민법의 최고 원리인 '신의성실의 원칙'을 소개하며, 그 필요성과 개념을 정의한다❶. 이후 신의칙이 구체적인 법률관계에서 어떻게 적용되는지를 '금반언의 원칙'❷, '사정변경의 원칙'❸, '권리남용 금지 원칙'❹이라는 세 가지 파생 원칙을 통해 설명한다. 마지막으로 신의칙이 갖는 종합적인 의의와 역할을 강조하며 글을 마무리한다❺.

4. OX로 내용 확인

- O|X ① 신의성실의 원칙은 구체적인 법 조문으로 해결하기 어려운 분쟁에서 적용될 수 있다.
- O|X ② 건물 철거를 요구하는 토지 소유자의 행위는 어떠한 경우에도 정당한 권리 행사로 인정된다.
- O|X ③ '사정변경의 원칙'은 계약 당시에 예측할 수 있었던 사소한 변화가 생긴 경우에도 적용된다.
- O|X ④ 자신의 권리를 행사하는 것이 타인에게 손해를 입히려는 목적만 있다면 '권리남용'이 될 수 있다.
- O|X ⑤ 신의성실의 원칙은 내용이 명확하여 법관의 자의적 해석 가능성이 전혀 없다는 장점이 있다.

① O / ② X / ③ X / ④ O / ⑤ X

[민법]
법률상 원인 없는 이익의 조정, 부당이득 반환 제도

1 사회에서 발생하는 재산의 이동은 대부분 계약이나 법률 규정과 같은 정당한 '법률상 원인'에 근거하여 이루어진다. 그러나 때로는 이러한 법률상 원인 없이 한 사람이 타인의 재산이나 노무로부터 이익을 얻고, 그로 인해 다른 사람에게는 손실이 발생하는 경우가 생긴다. 우리 민법은 이처럼 부당하게 발생한 이익을 원래의 상태로 되돌려놓음으로써 공평의 원칙을 실현하고자 '부당이득 반환 제도'를 두고 있다. 이는 법률상 원인 없이 얻은 이익(이득)을 손실을 입은 사람(손실자)에게 반환하도록 의무를 부과하는 제도이다.

2 부당이득이 성립하기 위해서는 네 가지 요건이 충족되어야 한다. 첫째, 한쪽 당사자에게 재산상의 '이익'이 발생해야 한다. 둘째, 다른 쪽 당사자에게 재산상의 '손실'이 발생해야 한다. 셋째, 얻은 이익과 발생한 손실 사이에 '인과관계'가 존재해야 한다. 넷째, 그리고 가장 중요한 요건으로, 그 이익을 보유할 '법률상 원인'이 없어야 한다. 예를 들어, A가 B에게 송금하려던 돈을 실수로 C의 계좌에 입금한 경우, C는 아무런 법률상 원인 없이 100만 원의 이익을 얻었고, A는 그만큼의 손실을 입었으므로 C는 A에게 그 돈을 부당이득으로 반환해야 한다.

3 부당이득의 반환 범위는 이득을 얻은 사람, 즉 수익자가 '선의'인지 '악의'인지에 따라 달라진다. 여기서 '선의의 수익자'란 자신의 이익 취득에 법률상 원인이 없음을 알지 못한 사람을 말하며, '악의의 수익자'는 이를 알고 있었던 사람을 의미한다. 선의의 수익자는 자신이 받은 이익이 현존하는 한도 내에서만 반환할 의무를 진다. 즉, 착오로 입금된 돈인 줄 모르고 그 일부를 생활비로 사용했다면, 남아있는 이익만을 돌려주면 된다. 이는 법률상 원인이 없음을 몰랐던 수익자를 보호하기 위한 규정이다.

4 반면, '악의의 수익자'는 훨씬 무거운 반환 의무를 부담한다. 악의의 수익자는 자신이 받은 이익 전체에 법정이자를 더하고, 만약 손해가 더 발생했다면 그 손해까지도 모두 배상해야 한다. 착오로 입금된 돈임을 알면서도

이를 인출하여 주식 투자에 사용했다가 손실을 본 경우를 생각해보자. 이 경우 수익자는 자신이 받은 이익(원금)이 현재 남아있지 않더라도 원금 전체와 그에 대한 이자, 그리고 추가적인 손해까지 모두 배상해야 한다. 이는 법질서를 무시하고 부당한 이익을 취한 악의의 수익자에게 더 큰 책임을 묻는 것이다.

5 부당이득 반환 제도는 개인의 재산권을 보호하고 사회의 공평을 유지하는 중요한 기능을 한다. 이는 단순히 실수로 발생한 재산상의 불균형을 시정하는 것을 넘어, 계약이 무효나 취소되었을 때 이미 지급된 대금을 돌려받는 경우나, 타인의 물건을 권한 없이 사용하여 얻은 이익을 반환하는 경우 등 다양한 법률관계에서 발생한 부당한 이익을 조정하는 역할을 한다. 결국 이 제도는 누구도 정당한 이유 없이는 타인의 희생으로 이익을 얻어서는 안 된다는 정의 관념을 법적으로 구현한 것이라 할 수 있다.

■ 지문 해설 및 문항 ■

1. 주제

법률상 원인 없이 발생한 이익을 조정하여 공평을 실현하는 '부당이득 반환 제도'의 성립 요건, 수익자의 선의·악의에 따른 반환 범위의 차이 및 그 의의

2. 문단별 TOPIC

1 부당이득 반환 제도의 개념과 공평의 원칙 실현이라는 목적.
2 부당이득이 성립하기 위한 네 가지 요건(이익, 손실, 인과관계, 법률상 원인 부존재).
3 '선의의 수익자'의 개념과 '현존 이익'을 한도로 하는 반환 범위.
4 '악의의 수익자'의 개념과 이자 및 손해배상을 포함하는 가중된 반환 책임.
5 부당이득 반환 제도의 다양한 적용 사례와 사회 정의 실현이라는 종합적 기능.

3. 전체 내용 전개

이 글은 '부당이득 반환 제도'의 개념을 소개하며 논의를 시작한다❶. 이후 부당이득이 성립하기 위한 구체적인 네 가지 요건을 설명하고❷, 이득을 반환할 때 수익자가 선의인지 악의인지에 따라 반환 범위가 어떻게 달라지는지를 명확히 구분하여 분석한다❸❹. 마지막으로 이 제도가 갖는 사회적 기능과 법적 의의를 종합적으로 설명하며 글을 마무리한다❺.

4. OX로 내용 확인

- O|X ① 매매 계약에 따라 물건값을 지급하는 것은 '법률상 원인'이 있는 재산 이동이다.
- O|X ② 부당이득이 성립하려면 이익과 손실 사이에 인과관계가 존재할 필요는 없다.
- O|X ③ 선의의 수익자는 실수로 받은 돈을 유흥비로 모두 탕진했다면 반환할 의무가 없다.
- O|X ④ 악의의 수익자는 받은 이익이 현재 남아있지 않더라도 그 이익 전체를 반환해야 한다.
- O|X ⑤ 계약이 취소되어 이미 지급한 계약금을 돌려받는 것 역시 부당이득 반환 법리가 적용될 수 있다.

①O / ②X / ③O / ④O / ⑤O

[형법]
범죄의 성립을 위한 세 가지 관문, 범죄의 성립 요건

① 어떤 행위가 국가의 형벌권을 발동시키는 '범죄'로 인정되기 위해서는 단순히 법률이 금지하는 행위를 했다는 사실만으로는 부족하다. 형법은 범죄의 성립 여부를 판단하기 위해 체계적이고 단계적인 검토 과정을 요구한다. 이는 개인의 행위에 대해 국가가 형벌이라는 강력한 제재를 가하는 만큼, 그 판단이 신중하고 엄격해야 하기 때문이다. 우리 형법 이론에 따르면, 하나의 행위가 범죄로 성립하기 위해서는 '구성요건 해당성', '위법성', '책임'이라는 세 가지 요건을 순서대로 모두 통과해야 한다. 이 세 가지 관문 중 하나라도 통과하지 못하면 그 행위는 범죄로 성립하지 않는다.

② 첫 번째 관문인 '구성요건 해당성'은 특정 행위가 형법 각 조문에 기술된 범죄의 유형(구성요건)과 일치하는지를 판단하는 단계이다. 예를 들어, 형법 제250조 살인죄의 구성요건은 '사람을 살해하는' 행위이다. 따라서 어떤 행위가 살인죄에 해당하려면, 행위자가 '사람'을 객체로 하여 '살해'라는 행위를 했다는 객관적 사실이 인정되어야 한다. 또한 대부분의 범죄는 행위자가 자신의 행위를 인식하고 의도했다는 '고의'와 같은 주관적 요소까지 요구한다. 즉, 구성요건 해당성은 어떤 행위가 법이 금지하는 바로 그 행위의 모습과 객관적, 주관적으로 일치하는지를 따지는 단계라 할 수 있다.

③ 구성요건에 해당하는 행위라고 해서 모두 범죄가 되는 것은 아니다. 두 번째 관문인 '위법성'의 심사를 거쳐야 한다. 위법성이란 구성요건에 해당하는 행위가 전체 법질서의 관점에서 볼 때 허용되지 않는 부정적인 평가를 받는 것을 의미한다. 우리 형법은 구성요건에 해당하는 행위는 일단 위법한 것으로 추정한다. 하지만 예외적으로 그 위법성을 없애주는 특별한 사유, 즉 '위법성 조각사유'가 있다면 범죄가 성립하지 않는다. 대표적인 위법성 조각사유로는 자신이나 타인의 법익에 대한 현재의 부당한 침해를 방어하기 위한 '정당방위'나, 법령에 따른 직무 행위인 '정당행위' 등이 있다.

④ 구성요건에 해당하고 위법성까지 인정되는 행위라 할지라도, 마지막 관문인 '책임'의 심사를 통과해야 한다. '책임'이란 위법한 행위를 한 행위자에

대해 비난할 수 있는 가능성을 의미한다. 즉, 행위자가 적법하게 행동할 수 있었음에도 불구하고 스스로 위법한 행위를 선택했다는 점에 대한 비난이다. 만약 행위자에게 이러한 비난을 할 수 없는 특별한 사정이 있다면 책임이 부정된다. 예를 들어, 만 14세가 되지 않은 '형사미성년자'의 행위나, 외부의 강압에 의해 어쩔 수 없이 한 '강요된 행위' 등은 비난 가능성이 없다고 보아 책임이 조각되고, 따라서 범죄가 성립하지 않아 처벌받지 않는다.

5 이처럼 범죄의 성립 요건을 세 단계로 나누어 체계적으로 검토하는 것은, 국가 형벌권의 자의적인 행사를 막고 인권을 보장하기 위한 합리적인 장치이다. 구성요건 해당성은 범죄의 외형을 확정하고, 위법성은 그 행위의 객관적 성격을 평가하며, 책임은 행위자에 대한 주관적 비난 가능성을 따진다. 이 세 가지 필터를 모두 거쳐야만 비로소 하나의 행위가 '범죄'라는 낙인을 찍히게 되는 것이다. 이는 범죄와 형벌을 엄격한 논리 체계 위에서 다루려는 근대 형법의 정신을 보여준다.

■ 지문 해설 및 문항 ■

1. 주제

하나의 행위가 범죄로 성립하기 위해 순차적으로 통과해야 하는 세 가지 요건인 '구성요건 해당성', '위법성', '책임'의 개념과 내용

2. 문단별 TOPIC

1 범죄 성립 판단을 위한 3단계 요건(구성요건 해당성, 위법성, 책임)의 필요성.
2 1단계 요건 '구성요건 해당성': 행위가 법 조문의 범죄 유형과 일치하는지 여부.
3 2단계 요건 '위법성': 행위가 전체 법질서에 반하는지 여부와 '위법성 조각사유'.
4 3단계 요건 '책임': 행위자에 대한 비난 가능성 여부와 '책임 조각사유'.
5 3단계 범죄 성립 요건 체계의 종합적 의의와 인권 보장적 기능.

3. 전체 내용 전개

이 글은 어떤 행위가 범죄로 성립하려면 세 가지 요건을 단계적으로 충족해야 함을 제시하며 시작한다①. 이후 첫 번째 요건인 '구성요건 해당성'②, 두 번째 요건인 '위법성'과 그 조각사유③, 마지막 요건인 '책임'과 그 조각사유④를 순서대로 설명한다. 최종적으로 이러한 3단계 검토 체계가 국가 형벌권을 제한하고 인권을 보장하는 중요한 기능을 함을 강조하며 글을 마무리한다⑤.

4. OX로 내용 확인

- O|X ① 범죄가 성립하기 위해서는 구성요건 해당성, 위법성, 책임 중 하나의 요건만 충족하면 된다.
- O|X ② 실수로 사람을 다치게 한 경우는 '고의'가 없어 상해죄의 구성요건 해당성이 부정될 수 있다.
- O|X ③ 자신을 공격하는 강도에게 저항하다 상처를 입힌 행위는 '정당방위'로 위법성이 조각될 수 있다.
- O|X ④ 만 12세 학생이 가게 물건을 훔친 경우, '형사미성년자'에 해당하여 책임이 조각된다.
- O|X ⑤ 범죄 성립 요건을 단계적으로 검토하는 것은 신속한 처벌을 최우선으로 하기 위함이다.

①X / ②O / ③O / ④O / ⑤X

[형법]
법 없이는 범죄도 형벌도 없다, 죄형법정주의

1 "법률이 없으면 범죄도 없고, 형벌도 없다(Nullum crimen, nulla poena sine lege)." 이 법언은 근대 형법의 가장 핵심적인 원리인 '죄형법정주의(罪刑法定主義)'를 압축적으로 보여준다. 죄형법정주의란 어떤 행위가 범죄가 되고 그 범죄에 대해 어떤 종류와 범위의 형벌을 부과할 것인지를 '미리' '국회가 제정한 법률'로 정해두어야 한다는 원칙이다. 이는 국가의 형벌권 행사를 법률에 엄격히 구속함으로써, 통치자의 자의적인 처벌로부터 국민의 자유와 권리를 보장하기 위한 근대 인권 선언의 산물이다.

2 죄형법정주의는 여러 가지 구체적인 파생 원칙을 통해 그 내용이 실현된다. 첫째, '법률주의' 원칙이다. 범죄와 형벌은 반드시 국민의 대표 기관인 국회가 제정한 '법률'의 형식으로 규정되어야 한다. 따라서 대통령령이나 부령과 같은 행정명령으로 새로운 범죄를 만들거나 형벌을 가중하는 것은 허용되지 않는다. 둘째, '소급효 금지의 원칙'이다. 이는 법률의 효력은 그 법률이 시행된 이후의 행위에 대해서만 적용되며, 법 시행 이전의 행위까지 거슬러 올라가 적용될 수 없다는 원칙이다. 즉, 행위를 할 당시에는 범죄가 아니었던 것을 나중에 법을 만들어 처벌할 수 없다.

3 셋째, '명확성의 원칙'이다. 범죄가 되는 행위와 그에 대한 형벌의 내용은 누구나 쉽게 이해할 수 있도록 명확한 용어로 규정되어야 한다. 만약 법률의 내용이 너무 애매하고 모호하여 여러 가지로 해석될 수 있다면, 사람들은 어떤 행위가 금지되는지를 예측할 수 없어 행동의 자유가 위축되고, 법 집행기관이 자의적으로 법을 해석하여 적용할 위험이 커지기 때문이다. 예를 들어, '불건전한 행위'를 처벌한다고만 규정한다면 무엇이 불건전한지가 불명확하여 이 원칙에 위배될 수 있다.

4 넷째, '유추해석 금지의 원칙'이다. 유추해석이란 법률에 직접 규정되지 않은 사항에 대해, 그것과 유사한 성질을 가지는 다른 사항에 관한 법규를 끌어다 적용하는 것을 말한다. 죄형법정주의는 피고인에게 불리한 유추해석을 엄격히 금지한다. 법률에 처벌 규정이 없는 행위는 비록 처벌의 필요

성이 있고 기존의 범죄와 유사하더라도, 법관이 이를 임의로 유추하여 처벌할 수 없다는 것이다. 이는 법관의 자의적인 법 창조를 막고, 법률에 규정된 것만 처벌한다는 원칙을 지키기 위함이다.

5 이처럼 죄형법정주의와 그 파생 원칙들은 국가의 형벌권 행사에 엄격한 절차적, 내용적 통제를 가한다. 이는 국민 개개인이 자신의 행위가 법적으로 어떤 결과를 낳을지 예측할 수 있게 함으로써 법적 안정성을 보장하고, 동시에 국가 권력의 남용으로부터 국민의 인권을 보호하는 현대 자유민주주의 국가의 근간을 이룬다. 결국 죄형법정주의는 '법치주의' 정신이 형사법 영역에서 가장 뚜렷하게 구현된 모습이라고 할 수 있다.

■ 지문 해설 및 문항 ■

1. 주제

국민의 자유와 권리 보장을 위한 근대 형법의 대원칙, '죄형법정주의'의 개념과 그 내용을 이루는 구체적인 파생 원칙들

2. 문단별 TOPIC

1 죄형법정주의의 개념과 국민의 자유와 권리 보장이라는 목적.
2 파생 원칙 ①, ②: 범죄와 형벌의 형식적 근거를 다루는 '법률주의'와 시간적 한계를 다루는 '소급효 금지의 원칙'.
3 파생 원칙 ③: 법규 내용의 명료함을 요구하는 '명확성의 원칙'.
4 파생 원칙 ④: 법관의 자의적 법 적용을 막는 '유추해석 금지의 원칙'.
5 죄형법정주의의 종합적 의의: 법적 안정성 확보와 인권 보장.

3. 전체 내용 전개

이 글은 죄형법정주의를 근대 형법의 핵심 원리로 소개하며 그 개념과 목적을 설명한다 1. 이후 죄형법정주의를 구체적으로 실현하는 네 가지 파생 원칙을 순서대로 제시한다. '법률주의'와 '소급효 금지' 2, '명확성의 원칙' 3, '유추해석 금지' 4 를 통해 그 내용을 상세히 설명한다. 마지막으로, 이 원칙들이 국가 권력을 통제하고 국민의 인권을 보장하는 데 갖는 중요성을 강조

하며 글을 마무리한다⑤.

4. OX로 내용 확인

O|X ① 죄형법정주의는 국가가 필요에 따라 법률 없이도 국민을 처벌할 수 있도록 허용하는 원칙이다.

O|X ② 어제까지는 처벌 규정이 없던 행위를 오늘 법을 만들어 어제의 행위에 대해 처벌하는 것은 '소급효 금지의 원칙'에 위배된다.

O|X ③ 형법 조항의 내용이 지나치게 추상적이고 모호하다면 '명확성의 원칙'에 위배될 수 있다.

O|X ④ 법관은 법률에 규정되지 않은 행위라도 기존 범죄와 유사하다면 자유롭게 유추하여 처벌할 수 있다.

O|X ⑤ 죄형법정주의의 주된 목적 중 하나는 국가 형벌권의 남용을 방지하는 것이다.

①X / ②O / ③O / ④X / ⑤O

[상법]
영리 활동의 주체와 대상, 상인과 상행위

1 우리가 일상적으로 맺는 법률관계는 대부분 개인의 재산이나 가족 관계를 규율하는 '민법'의 적용을 받는다. 그러나 기업 활동과 같이 영리를 목적으로 하는 대규모의 반복적인 거래 관계는 신속하고 정형화된 처리가 필요하다. 이러한 상거래 관계의 특수성을 고려하여 민법에 대한 특별법으로서 존재하는 것이 바로 '상법'이다. 상법은 상거래 생활에 적용되는 법규범 전체를 의미하며, 그 적용 대상을 정하는 핵심 기준은 바로 '상인'과 '상행위'라는 개념이다.

2 상법상 '상인'이란 상행위를 하는 사람을 말하며, 그 자격의 취득 방식에 따라 '당연상인'과 '의제상인'으로 구분된다. 먼저, '당연상인'이란 자기의 명의로 상법 제46조에 규정된 '기본적 상행위'를 영업으로 하는 사람을 의미한다. 여기서 '자기 명의로'란 거래로 인한 권리와 의무의 주체가 자신에게 귀속된다는 뜻이며, '영업으로'란 영리를 목적으로 동종의 행위를 계속적, 반복적으로 수행하는 것을 의미한다. 매매, 임대차, 운송, 보험 등이 기본적 상행위에 해당하므로, 상점을 열고 계속해서 물건을 판매하는 사람은 당연상인이 된다.

3 반면, '의제상인'은 그 행위 자체가 상행위의 성질을 갖지는 않더라도, 상인과 같은 방법으로 영업을 하는 사람을 상인으로 '의제(擬制)', 즉 간주하는 것이다. 여기에는 설비상인과 민사회사 두 종류가 있다. '설비상인'은 점포 기타 유사한 설비를 갖추고 상인적 방법으로 물건을 판매하는 사람을 말한다. 예를 들어, 농부가 자신이 직접 재배한 농산물을 가판대와 같은 설비를 갖추어 계속적으로 판매한다면, 비록 농업 자체가 상행위는 아니지만 그는 설비상인으로서 상법의 적용을 받게 된다. 농부가 일시적으로 텃밭의 채소를 파는 것과는 구별된다.

4 '상행위'란 상인이 영업으로 하는 행위를 말하며, 그 성질에 따라 '기본적 상행위'와 '보조적 상행위'로 나뉜다. 앞에서 언급한 매매, 운송 등과 같이 그 자체로 영업적인 성격을 띠는 22가지 행위가 '기본적 상행위'이다. 한편,

'보조적 상행위'는 상인이 영업을 위하여 하는 부수적인 행위를 말한다. 예를 들어, 식당을 운영하는 상인이 식자재를 운반하기 위해 트럭을 구입하는 행위는, 트럭 매매 자체가 식당 영업의 본질은 아니지만 영업을 위해 필요한 행위이므로 보조적 상행위가 된다. 상인의 행위는 일단 영업을 위하여 한 것으로 추정된다.

5 이처럼 상법은 '상인'과 '상행위'라는 개념을 통해 그 적용 범위를 명확히 하고자 한다. 어떤 법률관계가 상인에 의해 이루어진 상행위에 해당하면, 이자율이나 시효 등 여러 측면에서 민법과 다른 상법의 규율을 받게 된다. 이는 대량의 거래를 신속하고 안전하게 처리하여 기업 활동을 촉진하고 거래의 안정성을 도모하기 위함이다. 결국 상법은 자본주의 경제의 법적 토대를 이루는 핵심적인 법 체계라고 할 수 있다.

■─────────────────────────── ■ 지문 해설 및 문항 ■

1. 주제

민법과 구별되는 상법의 적용 대상을 확정하는 핵심 개념인 '상인'(당연상인, 의제상인)과 '상행위'(기본적, 보조적 상행위)의 종류와 의미

2. 문단별 TOPIC

1 민법에 대한 특별법으로서 상법의 역할과 핵심 개념 '상인', '상행위'.
2 상인의 종류 ①: 자기 명의로 기본적 상행위를 영업으로 하는 '당연상인'.
3 상인의 종류 ②: 상인적 방법으로 영업하여 상인으로 간주되는 '의제상인'.
4 상행위의 종류: 그 자체로 영업적 성격을 띠는 '기본적 상행위'와 이를 돕는 '보조적 상행위'.
5 상인과 상행위 개념의 기능과 상법의 종합적 의의.

3. 전체 내용 전개

이 글은 상법의 개념을 민법과의 관계 속에서 설명하며 '상인'과 '상행위'가 핵심 기준임을 제시한다 1. 이후 상인을 '당연상인' 2 과 '의제상인' 3 으로 구분하여 설명하고, 상행위 또한 '기본적 상행위'와 '보조적 상행위'로 나누어

그 개념을 명확히 한다④. 마지막으로 이러한 개념들이 상법의 적용 범위를 정하고, 상거래의 신속과 안정을 도모하는 데 기여함을 밝히며 글을 마무리한다⑤.

4. OX로 내용 확인

O|X ① 상법은 개인 간의 모든 법률관계를 규율하는 일반적인 법이다.

O|X ② 일회성으로 중고 물품을 파는 행위는 '영업으로' 하는 것이 아니므로 상행위가 아니다.

O|X ③ 자신이 키운 배추를 밭에서 직접 일시적으로 판매하는 농부는 상법상 상인에 해당한다.

O|X ④ 제과점을 운영하는 사람이 밀가루를 외상으로 구입하는 행위는 '보조적 상행위'에 해당할 수 있다.

O|X ⑤ 상행위에 대해서는 민법과 다른 상법의 규정이 우선적으로 적용될 수 있다.

①X / ②O / ③X / ④O / ⑤O

[사회]
능력과 노력에 따른 분배, 능력주의의 두 얼굴

1 "누구든 능력과 노력을 통해 성공할 수 있다." 현대 사회를 지배하는 가장 강력한 공정성 원칙 중 하나는 바로 '능력주의(Meritocracy)'이다. 능력주의는 개인의 사회적 지위나 보상이 혈연, 신분과 같은 귀속적 요인이 아니라 오직 개인의 재능, 노력, 성취와 같은 후천적 요인에 의해 결정되어야 한다는 믿음이다. 이는 봉건적 신분 질서를 타파하고 개인의 자유와 성취 동기를 부여하는 진보적인 이념으로 환영받았다. 하지만 오늘날 능력주의는 과연 우리 사회를 더 공정하게 만들고 있는가에 대한 깊은 성찰에 직면해 있다.

2 능력주의는 사회 전체의 효율성을 높이고 개인에게 강력한 동기를 부여한다는 긍정적 측면을 가진다. 모든 사람에게 동등한 기회가 보장되고, 그 기회를 활용하여 능력을 발휘하고 노력하는 사람이 더 큰 보상을 받는다는 원칙은 개인의 잠재력을 최대한 끌어내고 사회 발전에 기여하도록 유도한다. 또한, 부모의 지위와 상관없이 개인의 노력으로 사회적 상승을 이룰 수 있다는 '계층 이동의 사다리' 역할을 함으로써 사회에 활력을 불어넣을 수 있다.

3 그러나 비판가들은 능력주의가 내세우는 '공정한 경쟁'이 실제로는 신화에 가깝다고 지적한다. 모든 주자가 똑같은 출발선에서 경주를 시작하는 것은 아니기 때문이다. 부유한 가정에서 태어난 아이는 질 좋은 교육, 풍부한 문화적 경험, 폭넓은 인적 네트워크 등 다양한 형태의 '자본'을 물려받는다. 이러한 사회·경제적 배경은 개인의 '능력'을 개발하는 과정에 결정적인 영향을 미친다. 결국 능력주의는 기존의 불평등을 개인의 능력 차이라는 이름으로 정당화하고, 세습된 특권을 재능의 결과로 포장하는 기제로 작동할 수 있다.

4 더 나아가 능력주의는 승자와 패자 모두에게 가혹한 심리적 결과를 낳는다. 경쟁의 승자들은 자신의 성공이 온전히 자신의 능력과 노력 덕분이라고 믿으며 오만함에 빠지기 쉽다. 이들은 사회적 약자나 실패한 사람들을 '노

력이 부족한' 패배자로 낙인찍으며 연대감을 상실하게 된다. 반면, 패자들은 자신의 실패를 사회 구조나 불운 탓이 아닌, 전적으로 자신의 무능함 탓으로 돌리며 깊은 굴욕감과 자기 비하에 시달린다. 이처럼 능력주의는 공동체의 연대를 약화시키고 승자의 오만과 패자의 굴욕을 심화시키는 비정한 사회를 만든다는 비판을 받는다.

5️⃣ 결국 능력주의의 이상과 현실 사이의 괴리를 직시할 필요가 있다. 개인의 성공에는 능력과 노력뿐만 아니라, 자신이 통제할 수 없는 운과 사회적 환경이 크게 작용한다는 사실을 인정해야 한다. 이러한 '겸손'의 자세는 성공한 이들의 과도한 자부심을 경계하게 하고, 실패한 이들에 대한 공감과 연대의 바탕이 될 수 있다. 능력주의가 공정한 경쟁의 원칙으로서 갖는 가치를 존중하되, 그 한계를 인식하고 공동체의 가치를 회복하려는 노력이 동반될 때, 우리 사회는 더 건강하고 정의로운 방향으로 나아갈 수 있을 것이다.

■ 지문 해설 및 문항 ■

1. 주제

현대 사회의 핵심 공정성 원리인 '능력주의'의 긍정적 기능과, 불평등 정당화 및 공동체 연대 약화라는 문제점을 비판적으로 고찰

2. 문단별 TOPIC

1️⃣ 능력주의의 개념과 현대 사회에서의 위상, 그리고 그에 대한 비판적 질문 제기.
2️⃣ 능력주의의 긍정적 측면: 동기 부여, 효율성 증대, 사회적 이동성.
3️⃣ 능력주의의 한계 ①: 출발선의 불평등과 불평등 구조의 정당화.
4️⃣ 능력주의의 한계 ②: 승자의 오만과 패자의 굴욕이라는 심리적 문제 및 공동체 연대 약화.
5️⃣ 능력주의에 대한 종합적 평가와 공동체 가치 회복을 위한 대안적 자세.

3. 전체 내용 전개

이 글은 현대 사회의 공정성 원리인 '능력주의'를 소개하며 논의를 시작한

다■. 이후 능력주의가 갖는 긍정적 기능■과, 출발선의 불평등 문제■ 및 승자와 패자에게 미치는 부정적 심리 효과■라는 한계를 순차적으로 분석한다. 마지막으로, 성공에 있어 운의 역할을 인정하는 겸손의 자세를 통해 능력주의의 한계를 보완하고 공동체의 가치를 회복해야 함을 주장하며 글을 마무리한다■.

4. OX로 내용 확인

- O|X ① 능력주의는 개인의 사회적 지위가 선천적 신분에 의해 결정되어야 한다고 본다.
- O|X ② 능력주의는 개인의 성취 동기를 자극하여 사회 전체의 효율성을 높이는 데 기여할 수 있다.
- O|X ③ 비판가들은 능력주의가 사회·경제적 배경의 차이를 충분히 고려하지 못한다고 지적한다.
- O|X ④ 이 글에 따르면, 능력주의는 사회 구성원 간의 연대감을 강화하는 긍정적 효과가 있다.
- O|X ⑤ 개인의 성공에 '운'이 작용한다는 것을 인정하는 태도는 능력주의의 문제점을 보완하는 데 도움이 될 수 있다.

①X / ②O / ③O / ④X / ⑤O

[사회]
불평등은 어떻게 대물림되는가, 부르디외의 자본과 아비투스

① 왜 가난은 대물림되고 사회 계층은 쉽게 변하지 않는 것일까? 프랑스의 사회학자 피에르 부르디외는 사회 불평등이 다음 세대로 이어지는 '사회 재생산'의 메커니즘을 설명하기 위해 독창적인 개념 틀을 제시했다. 그는 단순히 경제적 부만이 불평등의 원인이라는 관점에서 벗어나, 눈에 보이지 않는 문화적, 사회적 요인이 어떻게 개인의 삶의 경로를 구조적으로 결정하는지를 '자본(Capital)'과 '아비투스(Habitus)'라는 개념을 통해 심층적으로 분석했다.

② 부르디외는 자본을 세 가지 형태로 구분했다. 첫째, '경제 자본'은 돈, 부동산과 같이 직접적으로 화폐로 전환 가능한 재산을 의미한다. 둘째, '사회 자본'은 가족, 친구, 동문 등 지속적인 사회 관계망을 통해 얻을 수 있는 무형의 자원을 말한다. 셋째, '문화 자본'은 교육을 통해 획득된 지식이나 자격증(객관화된 상태), 세련된 말투나 예술적 취향처럼 몸에 밴 문화적 능력(체화된 상태), 그리고 고가의 예술품이나 책(제도화된 상태) 등을 포함한다. 이 세 가지 자본은 서로 긴밀하게 연결되어 있으며 다른 형태의 자본으로 전환될 수 있다.

③ '아비투스'는 부르디외 이론의 가장 핵심적인 개념으로, 특정 계층의 개인이 오랜 기간 사회적 환경 속에서 생활하며 무의식적으로 내면화한 '성향 체계'를 의미한다. 이는 개인의 취향, 말투, 몸짓, 가치관, 세상을 인식하는 방식 전반에 걸쳐 나타난다. 아비투스는 의식적인 선택이라기보다는 특정 상황에서 '자연스럽게' 생각하고 행동하도록 만드는 제2의 천성과 같다. 예를 들어, 상류층 가정에서 자란 아이는 어릴 때부터 클래식 음악회나 미술관을 다니며 자연스럽게 고급 문화에 대한 취향과 지식을 담은 아비투스를 형성하게 된다.

④ 사회 재생산은 바로 이 아비투스와 자본이 '장(Field)'이라고 불리는 특정 사회 공간과 상호작용하며 이루어진다. 예를 들어, 학교라는 교육의 '장'은 표면적으로는 모두에게 공정한 경쟁의 장처럼 보이지만, 실제로는 지배 계

층의 문화 자본과 아비투스를 더 가치 있는 것으로 평가하고 보상하는 경향이 있다. 학교에서 사용하는 언어, 평가하는 지식, 요구하는 태도 등은 중상류층의 아비투스와 친숙하기 때문에, 이 계층의 자녀들은 학교 제도에 더 쉽게 적응하고 높은 학업 성취를 이룰 가능성이 크다. 이 과정에서 사회적 불평등은 개인의 '재능' 차이로 포장되어 자연스럽게 다음 세대로 이어진다.

5 부르디외의 이론은 사회 구조가 단순히 개인의 외부에 존재하는 강제적인 힘이 아니라, '아비투스'라는 형태로 개인의 내면에까지 깊숙이 들어와 있음을 보여준다. 이는 개인의 자유로운 선택처럼 보이는 행위조차 사실은 사회 구조에 의해 깊이 제약받고 있음을 시사한다. 따라서 뿌리 깊은 사회 불평등의 문제를 해결하기 위해서는 개인의 노력만을 강조하는 것을 넘어, 특정 계층의 자본과 아비투스에 유리하게 작용하는 사회 구조 자체를 성찰하고 변화시키려는 노력이 필요함을 그의 이론은 역설하고 있다.

■ 지문 해설 및 문항 ■

1. 주제
피에르 부르디외의 '자본'과 '아비투스' 개념을 통해 사회 불평등이 다음 세대로 재생산되는 구조적 메커니즘 분석

2. 문단별 TOPIC
1 사회 재생산 문제에 대한 부르디외의 문제의식과 핵심 개념(자본, 아비투스) 소개.
2 불평등의 다차원적 요인으로서의 세 가지 자본: 경제, 사회, 문화 자본.
3 내면화된 성향 체계로서의 '아비투스'의 개념과 형성 과정.
4 교육의 '장'을 예로 들어, 자본과 아비투스가 불평등을 재생산하는 방식 설명.
5 부르디외 이론의 종합적 의의: 내면화된 사회 구조와 불평등 문제 해결을 위한 시사점.

3. 전체 내용 전개

이 글은 사회 불평등의 대물림, 즉 '사회 재생산'을 설명하는 부르디외의 이론을 소개하며 시작한다❶. 그의 핵심 개념인 '자본'을 세 가지 형태로 나누어 설명하고❷, 또 다른 핵심 개념인 '아비투스'를 정의한다❸. 이후 이 두 개념이 '장'이라는 공간, 특히 학교에서 어떻게 상호작용하여 불평등을 재생산하는지를 구체적으로 분석한다❹. 마지막으로 부르디외 이론이 갖는 시사점, 즉 사회 구조의 내면화 문제를 지적하며 글을 마무리한다❺.

4. OX로 내용 확인

- O|X ① 부르디외는 사회 불평등의 원인을 경제 자본에서만 찾았다.
- O|X ② 부모의 폭넓은 인맥 덕분에 취업에 도움을 받는 것은 '사회 자본'이 작용한 예이다.
- O|X ③ '아비투스'는 개인이 의식적으로 심사숙고하여 선택하는 행동 양식을 의미한다.
- O|X ④ 부르디외에 따르면, 학교는 모든 계층의 학생들에게 완전히 공정한 경쟁의 장이다.
- O|X ⑤ 이 글은 사회 불평등 문제를 해결하기 위해 사회 구조 자체에 대한 성찰이 필요하다고 본다.

①X / ②O / ③X / ④X / ⑤O

[사회]
보고 싶은 것만 보여주는 세계, 필터 버블과 반향실 효과

① 오늘날 우리는 스마트폰을 통해 수많은 정보와 뉴스를 접하지만, 과연 우리는 세상을 더 넓고 균형 잡힌 시각으로 보고 있는 것일까? 오히려 개인의 관심사에 맞춰 정교하게 설계된 추천 알고리즘과 소셜 미디어 환경은 우리를 보고 싶은 정보만 보고 믿고 싶은 생각만 강화하는 보이지 않는 장벽 속에 가두고 있다. 이러한 현상을 설명하는 대표적인 개념이 바로 '필터 버블(Filter Bubble)'과 '반향실 효과(Echo Chamber)'이다. 이는 현대 미디어 환경이 공론장의 건강성을 어떻게 위협하는지 보여준다.

② '필터 버블'은 구글, 페이스북, 유튜브와 같은 거대 플랫폼 기업의 알고리즘이 만들어내는 개인화된 정보 환경을 의미한다. 이 알고리즘은 사용자의 과거 검색 기록, 클릭 패턴, '좋아요' 표시, 시청 시간 등 방대한 데이터를 분석하여 사용자가 좋아할 만한 콘텐츠를 예측하고 우선적으로 노출시킨다. 그 결과, 사용자는 마치 자신만의 '거품(bubble)' 속에 갇힌 것처럼 자신의 기존 생각이나 관심사와 다른 정보로부터 점차 격리된다. 이는 사용자의 의식적인 선택과 무관하게 알고리즘에 의해 수동적으로 만들어진다는 점에서 문제가 심각하다.

③ '반향실 효과'는 필터 버블과 유사하지만, 정보의 기술적 필터링보다는 공동체 내의 사회적 동질성에 더 초점을 맞춘 개념이다. 이는 비슷한 생각을 가진 사람들이 소셜 미디어나 온라인 커뮤니티 등에서 자신들의 주장과 의견만을 서로 주고받으며, 마치 자신들의 목소리가 '메아리(echo)'처럼 울리는 방 안에 있는 것처럼 느끼는 현상을 말한다. 이 과정에서 집단 내의 신념은 점점 더 강화되고 극단화되며, 자신들과 다른 외부의 의견은 틀리거나 비도덕적인 것으로 간주하며 배척하게 된다. 이는 사용자들이 능동적으로 비슷한 성향의 집단을 찾아 들어간다는 특징이 있다.

④ 필터 버블과 반향실 효과는 심각한 사회적 결과를 초래한다. 첫째, 사회적 양극화를 심화시킨다. 사람들은 자신과 다른 의견을 접할 기회가 줄어들면서 타인에 대한 이해와 관용이 사라지고, 사회는 서로 소통하지 않는 적

대적인 진영으로 분열된다. 둘째, 가짜뉴스와 음모론의 확산을 가속화한다. 한번 특정 집단 내에서 사실로 받아들여진 허위 정보는 외부의 반박이나 검증 없이 내부에서 끊임없이 반복, 강화되면서 확고한 믿음으로 자리 잡게 된다. 결국 사회는 합리적 토론의 기반이 되는 '공유된 현실' 감각을 상실하게 될 위험에 처한다.

5 이러한 문제에서 벗어나기 위해서는 개인적, 사회적 차원의 노력이 모두 필요하다. 개인적으로는 자신의 미디어 소비 습관을 성찰하고, 의식적으로 자신과 다른 관점의 뉴스나 정보를 찾아보는 비판적 미디어 리터러시(media literacy) 역량을 길러야 한다. 사회적으로는 거대 플랫폼 기업에 알고리즘의 투명성을 요구하고, 공익적인 정보가 유통될 수 있도록 제도적 장치를 마련하는 것에 대한 논의가 필요하다. 보이지 않는 정보의 벽을 허물고 더 넓은 세계와 소통하려는 노력만이 건강한 민주주의 사회를 지키는 길이 될 것이다.

■━━━━━━━━━━━━━━━━━━ ■ 지문 해설 및 문항 ■

1. 주제

현대 디지털 미디어 환경에서 개인화된 알고리즘과 사회적 동질성으로 인해 발생하는 '필터 버블'과 '반향실 효과'의 개념, 문제점 및 해결 방안

2. 문단별 TOPIC

1 현대 미디어 환경의 문제 제기와 핵심 개념(필터 버블, 반향실 효과) 소개.
2 알고리즘에 의한 개인화된 정보 환경, '필터 버블'의 개념과 작동 원리.
3 동질적 집단 내에서 신념이 강화되는 '반향실 효과'의 개념과 특징.
4 두 현상이 초래하는 사회적 문제점: 양극화 심화, 가짜뉴스 확산.
5 문제 해결을 위한 개인적(미디어 리터러시) 및 사회적(제도적) 노력의 필요성.

3. 전체 내용 전개

이 글은 현대 미디어 환경이 개인을 정보적으로 고립시키는 문제를 제기하며 '필터 버블'과 '반향실 효과'를 소개한다1. 이후 '필터 버블'을 알고리즘

의 기술적 측면에서②, '반향실 효과'를 커뮤니티의 사회적 측면에서③ 각각 설명한다. 다음으로 이 두 현상이 야기하는 사회적 양극화와 가짜뉴스 확산이라는 심각한 문제점을 분석하고④, 마지막으로 비판적 미디어 리터러시 함양과 제도적 보완이라는 해결 방향을 제시하며 글을 마무리한다⑤.

4. OX로 내용 확인

O|X ① '필터 버블'은 사용자가 의도적으로 자신과 다른 정보를 차단하여 발생하는 현상이다.

O|X ② '반향실 효과'는 비슷한 생각을 가진 사람들끼리 교류하며 기존의 신념이 더 강해지는 현상을 말한다.

O|X ③ 추천 알고리즘은 사용자가 다양한 관점의 정보를 접하도록 돕는 긍정적 역할을 한다.

O|X ④ 이 글은 필터 버블과 반향실 효과가 사회적 양극화를 완화시킨다고 본다.

O|X ⑤ '미디어 리터러시'는 미디어 정보를 비판적으로 이해하고 활용하는 능력이다.

① X / ② O / ③ X / ④ X / ⑤ O

[사회]
시민의 뜻을 대표하다, 대의 민주주의의 원리와 한계

① 모든 시민이 직접 정치 결정에 참여하는 '직접 민주주의'는 고대 아테네와 같은 소규모 공동체에서나 가능했다. 영토가 넓고 인구가 많은 현대 국가에서 모든 시민이 모든 정책을 직접 결정하는 것은 현실적으로 불가능하다. 이러한 한계를 극복하기 위해 등장한 정치 체제가 바로 '대의 민주주의(Representative Democracy)'이다. 대의 민주주의란 시민들이 선거를 통해 자신들의 이익과 의사를 대신할 '대표'를 선출하고, 이 대표들이 의회와 같은 기구에서 법을 만들고 정책을 결정하도록 권한을 위임하는 방식이다.

② 대의 민주주의는 현대 사회에서 여러 중요한 기능을 수행한다. 첫째, 복잡하고 전문적인 정책 사안에 대해 전문가인 대표들이 충분한 시간과 정보를 가지고 합리적인 결정을 내릴 수 있게 함으로써 '정책의 효율성과 전문성'을 높인다. 둘째, 시민들은 일상생활에 종사하면서 주기적인 선거를 통해 대표를 심판하고 교체할 수 있으므로, 정치적 안정성을 유지하면서도 '정치적 책임성'을 확보할 수 있다. 셋째, 다양한 이해관계를 가진 집단들이 자신들의 대표를 통해 의회에서 타협과 조정을 거치게 함으로써 사회 전체의 갈등을 평화적으로 해결하는 장을 제공한다.

③ 그러나 대의 민주주의는 본질적으로 '주인-대리인 문제(Principal-Agent Problem)'를 내포하고 있다. 여기서 주인은 시민(유권자)이며, 대리인은 그들에 의해 선출된 대표(정치인)이다. 시민들은 대표가 자신들의 이익을 위해 성실히 일할 것이라 믿고 권한을 위임하지만, 대표는 시민들의 이익보다 자신의 개인적인 이익이나 소속 정당의 이익을 우선시할 유인이 존재한다. 특히 거대 자본의 로비 활동이나 엄격한 당론에 따른 투표 행위 등은 대표가 시민의 뜻과 괴리된 결정을 내리게 하는 주요 원인으로 지적된다.

④ 또한 대의 민주주의는 '다수의 횡포' 문제를 낳을 수 있다. 선거에서 승리한 다수파가 자신들의 이익만을 반영하는 정책을 추진하면서 소수 집단의 권리나 이익을 무시하거나 침해할 위험이 상존한다. 더불어 시민들이 선거 때만 주권을 행사할 뿐 평상시에는 정치 과정에서 소외된다고 느끼면서

'정치적 무관심'이 확산되는 문제도 발생한다. 시민들이 대표를 효과적으로 감시하고 통제할 수단이 부족할 경우, 민주주의는 시민의 지배가 아닌 소수 엘리트의 지배로 변질될 수 있다.

5 이러한 대의 민주주의의 한계를 보완하기 위해 현대 민주주의 국가들은 다양한 제도를 모색하고 있다. 국민투표나 주민소환제와 같은 '직접 민주주의' 요소를 도입하여 중요 사안에 대해 시민의 의사를 직접 묻거나, 시민들이 정책 과정에 참여하여 숙의하는 '시민 참여' 제도를 활성화하는 것이 그 예이다. 또한 인터넷과 소셜 미디어의 발달은 시민들이 대표를 감시하고 여론을 형성하는 새로운 가능성을 열어주고 있다. 결국 건강한 민주주의는 완벽한 제도를 찾는 것이 아니라, 대의제의 원칙을 존중하면서도 시민의 참여를 확대하여 그 한계를 끊임없이 보완해 나가는 과정에 있다.

■━━━━━━━━━━━━━━ ■ 지문 해설 및 문항 ■

1. 주제

현대 국가의 보편적 정치 체제인 '대의 민주주의'의 작동 원리와 장점, 그리고 주인-대리인 문제 및 다수의 횡포와 같은 본질적 한계와 그 보완책

2. 문단별 TOPIC

1 대의 민주주의의 개념과 등장 배경.
2 대의 민주주의의 긍정적 기능: 효율성, 전문성, 책임성, 갈등 조정.
3 대의 민주주의의 한계 ①: 시민과 대표의 이해관계가 달라지는 '주인-대리인 문제'.
4 대의 민주주의의 한계 ②: '다수의 횡포'와 '정치적 무관심'.
5 직접 민주주의 요소 도입, 시민 참여 활성화 등 대의 민주주의의 한계를 보완하려는 노력.

3. 전체 내용 전개

이 글은 '대의 민주주의'를 직접 민주주의의 현실적 대안으로 소개하며 그 개념을 설명한다1. 이후 대의제가 갖는 효율성, 책임성 등 긍정적 기능을

분석하고②, 이어 '주인-대리인 문제'③와 '다수의 횡포', '정치적 무관심'④이라는 본질적 한계를 지적한다. 마지막으로, 이러한 한계를 극복하기 위해 직접 민주주의 요소를 도입하거나 시민 참여를 확대하는 등의 보완책을 제시하며 글을 마무리한다⑤.

4. OX로 내용 확인

O|X ① 대의 민주주의에서 시민은 정치적 결정을 할 권한을 대표에게 위임한다.

O|X ② 대의 민주주의는 현대 국가의 복잡한 정책을 효율적으로 처리하는 데 장점이 있다.

O|X ③ '주인-대리인 문제'는 대표가 항상 시민의 이익을 최우선으로 고려하기 때문에 발생한다.

O|X ④ 소수 집단의 의견이 정치 과정에 잘 반영되지 못하는 것은 대의 민주주의의 한계점으로 지적된다.

O|X ⑤ 국민투표는 대의 민주주의의 한계를 보완하기 위해 도입된 직접 민주주의적 요소이다.

① O / ② O / ③ X / ④ O / ⑤ O

> [사회]
> 무엇을 생각할지 정해주는 힘, 미디어의 의제설정 이론

① 대중매체, 즉 미디어는 우리에게 세상을 보여주는 창(窓)이다. 하지만 그 창은 세상을 있는 그대로 투명하게 비추지만은 않는다. 미디어는 수많은 사건과 현상 중에서 특정 사안을 선택하여 집중적으로 보도함으로써, 대중이 무엇을 중요하게 생각하고 무엇에 대해 이야기할지를 결정하는 강력한 힘을 가진다. "미디어는 사람들에게 '어떻게' 생각할지를 말하는 데는 실패할지 몰라도, '무엇에 관해' 생각할지를 말하는 데는 놀라울 정도로 성공적이다."라는 말은 이러한 미디어의 영향력을 설명하는 '의제설정 이론(Agenda-Setting Theory)'의 핵심을 보여준다.

② 의제설정 이론은 두 가지 수준으로 나누어 설명된다. '1수준 의제설정'은 전통적인 개념으로, 미디어가 특정 이슈를 더 빈번하고 비중 있게 다룰수록, 대중 역시 그 이슈를 더 중요한 사회 문제로 인식하게 되는 현상을 말한다. 예를 들어, 실제 범죄율의 변화와 상관없이 언론이 강력 범죄 사건을 연일 대서특필하면, 사람들은 우리 사회의 가장 시급한 문제가 '치안 불안'이라고 생각하게 된다. 이처럼 미디어는 특정 이슈를 공중의 관심사, 즉 '공중의제(public agenda)'로 만드는 역할을 한다.

③ '2수준 의제설정'은 '프레이밍(Framing)', 즉 '틀짓기' 효과라고도 불리며, 1수준에서 한 단계 더 나아간 개념이다. 이는 미디어가 특정 이슈의 '무엇'을 중요하게 다룰지를 넘어, 그 이슈를 '어떻게' 다룰지를 결정함으로써 대중의 인식에 영향을 미친다는 것이다. 미디어는 어떤 이슈의 수많은 속성 중에서 특정 측면을 선택하고 강조하여 보도함으로써 그 이슈에 대한 해석의 틀을 제공한다. 예를 들어, 새로운 원자력 발전소 건설 문제를 '안정적인 에너지 공급'이라는 경제적 프레임으로 보도하느냐, '환경오염과 안전'이라는 위험성 프레임으로 보도하느냐에 따라 대중의 여론은 크게 달라질 수 있다.

④ 미디어의 의제설정 효과는 모든 사람에게 동일하게 나타나는 것은 아니다. 몇 가지 요인이 그 효과의 강도를 조절한다. 우선, 해당 이슈에 대한 개인의 직접적인 경험이 적고 불확실성이 클수록, 즉 '지침 욕구(need for orientation)'가 높을수록 미디어 의제에 더 큰 영향을 받는다. 또한, 해당 미디어에 대한 '신뢰도'가 높을수록 의제설정 효과는 강해진다. 반면, 이슈가 개인의 일상과 밀접하게 관련되어 직접 경험할 수 있는 '비개입적 이슈'보다는, 국제 문제와 같이 직접 경험하기 어려운 '개입적 이슈'에서 의제설정 효과가 더 뚜렷하게 나타나는 경향이 있다.

5 소셜 미디어와 인터넷의 발달로 미디어 환경이 다변화되면서, 전통적인 언론의 의제설정 능력은 과거보다 약화되었다는 주장도 있다. 하지만 여전히 주요 언론사나 영향력 있는 온라인 플랫폼은 사회적 담론의 방향을 결정하는 중요한 힘을 가지고 있다. 의제설정 이론은 미디어가 단순히 현실을 반영하는 거울이 아니라, 우리가 살아가는 사회적 현실을 구성하고 여론을 형성하는 능동적인 행위자임을 일깨워준다. 따라서 미디어가 제시하는 의제를 비판적으로 수용하고 다양한 정보원을 통해 균형 잡힌 시각을 갖추려는 노력이 그 어느 때보다 중요해졌다.

■ 지문 해설 및 문항 ■

1. 주제

미디어가 보도의 선택과 강조를 통해 대중이 중요하게 생각하는 이슈(의제)를 결정하는 '의제설정 이론'의 두 가지 수준과 그 영향 요인 및 현대적 의의

2. 문단별 TOPIC

1 의제설정 이론의 핵심 개념: 미디어가 '무엇에 관해' 생각할지를 결정하는 힘.

2 '1수준 의제설정': 이슈의 중요성을 부각하여 공중 의제로 만드는 과정.

3 '2수준 의제설정(프레이밍)': 이슈의 특정 속성을 강조하여 해석의 틀을 제공하는 과정.

4 의제설정 효과에 영향을 미치는 요인들(지침 욕구, 신뢰도, 이슈의 성격 등).

5 디지털 시대의 의제설정 이론의 의의와 비판적 미디어 수용 태도의 중요성.

3. 전체 내용 전개

이 글은 미디어가 공중의 관심사를 결정한다는 '의제설정 이론'을 소개하며 시작한다❶. 이후 이론을 두 가지 수준으로 나누어, 이슈의 중요도를 부각하는 '1수준 의제설정'❷과 이슈의 속성을 강조하는 '2수준 의제설정(프레이밍)'❸을 설명한다. 다음으로 이러한 효과의 강도에 영향을 미치는 요인들을 분석하고❹, 마지막으로 디지털 미디어 환경에서도 여전히 유효한 이 이론의 시사점과 비판적 미디어 수용의 필요성을 강조하며 글을 마무리한다❺.

4. OX로 내용 확인

O│X   ① 의제설정 이론에 따르면, 미디어는 대중의 생각에 아무런 영향을 미치지 못한다.

O│X   ② '1수준 의제설정'은 미디어가 특정 이슈를 자주 보도함으로써 그 이슈의 중요성을 부각시키는 것을 말한다.

O│X   ③ 어떤 사건을 경제적 관점에서 보도할지, 인권의 관점에서 보도할지를 정하는 것은 '2수준 의제설정'과 관련이 깊다.

O│X   ④ 어떤 이슈에 대해 잘 모를수록 미디어의 의제설정 효과에 더 적게 영향을 받는다.

O│X   ⑤ 이 글은 현대 사회에서 주요 언론의 의제설정 능력이 완전히 사라졌다고 본다.

① X / ② O / ③ O / ④ X / ⑤ X

[경제]
경제의 체온계, 금리의 역할과 파급 효과

1 돈을 빌리고 빌려주는 금융거래에서 원금에 대해 지급하는 이자의 비율을 '금리(金利)'라고 한다. 금리는 돈의 가치를 나타내는 가격표와 같아서, 국가 경제 전반의 흐름을 조율하는 핵심적인 역할을 수행한다. 이 때문에 금리는 종종 경제의 '체온계'에 비유된다. 각 나라의 중앙은행은 '기준금리'를 결정하여 통화 정책의 방향을 제시하고, 이는 시중은행의 예금 및 대출 금리에 영향을 미침으로써 경제 전체의 돈의 흐름, 즉 유동성을 조절하는 출발점이 된다.

2 중앙은행이 기준금리를 인상하면, 시중은행들도 대출 금리를 올리게 된다. 이는 가계와 기업에 직접적인 영향을 미친다. 가계는 높아진 이자 부담 때문에 주택담보대출이나 신용대출을 줄이고 소비를 억제하게 된다. 기업 역시 자금 조달 비용이 증가하므로 신규 투자나 공장 증설을 망설이게 된다. 이처럼 금리 인상은 시중의 돈을 은행으로 끌어들여 소비와 투자를 위축시키는 효과를 가져오며, 이는 과열된 경기를 진정시키고 물가 상승(인플레이션) 압력을 완화하는 수단으로 활용된다.

3 반대로 경기가 침체되었을 때 중앙은행은 기준금리를 인하한다. 낮아진 금리는 가계의 대출 부담을 줄여 소비를 촉진하고, 기업에게는 저렴한 비용으로 자금을 조달하여 투자를 늘릴 기회를 제공한다. 예를 들어, 한 기업이 연 5%의 금리로는 사업성이 없다고 판단했던 신규 사업을 연 2%의 금리로는 추진할 수 있게 되는 것이다. 이와 같이 금리 인하는 시중에 돈을 풀어 소비와 투자를 활성화시킴으로써 침체된 경기를 부양하는 효과를 기대할 수 있다.

4 금리의 변동은 주식이나 부동산과 같은 자산 시장에도 큰 영향을 미친다. 금리가 인상되면 안전 자산인 은행 예금의 매력이 상대적으로 커지므로, 위험 자산인 주식이나 부동산 시장에서 자금이 빠져나갈 수 있다. 또한, 대출이자 부담 증가는 부동산 구매 심리를 위축시키는 요인이 된다. 반대로 금리가 인하되면, 사람들은 은행 예금보다 더 높은 수익을 기대하며 주식이나 부

동산으로 눈을 돌리게 되어 자산 가격이 상승하는 경향이 나타난다.

5 이처럼 금리는 소비, 투자, 물가, 자산 가격 등 경제의 모든 영역에 연쇄적으로 영향을 미치는 강력한 정책 수단이다. 하지만 금리 정책은 그 효과가 나타나기까지 시간이 걸리고, 경제 상황을 정확히 예측하기 어렵다는 한계를 지닌다. 너무 늦거나 과도한 금리 조정은 오히려 경제의 불안정성을 키울 수 있는 '양날의 검'과 같다. 따라서 중앙은행은 경제의 전반적인 상황을 면밀히 분석하여 신중하게 통화 정책을 운용해야 하는 무거운 책임을 지고 있다.

■───────────────────────── ■ 지문 해설 및 문항 ■

1. 주제

국가 경제의 핵심 조절 변수인 '금리'의 개념과, 중앙은행의 기준금리 변동이 가계 소비, 기업 투자, 물가, 자산 시장에 미치는 파급 효과 및 그 정책적 의의

2. 문단별 TOPIC

1 금리의 개념 정의와 경제의 체온계로서의 역할, 기준금리의 중요성.
2 금리 인상의 효과: 소비 및 투자 위축을 통한 경기 진정 및 물가 안정.
3 금리 인하의 효과: 소비 및 투자 촉진을 통한 경기 부양.
4 금리 변동이 주식, 부동산 등 자산 시장에 미치는 영향.
5 금리 정책의 종합적 의의와 효과의 시차 등 정책적 한계.

3. 전체 내용 전개

이 글은 '금리'를 돈의 가격이자 경제의 체온계로 소개하며 그 개념을 설명한다1. 이후 중앙은행의 기준금리 조절이 경제에 미치는 영향을 '금리 인상'2과 '금리 인하'3의 경우로 나누어 각각의 파급 경로를 구체적 사례를 통해 분석한다. 나아가 금리가 자산 시장에 미치는 영향까지 설명한 뒤4, 마지막으로 금리 정책이 갖는 중요성과 동시에 신중한 운용이 필요한 이유를 밝히며 글을 마무리한다5.

4. OX로 내용 확인

O | X ① 중앙은행의 기준금리 인하는 시중은행의 대출 금리 인상 요인으로 작용한다.

O | X ② 일반적으로 금리가 인상되면 기업의 투자 활동은 위축되는 경향이 있다.

O | X ③ 경기가 과열되고 물가 상승이 우려될 때, 중앙은행은 기준금리를 인하하는 정책을 사용한다.

O | X ④ 금리가 하락하면 안전 자산인 예금보다 위험 자산인 주식의 투자 매력도가 상대적으로 높아질 수 있다.

O | X ⑤ 금리 정책의 효과는 경제에 즉각적으로 나타나는 특징이 있다.

①X / ②O / ③X / ④O / ⑤X

[경제]
정부의 지갑 열기, 재정정책을 통한 경기 조절

① 경기는 끊임없이 확장과 수축을 반복한다. 경제가 지나치게 과열되거나 침체되면 사회 전반에 불안정성이 커지므로, 정부는 이를 안정시키기 위해 다양한 정책 수단을 사용한다. 그중 가장 대표적인 것이 바로 '재정정책(Fiscal Policy)'이다. 재정정책이란 정부가 '정부지출'과 '조세(세금)'의 크기를 조절하여 총수요에 영향을 미침으로써 경기를 안정시키고 완전 고용과 물가 안정과 같은 목표를 달성하려는 경제 정책이다. 이는 중앙은행이 금리나 통화량을 조절하는 '통화정책'과는 구별되는, 정부의 고유한 정책 영역이다.
② 경기가 침체되고 실업률이 높을 때, 정부는 '확장적 재정정책'을 사용한다. 이는 정부지출을 늘리거나 세금을 깎아주어 시중에 돈을 푸는 방식이다. 정부가 도로, 항만과 같은 사회기반시설(SOC)에 대한 투자를 늘리거나(정부지출 증가), 국민들의 소득세를 감면하여(조세 감소) 가처분소득을 늘려주는 것이 그 예이다. 이러한 정책은 가계의 소비와 기업의 투자를 촉진하여 국내 총수요를 증가시키고, 이를 통해 침체된 경기를 부양하고 일자리를 창출하는 효과를 목적으로 한다.
③ 반대로 경기가 지나치게 과열되어 물가 상승(인플레이션)이 우려될 때, 정부는 '긴축적 재정정책'을 사용한다. 이는 확장적 재정정책과 반대로, 정부지출을 줄이거나 세금을 더 많이 거두어들여 시중의 과도한 수요를 억제하는 방식이다. 정부가 불필요한 사업 예산을 삭감하거나(정부지출 감소) 법인세를 인상하여(조세 증가) 기업의 투자 의욕을 조절하는 것이 그 예이다. 이를 통해 총수요를 감소시켜 과열된 경기를 진정시키고 치솟는 물가를 안정시키는 효과를 기대할 수 있다.
④ 그러나 재정정책은 몇 가지 한계를 지닌다. 첫째, '구축효과(Crowding-out Effect)'가 발생할 수 있다. 정부가 지출을 늘리기 위해 국채를 발행하면 시중의 자금이 정부로 흡수되어 이자율이 상승하고, 이는 오히려 민간 기업의 투자를 위축시키는 결과를 낳을 수 있다. 둘째, 정책의 효과가 나타나기까지 상당한 '시간이 지연'된다는 문제가 있다. 경제 상황을 인식하고, 국회의

심의를 거쳐 정책을 실행하고, 그 효과가 나타나기까지는 오랜 시간이 걸려 때를 놓칠 수 있다. 셋째, 확장적 재정정책은 필연적으로 '국가채무'의 증가를 동반하여 미래 세대에 부담을 줄 수 있다.

5 이러한 한계에도 불구하고 재정정책은 경기 안정화에 있어 여전히 강력하고 필수적인 정책 수단으로 인정받는다. 특히 금리 인하만으로는 효과를 보기 어려운 심각한 경기 침체기에는 정부의 직접적인 수요 창출 노력이 결정적인 역할을 할 수 있다. 따라서 재정정책의 효과와 한계를 명확히 인식하고, 통화정책과 조화롭게 사용하며, 장기적인 재정 건전성을 고려하여 신중하게 운용하는 지혜가 현대 국가 경제 운영의 핵심 과제라고 할 수 있다.

■ 지문 해설 및 문항 ■

1. 주제

정부가 정부지출과 조세를 통해 경기를 조절하는 '재정정책'의 원리, 종류 (확장적/긴축적 정책) 및 구축효과, 국가채무 증가와 같은 한계점

2. 문단별 TOPIC

1 재정정책의 개념 정의와 경기 안정화라는 정책 목표.
2 '확장적 재정정책' : 경기 침체 시 총수요를 늘리기 위한 정부지출 증가 및 조세 감면.
3 '긴축적 재정정책' : 경기 과열 시 총수요를 줄이기 위한 정부지출 감소 및 조세 증대.
4 재정정책의 한계 : 구축효과, 시간 지연, 국가채무 증가의 문제.
5 재정정책의 종합적 의의와 통화정책과의 조화로운 운용 필요성.

3. 전체 내용 전개

이 글은 경기 안정화를 위한 정부의 핵심 정책인 '재정정책'의 개념을 소개하며 시작한다1. 이후 경기를 부양하기 위한 '확장적 재정정책'2과 경기를 진정시키기 위한 '긴축적 재정정책'3의 구체적인 수단과 작동 원리를 설명한다. 다음으로 재정정책이 갖는 구축효과, 시간 지연, 국가채무 증가와 같

은 내재적 한계를 분석하고❹, 마지막으로 이러한 한계에도 불구하고 재정정책이 여전히 중요한 이유와 그 정책적 시사점을 제시하며 글을 마무리한다❺.

4. OX로 내용 확인

O|X ① 중앙은행이 기준금리를 조절하는 것은 재정정책에 해당한다.
O|X ② 정부가 실업률을 낮추기 위해 대규모 공공근로 사업을 시작하는 것은 확장적 재정정책의 예이다.
O|X ③ 물가 안정을 위해 정부가 세금을 인상하는 것은 긴축적 재정정책에 해당한다.
O|X ④ '구축효과'란 정부지출 증가가 민간 소비와 투자를 촉진하는 효과를 말한다.
O|X ⑤ 재정정책은 국회의 예산 심의 과정 등으로 인해 정책 실행에 시간이 걸릴 수 있다.

①X / ②O / ③O / ④X / ⑤O

[경제]
최소한의 인간다운 삶을 위한 안전망, 사회보장제도

◻1 현대 사회의 개인은 실업, 질병, 노령, 산업재해 등 자신의 의지만으로는 예측하거나 통제하기 어려운 다양한 '사회적 위험'에 노출되어 있다. 이러한 위험이 발생했을 때 개인과 가정이 겪는 어려움을 사회 전체가 공동으로 대처하여 모든 국민의 최소한의 인간다운 삶을 보장하기 위한 제도가 바로 '사회보장제도'이다. 이는 단순히 가난한 사람을 돕는 시혜적 차원을 넘어, 모든 국민이 누려야 할 기본적인 권리로서 현대 복지국가의 근간을 이루는 핵심적인 제도적 장치이다.

◻2 우리나라의 사회보장제도는 크게 '사회보험', '공공부조', '사회서비스'라는 세 가지 축으로 구성된다. 이 중 가장 핵심적인 역할을 하는 '사회보험'은 국민에게 발생할 수 있는 사회적 위험을 보험의 방식으로 대처하는 제도이다. 국민건강보험, 국민연금, 고용보험, 산업재해보상보험이 이에 해당한다. 사회보험은 법률에 의해 가입이 강제되며, 보험료는 가입자와 사업주, 그리고 정부가 함께 부담한다. 이는 위험을 사회적으로 분산시키고, 자신이 낸 보험료(기여)를 바탕으로 혜택(급여)을 받는다는 점에서 상호 부조의 성격을 갖는다.

◻3 '공공부조'는 사회보험의 혜택을 받지 못하거나 사회보험만으로는 생계를 유지하기 어려운 저소득층을 대상으로 국가와 지방자치단체가 책임지고 최소한의 생활을 보장하는 제도이다. 대표적인 예가 '국민기초생활보장제도'이다. 공공부조는 사회보험과 달리 수급자가 별도의 기여금을 내지 않고, 국가의 일반 재정, 즉 세금을 재원으로 한다. 따라서 혜택을 받기 위해서는 소득이나 재산이 일정 기준 이하임이 증명되어야 하는 '자산 조사' 과정을 거친다. 이는 빈곤 문제를 해결하고 사회적 불평등을 완화하는 최후의 사회 안전망 역할을 한다.

◻4 '사회서비스'는 도움이 필요한 모든 국민에게 상담, 재활, 돌봄, 정보 제공 등 비금전적인 형태의 지원을 제공하는 제도이다. 아동 보육 서비스, 노인 돌봄 서비스, 장애인 활동 지원 서비스 등이 이에 해당한다. 사회서비스

는 특정 현금 급여만으로는 해결하기 어려운 다양한 욕구를 충족시키고, 국민 개개인의 자립을 지원하며 삶의 질을 실질적으로 향상시키는 것을 목표로 한다. 이는 모든 국민의 잠재력을 개발하고 사회 참여를 촉진한다는 점에서 중요한 의미를 갖는다.

5 이처럼 사회보장제도는 사회보험, 공공부조, 사회서비스가 상호 보완적으로 작동하며 전 국민을 사회적 위험으로부터 보호하는 촘촘한 그물망 역할을 한다. 하지만 최근 급격한 저출산·고령화 현상은 사회보험의 재정 지속가능성에 대한 심각한 도전이 되고 있으며, 복지 확대에 따른 재원 마련 문제 역시 끊임없는 사회적 논쟁거리이다. 결국 한정된 자원으로 어떻게 더 효율적이고 지속가능한 사회 안전망을 구축해 나갈 것인가는 우리 사회가 함께 풀어가야 할 중요한 과제이다.

■━━━━━━━━━━━━━━━━━━━━━ ■ 지문 해설 및 문항 ■

1. 주제
사회적 위험에 공동으로 대처하여 국민의 기본적인 삶을 보장하는 '사회보장제도'의 개념과, 이를 구성하는 세 가지 핵심 요소(사회보험, 공공부조, 사회서비스)의 특징과 기능

2. 문단별 TOPIC
1 사회보장제도의 개념과 현대 복지국가에서의 필요성.
2 사회보장제도의 핵심 축 ①: 보험 원리에 기반한 '사회보험'.
3 사회보장제도의 핵심 축 ②: 저소득층을 위한 최후의 안전망 '공공부조'.
4 사회보장제도의 핵심 축 ③: 비금전적 지원을 통한 삶의 질 향상 '사회서비스'.
5 사회보장제도의 종합적 의의와 저출산·고령화 시대의 재정 지속가능성 문제.

3. 전체 내용 전개
이 글은 현대 사회에서 발생하는 '사회적 위험'에 대응하기 위한 '사회보장

제도'의 개념을 소개하며 시작한다❶. 이후 사회보장제도를 구성하는 세 가지 핵심 요소를 '사회보험'❷, '공공부조'❸, '사회서비스'❹로 나누어 각각의 작동 원리, 재원, 대상, 목표를 구체적으로 설명한다. 마지막으로 이 제도들이 상호 보완적으로 작동함을 강조하는 동시에, 고령화와 같은 사회 변화 속에서 마주한 과제를 제시하며 글을 마무리한다❺.

4. OX로 내용 확인

O|X ① 사회보장제도는 모든 국민이 아닌 일부 빈곤층만을 대상으로 하는 제도이다.

O|X ② 국민연금과 같은 사회보험은 가입자의 기여(보험료 납부)를 전제로 급여를 지급한다.

O|X ③ 공공부조는 사회보험과 달리 혜택을 받기 위해 별도의 자산 조사를 거칠 필요가 없다.

O|X ④ 노인 돌봄 서비스와 같은 현물 지원은 사회서비스의 한 예이다.

O|X ⑤ 저출산·고령화는 사회보험의 재정적 지속가능성을 위협하는 요인으로 작용한다.

①X / ②O / ③X / ④O / ⑤O

[경제]
두 나라 화폐의 교환 비율, 환율의 결정과 경제적 영향

1 해외여행을 가거나 외국 물건을 수입할 때, 우리는 원화를 달러나 엔화와 같은 다른 나라의 화폐로 바꾸어야 한다. 이때 적용되는 두 나라 화폐 사이의 교환 비율을 '환율(Exchange Rate)'이라고 한다. 환율은 단순히 돈을 교환하는 비율을 넘어, 한 나라의 경제가 다른 나라 경제와 관계를 맺는 과정에서 가장 중요한 가격 변수 중 하나로 작용한다. 따라서 환율의 변동은 수출입 기업은 물론 국가 경제 전체와 개인의 경제생활에까지 광범위한 영향을 미친다.

2 외환시장에서 환율은 어떻게 결정될까? 일반적인 상품의 가격과 마찬가지로, 환율 역시 외환(외국 돈, 대표적으로 달러)에 대한 '수요'와 '공급'에 의해 결정된다. 우리나라 기업이 해외에서 원자재를 수입하거나 국민이 해외 투자를 하려면 달러가 필요하므로 외환에 대한 수요가 발생한다. 반대로, 우리나라 기업이 해외에 반도체나 자동차를 수출하거나 외국인이 국내에 투자를 하면 달러가 국내로 들어오므로 외환의 공급이 발생한다. 이때 외환 공급에 비해 수요가 많아지면 환율은 상승하고, 수요에 비해 공급이 많아지면 환율은 하락한다.

3 '환율 상승'은 원화의 가치가 상대적으로 하락했음을 의미한다. 예를 들어, 1달러당 환율이 1,000원에서 1,200원으로 올랐다고 하자. 이 경우, 과거 1달러에 팔던 수출품의 가격을 그대로 유지해도 국내 기업은 1,000원이 아닌 1,200원을 벌게 되어 수익성이 좋아진다. 혹은 수출품의 달러 표시 가격을 낮춰 가격 경쟁력을 높일 수도 있다. 따라서 환율 상승은 수출에 유리하게 작용한다. 반면, 수입업자는 과거 1,000원이면 사 오던 1달러짜리 물건을 1,200원을 주어야 하므로 수입품의 원화 가격이 상승하고, 이는 국내 물가 상승의 요인이 된다.

4 '환율 하락'은 반대로 원화의 가치가 상대적으로 상승했음을 의미한다. 1달러당 환율이 1,000원에서 900원으로 내렸다고 가정해보자. 이 경우, 수출 기업은 과거와 같은 1달러를 벌어도 원화 환산 수입이 줄어들어 수익성이

악화된다. 반면, 수입품의 가격은 저렴해져 수입이 늘어나는 경향이 있다. 또한 해외에서 물건을 구매하거나 해외여행을 가는 국민들의 부담은 줄어든다. 이처럼 환율 하락은 수입 물가를 안정시켜 국내 물가 안정에는 도움이 되지만, 수출 기업의 채산성을 악화시키는 부담으로 작용한다.

5 이처럼 환율의 변동은 수출과 수입, 국내 물가, 해외 투자 등 경제의 여러 측면에 동전의 양면처럼 상반된 영향을 미친다. 따라서 정부와 중앙은행은 급격한 환율 변동이 경제에 주는 충격을 완화하기 위해 외환시장에 개입하는 등 안정적인 환율을 유지하기 위해 노력한다. 환율은 복잡한 대내외 경제 여건을 종합적으로 반영하는 거울과 같아서, 그 움직임을 이해하는 것은 세계 경제의 흐름 속에서 우리 경제의 현주소를 파악하는 중요한 첫걸음이다.

■ 지문 해설 및 문항 ■

1. 주제

두 나라 화폐의 교환 비율인 '환율'이 외환의 수요와 공급에 의해 결정되는 원리와, 환율의 변동(상승/하락)이 수출, 수입, 물가 등 국가 경제에 미치는 영향

2. 문단별 TOPIC

1 환율의 개념과 국가 경제에서의 중요성.
2 외환의 수요와 공급에 따른 환율의 결정 원리.
3 '환율 상승(원화 가치 하락)'이 수출 증대와 국내 물가 상승에 미치는 영향.
4 '환율 하락(원화 가치 상승)'이 수출 감소와 국내 물가 안정에 미치는 영향.
5 환율 변동의 양면성과 안정적 환율 관리의 필요성.

3. 전체 내용 전개

이 글은 '환율'의 개념을 소개하고 그것이 경제에 미치는 중요성을 언급하며 시작한다 1. 이후 외환의 수요와 공급이라는 시장 원리에 따라 환율이 결정되는 과정을 설명한다 2. 그리고 '환율 상승' 3 과 '환율 하락' 4 의 두 가

지 경우로 나누어, 각각의 상황이 수출입과 국내 물가에 어떤 상반된 영향을 미치는지를 구체적인 예를 들어 분석한다. 마지막으로 환율 변동의 양면성을 강조하며 안정적인 환율 관리의 중요성을 역설하며 글을 마무리한다⑤.

4. OX로 내용 확인

O|X ① 외국인이 국내 주식 시장에 투자를 늘리면 외환 공급이 증가하여 환율 하락 요인으로 작용한다.
O|X ② 환율이 상승하면 원화의 가치는 상승한 것이다.
O|X ③ 환율이 1달러=1,100원에서 1,300원으로 상승하면, 해외로 유학 간 자녀에게 송금하는 부모의 부담은 줄어든다.
O|X ④ 일반적으로 환율이 하락하면 수입품의 국내 가격이 저렴해져 수입이 증가하는 경향이 있다.
O|X ⑤ 수출 기업의 입장에서는 환율이 하락하는 것이 수익성 개선에 더 유리하다.

① O / ② X / ③ X / ④ O / ⑤ X

[경제]
주제: 기업의 소유권 증서, 주식의 가치와 주식 시장

■1 기업이 대규모 사업을 위해 필요한 거대한 자금을 조달하는 방법에는 여러 가지가 있다. 그중 가장 대표적인 것이 바로 주식회사를 설립하고 '주식(Stock)'을 발행하는 것이다. 주식이란 주식회사의 소유권을 잘게 나누어 놓은 증서를 의미하며, 주식을 가진 사람, 즉 '주주'는 그 지분만큼 회사의 주인이 된다. 이처럼 주식은 기업에게는 성장에 필요한 자금을 모으는 수단이 되고, 투자자에게는 기업 경영의 성과를 공유할 기회를 제공하는 자본주의 경제의 핵심적인 금융 상품이다.

■2 기업이 처음으로 외부 투자자에게 주식을 공개적으로 판매하는 것을 '기업공개(IPO, Initial Public Offering)'라고 한다. 기업은 IPO를 통해 '발행시장'에서 대규모 자금을 조달할 수 있다. 이렇게 한번 발행된 주식은 이후 투자자들 사이에서 자유롭게 사고 팔리는데, 이러한 거래가 이루어지는 공간이 바로 '유통시장', 즉 우리가 흔히 말하는 '주식 시장(증권거래소)'이다. 유통시장이 활성화되어 있어야 투자자들이 언제든 주식을 현금화할 수 있으므로, 기업은 발행시장에서 더 쉽게 자금을 조달할 수 있다.

■3 주식의 가격, 즉 '주가'는 주식 시장에서 끊임없이 변동한다. 주가를 결정하는 가장 근본적인 요인은 해당 기업의 '내재적 가치'이다. 기업이 꾸준히 이익을 내고 앞으로도 계속 성장할 것이라는 기대감이 높을수록 주가는 상승한다. 하지만 주가는 기업의 실적만으로 결정되지 않는다. 금리나 환율과 같은 국내외 거시 경제 상황, 시장 전체의 투자 심리, 새로운 기술의 등장과 같은 산업의 변화 등 수많은 외부 요인에 의해서도 복합적으로 영향을 받는다. 결국 주가는 이러한 요인들을 바탕으로 한 주식의 '수요'와 '공급'이 만나는 지점에서 결정된다.

■4 투자자들이 주식을 통해 얻을 수 있는 수익은 크게 두 가지이다. 첫째는 주식을 산 가격보다 비싸게 팔아 얻는 '시세 차익(Capital Gain)'이다. 둘째는 기업이 한 해 동안 벌어들인 이익의 일부를 주주들에게 지분에 따라 나누어 주는 '배당(Dividend)'이다. 하지만 주식 투자는 항상 수익을 보장하지 않는

다. 기업의 경영 성과가 나빠지거나 경제 상황이 악화되면 주가가 매입 가격보다 떨어져 '원금 손실'의 위험이 발생할 수 있다. 이는 은행 예금과 달리 주식 투자가 '고위험-고수익'의 특징을 갖는 이유이다.

5 결론적으로 주식 시장은 현대 자본주의 경제의 심장과 같은 역할을 한다. 혁신적인 아이디어를 가진 기업에게는 성장에 필요한 자양분을 공급하고, 국민에게는 유망한 기업에 투자하여 부를 증식할 수 있는 기회를 제공한다. 물론 주식 시장은 때로 비이성적인 과열이나 급락을 보이는 등 불안정한 모습을 보이기도 한다. 따라서 투자자는 기업의 가치를 신중하게 분석하고 자신의 투자 원칙을 지키며 장기적인 관점에서 시장에 참여하는 자세가 요구된다.

■ 지문 해설 및 문항 ■

1. 주제
주식회사의 자금 조달 수단이자 소유권 증서인 '주식'의 개념과, 주식이 발행되고 유통되는 주식 시장의 원리, 그리고 주식 투자의 수익과 위험

2. 문단별 TOPIC
1 '주식'의 개념 정의와 자본주의 경제에서의 역할.
2 주식의 '발행시장(IPO)'과 '유통시장(주식 시장)'의 기능.
3 기업의 내재적 가치와 외부 요인에 따른 '주가'의 결정 원리.
4 주식 투자의 두 가지 수익(시세 차익, 배당)과 원금 손실의 위험.
5 주식 시장의 종합적 의의와 투자자에게 요구되는 자세.

3. 전체 내용 전개
이 글은 '주식'의 기본적인 개념을 기업의 자금 조달과 투자자의 이익 공유라는 두 측면에서 소개하며 시작한다1. 이후 주식이 처음 발행되는 '발행시장'과 투자자 간에 거래되는 '유통시장'을 구분하여 설명하고2, 주식의 가격이 결정되는 복합적인 요인들을 분석한다3. 다음으로 투자자가 주식을 통해 얻는 수익의 종류와 그에 따르는 위험을 설명하며4, 마지막으로 현대

경제에서 주식 시장이 갖는 핵심적인 역할을 강조하며 글을 마무리한다5.

4. OX로 내용 확인

O|X　① 주주는 자신이 보유한 지분만큼 회사의 손실에 대해 무한한 책임을 져야 한다.

O|X　② 유통시장이 잘 발달되어 있어야 기업이 발행시장에서 자금을 조달하기 더 용이하다.

O|X　③ 주가는 해당 기업의 경영 실적과 무관하게 결정된다.

O|X　④ 주식을 보유한 투자자는 시세 차익과 배당을 통해 수익을 얻을 수 있다.

O|X　⑤ 주식 투자는 원금 손실의 위험이 없는 안전한 투자 수단이다.

①X / ②O / ③X / ④O / ⑤X

[경제]
거시 경제의 삼각관계: 금리, 환율, 주가의 상호작용

1️⃣ 금리, 환율, 주가는 한 나라의 거시 경제 상태를 보여주는 대표적인 세 가지 지표이다. 이 세 변수는 각각 독립적으로 움직이는 것이 아니라, 마치 톱니바퀴처럼 서로 맞물려 돌아가며 영향을 주고받는 복잡한 관계망을 형성한다. 따라서 경제의 흐름을 정확히 이해하기 위해서는 이들 사이의 상호작용 메커니즘을 파악하는 것이 매우 중요하다. 물론 실제 경제는 다양한 변수가 작용하여 이론처럼 단순하게 움직이지는 않지만, 이들 삼각관계의 기본적인 작동 원리를 이해하는 것은 경제 현상을 분석하는 중요한 틀을 제공한다.

2️⃣ 가장 기본적인 관계는 '금리'와 '환율'의 상호작용에서 시작된다. 다른 조건이 일정하다고 가정할 때, 우리나라의 기준금리가 인상되면 더 높은 수익률을 기대하는 외국인 투자 자금이 국내로 유입될 가능성이 커진다. 국내에 투자하기 위해 외국인들이 달러를 팔고 원화를 사려는 수요가 늘어나면, 외환시장에서는 달러의 공급이 증가하게 된다. 그 결과 원화의 가치는 상승하고 달러의 가치는 하락하여, 환율은 하락하게 된다(원화 강세). 반대로 금리가 인하되면 자금이 해외로 유출되면서 환율은 상승하는(원화 약세) 경향을 보인다.

3️⃣ '금리'와 '주가'의 관계는 두 가지 상반된 경로로 나타난다. 우선, 금리 인상은 기업의 자금 조달 비용을 증가시키고 가계의 대출 이자 부담을 늘려 소비를 위축시킨다. 이는 기업의 이익 감소와 경기 둔화로 이어질 수 있어 주가에 부정적인 영향을 미친다. 그러나 다른 한편으로, 앞서 본 것처럼 금리 인상은 외국인 자금 유입을 통해 환율을 하락시키고, 이는 외국인 투자자 입장에서 한국 주식의 매력을 높여 주식 매수세를 자극하는 요인이 될 수도 있다. 이처럼 금리와 주가의 관계는 경기 상황에 따라 복합적으로 나타난다.

4️⃣ '환율'과 '주가' 역시 밀접한 관계를 맺고 있다. 환율이 상승(원화 약세)하면, 반도체나 자동차와 같은 수출 기업들은 해외 시장에서 가격 경쟁력을

확보하게 되어 실적 개선에 대한 기대감이 커지고, 이는 해당 기업들의 주가에 긍정적인 요인으로 작용한다. 반면, 외국인 투자자 입장에서는 원화 약세가 자신이 보유한 원화 표시 자산(주식)의 가치가 달러로 환산했을 때 감소함을 의미하므로, 환차손을 우려하여 주식을 매도할 유인이 커진다. 이 때문에 일반적으로 국내 주식 시장에서는 외국인 투자자의 영향력이 커지면서, 환율 상승이 주가 하락으로 이어지는 경향이 나타나기도 한다.

5 결론적으로 금리, 환율, 주가는 서로가 서로의 원인이자 결과가 되는 복잡한 인과관계 속에 놓여 있다. 금리 인상이 환율 하락과 주가 상승으로 이어질 수도 있고, 경기 침체 우려를 낳아 주가 하락으로 이어질 수도 있는 것처럼, 세 변수의 관계는 하나의 공식으로 설명하기 어렵다. 따라서 성공적인 경제 정책 수립이나 합리적인 투자를 위해서는 이들 세 변수의 움직임과 그 배경에 있는 국내외 경제 상황, 정책 방향, 투자 심리 등을 종합적으로 고려하는 거시적인 안목이 필수적으로 요구된다.

■─────────────────────────── ■ 지문 해설 및 문항 ■

1. 주제

거시 경제의 핵심 변수인 금리, 환율, 주가가 서로 영향을 주고받는 복합적인 상호작용 메커니즘 분석

2. 문단별 TOPIC

1 금리, 환율, 주가의 상호 연관성과 복합적 관계에 대한 문제 제기.
2 '금리 → 환율'의 관계 : 금리 변동에 따른 자본 이동과 그로 인한 환율 변화.
3 '금리 → 주가'의 관계 : 경기 둔화 우려(부정적)와 외국인 자금 유입(긍정적)이라는 이중적 영향.
4 '환율 → 주가'의 관계 : 수출 기업 실적 개선(긍정적)과 외국인 환차손 우려(부정적)라는 이중적 영향.
5 세 변수 관계의 복잡성과 종합적 분석의 필요성 강조.

3. 전체 내용 전개

이 글은 금리, 환율, 주가가 서로 복잡하게 얽혀 있음을 제시하며 논의를 시작한다❶. 이후 '금리와 환율'❷, '금리와 주가'❸, '환율과 주가'❹의 관계를 순서대로 분석하되, 각 관계가 단선적이지 않고 긍정적, 부정적 요인이 함께 작용하는 복합적인 것임을 구체적인 사례를 통해 설명한다. 마지막으로 이들 세 변수의 관계는 하나의 공식으로 재단할 수 없으며, 종합적인 거시경제 분석이 필요함을 역설하며 글을 마무리한다❺.

4. OX로 내용 확인

O|X ① 다른 조건이 같다면, 국내 기준금리가 인하될 경우 환율은 하락하는 경향이 있다.

O|X ② 금리 인상은 기업의 자금 조달 비용을 감소시켜 주가에 긍정적인 영향을 미친다.

O|X ③ 환율이 상승(원화 약세)하면, 해외에 제품을 판매하는 수출 기업의 수익성은 개선될 수 있다.

O|X ④ 외국인 투자자 입장에서 원화 가치가 하락하면, 보유한 국내 주식의 달러 환산 가치는 상승한다.

O|X ⑤ 금리, 환율, 주가의 관계는 항상 이론대로 일정하게 움직인다.

①X / ②X / ③O / ④X / ⑤X

[경제]
확장과 수축의 반복, 경기 변동의 순환과 원인

1 한 나라의 총체적인 경제 활동 수준은 장기적으로 성장하는 추세를 보이지만, 그 과정이 항상 순탄한 것은 아니다. 단기적으로 경제는 활발하게 성장하는 호황기와 위축되는 불황기를 주기적으로 반복하는데, 이러한 경제 활동 수준의 상승과 하강 운동을 '경기 변동(Business Cycle)' 또는 '경기 순환'이라고 한다. 경기 변동은 생산, 소비, 투자, 고용 등 경제 전반에 걸쳐 나타나며, 그 진폭과 주기는 예측하기 어려워 가계, 기업, 정부 모두에게 중요한 관심사가 된다.

2 경기 순환은 일반적으로 네 개의 국면으로 구분된다. 경제 활동이 활발해지기 시작하는 '회복기'를 지나 경제가 정점에 이르는 '호황기'가 온다. 호황기에는 생산과 소비, 투자가 활발하고 실업률은 낮아진다. 경제 활동이 최고조에 달한 '정점'을 지나면 경기는 둔화되기 시작하는 '후퇴기'에 접어들고, 경제 활동이 크게 위축되는 '불황기'로 이어진다. 불황기에는 기업의 재고가 쌓이고 투자가 감소하며 실업률은 높아진다. 경제 활동이 최저 수준에 이른 '저점'을 통과하면 다시 회복기로 접어드는 순환 과정을 반복한다.

3 이러한 경기 변동은 왜 발생하는 것일까? 경제학자들은 다양한 원인을 제시한다. 일부 학자들은 기술 혁신이나 전쟁, 자연재해와 같은 예측 불가능한 '외부적 충격'이 경기 변동을 촉발한다고 본다. 반면, 영국의 경제학자 케인스는 경기 변동의 주된 원인을 기업의 '투자 지출의 변동성'이라는 내부적 요인에서 찾았다. 기업의 투자는 미래에 대한 불확실한 기대, 즉 '야성적 충동(animal spirits)'에 크게 좌우되기 때문에 소비보다 훨씬 변동성이 크며, 이러한 투자의 급격한 변화가 경제 전체의 생산과 고용 수준을 흔든다는 것이다.

4 현재 경기가 어느 국면에 있는지를 판단하기 위해 정부나 연구기관은 다양한 '경기 지표'를 활용한다. 가장 대표적인 지표는 한 나라의 총체적인 생산 수준을 나타내는 '국내총생산(GDP)'이다. GDP 성장률이 높으면 호황, 낮거나 마이너스이면 불황으로 판단할 수 있다. 그 외에도 고용 동향을 보여

주는 '실업률', 소비 활동을 나타내는 '소매판매액지수', 기업의 생산 활동을 보여주는 '산업생산지수' 등을 종합적으로 분석하여 경기를 진단한다. 특히 미래의 경기 방향을 예측하기 위해 주가나 건축허가면적과 같은 '선행지표'가 중요하게 활용된다.

5 경기 변동은 자본주의 경제의 자연스러운 속성일 수 있지만, 그 변동 폭이 지나치게 크면 사회적 비용과 고통을 야기한다. 극심한 불황은 대량 실업을, 과도한 호황은 급격한 인플레이션을 초래할 수 있다. 따라서 현대 국가의 정부와 중앙은행은 경기 변동의 진폭을 줄이고 경제를 안정적인 성장 경로로 유도하는 '경기 안정화 정책'을 중요한 목표로 삼는다. 이를 위해 경기 침체기에는 확장적 재정·통화정책을, 경기 과열기에는 긴축적 재정·통화정책을 사용하여 경기의 급격한 등락에 대응하고 있다.

■─────────────────────────────── ■ 지문 해설 및 문항 ■

1. 주제
경제 활동 수준이 주기적으로 상승과 하강을 반복하는 '경기 변동'의 순환 국면, 발생 원인 및 이를 판단하기 위한 경기 지표, 그리고 정책적 대응

2. 문단별 TOPIC
1 경기 변동의 개념과 경제 주체들의 주요 관심사인 이유.
2 경기 순환의 4국면: 회복기, 호황기, 후퇴기, 불황기의 특징.
3 경기 변동의 원인에 대한 다양한 시각: 외부적 충격과 케인스의 투자 변동성 이론.
4 경기 국면 판단을 위한 주요 경기 지표: GDP, 실업률, 선행지표 등.
5 경기 변동의 부작용과 이를 완화하기 위한 정부의 경기 안정화 정책.

3. 전체 내용 전개
이 글은 '경기 변동'의 개념을 소개하며 논의를 시작한다 1. 이후 경기 순환 과정을 회복-호황-후퇴-불황의 4국면으로 나누어 각 단계의 특징을 설명하고 2, 경기 변동이 발생하는 원인에 대한 여러 이론을 제시한다 3. 다음으로

현재의 경기 상태를 진단하기 위해 활용되는 다양한 경제 지표들을 소개하며❹, 마지막으로 급격한 경기 변동의 부작용을 완화하기 위한 정부의 정책적 노력의 필요성을 강조하며 글을 마무리한다❺.

4. OX로 내용 확인

O|X ① 경기 순환에서 경제 활동이 최고조에 달한 상태를 '저점'이라고 한다.

O|X ② 일반적으로 경기 호황기에는 실업률이 낮아지는 경향이 있다.

O|X ③ 케인스는 경기 변동의 주된 원인을 안정적인 소비 지출에서 찾았다.

O|X ④ 주가는 미래의 경기 상황을 예측하는 데 사용되는 선행지표 중 하나이다.

O|X ⑤ 정부는 경기 침체기에 세금을 인상하는 긴축적 재정정책을 사용한다.

①X / ②O / ③X / ④O / ⑤X

[경제]
보이지 않는 손의 작동 원리, 수요와 공급의 법칙

① 시장에서 수많은 상품의 가격은 어떻게 결정될까? 애덤 스미스는 시장에는 마치 '보이지 않는 손'이 작동하는 것처럼 개별 경제 주체들의 이기적인 행동이 사회 전체의 이익으로 이어진다고 보았다. 경제학에서 이 보이지 않는 손의 역할을 구체적으로 설명하는 가장 기본적인 도구가 바로 '수요와 공급의 법칙'이다. 이 법칙은 상품을 사려는 힘인 '수요'와 팔려는 힘인 '공급'이 상호작용하여 시장의 균형 가격과 거래량을 결정하는 원리를 설명한다.

② '수요'란 소비자들이 특정 상품을 구매하고자 하는 욕구를 말하며, '수요량'은 특정 가격 수준에서 구매하려는 상품의 양이다. 일반적으로 다른 조건이 일정할 때, 한 상품의 가격이 오르면 수요량은 감소하고, 가격이 내리면 수요량은 증가하는데 이를 '수요의 법칙'이라 한다. 이러한 가격과 수요량의 반비례 관계를 그래프로 나타낸 것이 바로 '수요 곡선'이다. 세로축에 가격(P), 가로축에 수량(Q)을 놓았을 때, 수요 곡선(D)은 가격이 하락할수록 수요량이 증가하므로 오른쪽 아래로 향하는, 즉 '우하향'하는 모습을 보인다.

③ '공급'이란 생산자들이 특정 상품을 판매하고자 하는 욕구를 말하며, '공급량'은 특정 가격 수준에서 판매하려는 상품의 양이다. '공급의 법칙'에 따르면, 다른 조건이 일정할 때 한 상품의 가격이 오르면 기업의 이윤이 커지므로 공급량은 증가하고, 가격이 내리면 공급량은 감소한다. 이러한 가격과 공급량의 정비례 관계를 그래프로 나타낸 것이 '공급 곡선'이다. 수요 곡선과 동일한 좌표 평면에서 공급 곡선(S)은 가격이 상승할수록 공급량이 증가하므로 오른쪽 위로 향하는, 즉 '우상향'하는 모습을 띤다.

④ 시장의 균형은 수요 곡선(D)과 공급 곡선(S)이 만나는 지점(E)에서 이루어진다. 이 지점에서 형성되는 가격(P*)을 '균형 가격', 거래량(Q*)을 '균형 거래량'이라고 한다. 만약 시장 가격이 균형 가격보다 높은 P1 수준이라면, 팔려는 양(Qs)이 사려는 양(Qd)보다 많아져 '초과 공급'이 발생한다. 이 경우

판매자들은 재고를 처분하기 위해 가격을 낮추게 되고, 이 과정은 가격이 균형 수준(P*)에 도달할 때까지 계속된다. 반대로 시장 가격이 균형 가격보다 낮은 P2 수준이라면 사려는 양(Q_d')이 팔리는 양(Q_s')보다 많아 '초과 수요'가 발생하여, 상품을 사려는 경쟁으로 인해 가격이 상승하며 다시 균형을 찾아간다.

5 수요와 공급 모델은 현실 시장을 단순화한 것이지만, 특정 상품의 가격 변동을 예측하고 정부 정책의 효과를 분석하는 데 매우 유용한 분석 틀을 제공한다. 예를 들어, 소비자들의 소득이 증가하여 아이스크림에 대한 수요가 늘어난다면 수요 곡선 자체가 오른쪽(D→D')으로 이동한다. 그 결과, 새로운 균형점(E')에서는 이전보다 더 높은 가격(P')과 더 많은 거래량(Q')이 형성될 것을 그래프를 통해 예측할 수 있다. 이처럼 수요와 공급의 원리를 이해하는 것은 복잡한 시장 경제의 작동 방식을 파악하는 기초체력이 된다.

■ 지문 해설 및 문항 ■

1. 주제

시장 경제의 핵심 원리인 '수요와 공급의 법칙'이 그래프를 통해 어떻게 시장의 균형 가격과 거래량을 결정하는지 분석

2. 문단별 TOPIC

1 시장 가격 결정 원리로서 수요와 공급 법칙 소개.
2 '수요의 법칙'과 우하향하는 수요 곡선 그래프.
3 '공급의 법칙'과 우상향하는 공급 곡선 그래프.
4 수요와 공급 곡선의 교차를 통한 '시장 균형'의 달성 과정 및 그래프 해석.
5 수요 곡선 이동의 예시를 통해 수요와 공급 모델의 현실 적용 및 분석 도구로서의 의의.

3. 전체 내용 전개

이 글은 '수요와 공급'을 시장의 '보이지 않는 손'으로 소개하며 시작한다 1. 이후 '수요의 법칙'과 '공급의 법칙'을 각각 그래프의 형태(우하향, 우상향)와

연관지어 설명한다❷❸. 그리고 두 곡선이 만나는 지점에서 시장 균형이 형성되며, 초과 공급이나 초과 수요가 발생했을 때 어떻게 균형을 찾아가는지를 그래프를 통해 분석한다❹. 마지막으로 이 모델이 현실 경제를 분석하는 데 갖는 중요성을 수요 곡선 이동의 예를 들어 강조하며 글을 마무리한다❺.

4. OX로 내용 확인

O|X ① 수요 곡선은 일반적으로 우상향하는 형태를 띤다.

O|X ② 어떤 상품의 가격이 하락하면, 공급의 법칙에 따라 공급량은 증가한다.

O|X ③ 시장 가격이 P1일 때, Qd와 Qs의 차이만큼 초과 공급이 발생한다.

O|X ④ 시장의 균형점(E)에서는 수요량과 공급량이 일치한다.

O|X ⑤ 커피 원두의 가격이 상승하면, 커피 공급 곡선은 왼쪽으로 이동할 것이다.

①X / ②X / ③O / ④O / ⑤O

[경제]
자본주의의 꽃, 주식 시장의 구조와 작동 원리

1 기업은 성장에 필요한 대규모 자금을 어떻게 조달할까? 은행 대출도 있지만, 현대 자본주의에서 가장 중요한 방법 중 하나는 '주식(株式)'을 발행하는 것이다. 주식이란 주식회사가 소유권을 잘게 나눈 증서로, 투자자는 주식을 매입함으로써 그 지분만큼 회사의 주인이 된다. 이처럼 기업은 주식 발행을 통해 불특정 다수로부터 자금을 모으고, 투자자는 기업의 미래 가치에 투자하여 이익을 공유할 수 있다. 이러한 주식 매매가 이루어지는 조직적인 시장을 '주식 시장' 또는 '증권 시장'이라 부르며, 이는 경제의 활력을 나타내는 중요한 척도로 여겨진다.

2 주식 시장은 크게 '발행시장'과 '유통시장'으로 나뉜다. 발행시장은 기업이 주식을 최초로 만들어 투자자에게 파는 시장이다. 기업이 처음으로 주식을 공개적으로 판매하는 '기업공개(IPO)'가 대표적이다. 반면, 유통시장은 이미 발행된 주식이 투자자들 사이에서 자유롭게 거래되는 시장을 말한다. 우리나라의 대표적인 유통시장이 바로 코스피(KOSPI) 시장과 코스닥(KOSDAQ) 시장이다. 코스피는 주로 대기업과 같이 규모가 크고 안정적인 기업들의 주식이 거래되는 시장이며, 코스닥은 정보기술(IT)·바이오(BT) 등 벤처기업이나 중소기업처럼 성장 잠재력이 높은 기업들이 중심이 되는 시장이다.

3 유통시장에서 거래되는 개별 주식의 가격, 즉 주식 단가(주가)는 어떻게 결정될까? 주가는 기본적으로 해당 주식을 사려는 사람(수요)과 팔려는 사람(공급)의 힘겨루기에 의해 결정된다. 투자자들은 기업의 미래 이익, 기술력, 재무 상태 등 내재적 가치를 분석하여 주식을 매매한다. 하지만 주가는 기업 가치 외에도 금리, 환율과 같은 거시 경제 지표, 국내외 정치 상황, 투자자들의 심리 등 복합적인 요인에 의해 끊임없이 변동한다. 이처럼 수많은 참여자의 주식 매매를 통해 적정 주가를 찾아가는 과정이 바로 주식 시장의 핵심 기능 중 하나이다.

4 수많은 기업의 주가가 오르고 내리는 것을 한눈에 파악하기 위해 만든

종합적인 지표가 바로 '주가 지수'이다. 코스피 지수와 코스닥 지수가 이에 해당한다. 주가 지수는 시장에 상장된 기업들의 주식 단가를 시가총액(주식 단가 × 발행 주식 수) 기준으로 가중 평균하여 산출한다. 예를 들어 코스피 지수가 상승했다는 것은 코스피 시장에 상장된 기업들의 주가 흐름이 전반적으로 좋다는 의미이며, 이는 종종 국가 경제 전체의 활력을 나타내는 '경기 선행지표'로 해석되기도 한다.

5 결론적으로 주식 시장은 기업에게는 성장의 발판이 되는 자금을, 투자자에게는 부를 증식할 기회를 제공하는 자본주의의 핵심 인프라이다. 코스피와 코스닥 시장은 각각 안정성과 성장성이라는 다른 특성을 가진 기업들을 담아내며 우리 경제의 다양한 측면을 반영한다. 주식 발행부터 매매, 그리고 주가 지수에 이르기까지 주식 시장의 작동 원리를 이해하는 것은, 복잡한 현대 경제의 흐름을 읽고 합리적인 의사결정을 내리는 데 필수적인 소양이라 할 수 있다.

■ 지문 해설 및 문항 ■

1. 주제
주식 시장의 기본 구조(발행/유통시장, 코스피/코스닥)와 주가 결정 원리 및 주가 지수의 역할

2. 문단별 TOPIC
1 주식의 개념과 주식 시장의 역할 소개.
2 주식 시장의 구분(발행시장/유통시장)과 한국의 대표 시장(코스피/코스닥).
3 주식 단가(주가)의 결정 원리: 수요와 공급, 그리고 다양한 영향 요인.
4 코스피, 코스닥 지수의 개념과 경제 지표로서의 기능.
5 주식 시장의 종합적 의의와 경제 리터러시로서의 중요성.

3. 전체 내용 전개
이 글은 '주식'과 '주식 시장'의 기본적인 개념을 소개하며 시작한다1. 이후 주식 시장을 '발행시장'과 '유통시장'으로 나누고, 한국의 대표적 유통시장인

'코스피'와 '코스닥'의 차이점을 설명한다❷. 다음으로 주식 단가가 결정되는 원리를 분석하고❸, 시장 전체의 흐름을 보여주는 '주가 지수'의 역할을 설명한다❹. 마지막으로 주식 시장이 자본주의 경제에서 갖는 핵심적인 의의를 강조하며 글을 마무리한다❺.

4. OX로 내용 확인

O|X ① 기업이 처음으로 주식을 투자자에게 판매하는 시장을 유통시장이라고 한다.

O|X ② 코스피 시장은 주로 성장 잠재력이 큰 벤처기업들의 주식이 거래되는 곳이다.

O|X ③ 주식 단가는 기업의 내재적 가치뿐만 아니라 투자 심리 등 외부 요인에도 영향을 받는다.

O|X ④ 코스피 지수는 코스피 시장에 상장된 개별 기업의 성과와는 무관하게 산출된다.

O|X ⑤ 주식 발행은 기업이 사업에 필요한 자금을 조달하는 수단이 될 수 있다.

① X / ② X / ③ O / ④ X / ⑤ O

읽고 쓰는 문해력, 그리고 생각을 여는 기술

글 심층 분석 훈련
과학/기술편

[과학]
만유인력, 우주를 지배하는 보편적 힘

1️⃣ 뉴턴은 사과가 땅으로 떨어지는 현상을 보고, 지구가 사과를 끌어당기는 힘이 우주에 존재하는 모든 물체 사이에 보편적으로 작용하는 힘일 것이라는 혁명적인 아이디어를 제시했다. 17세기 이전까지 사람들은 천상계와 지상계의 운동 법칙이 다르다고 믿었다. 즉, 달이나 행성이 하늘에서 원운동을 하는 원리와 지상의 물체가 아래로 떨어지는 원리는 전혀 별개의 것이라고 생각했다. 하지만 뉴턴은 떨어지는 사과와 하늘의 달이 동일한 힘의 지배를 받는다고 보았다. 그는 지구가 사과를 당기는 것처럼 달도 당기고 있으며, 달이 지구로 떨어지지 않는 이유는 달이 지구 주위를 공전하면서 발생하는 원심력과 지구의 중력이 평형을 이루기 때문이라고 설명했다. 이처럼 특정 지역이나 물체에 국한되지 않고 질량을 가진 모든 것들 사이에 작용하는 보편적인 힘이라는 개념이 바로 만유인력의 출발점이었다.

2️⃣ 만유인력의 법칙은 두 물체 사이에 작용하는 중력의 크기가 두 물체 질량의 곱에 비례하고, 두 물체 사이 거리의 제곱에 반비례한다는 것을 수학적으로 명시한다. 이를 공식으로 표현하면 $F = G(m_1 m_2 / r^2)$이 된다. 여기서 F는 중력(만유인력), m_1과 m_2는 두 물체의 질량, r은 두 물체 중심 사이의 거리를 의미하며, G는 중력 상수이다. 이 공식에 따르면, 물체의 질량이 클수록 서로를 끌어당기는 힘은 강해진다. 예를 들어 태양의 질량이 지구보다 훨씬 크기 때문에 태양계의 행성들은 태양의 거대한 중력에 이끌려 그 주위를 공전한다. 반면, 두 물체 사이의 거리가 멀어질수록 중력은 급격히 약해진다. 거리가 2배 멀어지면 중력은 1/4로, 3배 멀어지면 1/9로 줄어든다. 이것이 바로 '거리의 역제곱 법칙'으로, 중력이 무한히 먼 거리까지 영향을 미치지만 그 힘은 거리에 따라 매우 빠르게 감소함을 의미한다.

3️⃣ 만유인력 공식에 등장하는 중력 상수(G)는 우주 어디에서나 동일한 값을 가지는 기본 물리 상수로, 중력의 절대적인 크기를 결정하는 중요한 역할을 한다. 뉴턴은 중력이 질량에 비례하고 거리 제곱에 반비례한다는 관계는 밝혔지만, G의 정확한 값은 계산하지 못했다. 이 값은 훗날 영국의 과학자 헨

리 캐번디시가 비틀림 저울 실험을 통해 매우 정밀하게 측정했다. 측정된 G 값은 6.674×10^{-11} N·m²/kg²으로 극히 작은 값이다. 이 때문에 우리는 일상생활에서 질량이 작은 물체들, 예를 들어 책상과 의자 사이에 작용하는 만유인력을 전혀 느끼지 못한다. 하지만 지구처럼 질량이 엄청나게 크거나, 항성이나 은하와 같은 천문학적 규모에서는 이 작은 상수가 곱해지더라도 그 힘이 막대해져 천체들의 운동을 지배하는 가장 중요한 힘으로 작용하게 된다.

4 뉴턴의 만유인력 법칙은 행성의 타원 궤도 운동, 달이 지구 주위를 도는 현상, 그리고 밀물과 썰물 같은 천체의 움직임을 놀라울 정도로 정확하게 설명해 냈다. 케플러가 행성들의 운동을 관측하여 경험적으로 발견한 행성 운동 법칙들을 뉴턴은 만유인력이라는 단일한 원리로 수학적으로 완벽하게 증명해 냈다. 또한 지구와 달, 그리고 태양 사이에 작용하는 만유인력을 계산하여 해수면이 주기적으로 오르내리는 조석 현상의 원인을 명확히 규명했다. 더 나아가 천왕성의 궤도가 예측과 미세하게 어긋나는 것을 보고, 아직 발견되지 않은 외행성의 존재를 예측하는 데 이 법칙이 사용되기도 했다. 그리고 그 예측은 정확히 맞아떨어져 해왕성이 발견되는 쾌거로 이어졌다.

5 뉴턴의 이론은 대부분의 상황에서 매우 정확하지만, 아인슈타인의 일반 상대성 이론은 중력을 시공간의 곡률이라는 더욱 근본적인 개념으로 설명하며 뉴턴의 이론을 확장했다. 뉴턴은 중력이 질량을 가진 물체들이 서로에게 즉각적으로 작용하는 힘이라고 생각했지만, 왜 그런 힘이 발생하는지에 대한 근본적인 원인은 설명하지 못했다. 아인슈타인은 질량을 가진 물체는 주변의 시공간을 휘게 만들고, 다른 물체들은 이 휘어진 시공간을 따라 움직이는 것이 바로 중력의 본질이라고 설명했다. 특히 수성의 근일점 이동과 같이 매우 정밀한 관측이 요구되거나 블랙홀 주변처럼 중력이 극단적으로 강한 환경에서는 뉴턴의 이론으로 설명하기 힘든 오차가 발생했는데, 이는 아인슈타인의 일반 상대성 이론을 통해 비로소 정확하게 설명될 수 있었다. 따라서 현대 물리학에서 일반 상대성 이론은 뉴턴의 만유인력 법칙을 포함하는 더 일반적이고 정밀한 이론으로 받아들여진다.

6 땅에 떨어지는 사과에 대한 통찰에서 시작된 뉴턴의 만유인력 법칙은 인류가 우주를 이해하는 방식을 근본적으로 바꾸어 놓은 과학사의 위대한 이

정표로 남아있다. 지상과 천상을 가르던 이분법적 사고를 깨고 하나의 보편적인 물리 법칙 아래 우주를 통합적으로 바라보게 했으며, 이후 과학이 자연 현상을 예측하고 설명하는 강력한 도구로 자리매김하는 데 결정적인 기여를 했다. 비록 아인슈타인에 의해 더 완전한 이론으로 발전했지만, 오늘날에도 인공위성의 궤도를 계산하고 우주 탐사선을 보내는 등 대부분의 공학적, 천문학적 계산에 뉴턴의 법칙은 충분한 정확성과 유용성을 제공하며 여전히 중요한 역할을 수행하고 있다.

■━━━━━━━━━━━━━━━━━━━━━━━━━━━━ ■ 지문 해설 및 문항 ■

1. 주제
뉴턴의 만유인력 법칙의 원리, 의의, 그리고 현대적 계승

2. 문단별 TOPIC
■1 뉴턴은 지상의 물체와 천체가 동일한 힘, 즉 보편적인 힘의 지배를 받는다는 아이디어에서 만유인력 개념을 착안했다.
■2 만유인력의 크기는 두 물체 질량의 곱에 비례하고, 두 물체 사이 거리의 제곱에 반비례한다.
■3 중력 상수(G)는 중력의 절대적 크기를 결정하는 보편적 상수이며, 그 값이 매우 작아 거대한 질량을 가진 천체들 사이에서 주로 그 영향력이 나타난다.
■4 만유인력 법칙은 행성의 궤도, 조석 현상 등 다양한 천체의 움직임을 정확하게 설명하고 새로운 행성의 발견까지 이끌었다.
■5 아인슈타인의 일반 상대성 이론은 중력을 시공간의 곡률로 설명하며 뉴턴의 이론을 더 근본적인 차원에서 확장하고 정밀화했다.
■6 뉴턴의 만유인력 법칙은 우주에 대한 인류의 이해를 통합하고 발전시킨 과학사의 중요한 업적으로, 오늘날에도 여전히 큰 가치를 지닌다.

3. 전체 내용 전개
이 글은 지상과 천상의 법칙을 통합한 만유인력 개념의 탄생 배경을 제시하며 시작한다■1. 이후 만유인력 법칙의 구체적인 원리를 질량, 거리와의 관계

로 설명하고❷, 이어서 중력 상수(G)의 의미와 역할을 분석한다❸. 다음으로 이 법칙이 행성의 궤도, 조석 현상 등 다양한 천체 움직임을 설명한 사례를 제시하며❹, 아인슈타인의 일반 상대성 이론을 통해 현대적으로 계승 및 확장되었음을 설명한다❺. 마지막으로 만유인력 법칙이 과학사에 남긴 종합적 가치와 의의를 강조하며 글을 마무리한다❻.

4. OX로 내용 확인

O|X ① 뉴턴의 만유인력 법칙은 지구상에 있는 물체에만 한정적으로 적용되는 원리이다.

O|X ② 두 물체 사이의 거리가 3배 멀어지면 만유인력은 1/3으로 약해진다.

O|X ③ 두 물체의 질량이 각각 2배씩 커지면 두 물체 사이에 작용하는 만유인력은 총 4배가 된다.

O|X ④ 중력 상수(G)의 값이 매우 크기 때문에 우리는 일상에서 만유인력을 쉽게 느낄 수 있다.

O|X ⑤ 뉴턴의 만유인력 법칙은 해왕성의 존재를 예측하는 이론적 근거로 활용되었다.

O|X ⑥ 아인슈타인의 일반 상대성 이론은 뉴턴의 만유인력 법칙이 완전히 틀렸음을 증명했다.

O|X ⑦ 현대의 인공위성 궤도 계산에는 뉴턴의 이론이 더 이상 사용되지 않는다.

①X / ②X / ③O / ④X / ⑤O / ⑥X / ⑦X

[과학]
원자 모델의 변천사: 보이지 않는 세계를 향한 탐구

1 19세기 초, 존 돌턴은 물질이 더 이상 쪼갤 수 없는 단단한 공 모양의 입자인 '원자'로 이루어져 있다는 이론을 제시하며 근대적 원자론의 포문을 열었다. 고대 그리스 철학자 데모크리토스가 막연하게 상상했던 원자의 개념을 돌턴은 과학적 이론의 반열에 올려놓았다. 그는 같은 원소의 원자들은 크기와 질량이 모두 동일하며, 다른 원소의 원자들과는 구별된다고 주장했다. 또한 화학 반응이란 원자들이 새로 생기거나 없어지는 것이 아니라, 원자들의 배열이 바뀌어 새로운 물질을 만드는 과정이라고 설명했다. 돌턴의 원자설은 당시 알려져 있던 질량 보존 법칙이나 일정 성분비 법칙과 같은 실험 결과들을 성공적으로 설명해 냄으로써, 물질의 근본에 대한 이해의 틀을 제공한 최초의 과학적 원자 모델로 평가받는다.

2 조지프 존 톰슨은 음극선관 실험을 통해 원자 내부에 음(-)전하를 띤 입자가 존재함을 발견하고, 이를 '전자'라고 명명하며 돌턴의 '쪼갤 수 없는 원자' 모델에 수정을 가했다. 19세기 말, 과학자들은 진공에 가까운 유리관 양 끝에 높은 전압을 걸었을 때 음극에서 양극으로 흐르는 빛의 흐름, 즉 음극선을 발견했다. 톰슨은 이 음극선이 전기장이나 자기장에 의해 휘어지는 현상을 정밀하게 측정하여, 음극선이 질량을 가진 입자의 흐름이며 그 입자가 음전하를 띤다는 사실을 밝혀냈다. 특히 이 입자의 질량 대비 전하량(비전하)이 수소 이온보다 훨씬 크다는 사실로부터, 전자가 원자보다 훨씬 가벼운 입자임을 추론했다. 이를 바탕으로 그는 원자가 양(+)전하를 띤 푸딩 속에 음(-)전하를 띤 전자가 건포도처럼 박혀 있는 '푸딩 모델'을 제안했다.

3 어니스트 러더퍼드는 얇은 금박에 알파(α) 입자를 충돌시키는 실험을 통해 원자 대부분은 빈 공간이며, 양전하와 질량의 대부분은 원자 중심의 매우 작은 공간에 밀집되어 있다는 사실을 규명했다. 톰슨의 푸딩 모델이 맞다면, 무거운 알파 입자는 원자를 거의 그대로 통과할 것이라고 예상되었다. 실험 결과 실제로 대부분의 알파 입자는 금박을 그대로 통과했지만, 예상과 달리 극소수의 입자가 크게 휘거나 심지어 튕겨 나오는 현상이 관측되

었다. 러더퍼드는 이를 "마치 휴지 조각에 15인치 포탄을 쏘았는데 포탄이 되튕겨 나온 것과 같이 믿을 수 없는 일"이라고 표현했다. 그는 이 결과를 설명하기 위해 원자 중심에 양전하를 띤 '원자핵'이 존재하며, 전자들은 이 원자핵 주위를 돌고 있다는 '행성 모델'을 제시했다.

4 닐스 보어는 러더퍼드의 행성 모델이 가진 문제점을 해결하기 위해 양자 개념을 도입하여 전자가 특정한 에너지 준위를 가진 궤도에서만 안정적으로 존재할 수 있다는 새로운 모델을 제시했다. 고전 전자기학 이론에 따르면, 원자핵 주위를 도는 전자는 계속해서 전자기파를 방출하며 에너지를 잃고 결국 핵으로 추락해야만 한다. 즉, 러더퍼드의 모델로는 원자의 안정성을 설명할 수 없었다. 또한, 원자가 방출하는 빛의 스펙트럼이 연속적이지 않고 특정 파장에서만 밝은 선으로 나타나는 '선 스펙트럼' 현상도 설명하지 못했다. 보어는 전자가 허용된 특정 궤도 사이를 이동할 때만 두 궤도의 에너지 차이에 해당하는 빛을 흡수하거나 방출한다고 가정함으로써 이 두 가지 문제를 동시에 해결했다.

5 현대의 원자 모델은 양자역학의 발전에 힘입어 전자를 특정 궤도를 도는 입자가 아닌, 원자핵 주변에 확률적으로 분포하는 구름과 같은 존재로 묘사한다. 20세기 초, 드브로이나 슈뢰딩거, 하이젠베르크와 같은 과학자들은 전자가 입자의 성질과 파동의 성질을 동시에 가지며, 그 위치와 운동량을 동시에 정확하게 측정하는 것은 불가능하다는 사실(불확정성 원리)을 밝혔다. 이에 따라 보어 모델의 '궤도'라는 개념은 '오비탈'이라는 확률적 개념으로 대체되었다. 오비탈은 전자가 원자핵 주변의 특정 공간에서 발견될 확률을 나타내는 함수로, 전자의 위치를 명확히 지정하는 대신 확률 분포로 표현한다. 이 양자역학적 모델은 다전자 원자의 복잡한 스펙트럼과 화학 결합의 본질을 성공적으로 설명하며 현재까지 가장 정확한 원자 모델로 인정받고 있다.

1. 주제
실험적 증거에 기반한 원자 모델의 역사적 변천 과정과 과학적 탐구의 본질

2. 문단별 TOPIC

① 돌턴은 물질이 더 이상 쪼갤 수 없는 입자인 '원자'로 이루어져 있다는 근대적 원자론을 처음으로 제시했다.

② 톰슨은 음극선 실험을 통해 '전자'를 발견하고, 원자가 양전하 속에 전자가 박혀 있는 '푸딩 모델'을 제안했다.

③ 러더퍼드는 알파 입자 산란 실험을 통해 원자 중심에 '원자핵'이 존재한다는 '행성 모델'을 확립했다.

④ 보어는 양자 개념을 도입하여 전자가 특정한 에너지 준위를 가진 '궤도'에만 존재한다는 모델로 원자의 안정성과 선 스펙트럼을 설명했다.

⑤ 현대의 양자역학적 원자 모델은 전자를 입자가 아닌 확률적 분포를 가지는 '오비탈'로 설명한다.

3. 전체 내용 전개

이 글은 물질의 근본 입자인 원자에 대한 돌턴의 근대적 원자론을 소개하며 시작한다①. 이후 톰슨의 전자 발견과 '푸딩 모델'②, 러더퍼드의 알파 입자 산란 실험과 '원자핵' 발견③, 원자의 안정성 문제를 해결한 보어의 '궤도 모델'④ 순으로 전개된다. 마지막으로, 전자를 확률 분포로 설명하는 현대의 '양자역학적 오비탈 모델'을 제시하며, 새로운 실험 증거에 따라 원자 모델이 정교화되는 과정을 설명하며 글을 마무리한다⑤.

4. OX로 내용 확인

O|X ① 돌턴의 원자 모델은 원자 내부에 전자가 존재한다는 사실을 포함하고 있다.

O|X ② 톰슨은 원자핵의 존재를 실험적으로 증명하고 행성 모델을 제안했다.

O|X ③ 러더퍼드의 알파 입자 산란 실험 결과, 대부분의 알파 입자는 금박을 통과하지 못하고 튕겨 나왔다.

O|X ④ 보어는 전자가 아무 궤도에서나 원운동을 할 수 있다고 주장했다.

| O | X | ⑤ 고전 전자기학 이론에 따르면 러더퍼드의 행성 모델은 안정적으로 유지될 수 없다.
| O | X | ⑥ 현대의 원자 모델에서 오비탈은 전자가 운동하는 정확한 경로를 의미한다.
| O | X | ⑦ 원자 모델의 변천 과정은 과학 이론이 새로운 증거에 의해 수정되고 발전될 수 있음을 보여준다.

①X / ②X / ③X / ④X / ⑤O / ⑥X / ⑦O

[과학]

생명의 청사진, DNA의 구조와 기능

☐ 모든 생명체는 자신을 구성하고 생명 활동을 유지하는 데 필요한 모든 정보를 담고 있는 유전 물질을 가지며, 이 유전 정보의 본체가 바로 DNA(디옥시리보핵산)이다. DNA는 부모로부터 자손에게 전달되어 생물의 고유한 형질을 결정하는 역할을 한다. 눈의 색깔, 머리카락의 모양과 같은 외적인 특징부터, 특정 질병에 대한 취약성에 이르기까지 생명체의 거의 모든 특성은 DNA에 암호화된 정보에 의해 결정된다. 따라서 DNA는 세포의 핵속에 존재하는 단순한 화학 분자를 넘어, 생명의 연속성과 다양성을 가능하게 하는 핵심적인 '청사진'이라고 할 수 있다.

② 제임스 왓슨과 프랜시스 크릭이 밝혀낸 DNA의 이중나선 구조는 유전 정보가 어떻게 안정적으로 저장되고 정확하게 전달될 수 있는지에 대한 실마리를 제공했다. DNA는 뉴클레오타이드라고 불리는 단위체가 길게 연결된 두 개의 가닥이 서로 꼬여 있는 모양을 하고 있다. 각각의 뉴클레오타이드는 인산, 당(디옥시리보스), 그리고 아데닌(A), 구아닌(G), 사이토신(C), 티민(T) 중 하나의 염기로 구성된다. 이중나선 구조에서 가장 중요한 특징은 두 가닥 사이의 염기들이 상보적인 결합을 한다는 점이다. 즉, 아데닌(A)은 항상 티민(T)과, 구아닌(G)은 항상 사이토신(C)과 짝을 이루어 수소 결합을 형성한다. 이 상보적 염기쌍 결합은 DNA 구조의 안정성을 유지하고, 정보의 복제와 해독 과정에서 정확성을 담보하는 핵심 원리가 된다.

③ DNA의 가장 중요한 기능 중 하나는 세포 분열 시 자신과 똑같은 DNA를 하나 더 만드는 복제 과정을 통해 유전 정보를 다음 세대의 세포로 전달하는 것이다. DNA 복제는 이중나선이 풀어지면서 시작된다. 이후 각각의 단일 가닥은 주형(틀)으로 작용하여, 상보적인 염기를 가진 새로운 뉴클레오타이드들이 차례로 결합해 새로운 가닥을 합성한다. 예를 들어 주형 가닥의 염기가 A-G-C-T 순서라면, 새로 합성되는 가닥은 T-C-G-A 순서로 결합된다. 그 결과, 원래의 DNA 가닥을 하나씩 포함하는 두 개의 완벽하게 동일한 DNA 이중나선이 만들어진다. 이를 '반보존적 복제'라고 부르며, 이 메

커니즘을 통해 유전 정보는 거의 오류 없이 다음 세대로 정확하게 전달될 수 있다.

4 DNA에 저장된 유전 정보는 단백질 합성을 통해 구체적인 기능으로 나타나며, 이 과정은 전사와 번역이라는 두 단계를 거친다. 이를 생명 중심 원리(Central Dogma)라고 한다. 첫 번째 단계인 전사는 세포핵 안에서 DNA의 특정 유전 정보가 RNA(리보핵산)라는 분자로 옮겨 적히는 과정이다. DNA 이중나선 중 한 가닥을 주형으로 하여 상보적인 RNA 가닥이 합성된다. 이후 생성된 mRNA(전령 RNA)는 핵 밖으로 나와 세포질에 있는 리보솜으로 이동한다. 두 번째 단계인 번역은 리보솜에서 mRNA의 염기 서열 정보가 아미노산 서열로 바뀌어 단백질이 합성되는 과정이다. mRNA의 연속된 3개의 염기가 하나의 아미노산을 지정하는 유전 암호로 작용하며, 이 암호에 따라 아미노산들이 순서대로 결합하여 최종적으로 고유한 기능을 가진 단백질이 완성된다.

5 DNA의 염기 서열에 영구적인 변화가 생기는 돌연변이는 유전 정보의 변화를 일으키는 주된 원인이다. 돌연변이는 DNA 복제 과정에서의 실수나, 자외선, 방사선, 특정 화학 물질과 같은 외부 요인에 의해 발생할 수 있다. 대부분의 돌연변이는 생명체에 해로운 영향을 미치거나 아무런 영향을 주지 않지만, 일부 돌연변이는 생존에 유리한 새로운 형질을 만들어내기도 한다. 이러한 유전적 다양성은 자연선택의 원료가 되어 생물이 환경 변화에 적응하고 진화해 나가는 원동력으로 작용한다. 즉, 돌연변이는 유전 질환의 원인이 되기도 하지만, 동시에 생명의 진화와 종의 다양성을 이끄는 핵심적인 메커니즘인 것이다.

― 지문 해설 및 문항 ―

1. 주제

생명의 유전 정보를 담고 있는 DNA의 이중나선 구조와 복제, 발현 과정 및 그 의의

2. 문단별 TOPIC

① DNA는 생명체의 모든 유전 정보를 담고 있는 핵심적인 유전 물질이다.
② DNA는 상보적 염기쌍 결합을 특징으로 하는 안정한 이중나선 구조를 가지고 있다.
③ DNA는 반보존적 복제를 통해 다음 세대로 유전 정보를 정확하게 전달한다.
④ DNA의 유전 정보는 전사와 번역 과정을 거쳐 단백질로 합성되어 기능한다.
⑤ DNA의 돌연변이는 유전적 다양성을 만들어내어 생물 진화의 원동력이 된다.

3. 전체 내용 전개

이 글은 생명의 유전 정보를 담고 있는 DNA의 핵심적 역할을 제시하며 시작한다①. 이후 상보적 염기쌍 결합을 특징으로 하는 이중나선 구조를 설명하고②, 유전 정보를 다음 세대로 전달하는 '복제'의 원리를 설명한다③. 다음으로, 전사와 번역 과정을 통해 단백질을 합성하는 '유전 정보 발현' 과정을 분석한다④. 마지막으로, DNA 염기 서열의 변화인 '돌연변이'가 유전적 다양성을 통해 진화에 기여하는 의의를 설명하며 글을 마무리한다⑤.

4. OX로 내용 확인

O|X ① DNA는 생물의 외적인 특징에만 관여하고, 질병과는 관련이 없다.

O|X ② DNA 이중나선 구조에서 아데닌(A)은 항상 구아닌(G)과 짝을 이룬다.

O|X ③ DNA가 복제될 때, 원래의 이중나선은 완전히 분해되고 완전히 새로운 두 개의 이중나선이 만들어진다.

O|X ④ DNA의 유전 정보는 RNA를 거치지 않고 직접 단백질로 만들어진다.

O | X　⑤ 생명 중심 원리에 따르면 번역 과정이 전사 과정보다 먼저 일어난다.

O | X　⑥ mRNA에서 연속된 3개의 염기는 하나의 아미노산을 지정하는 암호로 작용한다.

O | X　⑦ 모든 돌연변이는 생명체에게 해로운 영향만을 미친다.

①X / ②X / ③X / ④X / ⑤X / ⑥O / ⑦X

[과학]
움직이는 대륙, 판 구조론의 정립

1 20세기 초, 독일의 과학자 알프레트 베게너는 현재의 여러 대륙이 과거에는 '판게아'라는 하나의 거대한 대륙이었으나 점차 갈라져 이동했다는 '대륙 이동설'을 주장했다. 그는 자신의 주장을 뒷받침하기 위해 여러 가지 증거를 제시했다. 남아메리카 대륙의 동쪽 해안선과 아프리카 대륙의 서쪽 해안선이 놀랍도록 잘 들어맞는다는 점, 멀리 떨어진 대륙에서 동일한 종류의 고생물 화석들이 발견된다는 점, 그리고 서로 다른 대륙에 분포하는 산맥들이 하나로 연결되는 지질 구조의 연속성 등이 그것이었다. 하지만 베게너는 대륙을 움직이게 하는 거대한 힘의 근원이 무엇인지 명확하게 설명하지 못했고, 이 때문에 그의 이론은 당시 학계에서 널리 받아들여지지 못했다.

2 베게너의 대륙 이동설이 잊혀갈 무렵, 제2차 세계대전 이후 해저 탐사 기술의 발달은 그의 주장을 부활시키는 결정적인 증거를 제공했다. 음파 탐지 기술을 통해 작성된 상세한 해저 지형도는 대서양 중앙부에 거대한 해저 산맥인 '중앙 해령'이 존재한다는 사실을 드러냈다. 1960년대 초, 해리 헤스는 이 중앙 해령의 갈라진 틈에서 뜨거운 맨틀 물질이 솟아올라 새로운 해양 지각을 생성하고, 이 지각이 양쪽으로 이동해 가며 해저가 확장된다는 '해저 확장설'을 제안했다. 이 가설은 해령을 중심으로 멀어질수록 해양 지각의 나이가 많아지고, 해저 퇴적물의 두께가 두꺼워진다는 관측 결과로 증명되었다. 또한, 지구 자기장의 역전 기록이 해령을 축으로 대칭적인 줄무늬 형태로 남아있다는 고지자기 연구 결과는 해저 확장설의 강력한 증거가 되었다.

3 대륙 이동설과 해저 확장설의 증거들이 통합되면서, 지구의 표면이 여러 개의 조각으로 나뉘어 움직인다는 '판 구조론'이 정립되었다. 판 구조론에 따르면, 지구의 가장 바깥층인 암석권은 유라시아판, 태평양판 등 크고 작은 10여 개의 단단한 판(Plate)으로 이루어져 있다. 이 판들은 암석권 아래의 부분적으로 녹아 유동성을 가진 연약권 위를 1년에 수 cm 정도의 속도로 각각 다른 방향으로 움직인다. 대륙은 이 판 위에 실려 함께 이동하는 것이

므로, 대륙 이동의 원동력은 바로 판의 움직임이라는 것이다. 이로써 베게너가 설명하지 못했던 대륙 이동의 메커니즘이 마침내 밝혀지게 되었다.

4 판의 움직임은 판과 판이 만나는 경계에서 가장 활발하게 나타나며, 지진이나 화산 활동과 같은 대부분의 지각 변동이 이 지역에 집중된다. 판의 경계는 상대적인 운동 방향에 따라 크게 세 종류로 나뉜다. 두 판이 서로 멀어지는 '발산형 경계'에서는 새로운 지각이 생성되며, 동아프리카 열곡대나 대서양 중앙 해령이 대표적이다. 반면, 두 판이 서로 충돌하는 '수렴형 경계'에서는 한 판이 다른 판 아래로 파고드는 섭입이 일어나거나 거대한 습곡산맥이 형성된다. 일본 해구나 안데스산맥, 히말라야산맥 등이 이에 해당한다. 마지막으로 두 판이 서로 어긋나며 미끄러지는 '보존형 경계'에서는 지각의 생성이나 소멸 없이 지층이 끊어지는 단층이 발달하며, 미국의 산안드레아스 단층이 대표적인 예이다.

5 판을 움직이는 주된 힘은 지구 내부의 맨틀이 대류하는 현상에서 비롯된다. 지구 중심부의 뜨거운 열로 인해 가열된 맨틀 하부의 물질은 밀도가 낮아져 위로 상승하고, 상승한 물질은 암석권에 도달하여 양옆으로 퍼져나가면서 판을 이동시킨다. 이후 식어서 밀도가 커진 물질은 다시 맨틀 아래로 가라앉게 되는데, 이와 같은 거대한 열의 순환, 즉 '맨틀 대류'가 판을 움직이는 엔진 역할을 하는 것이다. 여기에 더해, 발산형 경계인 해령에서 솟아오른 지각이 판을 밀어내는 힘(해령 확장력)과 수렴형 경계에서 섭입하는 판이 아래로 끌어당기는 힘(판 섭입력) 또한 판 이동의 중요한 원동력으로 작용한다.

---

1. 주제

대륙 이동설에서 판 구조론으로 발전하는 과정과 판의 움직임에 따른 지각 변동의 원리

2. 문단별 TOPIC

1 베게너는 다양한 증거를 바탕으로 대륙 이동설을 주장했으나, 원동력을

설명하지 못해 인정받지 못했다.
② 해저 탐사를 통해 발견된 해저 확장설의 증거들은 대륙 이동의 가능성을 다시금 증명했다.
③ 판 구조론은 지구 표면이 여러 개의 판으로 이루어져 있으며, 대륙은 이 판 위에 실려 이동한다는 통합된 이론이다.
④ 판의 경계는 발산형, 수렴형, 보존형으로 나뉘며, 각 경계에서 특징적인 지각 변동이 일어난다.
⑤ 판을 움직이는 주된 힘은 맨틀의 대류 현상이다.

3. 전체 내용 전개

이 글은 베게너의 '대륙 이동설'을 소개하며 논의를 시작한다①. 이후 대륙 이동설의 결정적 증거가 된 '해저 확장설'의 등장 배경을 설명하고②, 이 두 이론이 통합되어 '판 구조론'이 정립되는 과정을 서술한다③. 다음으로, 판의 움직임이 나타나는 경계의 세 가지 유형과 그 특징을 분석한다④. 마지막으로, 판을 움직이는 근본적인 원동력인 '맨틀 대류'의 원리를 설명하며 글을 마무리한다⑤.

4. OX로 내용 확인

O|X ① 베게너는 대륙을 이동시키는 힘의 원천을 명확하게 설명하여 학계의 인정을 받았다.

O|X ② 해저 확장설에 따르면, 중앙 해령에서 멀어질수록 해양 지각의 나이는 젊어진다.

O|X ③ 판 구조론에서 대륙은 연약권 위를 직접 이동하는 것이 아니라, 판 위에 실려서 이동한다.

O|X ④ 지진과 화산 활동은 판의 중앙부에서 가장 활발하게 일어난다.

O|X ⑤ 히말라야산맥은 두 판이 서로 멀어지는 발산형 경계에 해당한다.

O|X ⑥ 보존형 경계에서는 새로운 지각이 생성되거나 소멸되지 않는다.

O|X ⑦ 판을 움직이는 근본적인 에너지원은 지구 외부의 태양 에너
지이다.

①X / ②X / ③O / ④X / ⑤X / ⑥O / ⑦X

[과학]
우리 몸의 방패, 인체 면역 시스템의 작동 원리

1 인체 면역 시스템은 질병을 유발하는 세균, 바이러스와 같은 병원체의 침입으로부터 우리 몸을 보호하는 정교하고 복잡한 방어 체계이다. 면역 시스템은 크게 선천성 면역과 후천성 면역이라는 두 가지 방어선으로 구성되어 상호 보완적으로 작동한다. 선천성 면역은 병원체의 종류를 가리지 않고 즉각적으로 반응하는 비특이적 방어 작용이며, 후천성 면역은 특정 병원체를 기억하여 맞춤형으로 대응하는 특이적 방어 작용이다. 이 두 시스템의 유기적인 협력을 통해 우리 몸은 외부의 수많은 위협에 맞서 생명 활동을 정상적으로 유지할 수 있다.

2 선천성 면역은 병원체의 침입에 대비한 인체의 일차적인 방어선으로서 즉각적이고 비특이적인 반응을 담당한다. 가장 바깥쪽 방어선은 피부와 점막과 같은 물리적 장벽으로, 병원체가 몸속으로 들어오는 것을 원천적으로 차단한다. 만약 이 장벽이 뚫려 병원체가 침입하면, 몸 안에 상주하던 대식세포와 같은 식세포들이 즉시 병원체를 포식하여 제거한다. 또한, 병원체에 감염된 부위에서는 염증 반응이 일어나 혈관을 확장시키고 백혈구들을 감염 부위로 모아 효과적으로 병원체와 싸울 수 있도록 돕는다. 이러한 선천성 면역은 병원체의 종류를 구별하지 않고 신속하게 작동하여 감염 초기에 확산을 막는 중요한 역할을 수행한다.

3 후천성 면역은 특정 병원체를 정확하게 인식하고 기억하여 다음에 동일한 병원체가 침입했을 때 더욱 빠르고 강력하게 대처하는 특이적 방어 시스템이다. 후천성 면역의 핵심적인 역할은 B세포와 T세포라는 림프구가 담당한다. 이 시스템의 가장 중요한 특징은 '특이성'과 '기억'이다. 특이성이란 하나의 항체나 T세포가 오직 한 종류의 항원(병원체의 일부)에만 반응하는 것을 의미하며, 기억이란 특정 병원체와 한 번 싸우고 나면 그 정보를 기억세포의 형태로 남겨두어 재침입 시 즉각적으로 대응할 수 있는 능력을 말한다. 우리가 홍역이나 수두 같은 질병에 한번 걸리면 다시 걸리지 않는 것은 바로 이 면역 기억 덕분이다.

4 후천성 면역은 B세포가 주도하는 체액성 면역과 T세포가 주도하는 세포성 면역으로 나뉘어 작동한다. 체액성 면역은 B세포가 특정 항원을 인식하면 형질세포로 분화하여 그 항원에만 결합하는 '항체'라는 단백질을 혈액 속으로 대량 분비하는 방식이다. 이 항체들은 혈액을 떠다니다가 병원체를 만나면 결합하여 병원체를 무력화시키거나 식세포가 쉽게 잡아먹을 수 있도록 표시하는 역할을 한다. 반면, 세포성 면역은 T세포가 직접 감염된 세포를 찾아내 파괴하는 방식이다. 도움 T세포가 B세포나 다른 면역세포의 활성화를 돕는 지휘관 역할을 하면, 세포독성 T세포(킬러 T세포)가 바이러스에 감염된 세포나 암세포를 직접 공격하여 사멸시킨다.

5 면역 시스템의 작동 원리를 이해하고 응용한 대표적인 예가 바로 백신(예방 접종)이다. 백신은 독성을 약화시키거나 죽인 병원체, 혹은 병원체의 일부(항원)를 인체에 인위적으로 주입하여 실제 질병에 걸리지 않고도 면역 기억을 형성하게 만드는 방법이다. 백신을 접종하면 우리 몸의 면역계는 이를 실제 침입으로 인식하고 항체를 형성하며 기억세포를 만들어낸다. 이후 진짜 병원체가 침입했을 때, 우리 몸은 이미 형성된 기억세포 덕분에 신속하고 강력한 2차 면역 반응을 일으켜 질병이 발생하기 전에 병원체를 효과적으로 제거할 수 있다. 이처럼 백신은 후천성 면역의 '기억' 능력을 활용하여 인류가 수많은 감염병을 예방하고 극복하는 데 결정적인 기여를 했다.

■ 지문 해설 및 문항 ■

1. 주제

선천성 면역과 후천성 면역으로 구성된 인체 면역 시스템의 작동 원리와 그 의학적 응용

2. 문단별 TOPIC

1 인체 면역 시스템은 선천성 면역과 후천성 면역으로 구성된 정교한 방어 체계이다.

2 선천성 면역은 피부, 식세포, 염증 반응 등을 통해 즉각적이고 비특이적인 1차 방어를 수행한다.

③ 후천성 면역은 특이성과 기억 능력을 바탕으로 특정 병원체에 맞춤형으로 대응한다.
④ 후천성 면역은 B세포의 항체를 통한 체액성 면역과 T세포를 통한 세포성 면역으로 나뉜다.
⑤ 백신은 후천성 면역의 기억 능력을 이용하여 특정 질병을 예방하는 효과적인 방법이다.

3. 전체 내용 전개

이 글은 인체 면역 시스템을 선천성 면역과 후천성 면역으로 나누어 소개하며 시작한다❶. 이후 1차 방어선인 선천성 면역의 비특이적 작동 방식을 설명하고❷, 2차 방어선인 후천성 면역의 핵심 특징(특이성, 기억)을 설명한다❸. 다음으로, 후천성 면역이 체액성 면역(B세포)과 세포성 면역(T세포)으로 나뉘어 작동하는 구체적인 메커니즘을 분석한다❹. 마지막으로, 면역 원리의 의학적 응용 사례인 '백신'의 원리를 설명하며 글을 마무리한다❺.

4. OX로 내용 확인

O|X ① 선천성 면역은 특정 병원체를 기억하여 선별적으로 공격한다.
O|X ② 피부와 점막은 병원체에 대한 1차적인 물리적 방어선 역할을 한다.
O|X ③ 한번 걸렸던 질병에 다시 잘 걸리지 않는 것은 선천성 면역의 기억 능력 때문이다.
O|X ④ B세포는 바이러스에 감염된 세포를 직접 공격하여 파괴한다.
O|X ⑤ 도움 T세포는 다른 면역세포들의 활성화를 돕는 역할을 한다.
O|X ⑥ 백신은 우리 몸의 면역 시스템이 특정 병원체에 대한 기억세포를 만들도록 유도하는 원리를 이용한다.
O|X ⑦ 체액성 면역은 T세포가 혈액으로 항체를 분비하여 병원체를 공격하는 방식이다.

① X / ② O / ③ X / ④ X / ⑤ O / ⑥ O / ⑦ X

[과학]
안전한 통신의 열쇠, 공개키 암호와 소수의 원리

① 인터넷 뱅킹, 온라인 쇼핑, 이메일 등 우리가 일상적으로 사용하는 디지털 통신은 어떻게 안전을 보장받을 수 있을까? 그 해답은 정보를 정해진 규칙에 따라 아무나 알 수 없는 형태로 바꾸는 '암호' 기술에 있다. 암호는 크게 '대칭키 암호 방식'과 '공개키 암호 방식'으로 나뉜다. 대칭키 방식이 정보를 잠글 때(암호화)와 열 때(복호화) 같은 열쇠를 사용하는 반면, 공개키 방식은 잠글 때와 열 때 서로 다른 열쇠를 사용한다. 특히 현대 암호 체계의 근간을 이루는 공개키 암호 방식은 키를 전달하는 과정의 보안 문제를 해결하며 디지털 시대의 안전한 통신을 가능하게 한 혁신적인 발상이다.

② 대칭키 암호 방식은 암호화와 복호화에 동일한 '비밀키'를 사용하는 직관적인 방법이다. 정보를 보내는 사람과 받는 사람이 똑같은 비밀키를 공유하고, 이 키를 이용해 암호화된 정보를 주고받는다. 이 방식은 계산 속도가 빨라 대용량 데이터를 처리하기에 효율적이라는 장점이 있다. 하지만 결정적인 한계가 존재하는데, 바로 '키 분배 문제'이다. 정보를 주고받기 전에 양쪽이 어떻게든 안전한 방법으로 동일한 비밀키를 미리 공유해야만 한다. 만약 비밀키를 전달하는 과정에서 제3자에게 키가 유출된다면 암호 체계 전체가 무력화되기 때문에, 안전한 키 전달 방법을 보장하기가 매우 어렵다.

③ 1970년대에 등장한 공개키 암호 방식은 대칭키 방식의 키 분배 문제를 획기적으로 해결했다. 이 방식은 이름 그대로 외부에 '공개'해도 안전한 '공개키'와, 자신만이 소유하는 '개인키(비밀키)'라는 한 쌍의 키를 사용한다. 공개키는 정보를 암호화할 때 사용하고, 개인키는 암호화된 정보를 복호화할 때 사용한다. 정보를 보내려는 사람은 수신자의 공개키를 이용해 메시지를 암호화하여 보낸다. 수신자의 공개키는 누구에게나 알려져 있으므로 키를 전달할 필요가 없다. 중요한 점은, 공개키로 암호화된 정보는 오직 그 쌍을 이루는 개인키로만 풀 수 있다는 것이다. 따라서 개인키를 안전하게 보관하는 한, 수신자 외에는 아무도 그 내용을 열어볼 수 없다.

④ 공개키 암호 시스템의 안전성은 '소인수분해의 어려움'이라는 수학적 원

리에 깊이 의존하고 있다. 소수(Prime number)란 1과 자기 자신으로만 나누어지는 수를 말한다. 두 개의 매우 큰 소수를 곱하여 하나의 큰 수를 만드는 계산은 컴퓨터에게 매우 쉬운 일이다. 하지만 반대로, 그 큰 수가 어떤 두 소수의 곱으로 이루어져 있는지 알아내는, 즉 소인수분해를 하는 것은 현재의 컴퓨팅 기술로도 사실상 불가능에 가까울 정도로 오랜 시간이 걸린다. 공개키 암호 방식은 바로 이 비대칭적인 계산 난이도를 이용한다. 두 개의 큰 소수(개인키의 기반)를 곱한 결과값으로 공개키를 만들면, 공개키가 노출되더라도 그것을 소인수분해하여 개인키를 역추적하는 것이 거의 불가능하기 때문에 암호의 안전성이 보장되는 것이다.

5 이러한 원리를 바탕으로 한 공개키 암호 기술은 현대 사회의 다양한 보안 시스템에서 핵심적인 역할을 수행하고 있다. 대표적인 예로, 인터넷 통신 규약인 HTTPS에서는 클라이언트(사용자)가 서버의 공개키를 이용해 통신 내용을 암호화하여 안전한 데이터 전송을 보장한다. 또한, 본인임을 증명하는 전자서명에서는 반대로 자신의 개인키로 정보를 암호화하여 보내고, 다른 사람들은 해당 인물의 공개키로 이를 복호화하여 서명의 진위 여부를 확인한다. 이처럼 소수의 수학적 특성에 기반한 공개키 암호 체계는 보이지 않는 곳에서 우리의 정보를 지키며 디지털 사회의 신뢰를 유지하는 필수적인 기반 기술로 자리 잡고 있다.

■ 지문 해설 및 문항 ■

1. 주제

소인수분해의 어려움을 이용한 공개키 암호 방식의 작동 원리와 그 중요성

2. 문단별 TOPIC

1 현대 디지털 통신의 안전은 암호 기술에 기반하며, 특히 공개키 암호 방식이 핵심적인 역할을 한다.

2 대칭키 암호 방식은 효율적이지만, 비밀키를 안전하게 전달해야 하는 키 분배 문제를 가진다.

3 공개키 암호 방식은 공개키와 개인키를 분리하여 키 분배 문제없이 안전한 통신을 가능하게 한다.

④ 공개키 암호의 안전성은 두 거대 소수의 곱셈은 쉽지만, 그 결과값을 다시 소인수분해하는 것은 매우 어렵다는 원리에 기반한다.
⑤ 공개키 암호 기술은 HTTPS, 전자서명 등 현대 디지털 사회의 신뢰를 유지하는 핵심 기반 기술이다.

3. 전체 내용 전개

이 글은 디지털 통신의 안전을 지키는 암호 기술의 종류를 소개하며 공개키 암호의 중요성을 제시하며 시작한다❶. 이후 기존 대칭키 암호 방식의 한계인 '키 분배 문제'를 설명하고❷, 이 문제를 해결한 공개키 암호의 작동 원리를 설명한다❸. 다음으로, 공개키 암호의 안전성이 '소인수분해의 어려움'이라는 수학적 원리에 기반하고 있음을 분석한다❹. 마지막으로, HTTPS, 전자서명 등 현대 사회의 핵심 기반 기술로 활용되는 공개키 암호의 의의를 강조하며 글을 마무리한다❺.

4. OX로 내용 확인

O|X ① 대칭키 암호 방식에서는 정보를 암호화하는 키와 복호화하는 키가 서로 다르다.

O|X ② 대칭키 암호 방식의 가장 큰 장점은 비밀키를 분배하는 과정이 매우 안전하다는 것이다.

O|X ③ 공개키 암호 방식에서 공개키는 누구나 알 수 있도록 외부에 공개된다.

O|X ④ A의 공개키로 암호화된 정보는 A의 개인키로만 복호화할 수 있다.

O|X ⑤ 공개키 암호의 안전성은 두 개의 큰 소수를 곱하는 계산이 매우 어렵다는 사실에 기반한다.

O|X ⑥ 현재의 컴퓨터 기술로도 거대한 합성수를 소인수분해하는 것은 매우 오랜 시간이 걸린다.

O|X ⑦ 전자서명은 자신의 공개키로 정보를 암호화하여 본인임을 증명하는 기술이다.

①X / ②X / ③O / ④O / ⑤X / ⑥O / ⑦X

[과학]
물질 변환의 언어, 화학반응식의 이해

1 화학반응식은 물질이 고유한 성질을 잃고 새로운 성질을 가진 물질로 변하는 화학 반응을 원소 기호와 화학식을 사용하여 간결하고 명확하게 나타내는 국제적인 약속이다. 이는 전 세계의 과학자들이 물질의 변화를 동일한 방식으로 이해하고 소통할 수 있게 하는 보편적인 언어 역할을 한다. 화학반응식은 반응에 참여하여 사라지는 물질인 '반응물'과 반응을 통해 새롭게 생성되는 물질인 '생성물'로 구성되며, 화살표(→)를 사용하여 반응의 진행 방향을 나타낸다. 예를 들어, 수소와 산소가 반응하여 물이 생성되는 과정을 말로 길게 설명하는 대신 '수소 + 산소 → 물'과 같이 간단하게 표현할 수 있다.

2 화학반응식을 올바르게 작성하기 위해서는 반응에 참여하는 물질을 정확히 표현하고 몇 가지 기본 규칙을 따라야 한다. 먼저, 반응물은 화살표의 왼쪽에, 생성물은 화살표의 오른쪽에 배치한다. 반응물이나 생성물이 두 가지 이상일 경우에는 각 물질의 화학식 사이를 더하기(+) 기호로 연결한다. 또한, 각 물질의 상태를 명확히 하기 위해 화학식 뒤에 괄호를 사용하여 고체(s), 액체(l), 기체(g), 수용액(aq) 상태를 표시해 주기도 한다. 이는 반응의 조건을 이해하는 데 중요한 정보를 제공하며, 화학반응식을 더욱 정밀하게 만들어준다.

3 모든 화학반응식에서 가장 중요한 원칙은 반응 전후에 원자의 종류와 수가 변하지 않는다는 '질량 보존의 법칙'을 만족시키도록 계수를 맞추는 것이다. 화학 반응이 일어날 때 원자가 새로 생기거나 사라지지 않고 단지 재배열될 뿐이므로, 반응물의 각 원자 수 총합과 생성물의 각 원자 수 총합은 반드시 같아야 한다. 이 과정을 '화학반응식의 균형 맞추기(balancing)'라고 하며, 화학식 앞에 숫자인 '계수'를 조정하여 원자의 수를 맞춘다. 예를 들어 물 생성 반응($H_2 + O_2 → H_2O$)에서 반응 전 산소 원자는 2개지만 반응 후에는 1개이므로, 생성물 H_2O 앞에 계수 2를 붙여 '$H_2 + O_2 → 2H_2O$'로 만든다. 이어서 불균형이 된 수소 원자의 수를 맞추기 위해 반응물 H_2 앞에

계수 2를 붙이면 '2H₂ + O₂ → 2H₂O'라는 완성된 반응식이 된다. 이때 주의할 점은 원자의 수를 맞추기 위해 H₂O를 H₂O₂로 바꾸는 것처럼 화학식 자체를 변경해서는 안 된다는 것이다.

④ 완성된 화학반응식은 단순히 물질의 종류 변화뿐만 아니라, 반응에 참여하는 물질들 사이의 양적인 관계에 대한 풍부한 정보를 제공한다. 화학반응식의 계수는 반응하는 입자(분자 또는 원자)들의 가장 간단한 정수비를 나타낸다. 예를 들어, '2H₂ + O₂ → 2H₂O'라는 반응식의 계수비 '2:1:2'는 수소 분자 2개와 산소 분자 1개가 반응하여 물 분자 2개를 생성한다는 의미이다. 더 나아가 이 계수비는 물질의 양을 나타내는 단위인 몰(mol)의 비와도 동일하여, 수소 2몰과 산소 1몰이 반응하면 물 2몰이 생성된다는 사실을 알려준다. 만약 반응 물질이 모두 기체라면, 아보가드로 법칙에 따라 계수비는 부피비와도 일치한다. 이처럼 화학반응식의 계수는 물질 간의 양적 관계를 계산하는 화학양론의 기초가 된다.

⑤ 화학반응식은 화학의 기본 언어로서, 실험실 연구부터 거대한 산업 공정에 이르기까지 물질의 변화를 예측하고 제어하는 데 필수적인 도구로 활용된다. 화학자들은 반응식을 통해 특정 반응에서 어떤 생성물이 나올지 예측할 수 있으며, 원하는 양의 생성물을 얻기 위해 얼마만큼의 반응물이 필요한지 정확하게 계산할 수 있다. 예를 들어, 의약품을 합성하거나 새로운 소재를 개발할 때, 또는 암모니아 비료를 대량 생산하는 공업 과정에서 반응의 효율(수득률)을 계산하고 최적의 생산 조건을 찾는 데 화학반응식이 결정적인 역할을 한다. 이처럼 화학반응식은 눈에 보이지 않는 원자 세계의 변화를 정량적으로 파악하고 현실 세계의 문제 해결에 응용하게 해주는 강력한 도구이다.

― ■ 지문 해설 및 문항 ■

1. 주제

화학 반응을 표현하는 언어인 화학반응식의 작성 원리, 양적 관계 및 그 활용

2. 문단별 TOPIC

1 화학반응식은 화학 반응을 기호와 식을 통해 표현하는 세계 공통의 약속이다.

2 화학반응식은 반응물, 생성물, 화살표, 물질의 상태 표시 등 정해진 규칙에 따라 작성한다.

3 화학반응식은 질량 보존 법칙에 따라 반응 전후 원자의 종류와 수가 같도록 계수를 맞춰야 한다.

4 화학반응식의 계수비는 반응하는 물질들의 분자 수비, 몰수비, 기체 반응의 부피비를 알려준다.

5 화학반응식은 산업 현장과 과학 연구에서 물질의 변화를 예측하고 계산하는 필수적인 도구이다.

3. 전체 내용 전개

이 글은 화학 반응을 표현하는 공통 언어인 화학반응식의 정의와 역할을 소개하며 시작한다**1**. 이후 화학반응식을 작성하는 기본적인 규칙을 설명하고 **2**, 가장 중요한 원칙인 '질량 보존의 법칙'에 따라 계수를 맞추는 방법을 설명한다**3**. 다음으로, 완성된 반응식의 계수비가 분자 수비, 몰수비 등 양적 관계를 알려준다는 점을 분석한다**4**. 마지막으로, 화학반응식이 실제 산업과 연구에서 물질 변화를 예측하는 필수 도구로 활용됨을 강조하며 글을 마무리한다**5**.

4. OX로 내용 확인

O|X ① 화학반응식에서 화살표의 오른쪽에는 반응을 통해 사라지는 물질을 적는다.

O|X ② 화학식 뒤에 쓰는 기호(aq)는 해당 물질이 수용액 상태임을 의미한다.

O|X ③ 화학반응식의 계수를 맞추는 것은 에너지 보존 법칙을 만족시키기 위함이다.

O|X ④ 원자의 수를 맞추기 위해 화학식에 있는 작은 숫자를 바꾸는 것이 허용된다.

O|X ⑤ 반응식 'N$_2$ + 3H$_2$ → 2NH$_3$'에서 질소 분자 10개가 모두 반응했다면 암모니아 분자 20개가 생성된다.

O|X ⑥ 모든 화학 반응에서 반응 물질의 계수비는 질량비와 항상 동일하다.

O|X ⑦ 기체 상태의 물질들이 반응할 때, 계수비는 반응 부피비와 같다.

①X / ②O / ③X / ④X / ⑤O / ⑥X / ⑦O

[융합]
평균의 함정: 숫자에 가려진 진실을 읽는 법

1 '평균'은 복잡한 데이터를 하나의 숫자로 요약하여 집단의 전반적인 경향성을 쉽게 파악하도록 돕는 매우 유용한 통계적 도구이다. 우리가 흔히 사용하는 평균은 모든 자료의 값을 더한 후 자료의 개수로 나눈 '산술 평균'을 의미한다. 국가의 1인당 국민 소득, 학급의 평균 시험 점수, 특정 지역의 연평균 기온 등 평균은 방대한 양의 정보를 단순화하여 우리가 세상을 이해하고 비교하며 의사결정을 내리는 데 중요한 기준을 제공한다. 이처럼 평균은 데이터의 중심을 나타내는 대푯값으로서 강력한 힘을 지닌다.

2 그러나 평균은 그 편리함 이면에 현실을 왜곡할 수 있는 '함정'을 가지고 있으며, 이를 비판적으로 수용하지 않을 경우 심각한 오해를 낳을 수 있다. 평균의 가장 큰 맹점은 집단 내의 '분포'나 '편차'를 전혀 보여주지 못한다는 데 있다. 예를 들어, 직원 9명의 연봉이 각각 3천만 원이고 대표 1명의 연봉이 10억 3천만 원인 회사가 있다고 가정해보자. 이 회사 10명의 평균 연봉은 (9 × 3000만 + 10억 3000만) / 10 = 1억 3천만 원이 된다. 이 평균값만 보면 마치 모든 직원이 높은 연봉을 받는 것처럼 보이지만, 실제로는 대표 1명을 제외한 대다수 직원의 현실과는 엄청난 괴리가 있다.

3 평균이 현실을 왜곡하는 주된 원인은 바로 '극단값(outlier)'의 존재 때문이다. 극단값이란 다른 대부분의 자료값들과 비교하여 비정상적으로 크거나 작은 값을 의미한다. 앞선 예시에서 대표의 연봉 10억 3천만 원이 바로 극단값에 해당한다. 산술 평균은 계산 방식상 모든 자료값을 포함하기 때문에, 이러한 극단값이 하나라도 존재하면 그 값의 영향을 크게 받아 평균이 전체 데이터의 중심에서 한쪽으로 크게 쏠리는 현상이 발생한다. 따라서 소득, 자산, 주택 가격처럼 분포의 불균형이 심한 데이터를 다룰 때 평균은 집단의 보편적인 상황을 대표하기 어려운 경우가 많다.

4 이러한 평균의 함정을 보완하기 위해 통계학에서는 다른 종류의 대푯값인 '중앙값(median)'과 '최빈값(mode)'을 함께 사용한다. 중앙값은 모든 데이터를 크기순으로 나열했을 때 정확히 가운데에 위치하는 값이다. 데이터의

개수가 짝수일 경우에는 가운데 두 값의 평균을 사용한다. 중앙값은 극단값의 영향을 받지 않기 때문에, 연봉 예시에서 중앙값은 3천만 원으로 계산되어 직원들의 실질적인 소득 수준을 훨씬 더 잘 보여준다. 한편, 최빈값은 자료 중에서 가장 빈번하게 나타나는 값을 의미하며, 연봉 예시에서는 3천만 원이 최빈값이 된다. 이처럼 중앙값과 최빈값은 평균이 놓치는 데이터의 숨겨진 구조를 파악하는 데 도움을 준다.

5 현대 사회는 수많은 데이터와 통계 자료를 기반으로 움직이므로, 통계적 문해력(Statistical Literacy)은 합리적인 시민이 갖춰야 할 필수 소양이 되었다. 단순히 제시된 평균값만을 받아들이는 것을 넘어, 그 숫자가 어떤 과정을 통해 산출되었는지, 극단값의 영향은 없는지, 데이터의 분포는 어떠한지 등을 종합적으로 고려하는 비판적 시각이 필요하다. 특히 언론 보도나 광고에서 제시되는 평균 자료는 특정 의도를 가지고 현실을 과장하거나 왜곡하는 데 사용될 수 있다. 따라서 우리는 평균의 편리함에 기대는 동시에 그 이면에 숨겨진 함정을 경계하며, 중앙값이나 다른 통계 지표들과 함께 데이터를 다각적으로 해석하는 지혜를 길러야 한다.

■ 지문 해설 및 문항 ■

1. 주제
평균이 갖는 통계적 함정과 한계를 이해하고, 데이터를 비판적으로 해석하는 능력의 중요성

2. 문단별 TOPIC
1 평균은 데이터 집단의 경향성을 하나의 숫자로 요약해주는 유용한 대푯값이다.
2 그러나 평균은 데이터의 분포를 보여주지 못해 극단적인 경우 현실을 왜곡하는 함정이 있다.
3 평균 왜곡의 주된 원인은 다른 값들과 차이가 큰 극단값의 존재 때문이다.
4 평균의 한계를 보완하기 위해 극단값의 영향을 덜 받는 중앙값과 최빈값을 활용할 수 있다.

5 통계 자료를 비판적으로 해석하는 통계적 문해력은 현대 사회를 살아가는 필수 소양이다.

3. 전체 내용 전개

이 글은 데이터의 경향성을 요약하는 '평균'의 유용성을 소개하며 시작한다1. 그러나 평균이 데이터의 분포를 보여주지 못해 현실을 왜곡하는 '함정'이 있음을 사례를 통해 제시하고2, 그 핵심 원인이 '극단값'의 영향임을 분석한다3. 다음으로, 이러한 평균의 한계를 보완할 수 있는 대안적 대푯값인 '중앙값'과 '최빈값'을 소개한다4. 마지막으로, 현대 사회에서 통계 자료를 비판적으로 해석하는 '통계적 문해력'의 중요성을 강조하며 글을 마무리한다5.

4. OX로 내용 확인

O|X ① 산술 평균은 집단 내 데이터의 분포가 얼마나 고른지 알려주는 지표이다.

O|X ② 어떤 회사의 평균 연봉이 1억 원이라면, 대부분의 직원은 1억 원에 가까운 연봉을 받는다.

O|X ③ 극단값은 평균 계산에 포함되지 않기 때문에 평균값에 영향을 주지 않는다.

O|X ④ 자료를 크기순으로 나열했을 때 한가운데 위치하는 값을 중앙값이라고 한다.

O|X ⑤ 소득이나 자산처럼 편차가 큰 데이터에서는 평균보다 중앙값이 집단을 더 잘 대표할 수 있다.

O|X ⑥ 데이터 집합에서 가장 자주 나타나는 값을 최빈값이라고 한다.

O|X ⑦ 통계 자료를 해석할 때는 평균값 하나만으로 집단의 특성을 판단하는 것이 가장 정확하다.

①X / ②X / ③X / ④O / ⑤O / ⑥O / ⑦X

[과학/기술 융합]
현대 사회의 빛과 그림자, 리튬이온배터리의 원리와 과제

1 스마트폰부터 노트북, 전기자동차에 이르기까지, 현대 사회는 '리튬이온배터리'라는 에너지 저장 장치 위에 세워져 있다고 해도 과언이 아니다. 리튬이온배터리는 기존 배터리들에 비해 가벼우면서도 훨씬 높은 에너지 밀도를 가질 수 있어, 휴대용 전자기기와 전기차 시대를 연 핵심 기술로 평가받는다. 하지만 동시에, 충전 중이던 전동 킥보드나 전기차에서 발생하는 화재 사고 소식이 잇따르면서 그 이면에 숨겨진 안전성 문제가 중요한 사회적 과제로 떠오르고 있다. 따라서 리튬이온배터리의 편리함을 안전하게 누리기 위해서는 그 작동 원리와 잠재적 위험성을 정확히 이해할 필요가 있다.

2 리튬이온배터리의 작동 원리는 리튬 이온(Li^+)이 양극과 음극 사이를 이동하며 전기를 만들어내는 전기화학적 반응에 기반한다. 배터리는 크게 리튬 산화물로 구성된 '양극', 흑연 등으로 만들어진 '음극', 리튬 이온의 이동 통로가 되는 '전해질', 그리고 양극과 음극의 직접적인 접촉을 막는 '분리막'으로 구성된다. 충전 시에는 외부에서 에너지를 받아 리튬 이온이 양극에서 음극으로 이동하여 저장되고, 방전(사용) 시에는 반대로 음극에 있던 리튬 이온이 양극으로 되돌아가면서 전선을 통해 전자를 내보내 에너지를 발생시킨다. 이 과정에서 전해질은 이온만 통과시키는 다리 역할을, 분리막은 전자의 직접적인 이동을 막아 단락(short circuit)을 방지하는 안전장치 역할을 한다.

3 리튬이온배터리 화재의 직접적인 원인은 '열 폭주(thermal runaway)'라는 연쇄 반응 현상 때문이다. 배터리가 과도하게 충전되거나, 외부의 강한 충격을 받거나, 혹은 제조 과정의 결함으로 인해 분리막이 손상되면 양극과 음극이 직접 접촉하는 내부 단락이 발생할 수 있다. 이때 급격히 많은 전류가 흐르면서 온도가 치솟기 시작하는데, 일정 온도 이상이 되면 배터리 내부의 화학 물질들이 분해되며 더 많은 열과 가스를 발생시킨다. 이 열이 다시 주변의 화학 반응을 촉진하는 악순환이 걷잡을 수 없이 빠르게 진행되는

것이 바로 열 폭주이며, 결국 내부 압력이 높아져 폭발과 함께 화재로 이어지게 되는 것이다.

4️⃣ 열 폭주 현상을 근본적으로 막기 어려운 이유는 현재 리튬이온배터리가 가진 구조적 한계 때문이다. 가장 큰 문제는 이온의 이동 통로 역할을 하는 전해질이 인화성이 높은 유기 액체 물질이라는 점이다. 이는 배터리 내부 온도가 상승했을 때 화재의 '연료' 역할을 하여 상황을 더욱 악화시킨다. 또한, 더 높은 에너지 밀도를 위해 양극과 음극에 더 많은 활물질을 채우고 분리막을 더 얇게 만드는 기술 경쟁은 배터리를 더욱 민감하고 불안정한 상태로 만들어 잠재적인 위험성을 높이는 요인이 된다. 충전을 반복하면서 음극 표면에 나뭇가지 모양의 뾰족한 리튬 결정(덴드라이트)이 자라나 분리막을 훼손하는 문제 역시 배터리의 수명과 안전성을 위협하는 고질적인 과제이다.

5️⃣ 이러한 문제를 해결하기 위해 과학계와 산업계는 차세대 배터리 기술 개발에 총력을 기울이고 있다. 가장 주목받는 대안은 '전고체 배터리(All-Solid-State Battery)'이다. 이는 인화성 액체 전해질을 불연성의 고체 전해질로 대체하여 열 폭주의 근본적인 원인을 차단하는 기술이다. 고체 전해질은 구조적으로 안정적이어서 덴드라이트 형성 문제도 억제할 수 있어 안전성과 에너지 밀도를 동시에 높일 수 있을 것으로 기대된다. 이 외에도 배터리의 전압, 전류, 온도 등을 실시간으로 감시하고 제어하여 이상 상태를 사전에 방지하는 고도화된 '배터리 관리 시스템(BMS)'을 개발하는 노력 역시 배터리의 안전성을 확보하기 위한 중요한 연구 분야로 자리 잡고 있다.

■─────────────── ■ 지문 해설 및 동향 ■

1. 주제

리튬이온배터리의 작동 원리와 화재 원인인 열 폭주 현상을 이해하고, 그 안전성 문제를 해결하기 위한 차세대 기술 동향 파악

2. 문단별 TOPIC

1️⃣ 리튬이온배터리는 현대 사회의 핵심 기술이지만, 화재와 같은 안전성 문제를 동시에 안고 있다.

② 리튬이온배터리는 양극, 음극, 전해질, 분리막으로 구성되며 리튬 이온의 이동을 통해 작동한다.
③ 배터리 화재는 분리막 손상 등으로 인한 내부 단락이 열 폭주라는 연쇄 반응을 일으켜 발생한다.
④ 인화성 액체 전해질의 사용과 고에너지 밀도를 위한 경쟁 등은 배터리의 구조적 안전성을 위협하는 요인이다.
⑤ 액체 전해질을 고체로 바꾼 전고체 배터리 개발은 리튬이온배터리의 안전성 문제를 해결할 핵심 대안으로 주목받고 있다.

3. 전체 내용 전개

이 글은 현대 사회에서 리튬이온배터리의 중요성과 그에 따른 안전 문제를 제기하며 시작한다❶. 이후 배터리의 기본 구조와 리튬 이온의 이동을 통한 작동 원리를 소개하고❷, 화재의 직접적 원인인 '열 폭주' 현상을 심층적으로 분석한다❸. 다음으로, 열 폭주를 유발하는 인화성 액체 전해질 등 구조적 한계점을 제시한다❹. 마지막으로, '전고체 배터리'와 같은 차세대 기술을 안전 문제의 해결 방안으로 소개하며 글을 마무리한다❺.

4. OX로 내용 확인

O|X ① 리튬이온배터리는 방전 시 리튬 이온이 양극에서 음극으로 이동한다.

O|X ② 분리막은 양극과 음극이 직접 만나 전류가 급격히 흐르는 것을 막는 역할을 한다.

O|X ③ '열 폭주'는 배터리 내부의 온도가 점차 안정적으로 낮아지는 현상을 말한다.

O|X ④ 현재 상용화된 리튬이온배터리의 전해질은 불에 잘 타지 않는 안정한 액체이다.

O|X ⑤ 배터리의 에너지 밀도를 높이기 위해 분리막을 두껍게 만드는 것이 일반적이다.

|O|X| ⑥ 음극 표면에 생기는 뾰족한 리튬 결정(덴드라이트)은 배터리의 안전성을 높여준다.

|O|X| ⑦ 전고체 배터리는 액체 전해질을 불연성 고체로 대체하여 화재 위험성을 낮춘 기술이다.

①X / ②O / ③X / ④X / ⑤X / ⑥X / ⑦O

[수학/철학 융합]
생각의 지도, 세상을 해석하는 새로운 틀 '좌표평면'

1 르네 데카르트 이전의 수학 세계에서 기하학과 대수학은 서로 다른 길을 걷는 독립적인 학문이었다. 기하학은 점, 선, 면, 도형과 같은 공간적 형태를 직관과 논리를 통해 탐구하는 분야였고, 대수학은 미지수와 방정식을 사용하여 수량 사이의 관계를 계산하고 분석하는 학문이었다. 고대 그리스로부터 이어진 기하학의 유클리드 원론은 자와 컴퍼스만을 이용한 논리적 증명을 최상의 가치로 여겼으며, 숫자를 이용해 도형의 문제를 푸는 것은 엄밀하지 못한 방식으로 취급되기도 했다. 이처럼 수천 년간 분리되어 있던 두 학문의 경계를 허물고 '공간'과 '수'를 하나의 언어로 통합한 혁명적인 발상이 바로 데카르트의 좌표평면이다.

2 좌표평면의 기본 개념은 놀라울 정도로 단순하면서도 강력하다. 이는 평면 위에 서로 직각으로 만나는 두 개의 수직선, 즉 'x축'과 'y축'을 설정하는 것에서 시작한다. 두 축이 만나는 점을 '원점(0,0)'으로 삼고, 평면 위의 모든 점의 위치를 원점으로부터의 가로(x)와 세로(y) 거리의 순서쌍 (x, y)으로 유일하게 표현할 수 있게 한 것이다. 예를 들어, (3, 2)라는 좌표는 원점에서 오른쪽으로 3만큼, 위쪽으로 2만큼 이동한 위치를 가리킨다. 이 간단한 약속을 통해 추상적이고 막연했던 '공간 위의 한 점'이라는 기하학적 대상이, 명확하고 계산 가능한 '숫자의 쌍'이라는 대수학적 대상으로 완벽하게 전환될 수 있었다.

3 좌표평면의 진정한 위대함은 기하학적 도형을 대수학의 방정식으로 표현할 수 있게 한 데 있다. 좌표평면 위에서 특정 조건을 만족하는 점들의 집합인 도형은, 그 조건을 만족하는 x와 y의 관계식, 즉 방정식으로 나타낼 수 있다. 예를 들어, 원점에서 거리가 항상 5인 점들의 집합인 '원'은 피타고라스의 정리에 의해 $x^2 + y^2 = 5^2$이라는 방정식으로 표현된다. 이제 복잡한 도형의 교점을 찾거나 길이를 구하는 기하학적 문제는, 두 방정식을 연립하여 해를 구하는 대수학적 계산 문제로 바뀌게 되었다. 더 이상 자와 컴퍼스에 의존하지 않고도, 연필과 종이만으로 대수적 연산을 통해 기하학 문제를 정

확하게 해결할 수 있는 길이 열린 것이다.

4️⃣ 이러한 변환은 반대 방향으로도 똑같이 적용되어, 대수학에도 새로운 지평을 열어주었다. 기존에는 추상적인 기호의 나열에 불과했던 복잡한 방정식에 시각적인 의미를 부여할 수 있게 되었기 때문이다. 예를 들어, $y = ax^2 + bx + c$ 라는 이차방정식은 좌표평면 위에서 아래로 볼록하거나 위로 볼록한 '포물선'이라는 아름다운 곡선으로 시각화된다. 이처럼 방정식의 해를 구하는 과정은 그래프가 x축과 만나는 점을 찾는 것으로, 방정식의 특징은 그래프의 모양과 위치를 분석하는 것으로 직관적인 이해가 가능해졌다. 이는 수학자들이 수식의 이면에 숨겨진 기하학적 구조를 발견하고 새로운 수학적 아이디어를 떠올리는 강력한 영감의 원천이 되었다.

5️⃣ 데카르트가 창안한 좌표평면과 이를 기반으로 한 해석기하학은 단순히 수학의 한 분야를 개척한 것을 넘어, 근대 과학 전체의 발전을 가속화한 패러다임의 전환이었다. 뉴턴과 라이프니츠가 미적분학을 창시할 수 있었던 것도 바로 변화하는 대상의 움직임을 좌표평면 위의 곡선으로 표현하고 그 순간적인 변화율(접선의 기울기)과 누적된 양(넓이)을 계산할 수 있었기 때문이다. 오늘날 우리가 사용하는 컴퓨터 그래픽, 내비게이션 시스템, 데이터 시각화, 공학 설계 등 수많은 현대 기술은 세상을 좌표평면 위에 올려놓고 수로 해석하고 제어하는 데카르트의 아이디어에 깊이 빚지고 있다. 결국 좌표평면은 세상을 바라보고 이해하는 새로운 '생각의 지도'를 인류에게 선물한 셈이다.

■ 지문 해설 및 문항 ■

1. 주제
분리되어 있던 기하학과 대수학을 통합하여 수학과 근대 과학의 발전에 기여한 데카르트 좌표평면의 원리와 의의

2. 문단별 TOPIC
1️⃣ 데카르트 이전, 기하학과 대수학은 서로 분리된 학문이었으며, 좌표평면은 이 둘을 통합하는 혁명적 발상이었다.
2️⃣ 좌표평면은 x축과 y축을 이용해 공간의 모든 점을 유일한 순서쌍 (x, y)으

로 표현하는 시스템이다.
③ 좌표평면을 통해 기하학의 도형을 대수학의 방정식으로 변환하여 문제를 해결할 수 있게 되었다.
④ 반대로, 추상적인 대수학의 방정식을 좌표평면 위에 시각적인 그래프로 나타내 직관적인 이해를 가능하게 했다.
⑤ 좌표평면은 해석기하학의 토대가 되어 미적분학의 탄생과 현대 과학 기술 발전에 결정적인 영향을 미쳤다.

3. 전체 내용 전개

이 글은 데카르트 이전 기하학과 대수학이 분리되어 있던 상황을 제시하며 시작한다❶. 이후 좌표평면이 어떻게 공간의 '점'을 '숫자'로 변환하는지 그 핵심 원리를 설명하고❷, 이를 통해 기하학의 도형을 대수학의 방정식으로 변환하는 기능을 설명한다❸. 반대로, 추상적인 방정식을 시각적인 그래프로 나타내어 직관적 이해를 돕는 기능도 설명한다❹. 마지막으로, 좌표평면이 미적분학의 탄생과 현대 과학 기술 발전에 미친 지대한 영향을 강조하며 글을 마무리한다❺.

4. OX로 내용 확인

O|X ① 데카르트 이전 시대의 수학자들은 기하학과 대수학을 통합하여 연구하는 것이 일반적이었다.

O|X ② 좌표평면에서 한 점의 위치는 (y, x)와 같이 세로 좌표를 먼저 읽는 순서쌍으로 표현한다.

O|X ③ 좌표평면의 도입으로 도형에 관한 문제를 방정식의 풀이로 해결할 수 있게 되었다.

O|X ④ 좌표평면 위에서 방정식 $x^2 + y^2 = 9$는 직선을 나타낸다.

O|X ⑤ 방정식의 그래프를 그리는 것은 대수학적 관계를 시각적으로 이해하는 데 도움을 준다.

O|X ⑥ 데카르트의 좌표평면 이론은 뉴턴의 미적분학 연구에 별다른 영향을 주지 못했다.

|O|X| ⑦ 내비게이션 시스템은 공간의 위치를 좌표로 변환하여 계산하는 데카르트의 아이디어를 응용한 기술이다.

①X / ②X / ③O / ④X / ⑤O / ⑥X / ⑦O

[기술]
신뢰를 구축하는 기술, 블록체인의 원리와 가능성

1 블록체인은 특정 중앙 기관의 통제 없이 데이터의 무결성과 투명성을 보장하는 '분산형 공공 거래 장부(Distributed Public Ledger)' 기술이다. 본래 암호화폐인 비트코인의 기반 기술로 세상에 알려졌지만, 이제는 금융을 넘어 물류, 의료, 공공 서비스 등 사회 전반의 데이터 관리 방식을 혁신할 잠재력을 가진 핵심 기술로 주목받고 있다. 기존의 중앙 집중형 서버가 모든 거래 정보를 독점적으로 관리하던 방식과 달리, 블록체인은 네트워크 참여자들이 공동으로 데이터를 소유하고 검증함으로써 해킹이나 데이터 위변조의 위험을 획기적으로 낮춘다. 이처럼 제3의 신뢰 기관 없이 개인 간의 신뢰를 구축하는 새로운 패러다임을 제시하는 것이 블록체인 기술의 본질이다.

2 블록체인의 핵심 원리 첫 번째는 데이터를 '블록(Block)' 단위로 기록하고 이를 '체인(Chain)'처럼 연결하는 구조에 있다. 일정 시간 동안 발생한 거래 내역이나 데이터는 하나의 블록에 담긴다. 이 블록이 생성될 때에는 이전 블록의 고유한 식별값인 '해시(Hash)' 값을 포함하게 되는데, 이 해시 값은 이전 블록의 내용이 아주 조금이라도 변경되면 완전히 다른 값으로 바뀌는 특징을 가진다. 따라서 블록들은 이전 블록의 해시 값을 꼬리처럼 물고 순차적으로 연결되며, 만약 누군가 중간에 있는 특정 블록의 내용을 위조하려면 그 뒤에 연결된 모든 블록의 해시 값을 전부 바꿔야 하므로 사실상 위변조가 불가능에 가까워진다.

3 두 번째 핵심 원리는 이러한 거래 장부(블록체인)를 네트워크에 참여한 다수의 사용자(노드)가 똑같이 복사하여 분산 저장한다는 점이다. 중앙 서버 한 곳에만 장부가 존재할 경우, 서버가 해킹당하거나 물리적으로 파괴되면 모든 데이터가 유실되거나 위변조될 위험에 처한다. 하지만 블록체인에서는 수많은 참여자가 동일한 장부를 나눠 가지고 있기 때문에, 일부가 손상되더라도 나머지 대다수의 건강한 장부를 통해 즉시 데이터를 복구할 수 있다. 또한 새로운 거래가 발생했을 때, 과반수 이상의 참여자가 해당 거래의 타당성을 검증하고 동의해야만 장부에 기록될 수 있으므로, 소수의 공격

자가 임의로 데이터를 조작하는 것이 원천적으로 차단된다.

4 이처럼 다수의 참여자가 중앙 기관 없이 데이터의 유효성에 대해 합의를 이루는 과정을 '합의 알고리즘(Consensus Algorithm)'이라고 부른다. 합의 알고리즘은 블록체인의 신뢰성과 보안을 유지하는 핵심적인 장치로, 가장 널리 알려진 방식으로는 '작업증명(Proof of Work, PoW)'이 있다. 작업증명 방식은 새로운 블록을 생성할 권한을 얻기 위해 가장 먼저 매우 어려운 암호 문제를 해결한 참여자에게 그 자격을 부여한다. 이 과정은 막대한 양의 컴퓨팅 파워를 요구하기 때문에 '채굴(Mining)'이라고도 불리며, 악의적인 공격자가 전체 네트워크의 절반이 넘는 연산 능력을 확보하지 않는 이상 블록체인의 내용을 조작하기 어렵게 만드는 역할을 한다.

5 블록체인 기술은 투명성, 보안성, 불변성이라는 특징을 바탕으로 다양한 산업 분야에 새로운 가능성을 열어주고 있다. 금융 분야에서는 복잡한 청산 및 결제 과정을 생략하여 해외 송금 수수료와 시간을 단축할 수 있다. 유통 및 물류 분야에서는 생산지부터 소비자까지 모든 상품의 이동 과정을 투명하게 기록하여 원산지 조작을 막고 신뢰도를 높일 수 있다. 또한, 투표 시스템에 적용하면 선거 과정의 투명성을 확보하고 개표 조작의 가능성을 원천적으로 차단할 수도 있다. 이처럼 블록체인은 단순히 암호화폐를 넘어, 신뢰가 중요한 모든 영역에서 사회적 비용을 절감하고 효율성을 높이는 핵심 인프라 기술로 자리매김하고 있다.

― 지문 해설 및 문항 ―

1. 주제

중앙 관리자 없이 데이터의 신뢰성과 투명성을 보장하는 블록체인 기술의 핵심 원리와 다양한 분야에서의 활용 가능성

2. 문단별 TOPIC

1 블록체인은 중앙 기관 없이 데이터의 무결성을 보장하는 분산형 공공 거래 장부 기술이다.

2 블록체인은 데이터를 블록 단위로 기록하고, 이전 블록의 해시 값을 포

함하여 체인처럼 연결함으로써 위변조를 방지한다.
❸ 거래 장부를 다수의 참여자가 분산하여 저장함으로써 데이터의 안정성을 확보하고 임의적인 조작을 막는다.
❹ 합의 알고리즘은 중앙 기관 없이 다수의 참여자가 데이터의 유효성에 대해 합의를 이루도록 하는 핵심 장치이다.
❺ 블록체인은 금융, 물류, 투표 시스템 등 신뢰가 중요한 다양한 산업 분야에 혁신을 가져올 잠재력을 지닌다.

3. 전체 내용 전개

이 글은 중앙 기관 없이 데이터의 무결성을 보장하는 '분산형 공공 거래 장부'로서 블록체인의 개념을 정의하며 시작한다❶. 이후 데이터를 '블록'과 '체인'으로 연결하고 '해시' 값을 통해 위변조를 방지하는 첫 번째 원리를 설명하고❷, 장부를 '분산 저장'하여 안정성을 확보하는 두 번째 원리를 설명한다❸. 다음으로, 다수의 참여자가 데이터 유효성에 합의하는 '합의 알고리즘'의 역할을 소개한다❹. 마지막으로, 금융, 물류 등 다양한 산업에서 활용될 블록체인의 미래 가치를 제시하며 글을 마무리한다❺.

4. OX로 내용 확인

O|X　① 블록체인은 소수의 중앙 관리자가 모든 데이터를 독점적으로 관리하는 기술이다.

O|X　② 이전 블록의 해시 값은 다음 블록을 생성할 때 포함되어 블록들을 연결하는 역할을 한다.

O|X　③ 블록체인 네트워크에서 특정 블록의 내용을 수정하려면 해당 블록 하나만 변경하면 된다.

O|X　④ 블록체인에서는 거래 장부가 여러 참여자에게 분산 저장되므로 일부가 파괴되어도 복구가 용이하다.

O|X　⑤ '작업증명'은 네트워크 참여자 과반수의 동의 없이도 누구나 새로운 블록을 생성할 수 있게 하는 방식이다.

O|X　⑥ '채굴'은 어려운 암호 문제를 풀어 블록 생성 권한을 얻는 과정을 비유적으로 이르는 말이다.

| O | X |

⑦ 블록체인 기술은 암호화폐 거래에만 사용되며 다른 산업 분야에는 적용하기 어렵다.

① X / ② O / ③ X / ④ O / ⑤ X / ⑥ O / ⑦ X

[기술]
세상을 움직인 바퀴, 자동차의 역사와 발전

❶ 오늘날 자동차는 단순한 이동 수단을 넘어 개인의 생활 공간이자 현대 문명을 상징하는 필수품으로 자리 잡았다. 말이 끌던 마차를 타고 몇 날 며칠을 이동하던 시대에서, 지구 반대편까지 하루 만에 도달하는 시대로 인류를 이끈 이 혁신적인 발명품은 하루아침에 등장한 것이 아니다. 18세기 증기기관의 발명으로 시작된 동력 기관의 발전부터, 가솔린 내연기관의 탄생, 대량 생산 방식의 도입, 그리고 오늘날의 전기차와 자율주행 기술에 이르기까지, 자동차의 역사는 인류의 끊임없는 도전과 기술 혁신의 여정 그 자체라고 할 수 있다.

❷ 현대적 자동차의 실질적인 기원은 19세기 후반 독일에서 발명된 '가솔린 내연기관'에서 찾을 수 있다. 1886년, 독일의 공학자 카를 벤츠는 자신이 개발한 가솔린 내연기관을 세 바퀴 마차에 장착하여 '페이턴트 모터바겐(Patent-Motorwagen)'을 선보였다. 이는 인류 역사상 최초의 가솔린 자동차로 공인받으며, 비로소 말의 힘을 빌리지 않고 스스로 움직이는 '자동차(automobile)' 시대의 서막을 열었다. 초기의 내연기관은 석유를 정제한 휘발유를 실린더 내에서 폭발시켜 그 힘으로 피스톤을 움직이고, 이 왕복 운동을 회전 운동으로 바꾸어 바퀴를 굴리는 원리로 작동했다. 이 방식은 기존의 증기기관보다 훨씬 작고 효율적이어서 자동차의 핵심 동력원으로 빠르게 자리 잡았다.

❸ 자동차가 발명되었지만, 초기의 자동차는 소수의 부유층만이 소유할 수 있는 매우 비싼 사치품이었다. 이러한 자동차를 모든 사람이 이용할 수 있는 대중적인 상품으로 탈바꿈시킨 인물은 바로 미국의 헨리 포드였다. 1913년, 포드는 컨베이어 벨트를 이용한 '이동식 조립 라인(Assembly Line)' 시스템을 도입하여 포드 '모델 T'의 생산 방식을 혁신했다. 각 노동자가 정해진 위치에서 특정 부품만을 반복적으로 조립하게 함으로써, 자동차 한 대를 만드는 데 걸리는 시간이 획기적으로 단축되었다. 그 결과 생산 비용이 크게 절감되어 자동차 가격이 대폭 하락했고, 비로소 일반 대중도 자동차를 소유

할 수 있는 '마이카(my car)' 시대가 열리게 되었다.

4 자동차의 대중화 이후, 기술 발전의 초점은 성능 향상과 탑승자의 편의 및 안전으로 옮겨갔다. 20세기 중반부터 자동 변속기, 에어컨, 파워 스티어링과 같은 편의 장치들이 속속 등장하여 운전을 더욱 편리하고 쾌적하게 만들었다. 동시에, 충돌 사고로부터 탑승자를 보호하기 위한 안전 기술 연구도 활발히 진행되었다. 안전벨트 장착이 의무화되었고, 충돌 시 순간적으로 부풀어 올라 충격을 흡수하는 '에어백', 급제동 시 바퀴가 잠기는 것을 막아 조향 능력을 유지시켜주는 'ABS(Anti-lock Brake System)'와 같은 혁신적인 안전 기술들이 개발되어 자동차의 표준으로 자리 잡았다.

5 21세기에 들어서 자동차 산업은 100여 년간 이어져 온 내연기관 시대의 종식을 예고하는 대전환기를 맞이하고 있다. 지구 온난화와 같은 환경 문제에 대응하기 위해 화석 연료 대신 전기를 동력원으로 사용하는 '전기차(Electric Vehicle, EV)'가 빠르게 내연기관차를 대체하고 있다. 또한, 인공지능(AI), 센서, 통신 기술이 집약된 '자율주행 기술'은 운전이라는 행위 자체로부터 인간을 해방시킬 미래 이동성의 혁명을 예고한다. 이처럼 자동차는 이제 단순한 기계 장치를 넘어, 주변 환경과 실시간으로 소통하며 움직이는 '똑똑한 바퀴 달린 컴퓨터'로 진화하며 또 한 번 인류의 삶을 바꾸어 놓고 있다.

■─────────────────────── ■ 지문 해설 및 문항 ■

1. 주제

증기기관 시대부터 현대의 전기차 및 자율주행차에 이르기까지, 자동차의 역사적 발전 과정과 각 단계별 핵심 기술의 의의

2. 문단별 TOPIC

1 자동차는 인류의 삶을 바꾼 핵심 발명품이며, 그 역사는 끊임없는 기술 혁신의 과정이었다.

2 1886년 카를 벤츠가 발명한 가솔린 내연기관 자동차는 현대적 자동차의 시초가 되었다.

③ 헨리 포드의 이동식 조립 라인 시스템은 자동차의 대량 생산을 가능하게 하여 '마이카 시대'를 열었다.
④ 자동차 대중화 이후, 기술은 편의 장치와 에어백, ABS 등 안전 기술을 중심으로 발전했다.
⑤ 21세기 자동차 산업은 환경 규제에 따라 전기차로 전환되고 있으며, 자율주행 기술로 미래 이동성의 혁명을 준비하고 있다.

3. 전체 내용 전개

이 글은 현대 문명에서 자동차의 위상과 기술 발전의 역사로서의 의미를 제시하며 시작한다❶. 이후 카를 벤츠의 '가솔린 내연기관' 발명을 통해 현대적 자동차가 탄생하는 과정을 설명하고❷, 헨리 포드의 '대량 생산' 방식이 가져온 대중화의 과정을 조명한다❸. 다음으로, 자동차가 성숙화되면서 편의 및 안전 기술이 발전하는 과정을 소개한다❹. 마지막으로, '전기차'와 '자율주행 기술'로 대표되는 미래 자동차 산업의 패러다임 전환을 제시하며 글을 마무리한다❺.

4. OX로 내용 확인

O|X　① 인류 최초의 동력 기관 자동차는 가솔린 내연기관을 사용했다.
O|X　② 카를 벤츠의 '페이턴트 모터바겐'은 네 바퀴 자동차였다.
O|X　③ 헨리 포드는 자동차를 최초로 발명한 사람이다.
O|X　④ 이동식 조립 라인 시스템은 자동차의 생산 비용을 낮추는 데 기여했다.
O|X　⑤ ABS는 충돌 시 운전자를 보호하기 위해 차체를 단단하게 만드는 기술이다.
O|X　⑥ 21세기 자동차 산업의 주요 흐름은 내연기관의 성능을 극대화하는 것이다.
O|X　⑦ 자율주행 기술의 핵심 요소에는 인공지능, 센서, 통신 기술이 포함된다.

① X / ② X / ③ X / ④ O / ⑤ X / ⑥ X / ⑦ O

[기술]
어둠을 밝힌 빛, 가로등의 역사와 기술 변천

① 가로등은 단순히 밤거리를 밝히는 조명 기구를 넘어, 도시의 안전을 확보하고 인간의 활동 시간을 24시간으로 확장시킨 문명의 이기(利器)이다. 해가 지면 암흑에 휩싸여 범죄와 사고의 위험에 노출되었던 과거의 도시는 가로등의 등장으로 비로소 밤에도 안전하게 활동할 수 있는 공간으로 재탄생했다. 횃불과 가스등에서 시작하여 백열전구와 방전등을 거쳐, 오늘날 사물인터넷(IoT) 기술과 결합한 스마트 조명에 이르기까지, 가로등의 변천사는 인류가 빛을 다루는 기술의 발전 역사를 고스란히 담고 있다.

② 근대적인 가로등 시스템의 시작은 19세기 초 유럽 도시들을 밝힌 '가스등'에서 찾을 수 있다. 석탄을 가열할 때 발생하는 가연성 가스를 파이프라인으로 연결된 가로등까지 보내 불을 붙이는 방식이었다. 영국 런던과 프랑스 파리의 밤거리를 은은하게 밝힌 가스등은 이전의 횃불이나 기름 등잔과는 비교할 수 없는 지속적이고 안정적인 광원을 제공하며 '밤의 문화'를 탄생시켰다. 하지만 가스등은 주기적으로 가스 점등원이 직접 불을 붙이고 꺼야 했으며, 가스 누출로 인한 폭발이나 화재의 위험이 항상 도사리고 있다는 한계를 지니고 있었다.

③ 가로등의 역사에 혁명을 가져온 것은 19세기 후반 토머스 에디슨이 발명한 '백열전구'의 상용화였다. 전기를 이용한 백열전구는 가스등보다 훨씬 밝고 안전했으며, 중앙 발전소에서 전기를 공급하는 방식으로 손쉽게 제어할 수 있었다. 더 이상 가스 점등원이 일일이 거리를 돌아다닐 필요가 없어진 것이다. 전등 가로등의 등장은 도시의 밤을 대낮처럼 환하게 밝혔으며, 이는 도시화와 산업화를 더욱 가속하는 기폭제가 되었다. 어둠이 물러난 거리에서는 상점들이 야간 영업을 시작했고, 사람들은 안전하게 밤 외출을 즐길 수 있게 되었다.

④ 20세기에 들어서면서 가로등 기술의 화두는 '효율성'으로 옮겨갔다. 백열전구보다 적은 전력으로 더 밝은 빛을 내는 '방전등'이 잇달아 개발되었기 때문이다. 방전등은 유리관 내부에 채워진 특정 기체에 높은 전압을 가해

빛을 내는 원리로, 수은 가스를 이용한 '수은등', 나트륨 증기를 이용한 '나트륨등' 등이 대표적이다. 특히 주황색 빛을 내는 저압 나트륨등은 당시 조명 기술 중 전력 대비 밝기 효율이 가장 뛰어나, 전 세계의 도로와 터널을 밝히는 표준 조명으로 오랫동안 사용되었다.

⑤ 21세기 현대 가로등은 '발광 다이오드(LED)' 기술이 주도하고 있다. 반도체의 원리를 이용하는 LED는 기존의 어떤 광원보다도 에너지 효율이 높고 수명이 길며, 빛의 밝기와 색상을 자유롭게 제어할 수 있다는 장점을 가진다. 이러한 특성 덕분에 LED 가로등은 막대한 양의 에너지를 절약하고 유지보수 비용을 크게 줄일 수 있다. 더 나아가, 최근에는 LED 조명에 통신 모듈과 각종 센서를 결합한 '스마트 가로등'으로 진화하고 있다. 스마트 가로등은 단순히 거리를 밝히는 것을 넘어, 교통량을 감지하여 조명 밝기를 조절하고, 환경 데이터를 수집하며, 공공 와이파이나 전기차 충전 서비스를 제공하는 등 미래 스마트 시티의 핵심 인프라 역할을 수행할 것으로 기대된다.

■──────────────── ■ 지문 해설 및 문항 ■

1. 주제
가스등 시대부터 현대의 스마트 LED 가로등에 이르기까지, 기술 발전에 따른 가로등의 역사적 변천 과정과 그 사회적 영향

2. 문단별 TOPIC
① 가로등은 인류의 야간 활동을 가능하게 한 중요한 문명의 이기이며, 그 역사는 빛 기술의 발전사를 반영한다.
② 19세기 등장한 가스등은 근대적 가로등의 시초였으나, 직접 점등해야 하고 화재 위험이 따르는 단점이 있었다.
③ 백열전구의 발명은 더 밝고 안전하며 제어가 용이한 전기 가로등 시대를 열어 도시의 밤 문화를 바꾸었다.
④ 20세기에는 효율성을 높인 수은등, 나트륨등과 같은 방전등이 가로등의 주류 기술로 자리 잡았다.

5 21세기에는 에너지 효율과 제어 성능이 뛰어난 LED가 가로등의 핵심 기술이 되었고, 이는 스마트 시티 인프라로 발전하고 있다.

3. 전체 내용 전개

이 글은 가로등이 인류의 야간 활동을 가능하게 한 문명사적 의의를 제시하며 시작한다1. 이후 근대적 가로등의 시초인 '가스등'의 등장과 한계를 설명하고2, '백열전구'의 발명으로 인한 전기 가로등 시대의 혁명적 변화를 조명한다3. 다음으로, 효율성을 중시한 '방전등'(수은등, 나트륨등) 시대를 소개한다4. 마지막으로, 'LED' 기술과 사물인터넷(IoT)이 결합된 '스마트 가로등'의 역할과 미래 전망을 제시하며 글을 마무리한다5.

4. OX로 내용 확인

O|X ① 횃불은 인류가 사용한 최초의 가로등 시스템이라고 할 수 있다.
O|X ② 가스등은 중앙에서 원격으로 점등과 소등을 제어할 수 있었다.
O|X ③ 백열전구 가로등의 등장은 도시의 야간 상업 활동을 위축시켰다.
O|X ④ 나트륨등은 백열전구보다 에너지 효율이 높은 조명 방식이다.
O|X ⑤ 나트륨등은 주로 백색에 가까운 빛을 내는 특징이 있다.
O|X ⑥ LED 가로등은 기존 방전등보다 수명이 짧다는 단점이 있다.
O|X ⑦ 스마트 가로등은 조명 기능 외에 데이터 수집, 통신 중계 등의 역할을 수행할 수 있다.

①X / ②X / ③X / ④O / ⑤X / ⑥X / ⑦O

[기술]
인류의 생산 방식을 뒤바꾼 동력, 산업혁명의 역사

① 산업혁명은 18세기 영국에서 시작되어 전 세계로 확산된, 기술 혁신에 기반한 사회경제적 대변혁을 의미한다. 농업과 수공업 중심의 사회가 기계 동력을 기반으로 한 공장제 대량 생산 체제로 전환된 이 사건은 인류의 생활 방식과 사회 구조를 뿌리부터 바꾸어 놓았다. 증기기관의 발명으로 촉발된 1차 산업혁명부터 인공지능이 이끄는 4차 산업혁명에 이르기까지, 인류는 생산 동력의 패러다임을 바꾸는 기술 혁신을 통해 끊임없이 발전해왔으며, 산업혁명의 역사를 이해하는 것은 현대 기술 문명의 근원을 파악하는 것과 같다.

② 제1차 산업혁명은 제임스 와트가 개량한 '증기기관'이라는 새로운 동력원의 등장으로 본격화되었다. 이전까지 인간과 동물의 힘이나 자연력(풍력, 수력)에 의존했던 생산 방식은 증기기관이 제공하는 강력하고 지속적인 기계 동력으로 대체되었다. 특히 면직물 공업에서 방적기, 방직기가 증기기관과 결합하면서 가내수공업은 공장제 기계 공업으로 급속히 전환되었고, 생산성이 폭발적으로 증가했다. 또한, 증기기관은 석탄을 연료로 사용하는 '증기기관차'와 '증기선'의 발명으로 이어져 원료와 상품의 대규모 수송을 가능하게 함으로써, 산업혁명의 불길을 전국적으로, 나아가 전 세계로 확산시키는 원동력이 되었다.

③ 19세기 후반부터 20세기 초까지 이어진 제2차 산업혁명은 '전기'와 '석유'라는 새로운 에너지원을 기반으로 이루어졌다. 전기의 발명은 밤에도 대낮처럼 공장을 가동할 수 있게 했으며, 컨베이어 벨트 시스템과 결합하여 대량 생산 체제의 효율을 극대화했다. 한편, 석유를 원료로 하는 내연기관의 발명은 자동차의 등장을 이끌어 이동의 혁명을 가져왔고, 석유화학 공업의 발전을 통해 플라스틱, 합성섬유 등 새로운 소재를 탄생시켰다. 철강 산업의 비약적인 발전 또한 2차 산업혁명의 중요한 특징으로, 대규모 철도망과 고층 빌딩, 거대한 다리 건설을 가능하게 했다.

④ 제3차 산업혁명은 20세기 후반 '컴퓨터'와 '인터넷'이 주도한 '디지털 혁

명'으로 정의된다. 반도체 기술의 발전에 힘입어 등장한 컴퓨터는 이전에는 상상할 수 없었던 속도로 정보를 처리하며 사회 전반의 자동화를 이끌었다. 특히 공장에서는 컴퓨터로 제어되는 로봇이 인간의 단순 반복 노동을 대체하기 시작했으며, 이는 생산의 정밀도와 효율성을 한 차원 높이는 계기가 되었다. 인터넷의 보급은 전 세계를 하나의 정보망으로 묶어 지식과 정보의 유통 방식을 근본적으로 바꾸었으며, 이는 정보통신기술(ICT) 기반의 새로운 산업 생태계를 창조했다.

⑤ 21세기 현재, 우리는 '인공지능(AI)', '사물인터넷(IoT)', '빅데이터' 기술이 이끄는 제4차 산업혁명의 시대에 살고 있다. 4차 산업혁명의 핵심은 현실 세계의 모든 사물이 인터넷으로 연결되고(초연결), 거기서 생성되는 막대한 데이터를 인공지능이 분석하여(초지능) 최적의 해결책을 도출해내는 것이다. 이는 단순히 생산의 자동화를 넘어, 기계가 인간처럼 스스로 학습하고 판단하는 단계로의 진화를 의미한다. 자율주행차, 스마트 팩토리, 원격 의료 등 현실과 가상 세계의 경계가 허물어지는 새로운 산업과 서비스가 등장하며, 4차 산업혁명은 인류의 삶을 또 한 번 근본적으로 변화시킬 것으로 예측된다.

■ 지문 해설 및 문항 ■

1. 주제

18세기 증기기관에서 시작하여 현대의 인공지능에 이르기까지, 각 시대별 핵심 기술을 중심으로 한 산업혁명의 역사적 전개 과정과 그 특징

2. 문단별 TOPIC

① 산업혁명은 기술 혁신을 통해 인류의 생산 방식과 사회 구조를 근본적으로 바꾼 사회경제적 대변혁이다.

② 1차 산업혁명은 증기기관이라는 새로운 동력을 기반으로 공장제 기계공업과 교통수단의 혁신을 이끌었다.

③ 2차 산업혁명은 전기와 석유를 에너지원으로 하여 대량 생산 시스템과 석유화학, 철강 산업을 발전시켰다.

④ 3차 산업혁명은 컴퓨터와 인터넷을 통한 디지털 혁명으로, 생산의 자동화와 정보통신 사회의 기반을 마련했다.
⑤ 4차 산업혁명은 인공지능, 사물인터넷 등의 기술을 통해 현실과 가상이 융합되는 초연결, 초지능 사회로 나아가고 있다.

3. 전체 내용 전개

이 글은 기술 혁신에 기반한 사회경제적 대변혁으로서 산업혁명의 개념과 역사적 의의를 제시하며 시작한다①. 이후 '증기기관'을 중심으로 한 1차 산업혁명②, '전기'와 '석유'를 중심으로 한 2차 산업혁명③, '컴퓨터'와 '인터넷'을 중심으로 한 3차 산업혁명④의 특징을 순차적으로 설명한다. 마지막으로, '인공지능'이 이끄는 4차 산업혁명의 현재와 미래를 조망하며 글을 마무리한다⑤.

4. OX로 내용 확인

O | X ① 산업혁명은 농업 중심 사회에서 수공업 중심 사회로의 전환을 의미한다.
O | X ② 제임스 와트는 증기기관을 최초로 발명한 사람이다.
O | X ③ 1차 산업혁명 시대의 주요 연료는 석유였다.
O | X ④ 컨베이어 벨트를 이용한 대량 생산 시스템은 2차 산업혁명의 특징이다.
O | X ⑤ 컴퓨터 로봇을 이용한 공장 자동화는 3차 산업혁명 시기에 본격화되었다.
O | X ⑥ 3차 산업혁명은 '디지털 혁명'이라고도 불린다.
O | X ⑦ 4차 산업혁명의 핵심 기술에는 인공지능, 사물인터넷, 빅데이터 등이 포함된다.

① X / ② X / ③ X / ④ O / ⑤ O / ⑥ O / ⑦ O

[기술]
현실을 창조하는 지능, 생성형 인공지능의 활용과 미래

1️⃣ 생성형 인공지능(Generative AI)은 기존 데이터를 학습하여 글, 이미지, 음악, 코드 등 세상에 없던 새로운 콘텐츠를 창작해내는 기술을 의미한다. 과거의 인공지능이 주어진 데이터를 분류하거나 예측하는 분석적 역할을 수행했다면, 생성형 AI는 학습한 지식을 바탕으로 창의적인 결과물을 만들어낸다는 점에서 근본적인 차이를 보인다. 챗GPT(ChatGPT)와 같은 언어 모델부터 미드저니(Midjourney)와 같은 이미지 생성 모델에 이르기까지, 생성형 AI는 인간의 창의성과 지적 생산성의 패러다임을 바꾸며 사회 전반에 걸쳐 그 활용 범위를 빠르게 넓혀가고 있다.

2️⃣ 특히 예술, 음악, 글쓰기와 같은 창작의 영역에서 생성형 AI는 인간 창작자를 돕는 강력한 도구이자 때로는 독립적인 창작의 주체로 부상하고 있다. 화가는 간단한 텍스트를 입력하는 것만으로 상상 속의 풍경을 시각화하여 작품의 영감을 얻고, 작곡가는 특정 분위기의 멜로디나 화성을 생성하여 곡 작업의 효율을 높인다. 작가나 마케터는 생성형 AI를 활용해 소설의 초고를 작성하거나 광고 문구를 순식간에 만들어낸다. 이처럼 생성형 AI는 인간의 아이디어를 구체화하는 시간을 단축시키고, 창작의 기술적 장벽을 낮춤으로써 더 많은 사람이 창의적인 활동에 참여할 수 있는 가능성을 열고 있다.

3️⃣ 산업 현장에서도 생성형 AI는 복잡한 과제를 자동화하고 생산성을 극대화하며 혁신을 주도하고 있다. 소프트웨어 개발 분야에서는 간단한 명령어로 복잡한 코드의 초안을 생성하거나, 기존 코드의 오류를 찾아 수정하는 데 활용되어 개발 속도를 획기적으로 향상시킨다. 제품 디자인 영역에서는 설계자가 원하는 조건(무게, 강도, 비용 등)을 입력하면 AI가 최적의 디자인 시안 수백 가지를 생성하여, 인간이 미처 생각하지 못했던 혁신적인 형태의 제품을 탄생시키기도 한다. 이는 시제품을 제작하고 테스트하는 데 드는 막대한 시간과 비용을 절감하는 효과로 이어진다.

4️⃣ 과학 및 연구 분야는 생성형 AI를 통해 인류가 오랫동안 해결하지 못했던 난제에 대한 해답을 찾아가고 있다. 의학과 생명과학계에서는 AI가 수백

만 개의 화합물 데이터를 학습하여 새로운 질병에 효과가 있을 법한 신약 후보 물질을 설계하거나, 인체에 필요한 특정 기능을 수행하는 새로운 단백질 구조를 디자인하고 있다. 이는 과거 수십 년이 걸렸을지도 모를 연구 개발 과정을 불과 몇 주 또는 며칠 단위로 단축시키는 놀라운 성과를 보여준다. 또한, 실제 실험이 어려운 우주 현상이나 기후 변화를 시뮬레이션하는 데이터를 생성하여 연구의 정확성과 깊이를 더하는 데에도 기여하고 있다.
5 이처럼 생성형 AI의 잠재력은 무한하지만, 그 이면에는 인류가 함께 풀어야 할 중요한 과제들이 존재한다. AI가 생성한 콘텐츠의 저작권을 누구에게 귀속시킬 것인지, 정교하게 조작된 가짜 정보(딥페이크)가 만들어낼 사회적 혼란에 어떻게 대응할 것인지, 그리고 창의적이고 지적인 업무의 자동화가 가져올 일자리 변화에 어떻게 대비할 것인지에 대한 사회적 합의가 시급하다. 따라서 기술의 발전을 맹목적으로 추구하기보다는, 윤리적 가이드라인과 제도적 장치를 마련하여 생성형 AI가 인류에게 이로운 방향으로 활용될 수 있도록 지혜를 모아야 할 시점이다.

■ 지문 해설 및 문항 ■

1. 주제
창작, 산업, 과학 등 다양한 분야에서 활용되는 생성형 인공지능의 역할과 그 기술이 마주한 윤리적, 사회적 과제

2. 문단별 TOPIC
1 생성형 인공지능은 기존 데이터를 학습하여 새로운 콘텐츠를 창작하는 기술로, 사회 전반에 큰 영향을 미치고 있다.
2 예술, 음악 등 창작 영역에서 생성형 AI는 인간의 창의적 활동을 보조하고 확장하는 도구로 활용된다.
3 산업 현장에서 생성형 AI는 소프트웨어 개발, 제품 디자인 등의 과정을 자동화하여 생산성을 혁신하고 있다.
4 과학 및 연구 분야에서 생성형 AI는 신약 개발, 단백질 설계 등 복잡한 문제 해결의 속도를 획기적으로 단축시키고 있다.

5 생성형 AI의 발전은 저작권, 가짜 뉴스, 일자리 문제와 같은 윤리적, 사회적 과제를 동반하므로 책임 있는 논의가 필요하다.

3. 전체 내용 전개

이 글은 기존 AI와 달리 새로운 콘텐츠를 '창작'하는 생성형 AI의 개념을 정의하며 시작한다 1. 이후 창작(예술, 음악) 분야 2, 산업(소프트웨어, 디자인) 분야 3, 과학(신약 개발) 분야 4에서의 구체적인 활용 사례와 역할을 차례로 소개한다. 마지막으로, 생성형 AI의 발전이 동반하는 저작권, 가짜 뉴스, 일자리 문제와 같은 윤리적, 사회적 과제를 제시하며 책임 있는 논의의 필요성을 강조하며 글을 마무리한다 5.

4. OX로 내용 확인

- ○|× ① 생성형 AI는 기존에 존재하는 데이터를 분석하고 분류하는 것이 주된 기능이다.
- ○|× ② 생성형 AI는 창작의 기술적 장벽을 낮추어 더 많은 사람이 창작 활동에 참여하게 할 수 있다.
- ○|× ③ 제품 디자인에 생성형 AI를 활용하면 시제품 제작에 드는 시간과 비용을 늘릴 수 있다.
- ○|× ④ 과학 연구 분야에서 생성형 AI는 신약 후보 물질을 설계하는 데 사용될 수 있다.
- ○|× ⑤ 생성형 AI가 만든 창작물의 저작권 문제는 이미 법적으로 명확하게 해결되었다.
- ○|× ⑥ 딥페이크는 생성형 AI 기술을 활용하여 진짜 같은 가짜 정보를 만드는 사례에 해당한다.
- ○|× ⑦ 생성형 AI 기술은 인간의 지적 노동을 대체할 수 없으므로 일자리 문제와는 관련이 없다.

① × / ② ○ / ③ × / ④ ○ / ⑤ × / ⑥ ○ / ⑦ ×

[융합]
인간과 기계의 결합, 생체이식 기술의 현재와 미래

① 생체이식 기술(Bio-implantation)은 손상되거나 상실된 인체의 기능을 복원하거나 확장하기 위해 인공적인 장치나 시스템을 몸속에 이식하는 첨단 의료 기술을 의미한다. 이는 생명과학과 전자공학, 재료공학이 결합된 대표적인 융합 분야로, 단순히 장기를 대체하는 수준을 넘어 인간의 감각과 능력을 기계적으로 보완하고 증강하는 단계로 나아가고 있다. 심장박동기나 인공관절과 같은 초기적인 형태에서부터, 이제는 소리를 되찾아주는 인공와우나 생각을 읽어내는 뇌-컴퓨터 인터페이스(BCI)에 이르기까지, 생체이식 기술은 공상 과학 소설 속 상상을 현실로 만들며 인간의 한계를 넓히고 있다.

② 현대 생체이식 기술의 성공은 '생체적합성(biocompatibility)'을 지닌 재료의 개발로부터 시작되었다. 생체적합성이란 이식된 인공 재료가 인체의 면역 체계로부터 거부반응을 일으키지 않고, 주변 조직과 조화롭게 공존하는 성질을 말한다. 초기에는 인체에 무해한 티타늄이나 특수 합금, 세라믹 등이 인공관절이나 치과용 임플란트 재료로 주로 사용되었다. 하지만 최근에는 단순한 물리적 지지를 넘어, 주변 세포의 성장을 유도하거나 특정 약물을 방출하는 등 적극적인 생물학적 기능을 수행하는 '스마트 소재'들이 개발되고 있다. 이러한 소재의 발전은 인공 장기가 실제 조직처럼 자연스럽게 인체에 통합될 수 있는 길을 열어주고 있다.

③ 생체이식 기술의 정수는 외부의 물리적, 화학적 신호를 인체가 이해할 수 있는 전기적 신경 신호로 변환하여 감각을 복원하는 데 있다. 대표적인 예가 청각장애인을 위한 '인공와우' 장치이다. 인공와우는 외부 마이크로 들어온 소리를 전기 신호로 변환한 뒤, 달팽이관(와우)에 이식된 전극을 통해 청각 신경을 직접 자극한다. 뇌는 이 전기 자극을 소리로 인식하게 되어, 기존의 보청기로는 효과를 보지 못했던 사람들도 소리를 들을 수 있게 된다. 유사한 원리로, 망막에 이식된 칩이 빛을 전기 신호로 바꾸어 시신경을 자극하는 '인공망막' 기술 역시 시각장애인에게 빛을 되찾아줄 기술로 주목받

고 있다.

④ 최근 생체이식 기술 연구의 최전선은 인간의 뇌와 컴퓨터를 직접 연결하는 '뇌-컴퓨터 인터페이스(Brain-Computer Interface, BCI)' 기술이 이끌고 있다. BCI는 뇌에 미세한 전극 칩을 이식하여 뇌의 신경 신호, 즉 사람의 '생각'을 컴퓨터가 직접 읽어내고 해석하는 기술이다. 이를 통해 전신마비 환자가 생각만으로 로봇 팔을 움직여 물을 마시거나 컴퓨터 커서를 조작하는 일이 가능해졌다. 더 나아가 뇌의 특정 부위에 전기 자극을 주어 파킨슨병이나 뇌전증과 같은 신경 질환의 증상을 완화하는 치료법으로도 활발히 연구되고 있다.

⑤ 이처럼 생체이식 기술은 질병과 장애로 고통받는 이들에게 새로운 희망을 제시하지만, 기술의 발전 속도만큼이나 깊은 윤리적, 사회적 고민이 요구된다. 인체 기능의 '치료'를 넘어 '증강(enhancement)'의 목적으로 기술이 사용될 경우, 기술의 혜택을 받은 사람과 그렇지 못한 사람 사이의 격차가 발생할 수 있다. 또한 뇌에 칩을 이식하는 BCI 기술은 해킹을 통한 생각의 유출이나 기억 조작과 같은 심각한 프라이버시 및 보안 문제를 야기할 수 있다. 따라서 우리는 생체이식 기술이 가져올 미래를 낙관적으로 전망하되, 기술이 인간의 존엄성을 훼손하지 않도록 신중한 사회적 합의와 제도적 통제 장치를 마련해 나가야 할 것이다.

■──────────────────────────── ■ 지문 해설 및 문항 ■

1. 주제

인체의 기능을 복원하고 확장하는 생체이식 기술의 원리, 발전 과정 및 윤리적 과제

2. 문단별 TOPIC

① 생체이식 기술은 공학 기술을 이용해 인체의 기능을 대체하거나 증강하는 첨단 융합 의료 기술이다.

② 생체이식 기술의 핵심 기반은 인체의 거부반응을 최소화하는 생체적합성 소재의 개발이다.

❸ 인공와우나 인공망막은 외부 신호를 신경 신호로 변환하여 손상된 감각을 복원하는 대표적인 생체이식 장치이다.
❹ 뇌-컴퓨터 인터페이스(BCI)는 뇌의 신경 신호를 직접 읽어내어 신체를 제어하거나 질병을 치료하는 최첨단 기술이다.
❺ 생체이식 기술은 기능 증강으로 인한 불평등, BCI의 해킹 위험 등 해결해야 할 윤리적, 사회적 과제를 안고 있다.

3. 전체 내용 전개

이 글은 인체의 기능을 복원하고 확장하는 생체이식 기술의 개념과 의의를 제시하며 시작한다❶. 이후 이식 성공의 핵심 기반인 '생체적합성' 소재의 발전을 설명하고❷, 외부 신호를 신경 신호로 변환하여 감각을 복원하는 '인공와우'의 원리를 설명한다❸. 다음으로, 최신 기술인 '뇌-컴퓨터 인터페이스(BCI)'의 작동 원리와 활용 사례를 소개한다❹. 마지막으로, 기능 증강으로 인한 불평등, 해킹 위험 등 기술 발전이 야기하는 윤리적, 사회적 쟁점을 제시하며 글을 마무리한다❺.

4. OX로 내용 확인

O|X ① 생체이식 기술은 손상된 인체 기능을 복원하는 데에만 한정적으로 사용된다.

O|X ② 티타늄은 인체 내에서 심각한 면역 거부반응을 일으키는 소재이다.

O|X ③ '스마트 소재'는 단순히 물리적 지지 기능만 수행하는 재료를 말한다.

O|X ④ 인공와우는 소리 신호를 청각 신경이 인식할 수 있는 전기 신호로 변환한다.

O|X ⑤ 뇌-컴퓨터 인터페이스(BCI) 기술은 전신마비 환자가 로봇 팔을 움직이는 데 활용될 수 있다.

O|X ⑥ BCI 기술은 파킨슨병과 같은 신경 질환 치료에는 적용될 수 없다.

O│X   ⓐ 생체이식 기술의 발전은 '기능 증강'과 관련된 사회적 불평등 문제를 야기할 수 있다.

① X / ② X / ③ X / ④ ○ / ⑤ ○ / ⑥ X / ⑦ ○

[융합]
세상을 보는 새로운 눈, 자율주행 자동차의 센서 기술

① 자율주행 자동차는 운전자의 개입 없이 스스로 주변 환경을 인식하고 판단하여 주행하는 자동차로, 현대 기술 융합의 결정체로 평가받는다. 이는 단순히 자동차에 컴퓨터를 장착하는 것을 넘어, 인간의 감각과 두뇌를 모방한 정교한 시스템을 통해 구현된다. 자율주행의 핵심은 바로 '인지' 단계에 있으며, 이를 위해 자동차는 카메라, 레이더(Radar), 라이다(LiDAR)와 같은 다양한 센서를 '눈'으로 활용한다. 각기 다른 원리로 작동하는 이 센서들은 상호보완적으로 정보를 수집하고, 인공지능은 이 정보를 종합하여 마치 숙련된 운전자처럼 복잡한 도로 상황을 이해하고 예측한다.

② 카메라는 자율주행 자동차의 가장 기본적인 시각 센서로, 인간의 눈과 가장 유사한 역할을 수행한다. 딥러닝 기반의 컴퓨터 비전 기술과 결합된 카메라는 차선, 신호등, 교통 표지판, 보행자, 다른 차량 등 도로 위의 다양한 객체를 형태와 색상으로 식별하는 데 탁월한 능력을 보인다. 특히 텍스트나 복잡한 형태를 인식하는 데 강점을 지녀, 속도 제한 표지판이나 공사 안내문 같은 시각 정보를 해석할 수 있다. 하지만 카메라는 인간의 눈처럼 빛에 의존하기 때문에 악천후(비, 눈, 안개)나 역광, 야간과 같은 저조도 환경에서는 인지 능력이 크게 저하된다는 명확한 한계를 가진다.

③ 레이더와 라이다는 빛이 아닌 전파나 레이저를 이용하여 카메라의 한계를 보완하는 핵심 센서다. 레이더(Radar)는 전파를 발사하고 물체에 부딪혀 돌아오는 시간을 측정하여 객체의 거리와 상대 속도를 정확하게 계산한다. 전파는 악천후에도 비교적 잘 투과하기 때문에 기상 조건이 나쁠 때에도 안정적으로 주변 차량의 움직임을 감지할 수 있다. 반면, 라이다(LiDAR)는 레이저 펄스를 360도 전 방향으로 발사하고 반사되어 돌아오는 것을 측정하여 주변 환경을 정밀한 3차원(3D) 공간 정보로 구현한다. 이를 통해 자동차는 주변 지형과 사물의 형태를 입체적으로 파악할 수 있어, 카메라나 레이더만으로는 파악하기 어려운 복잡한 구조를 정확하게 인지할 수 있다.

④ 성공적인 자율주행을 위해서는 개별 센서의 성능을 넘어, 다양한 센서로

부터 들어온 데이터를 통합적으로 분석하는 '센서 퓨전(Sensor Fusion)' 기술이 필수적이다. 센서 퓨전은 마치 인간이 시각, 청각, 촉각 정보를 종합하여 상황을 판단하는 것과 같은 원리다. 예를 들어, 카메라는 전방에 있는 물체를 '사람'으로 인식하고, 레이더는 그 사람까지의 '거리와 속도'를 측정하며, 라이다는 그 사람의 '정확한 3D 형태와 위치' 정보를 제공한다. 자율주행차의 인공지능 두뇌는 이렇게 각기 다른 종류의 데이터를 실시간으로 융합하여 "전방 50m에 사람이 시속 5km로 횡단 중"이라는 식의 신뢰도 높은 종합 정보를 생성하고, 이를 바탕으로 감속이나 정지, 회피와 같은 최적의 주행 결정을 내리게 된다.

5 현재의 자율주행 기술은 센서 퓨전과 인공지능의 발전에 힘입어 높은 수준에 도달했지만, 완전 자율주행의 상용화를 위해서는 여전히 해결해야 할 과제가 남아있다. 갑작스럽게 끼어드는 차량이나 예상치 못한 도로 위 장애물 등 돌발 상황에 대한 완벽한 대처 능력, 센서의 오작동이나 해킹 가능성에 대한 보안 문제, 그리고 사고 발생 시 책임 소재를 가리는 법적, 윤리적 문제 등이 그것이다. 따라서 미래의 자율주행 기술은 센서의 정밀도를 높이는 동시에, 이러한 복잡한 문제들을 해결하기 위한 사회적, 제도적 논의와 함께 발전해 나갈 것이다.

■────────────────────────────── ■ 지문 해설 및 문항 ■

1. 주제

카메라, 레이더, 라이다 등 다양한 센서의 원리와 '센서 퓨전' 기술을 중심으로 한 자율주행 자동차의 핵심 작동 원리

2. 문단별 TOPIC

1 자율주행 자동차는 다양한 센서를 통해 주변 환경을 인지하고 판단하는 기술 융합의 결과물이다.

2 카메라는 인간의 눈처럼 시각 정보를 통해 객체를 식별하지만, 악천후나 저조도 환경에 취약하다.

3 레이더와 라이다는 각각 전파와 레이저를 이용해 거리, 속도, 3D 공간

정보를 파악하여 카메라의 한계를 보완한다.
4️⃣ 센서 퓨전 기술은 다양한 센서 데이터를 융합하여 신뢰도 높은 종합 정보를 생성하고, 이를 통해 최적의 주행 결정을 내린다.
5️⃣ 완전 자율주행의 상용화를 위해서는 돌발 상황 대처, 보안, 법적·윤리적 문제 등 해결해야 할 과제가 남아있다.

3. 전체 내용 전개
이 글은 자율주행의 핵심인 '인지' 단계와 센서의 역할을 소개하며 시작한다1️⃣. 이후 인간의 눈과 유사한 '카메라'의 장단점2️⃣, 그리고 카메라의 한계를 보완하는 '레이더'와 '라이다'의 원리와 역할을 각각 설명한다3️⃣. 다음으로, 이 모든 센서 데이터를 통합 분석하여 신뢰도를 높이는 '센서 퓨전' 기술의 원리를 분석한다4️⃣. 마지막으로, 돌발 상황 대처, 보안, 법적·윤리적 문제 등 완전 자율주행 상용화를 위해 남은 과제들을 제시하며 글을 마무리한다5️⃣.

4. OX로 내용 확인

- [O | X] ① 자율주행 자동차는 주로 카메라 센서 하나에만 의존하여 주변 환경을 인식한다.
- [O | X] ② 카메라는 날씨가 좋지 않을 때에도 안정적으로 객체를 인식할 수 있다.
- [O | X] ③ 레이더는 물체의 색상이나 형태를 인식하는 데 라이다보다 뛰어나다.
- [O | X] ④ 라이다는 레이저를 이용하여 주변 환경을 정밀한 3차원 정보로 만든다.
- [O | X] ⑤ '센서 퓨전'은 하나의 센서에서 얻은 정보를 깊이 있게 분석하는 기술을 말한다.
- [O | X] ⑥ 자율주행차의 인공지능은 센서 퓨전을 통해 생성된 종합 정보를 바탕으로 주행을 결정한다.

O|X　　ⓐ 현재의 자율주행 기술은 사고 시 책임 소재와 같은 법적, 윤리적 문제를 모두 해결했다.

[융합]
내 팔의 작은 의사, 자동 혈압계의 측정 원리

1 혈압은 심장이 혈액을 온몸으로 보낼 때 혈관 벽에 가해지는 압력으로, 우리 건강 상태를 알려주는 가장 기본적인 지표 중 하나이다. 혈압을 나타내는 두 개의 숫자, 즉 심장이 수축하며 혈액을 밀어낼 때의 가장 높은 압력인 '수축기 혈압'과, 심장이 이완하며 혈액을 받아들일 때의 가장 낮은 압력인 '이완기 혈압'은 과거 병원에서만 청진기를 이용해 측정할 수 있었다. 하지만 오늘날 가정용 자동 혈압계는 '오실로메트릭(Oscillometric) 방식'이라는 기술을 통해 누구나 손쉽게 자신의 혈압을 측정하고 관리할 수 있는 시대를 열었다.

2 자동 혈압계의 측정 원리는 커프(Cuff)라는 공기주머니가 팔의 동맥을 압박하고, 그 압력을 서서히 낮추는 과정에서 시작된다. 혈압계가 작동하면, 먼저 커프는 동맥의 혈류를 완전히 차단할 수 있을 만큼 충분히 높은 압력으로 팽창한다. 이 상태에서는 피가 전혀 흐르지 않기 때문에 아무런 신호도 감지되지 않는다. 그 후, 커프 내부의 공기가 아주 천천히 빠져나가면서 동맥에 가해지는 압력이 점차 감소하게 되는데, 바로 이 감압 과정에서 혈압 측정을 위한 핵심적인 신호가 발생한다.

3 커프의 압력이 수축기 혈압보다 약간 낮아지는 순간, 꽉 막혀 있던 동맥으로 혈액이 다시 '쿵' 하고 흐르기 시작한다. 이때의 혈액은 좁아진 혈관을 비집고 지나가면서 혈관 벽에 미세한 진동을 만들어낸다. 이 진동을 '오실레이션(Oscillation)'이라고 부르며, 자동 혈압계는 커프 내부에 장착된 정밀한 압력 센서를 통해 이 미세한 압력 변화, 즉 진동을 감지한다. 커프의 압력이 계속 낮아짐에 따라 혈관이 점점 넓어지면서 진동의 크기 또한 커졌다가 작아지는 패턴을 보이게 된다.

4 자동 혈압계의 내부 알고리즘은 센서가 감지한 진동의 패턴을 분석하여 수축기 및 이완기 혈압을 결정한다. 진동이 처음으로 감지되기 시작하는 시점의 커프 압력을 '수축기 혈압'으로 측정하고, 진동의 크기가 가장 커지는 지점을 지나 혈액의 흐름이 완전히 원활해져 진동이 급격히 사라지는 시점

의 커프 압력을 '이완기 혈압'으로 측정한다. 즉, 혈압계는 혈액이 다시 흐르기 시작할 때와 완전히 원활하게 흐를 때의 압력을 진동의 변화를 통해 간접적으로 알아내는 것이다.

5 이처럼 자동 혈압계는 공기압을 조절하는 기계공학과 미세한 진동을 감지하는 센서 기술, 그리고 그 신호를 해석하는 소프트웨어 알고리즘이 결합된 정밀 의료기기이다. 사용자가 올바른 자세로 팔을 심장 높이에 맞추고, 커프를 적절한 위치에 착용하는 것만으로도 복잡한 측정 과정이 자동으로 이루어진다. 이러한 기술의 발전은 고혈압과 같은 만성질환의 조기 발견과 꾸준한 관리를 가능하게 하여, 일상 속 건강 관리의 패러다임을 바꾸는 데 크게 기여하고 있다.

■ 지문 해설 및 문항 ■

1. 주제
오실로메트릭 방식을 이용한 자동 혈압계의 작동 원리와 그 기술적 의의

2. 문단별 TOPIC
1 자동 혈압계는 오실로메트릭 방식을 통해 수축기 및 이완기 혈압을 간편하게 측정하는 장치이다.
2 혈압 측정은 커프가 동맥을 압박했다가 서서히 압력을 낮추는 과정에서 이루어진다.
3 커프가 감압될 때 혈액이 다시 흐르면서 발생하는 혈관의 미세한 진동(오실레이션)을 압력 센서가 감지한다.
4 혈압계의 알고리즘은 진동의 시작점과 소멸점을 분석하여 각각 수축기 혈압과 이완기 혈압을 결정한다.
5 자동 혈압계는 여러 공학 기술이 융합된 정밀 기기로, 일상적 건강 관리에 크게 기여하고 있다.

3. 전체 내용 전개
이 글은 혈압의 개념과 자동 혈압계의 기본 원리인 '오실로메트릭' 방식을

소개하며 시작한다▮. 이후 커프가 동맥을 압박했다가 서서히 감압하는 기계적 작동 과정을 설명하고▮, 이 과정에서 발생하는 혈관의 미세한 진동(오실레이션)을 센서가 감지하는 원리를 설명한다▮. 다음으로, 감지된 진동 패턴을 분석하여 수축기 및 이완기 혈압을 결정하는 알고리즘을 설명한다▮. 마지막으로, 자동 혈압계에 적용된 융합 기술의 의의와 일상적 건강 관리의 중요성을 제시하며 글을 마무리한다▮.

4. OX로 내용 확인

- ① '이완기 혈압'은 심장이 혈액을 강하게 밀어낼 때의 압력을 말한다.
- ② 자동 혈압계는 커프의 압력을 높이는 과정에서 혈압을 측정한다.
- ③ '오실레이션'은 커프의 압력 때문에 혈류가 완전히 멈췄을 때 발생하는 진동이다.
- ④ 자동 혈압계는 혈관 벽의 진동이 가장 커지는 지점의 압력을 수축기 혈압으로 판단한다.
- ⑤ 자동 혈압계는 청진기를 사용하여 혈류의 소리를 직접 듣는 방식으로 작동한다.
- ⑥ 정확한 혈압 측정을 위해서는 팔을 심장보다 낮은 위치에 두는 것이 좋다.
- ⑦ 자동 혈압계의 발달은 만성질환의 일상적 관리를 더 쉽게 만들었다.

①X / ②X / ③X / ④X / ⑤X / ⑥X / ⑦O

[융합]
손끝의 작은 실험실, 혈당 측정기의 과학적 원리

① 당뇨병은 혈액 속 포도당(혈당)의 농도를 조절하는 인슐린의 기능에 문제가 생겨 발생하는 만성 질환으로, 꾸준하고 정확한 혈당 관리가 치료의 핵심이다. 과거에는 병원에서 정맥혈을 채취해야만 혈당을 알 수 있었지만, 오늘날에는 개인용 혈당 측정기가 보급되면서 환자 스스로 손끝의 미세한 혈액 한 방울로 자신의 혈당을 실시간으로 확인할 수 있게 되었다. 이는 '바이오센서(Biosensor)' 기술의 발전 덕분이며, 대부분의 개인용 혈당 측정기는 혈액 속 포도당이 특정 효소와 반응할 때 발생하는 미세한 전류를 측정하는 '전기화학적 방식'을 사용한다.

② 혈당 측정의 핵심은 혈당 측정 검사지, 즉 '스트립(Strip)'에 숨겨져 있다. 이 작은 스트립의 끝부분에는 혈액이 잘 스며들도록 모세관 현상을 이용한 통로가 있으며, 그 안쪽 반응 부위에는 '글루코스 산화효소(Glucose Oxidase)'라는 특수한 효소가 묻어 있다. 효소는 특정 물질하고만 선택적으로 반응하는 생체 촉매로, 글루코스 산화효소는 오직 혈액 속의 포도당(글루코스)하고만 반응하는 특징이 있다. 이 선택성 덕분에 혈액 속 다른 수많은 성분과 상관없이 정확하게 포도당의 양만을 측정하는 것이 가능하다.

③ 실제 측정 과정은 생화학 반응과 전기 신호의 변환으로 이루어진다. 혈액이 스트립에 흡수되면, 혈액 속 포도당이 글루코스 산화효소와 만나 화학 반응을 일으킨다. 이 반응의 결과로 포도당은 글루콘산이라는 다른 물질로 변하면서 전자를 내어놓게 된다. 스트립 내부에는 이 전자를 전극으로 안전하고 효율적으로 전달하는 '매개체(Mediator)'라는 화학 물질이 함께 들어있다. 매개체는 효소 반응으로 생성된 전자를 붙잡아 스트립 끝에 있는 전극(탄소 전극 등)으로 운반하는 셔틀과 같은 역할을 수행한다.

④ 전극으로 전자가 이동하면 이는 곧 '전류의 흐름'을 의미한다. 혈당 측정기 본체는 스트립의 전극으로 흘러 들어온 전류의 세기를 정밀하게 측정한다. 여기서 핵심 원리는 혈액 속 포도당의 양이 많을수록 효소와의 반응이 더 활발하게 일어나고, 그 결과 더 많은 전자가 생성되어 더 강한 전류가 흐

른다는 것이다. 즉, 혈당 수치와 전류의 세기는 정비례 관계에 있다. 측정기는 내부의 마이크로프로세서를 통해 이 측정된 전류 값을 우리가 알아볼 수 있는 혈당 수치(mg/dL)로 변환하여 화면에 표시해 준다.

⑤ 이처럼 개인용 혈당 측정기는 포도당을 선택적으로 인식하는 효소의 생화학적 원리와, 그 반응 결과로 나타나는 미세 전류를 측정하는 전자공학 기술이 결합된 첨단 융합 기기이다. 최근에는 한 번 부착하면 실시간으로 혈당을 계속 측정해 주는 '연속 혈당 측정기(CGM)'까지 등장하며 당뇨 관리의 패러다임을 바꾸고 있다. 이러한 바이오센서 기술의 발전은 환자들이 자신의 몸 상태를 정확히 이해하고 적극적으로 질병을 관리할 수 있도록 도우며, 미래 맞춤형 건강 관리의 중요한 축을 담당할 것이다.

■ 지문 해설 및 문항 ■

1. 주제
전기화학적 방식을 이용한 개인용 혈당 측정기의 과학적 작동 원리

2. 문단별 TOPIC
① 개인용 혈당 측정기는 바이오센서 기술을 이용하여 혈액 속 포도당과 효소의 반응에서 발생하는 전류를 측정한다.
② 측정의 핵심인 스트립에는 포도당하고만 선택적으로 반응하는 '글루코스 산화효소'가 포함되어 있다.
③ 혈액 속 포도당은 효소와 반응하여 전자를 생성하고, 이 전자는 매개체를 통해 전극으로 이동한다.
④ 측정기는 전극으로 흐르는 전류의 세기를 측정하며, 이 전류 값은 혈당 수치에 비례하므로 이를 변환하여 화면에 표시한다.
⑤ 혈당 측정기는 생화학과 전자공학이 융합된 기술이며, 연속 혈당 측정기 등으로 발전하며 맞춤형 건강 관리에 기여하고 있다.

3. 전체 내용 전개
이 글은 당뇨 관리의 중요성과 개인용 혈당 측정기의 기본 원리인 '전기화

학적 방식'을 소개하며 시작한다❶. 이후 측정의 핵심 부품인 스트립과 그 안의 '글루코스 산화효소'의 선택적 반응 원리를 설명하고❷, 포도당이 효소와 반응하여 '전자'를 생성하고 '매개체'를 통해 이동하는 화학 반응 과정을 설명한다❸. 다음으로, 이 전자의 흐름(전류)을 측정기가 감지하여 혈당 수치로 변환하는 전기적 측정 원리를 분석한다❹. 마지막으로, 혈당 측정기에 적용된 융합 기술의 의의와 '연속 혈당 측정기' 등 미래 기술을 소개하며 글을 마무리한다❺.

4. OX로 내용 확인

O|X ① 개인용 혈당 측정기는 병원에서처럼 정맥혈을 뽑아야만 측정이 가능하다.

O|X ② 혈당 측정 스트립에 있는 효소는 혈액 속 단백질, 지방 등 모든 성분과 반응한다.

O|X ③ '글루코스 산화효소'는 포도당을 다른 물질로 바꾸면서 전자를 발생시킨다.

O|X ④ 스트립 속 '매개체'는 효소의 반응을 억제하여 측정의 정확도를 높인다.

O|X ⑤ 혈액 속 포도당 농도가 높을수록 측정되는 전류의 세기는 약해진다.

O|X ⑥ 혈당 측정기는 전류의 세기를 mg/dL 단위의 혈당 수치로 변환하여 보여준다.

O|X ⑦ '연속 혈당 측정기(CGM)'는 혈당 측정 기술이 더욱 발전된 형태이다.

①X / ②X / ③O / ④X / ⑤X / ⑥O / ⑦O

[융합]
현실의 경계를 넘어서, 가상현실(VR)의 구현 기술

① 가상현실(Virtual Reality, VR)은 컴퓨터가 만들어낸 인공적인 3차원 환경을 마치 실제처럼 느끼고 상호작용할 수 있도록 만드는 기술이다. 이는 단순히 화면을 보는 것을 넘어, 사용자가 그 공간 안에 실제로 존재하는 듯한 '몰입감(Immersion)'과 '실재감(Presence)'을 제공하는 것을 목표로 한다. 이러한 경험을 구현하기 위해 VR 기술은 사용자의 감각, 특히 시각과 청각, 촉각을 속이는 정교한 기술들의 융합체로 이루어져 있다. 대표적으로 사용자의 시야를 완전히 덮는 디스플레이 기술, 사용자의 움직임을 실시간으로 추적하는 트래킹 기술, 그리고 가상 객체와의 상호작용을 느끼게 하는 햅틱 기술이 그 핵심이다.

② VR의 가장 기본이 되는 기술은 사용자의 눈앞에서 가상 세계를 시각적으로 구현하는 디스플레이 기술이다. 헤드셋 형태의 기기(HMD, Head-Mounted Display)는 사용자의 양쪽 눈에 각각 약간 다른 각도의 이미지를 보여주어 입체감을 느끼게 하는 원리를 이용한다. 이때 높은 몰입감을 위해서는 넓은 시야각(FOV, Field of View)을 제공하여 시야가 답답하게 느껴지지 않도록 해야 하며, 고해상도 디스플레이를 통해 이미지의 격자무늬가 보이는 현상을 최소화해야 한다. 또한, 사용자가 고개를 돌릴 때 화면이 지연 없이 부드럽게 따라오도록 높은 주사율(Refresh Rate)을 유지하는 것이 매우 중요한데, 이는 VR 체험의 어지러움(멀미)을 줄이는 핵심 요소로 작용한다.

③ 사용자의 움직임을 가상 세계에 정확히 반영하는 트래킹 기술은 실재감을 형성하는 데 결정적인 역할을 한다. HMD 내부에 장착된 가속도 센서, 자이로 센서와 같은 관성 측정 장치(IMU)는 사용자가 고개를 얼마나 빠르게, 어느 방향으로 돌리는지를 감지하는 '헤드 트래킹'을 담당한다. 여기에 더해, 사용자가 가상 공간 안에서 직접 걷거나 움직이는 위치 변화를 감지하는 '포지셔널 트래킹' 기술이 더해진다. 이는 외부의 카메라나 레이저 센서가 HMD나 컨트롤러의 위치를 추적하는 '아웃사이드-인' 방식과, HMD 자체에 달린 카메라가 주변 환경을 인식하여 스스로 위치를 파악하는 '인사

이드-아웃' 방식으로 구현된다.

4 가상현실이 단순한 영상 감상을 넘어 상호작용이 가능한 '체험'이 되기 위해서는 햅틱(Haptic) 기술이 필수적이다. 햅틱 기술은 사용자에게 촉각적인 피드백을 제공하여 가상의 경험을 더욱 현실적으로 만드는 역할을 한다. 예를 들어, 사용자가 손에 쥔 컨트롤러는 가상 세계에서 물건을 잡을 때 미세한 진동을 발생시키거나, 활시위를 당길 때 저항감을 느끼게 할 수 있다. 최근에는 진동을 넘어 압력, 질감, 온도까지 재현하려는 연구가 활발히 진행되고 있으며, 이러한 햅틱 기술의 발전은 가상현실의 몰입감을 극대화하여 사용자가 가상 객체를 실제로 만지고 느끼는 듯한 착각을 불러일으킨다.

5 결국 가상현실은 현실과 가상의 경계를 허무는 것을 목표로 디스플레이, 센서, 컴퓨터 그래픽, 인지과학 등 수많은 분야의 기술이 총동원된 융합 기술의 정수이다. 현재 VR은 게임이나 엔터테인먼트 분야를 넘어, 의료 수술 훈련, 비행기 조종 시뮬레이션, 건축 설계 시각화, 원격 협업 등 다양한 산업 분야로 그 활용 범위를 빠르게 넓혀가고 있다. 앞으로 기기의 경량화, 무선화, 그리고 더욱 정교한 햅틱 기술의 발전이 이루어진다면, 가상현실은 우리의 일상과 산업의 패러다임을 바꾸는 핵심 플랫폼으로 자리 잡게 될 것이다.

■ 지문 해설 및 문항 ■

1. 주제

가상현실(VR)의 몰입감을 구현하기 위한 핵심 기술(디스플레이, 트래킹, 햅틱)의 원리와 발전 방향

2. 문단별 TOPIC

1 가상현실(VR)은 몰입감과 실재감을 목표로 디스플레이, 트래킹, 햅틱 기술이 융합된 결과물이다.

2 HMD의 디스플레이 기술은 양안 시차, 넓은 시야각, 고해상도, 높은 주사율을 통해 시각적 몰입감을 제공한다.

3 트래킹 기술은 센서를 통해 사용자의 머리 움직임과 공간적 위치를 감지하여 가상 세계에 반영한다.

④ 햅틱 기술은 진동이나 저항 같은 촉각 피드백을 통해 가상 객체와의 상호작용을 현실적으로 만든다.
⑤ VR은 다양한 기술이 융합된 결과물이며, 여러 산업 분야로 확장되며 미래의 핵심 플랫폼이 될 잠재력을 가지고 있다.

3. 전체 내용 전개

이 글은 '몰입감'과 '실재감'을 목표로 하는 가상현실(VR)의 개념과 핵심 기술 요소를 소개하며 시작한다①. 이후 시각적 몰입감을 위한 HMD의 '디스플레이' 기술의 원리와 조건②, 사용자의 움직임을 반영하는 '트래킹' 기술의 종류와 원리③, 그리고 상호작용의 현실감을 높이는 '햅틱' 기술의 역할을 순차적으로 설명한다④. 마지막으로, VR 기술의 융합적 성격과 다양한 산업 분야로의 확장 가능성을 제시하며 글을 마무리한다⑤.

4. OX로 내용 확인

- O | X ① 가상현실(VR) 기술의 핵심 목표는 사용자에게 '몰입감'을 제공하는 것이다.
- O | X ② VR 헤드셋은 양쪽 눈에 동일한 이미지를 보여주어 입체감을 느끼게 한다.
- O | X ③ 화면 주사율이 낮을수록 VR 체험 시 어지러움(멀미)을 느끼기 쉽다.
- O | X ④ '헤드 트래킹'은 사용자가 가상 공간에서 직접 걸어 다니는 위치를 감지하는 기술이다.
- O | X ⑤ '인사이드-아웃' 방식은 HMD 외부의 별도 센서 없이 HMD 스스로 위치를 파악하는 방식이다.
- O | X ⑥ 햅틱 기술은 주로 시각적 피드백을 통해 가상현실의 몰입감을 높인다.
- O | X ⑦ 현재 VR 기술은 게임과 같은 엔터테인먼트 분야에만 국한되어 사용된다.

①O / ②X / ③O / ④X / ⑤O / ⑥X / ⑦X

모범 답안

Ⅰ. 문장편

[22p]

1. 아기가 웃는다.
- 주어: 아기가
- 서술어: 웃는다.

2. 가을 하늘이 높다.
- 주어: (가을) 하늘이
- 서술어: 높다.

3. 나는 책을 읽는다.
- 주어: 나는
- 목적어: 책을
- 서술어: 읽는다.

4. 동생이 그림을 그린다.
- 주어: 동생이
- 목적어: 그림을
- 서술어: 그린다.

5. 물이 얼음이 되었다.
- 주어: 물이
- 보어: 얼음이
- 서술어: 되었다.

6. 그는 의사가 아니다.
- 주어: 그는
- 보어: 의사가
- 서술어: 아니다.

7. 할아버지께서 신문을 보신다.
- 주어: 할아버지께서
- 목적어: 신문을
- 서술어: 보신다.

8. 예쁜 꽃이 피었다.
- 주어: 꽃이
- 서술어: 피었다.

9. 우리는 어제 영화를 보았다.
- 주어: 우리는
- 목적어: 영화를
- 서술어: 보았다.

10. 영희는 결국 반장이 되었다.
- 주어: 영희는
- 보어: 반장이
- 서술어: 되었다.

11. 철수는 마음이 따뜻한 사람을 좋아한다.
- 주어: 철수는
- 목적어: 사람을
- 서술어: 좋아한다.

12. 그는 학생이 아니다.
- 주어: 그는
- 보어: 학생이
- 서술어: 아니다.

13. 고양이가 쥐를 물었다.
- 주어: 고양이가
- 목적어: 쥐를
- 서술어: 물었다.

14. 저 아이는 키가 아주 크다.
- 주어: (저) 아이는
- 서술어: 크다.

15. 나는 그가 정당했음을 깨달았다.
- 주어: 나는
- 목적어: 그가 정당했음을
- 서술어: 깨달았다.

16. 코끼리는 코가 길다.
- 주어: 코끼리는
- 서술어: 길다.

17. 선생님께서 우리들에게 세뱃돈을 주셨다.
- 주어: 선생님께서
- 목적어: 세뱃돈을
- 서술어: 주셨다.

18. 어제 공원에서 만난 그 친구가 나에게 선물을 주었다.
- 주어: (그) 친구가
- 목적어: 선물을
- 서술어: 주었다.

19. 형은 그가 범인임을 밝혀냈다.
- 주어: 형은
- 목적어: 그가 범인임을
- 서술어: 밝혀냈다.

20. 내가 하고 싶은 말은 착하게 살길 바란다는 것이다.
- 주어: (내가 하고 싶은) 말은
- 서술어: (착하게 살길 바란다는) 것이다.

[27p]

1. 저 새가 매우 빨리 난다.
- 관형어: 저(뒤에 오는 명사 '새'를 꾸며줌)
- 주어: 새가
- 부사어: 매우(뒤에 오는 부사어 '빨리'를 꾸며줌)
- 부사어: 빨리(뒤에 오는 서술어 '난다'를 꾸며줌)
- 서술어: 난다.

2. 철수야, 이 책을 어서 읽어라.
- 독립어: 철수야 (문장의 다른 성분과 관계없이 상대를 부름)
- 관형어: 이 (뒤에 오는 명사 '책'을 꾸며줌)
- 목적어: 책을

- 부사어: 어서 (뒤에 오는 서술어 '읽어라'를 꾸며줌)
- 서술어: 읽어라.

3. 와, 가을 하늘이 정말 높고 푸르다.
- 독립어: 와 (놀람의 감탄을 나타냄)
- 관형어: 가을 (뒤에 오는 명사 '하늘'을 꾸며줌)
- 주어: 하늘이
- 부사어: 정말 (뒤에 오는 서술어 '높고 푸르다'를 꾸며줌)
- 서술어: 높고 푸르다.

4. 나는 어제 서점에서 헌 책을 샀다.
- 주어: 나는
- 부사어: 어제 (서술어 '샀다'를 꾸미면서 시간을 알려줌)
- 부사어: 서점에서 (서술어 '샀다'의 장소를 알려줌)
- 관형어: 헌 (명사 '책'을 꾸며줌)
- 목적어: 책을
- 서술어: 샀다.

5. 그는 아주 성실한 학생이 아니다.
- 주어: 그는
- 부사어: 아주 (뒤에 오는 관형어 '성실한'을 꾸며줌)
- 관형어: 성실한 (뒤에 오는 명사 '학생'을 꾸며줌)
- 보어: 학생이
- 서술어: 아니다.

6. 이것은 내가 가장 아끼는 옛날 음반이다.
- 주어: 이것은
- 관형어: 내가 가장 아끼는 (명사 '음반'을 꾸며주는 관형절)
-    '내가' 주어, '가장' 부사어, '아끼는' 서술어 (내가 가장 아끼다)
- 관형어: 옛날 (명사 '음반'을 꾸며줌)
- 서술어: 음반이다.

7. 어머나, 예쁜 아기가 방긋 웃는다.
- 독립어: 어머나 (놀람의 감정을 나타냄)

- 관형어: 예쁜 (명사 '아기'를 꾸며줌)
- 주어: 아기가
- 부사어: 방긋 (서술어 '웃는다'의 모양을 꾸며줌)
- 서술어: 웃는다.

8. 그 선수는 놀랍게도 모든 장애물을 쉽게 통과했다.
- 관형어: 그 (명사 '선수'를 꾸며줌)
- 주어: 선수는
- 부사어: 놀랍게도 (문장 전체를 꾸며줌)
- 관형어: 모든 (명사 '장애물'을 꾸며줌)
- 목적어: 장애물을
- 부사어: 쉽게 (서술어 '통과했다'의 방식을 꾸며줌)
- 서술어: 통과했다.

9. 영희는 드디어 꿈에 그리던 의사가 되었다.
- 주어: 영희는
- 부사어: 드디어(서술어 '되었다'를 꾸며줌)
- 관형어: 꿈에 그리던(명사 '의사'를 꾸며주는 관형절)
- 보어: 의사가
- 서술어: 되었다.

10. 여보, 당신의 깊은 뜻을 이제야 알겠습니다.
- 독립어: 여보 (상대를 부르는 말)
- 관형어: 당신의 (명사 '뜻'을 꾸며줌)
- 관형어: 깊은 (명사 '뜻'을 꾸며줌)
- 목적어: 뜻을
- 부사어: 이제야 (서술어 '알겠습니다'의 시간을 알려줌)
- 서술어: 알겠습니다.

[34p]

1. 나는 학생이고, 내 동생은 직장인이다.
- 겹문장 (이어진 문장)

2. 하늘이 매우 푸르다.
- 홑문장

3. 그는 아는 것도 없이 잘난 척을 한다.
- 겹문장 (안은 문장)

4. 나는 어제 친구에게서 받은 편지를 읽었다.
- 겹문장 (안은 문장)

5. 겨울이 가면 따뜻한 봄이 온다.
- 겹문장 (이어진 문장)

6. 인생은 짧고 예술은 길다.
- 겹문장 (이어진 문장)

7. 그가 범인이라는 사실이 밝혀졌다.
- 겹문장 (안은 문장)

8. 철수는 키가 크고 영희는 눈이 예쁘다.
- 겹문장 (이어진 문장)

9. 우리는 그가 정당했음을 깨달았다.
- 겹문장 (안은 문장)

10. 비가 와서 길이 미끄럽다.
- 겹문장 (이어진 문장)

11. 나는 [그 소문이 사실임]을 깨달았다.
- 명사절

12. 이곳은 [내가 태어난] 고향이다.
- 관형절

13. [우리가 집에 가기]에 이른 시간이다.
- 명사절

14. 동생은 [용기가 부족하다].
- 서술절

15. 그는 ["지구는 돈다."]라고 말했다.
- 인용절 (직접 인용)

16. 농부들은 [비가 오기]를 기다린다.
- 명사절

17. 형은 [동생이 그린] 그림을 벽에 걸었다.
- 관형절

18. 그곳은 [그림이 아름답게] 장식되어 있다.
- 부사절

19. 그 아이는 [자기가 반장이라]고 주장했다.
- 인용절 (간접 인용)

20. 할머니께서는 [손이 아주 크시다].
- 서술절

[37p]

2. 그의 얼굴이 백지장처럼 하얘졌다.
- 구조 분석: 주어(얼굴이), 서술어(하얘졌다)
- 표면적 의미: 얼굴에서 핏기가 사라져 종이처럼 하얗게 변했다.
- 심층적 의미 (추론): 그는 갑작스러운 일에 크게 놀라거나 극심한 공포를 느끼고 있다.

3. 어깨에 무거운 짐을 올려놓은 기분이다.
- 구조 분석: 주어(생략-나는), 서술어(기분이다)
- 표면적 의미: 어깨가 무언가에 짓눌리는 듯한 느낌이 든다.
- 심층적 의미 (추론): 큰 책임감이나 해결하기 어려운 문제 때문에 심리적 압박감을 느끼고 있다.

4. 시험이 끝나서 날아갈 듯이 가볍다.
- 구조 분석: 주어(생략-마음이), 서술어(가볍다)
- 표면적 의미: 시험이 종료되어 마음이 매우 편안하다.
- 심층적 의미 (추론): 오랫동안 나를 짓누르던 스트레스와 부담감에서 해방되었다.

5. 왠지 모르게 발걸음이 떨어지지 않았다.
- 구조 분석: 주어(발걸음이), 서술어(떨어지지 않았다)
- 표면적 의미: 그 자리를 떠나기가 힘들었다.
- 심층적 의미 (추론): 떠나려는 장소나 사람에 대한 아쉬움, 미련, 혹은 불안감이 남아있다.

6. 모처럼의 휴일인데 아무것도 하기 싫다.
- 구조 분석: 주어(생략-나는), 목적어(아무것도), 서술어(하기 싫다)
- 표면적 의미: 휴일이지만 어떤 활동도 하고 싶지 않다.
- 심층적 의미 (추론): 육체적 또는 정신적으로 매우 지쳐있다(번아웃). 재충전이 필요하다.

7. 그의 퉁명스러운 대답에 마음이 상했다.
- 구조 분석: 주어(마음이), 서술어(상했다)
- 표면적 의미: 상대방의 무뚝뚝한 답변 때문에 기분이 나빠졌다.
- 심층적 의미 (추론): 나는 상대방에게 무시당했다고 느끼거나, 친절한 소통을 기대했다.

8. 가슴에 구멍이 뚫린 것처럼 허전하다.
- 구조 분석: 주어(생략-나는), 서술어(허전하다)
- 표면적 의미: 마음이 텅 빈 것처럼 공허한 느낌이다.
- 심층적 의미 (추론): 소중한 사람을 잃었거나, 목표를 상실하여 깊은 슬픔과 상실감에 빠져있다.

9. 그의 농담에 분위기가 얼음장처럼 차가워졌다.
- 구조 분석: 주어(분위기가), 서술어(차가워졌다)
- 표면적 의미: 농담 이후 주변 분위기가 매우 어색하고 싸늘해졌다.
- 심층적 의미 (추론): 그의 농담이 상황에 맞지 않았거나, 누군가를 불쾌하게 만들었다.

10. 오랫동안 기다리던 소식이라 그런지 믿기지 않는다.
- 구조 분석: 주어(생략-나는), 서술어(믿기지 않는다)
- 표면적 의미: 간절히 원했던 소식을 듣게 되어 현실감이 없다.
- 심층적 의미 (추론): 너무 기쁘거나 놀라서 상황 파악이 잘 되지 않는다. 꿈만 같다.

11. 답답했던 속이 뻥 뚫리는 기분이다.
- 구조 분석: 주어(생략-나는), 서술어(뚫리는 기분이다) (안은 문장: 속이-뚫리다)
- 표면적 의미: 마음속의 답답함이 해소되어 시원하다.
- 심층적 의미 (추론): 오랫동안 해결되지 않던 문제가 해결되었거나, 억압되었던 감정을 표출하여 후련하다.

12. 그 사람만 보면 가슴이 두근거린다.
- 구조 분석: 주어(가슴이), 서술어(두근거린다)
- 표면적 의미: 특정 인물을 볼 때마다 심장이 빠르게 뛴다.
- 심층적 의미 (추론): 그 사람을 좋아하거나 사랑한다. 혹은 그 사람에게 좋지 않은 기억이 있어 긴장되거나 불안하다.

13. 공들여 쌓은 탑이 무너져서 허탈하다.
- 구조 분석: 주어(생략-나는), 서술어(허탈하다)
- 표면적 의미: 오랫동안 노력한 일이 실패로 돌아가 힘이 빠진다.
- 심층적 의미 (추론): 노력에 대한 보상을 받지 못해 깊은 상실감과 무력감을 느끼고 있다.

14. 그의 눈빛에서 차가운 분노가 느껴졌다.
- 구조 분석: 주어(분노가), 서술어(느껴졌다)
- 표면적 의미: 그의 눈빛을 통해 그가 화가 났음을 알 수 있었다.
- 심층적 의미 (추론): 그는 감정을 폭발시키기보다 차분하게 억누르고 있다. 이는 더 큰 갈등의 전조일 수 있다.

15. 오랜만에 만난 친구와 밤새 이야기꽃을 피웠다.
- 구조 분석: 주어(생략-우리는), 목적어(이야기꽃을), 서술어(피웠다)
- 표면적 의미: 친구와 밤늦도록 즐겁게 대화를 나누었다.
- 심층적 의미 (추론): 그동안 나누지 못했던 이야기가 많았다. 친구와의 만남이 매우 즐겁고 소중했다.

16. 그는 무슨 생각을 하는지 표정이 애매하다.
- 구조 분석: 주어(표정이), 서술어(애매하다)
- 표면적 의미: 그의 얼굴 표정으로는 감정이나 생각을 읽을 수 없다.
- 심층적 의미 (추론): 그는 자신의 속마음을 드러내고 싶어 하지 않는다. 무언가 숨기는 것이 있거나 복잡한 심경에 처해있다.

17. 잔잔한 호수 같은 평온함을 느낀다.
- 구조 분석: 주어(생략-나는), 목적어(평온함을), 서술어(느낀다)
- 표면적 의미: 마음이 매우 평화롭고 안정된 상태이다.
- 심층적 의미 (추론): 모든 걱정과 불안이 사라졌다. 현재 상황에 매우 만족하고 있다.

18. 그의 격려에 자신감이 샘솟았다.
- 구조 분석: 주어(자신감이), 서술어(샘솟았다)
- 표면적 의미: 격려의 말을 듣고 자신감이 생겨났다.
- 심층적 의미 (추론): 나는 불안하고 위축된 상태였으나, 외부의 긍정적 지지를 통해 용기를 얻었다.

19. 그의 행동은 내 기대를 여지없이 무너뜨렸다.
- 구조 분석: 주어(행동은), 목적어(기대를), 서술어(무너뜨렸다)
- 표면적 의미: 그의 행동 때문에 내가 기대했던 바가 완전히 사라졌다.
- 심층적 의미 (추론): 그에 대한 믿음과 신뢰가 컸기 때문에 실망감과 배신감 또한 매우 크다.

20. 결과를 보니 아쉬움이 남는다.
- 구조 분석: 주어(생략-나는), 서술어(보니), 주어(아쉬움이), 서술어(남는다)
- 표면적 의미: 결과에 대해 만족스럽지 못한 부분이 있다.
- 심층적 의미 (추론): 최선을 다했지만 원하는 만큼의 결과가 나오지 않았다. '조금만 더 잘할 수 있었는데'라는 후회가 있다.

21. 시원한 물 한 잔 마셨으면 좋겠다.
- 구조 분석: 주어(생략-나는), 목적어(물 한 잔), 서술어(마셨으면 좋겠다)
- 표면적 의미: 시원한 물을 마시고 싶다.
- 심층적 의미 (추론): 목이 마르거나, 몸에 열이 나 덥다. 가슴이 답답하다.

22. 이제 그만 집에 가봐야 할 것 같아.
- 구조 분석: 주어(생략-나는), 서술어(가봐야 할 것 같다)
- 표면적 의미: 집에 돌아가야 한다는 의사를 표현하고 있다.
- 심층적 의미 (추론): 시간이 너무 늦었거나, 피곤하거나, 내일 일정이 걱정된다. 대화를 끝내고 싶다는 완곡한 표현일 수 있다.

23. 조용한 곳에서 잠시 혼자 있고 싶어요.
- 구조 분석: 주어(생략-저는), 서술어(혼자 있고 싶어요)
- 표면적 의미: 혼자 있을 시간이 필요하다.
- 심층적 의미 (추론): 현재 상황이 너무 복잡하고 시끄러워서 지쳤다. 생각을 정리할 시간이 필요하다.

24. 다음에 한 번 밥이나 먹자.
- 구조 분석: 주어(생략-우리는), 목적어(밥이나), 서술어(먹자)
- 표면적 의미: 나중에 식사 약속을 잡자고 제안한다.
- 심층적 의미 (추론): (긍정) 당신과 더 친해지고 싶고, 관계를 이어가고 싶다. (부정) 지금 당장 만남을 이어가기는 어려우니, 대화를 마무리하려는 형식적인 인사일 수 있다.

25. 굳이 그렇게까지 할 필요는 없어.
- 구조 분석: 주어(생략-너는), 서술어(필요는 없어)
- 표면적 의미: 그 행동을 할 필요가 없다고 말한다.
- 심층적 의미 (추론): 상대방의 과한 행동이나 배려에 대해 부담을 느끼고 있다. 혹은 상대방의 행동이 잘못되었음을 부드럽게 지적하고 있다.

26. 이 일은 내가 알아서 처리할게.
- 구조 분석: 주어(내가), 목적어(일은), 서술어(처리할게)
- 표면적 의미: 이 업무를 스스로 해결하겠다고 말한다.
- 심층적 의미 (추론): 더 이상 걱정하거나 관여하지 말아달라. 나의 능력을 믿어달라.

27. 우리는 좀 더 신중하게 접근할 필요가 있다.
- 구조 분석: 주어(우리는), 서술어(필요가 있다)
- 표면적 의미: 성급하게 행동하지 말고 조심스럽게 다가가야 한다.
- 심층적 의미 (추론): 현재의 계획이나 방식에 잠재적인 위험이 있다고 생각한다. 속도보다 안정성을 중시한다.

28. 굳이 말하고 싶지 않은 이야기도 있는 법이다.
- 구조 분석: 주어(이야기도), 서술어(있는 법이다)
- 표면적 의미: 사람에게는 밝히고 싶지 않은 개인적인 이야기가 있다.
- 심층적 의미 (추론): 나의 사생활을 존중해 달라. 더 이상 묻지 말아달라는 완곡한 거절이다.

29. 좋은 게 좋은 거니 그냥 넘어가자.
- 구조 분석: 주어(생략-우리는), 서술어(넘어가자)
- 표면적 의미: 일을 복잡하게 만들지 말고 원만하게 해결하자.
- 심층적 의미 (추론): 문제를 깊이 파고들어 갈등을 일으키는 것보다, 사소한 것은 덮어두는 것이 더 낫다고 생각한다.

30. 이번만큼은 내 뜻대로 하고 싶어.
- 구조 분석: 주어(생략-나는), 서술어(하고 싶어)
- 표면적 의미: 이번 일은 나의 의지대로 결정하고 싶다.
- 심층적 의미 (추론): 그동안 다른 사람의 의견을 많이 따랐다. 이 문제에 대해서는 확고한 주관과 의지가 있다.

31. 자세한 설명은 생략하도록 하지.
- 구조 분석: 주어(생략-내가), 목적어(설명은), 서술어(생략하도록 하지)
- 표면적 의미: 자세한 내용을 설명하지 않겠다.
- 심층적 의미 (추론): 설명하기에는 너무 복잡하거나, 듣는 사람이 이미 알고 있을 것이라고 가정한다. 혹은, 진짜 이유를 숨기고 싶어 한다.

32. 이만하면 충분하지 않을까?
- 구조 분석: 주어(생략-이것이), 서술어(충분하지 않을까)
- 표면적 의미: 이 정도로 만족해야 하지 않겠냐고 묻는다.
- 심층적 의미 (추론): 나는 이 수준에 만족하며, 일을 그만 끝내고 싶다. 상대방의 동의를 구하는 형식이다.

33. 한번 해보기나 하자.
- 구조 분석: 주어(생략-우리가), 서술어(해보기나 하자)
- 표면적 의미: 일단 시도해 보자고 제안한다.
- 심층적 의미 (추론): 성공에 대한 큰 기대는 없지만, 아무것도 안 하는 것보다는 낫다고 생각한다. 밑져야 본전이라는 태도이다.

34. 나는 더 이상 할 말이 없다.
- 구조 분석: 주어(나는), 서술어(할 말이 없다)
- 표면적 의미: 이야기할 내용이 더는 없다.
- 심층적 의미 (추론): 상대방의 의견에 동의할 수 없어 대화를 중단하고 싶다. 강한 실망감이나 단념의 감정을 표현한다.

35. 나중에 후회하지 말고 지금 결정해.
- 구조 분석: 주어(생략-너는), 서술어(결정해)
- 표면적 의미: 미래에 후회하지 않도록 현재 결정을 내리라고 충고한다.
- 심층적 의미 (추론): 지금 결정을 미루는 것이 더 나쁜 결과를 초래할 것이라고 생각한다. 상대방의 우유부단함을 질책하는 의도일 수 있다.

36. 다 생각이 있어서 하는 행동이야.
- 구조 분석: 주어(생략-이것은), 서술어(행동이야)
- 표면적 의미: 나의 행동에는 나름의 계획과 이유가 있다.
- 심층적 의미 (추론): 나의 행동을 이해하지 못하고 비판하는 상대방에게 더 이상 간섭하지 말라는 방어적인 태도를 보인다.

37. 이제부터라도 제대로 해보려고 합니다.
- 구조 분석: 주어(생략-저는), 서술어(해보려고 합니다)
- 표면적 의미: 지금부터는 올바르게 시도하겠다.
- 심층적 의미 (추론): 과거의 잘못이나 부족함을 인정하고, 앞으로는 다른 태도를 보이겠다는 다짐과 의지를 표현한다.

38. 이 기회를 놓치면 안 된다.
- 구조 분석: 주어(생략-우리는), 목적어(기회를), 서술어(놓치면 안 된다)
- 표면적 의미: 주어진 좋은 기회를 반드시 잡아야 한다.
- 심층적 의미 (추론): 이 기회는 다시 오지 않을 매우 중요하고 희소한 것이다. 결단력 있는 행동을 촉구한다.

39. 그저 지켜볼 수밖에 없었다.
- 구조 분석: 주어(생략-나는), 서술어(지켜볼 수밖에 없었다)
- 표면적 의미: 상황에 개입하지 못하고 보기만 했다.
- 심층적 의미 (추론): 상황을 돕고 싶었지만 그럴 힘이나 방법이 없었다. 무력감과 안타까움을 표현한다.

40. 한번만 눈감아 주세요.
- 구조 분석: 주어(생략-당신은), 서술어(눈감아 주세요)
- 표면적 의미: 이번 한 번만 잘못을 못 본 척해 달라고 부탁한다. / 진짜 눈을 감으라고 요구한다.
- 심층적 의미 (추론): 자신의 잘못을 인정하지만, 규칙에 따른 처벌을 피하고 싶어 선처를 호소하고 있다.

41. 그 식당은 항상 사람들로 붐빈다.
- 구조 분석: 주어(식당은), 서술어(붐빈다)
- 표면적 의미: 그 식당에는 언제나 손님이 많다.
- 심층적 의미 (추론): 그 식당은 맛집으로 유명하다. 지금 가면 자리가 없어서 기다려야 할 것이다.

42. 그 영화는 생각보다 재미없었어.
- 구조 분석: 주어(영화는), 서술어(재미없었어)
- 표면적 의미: 영화가 기대했던 것만큼 재미있지 않았다.
- 심층적 의미 (추론): 영화에 대한 나의 기대치가 높았다. 다른 사람에게 그 영화를 추천하고 싶지 않다.

43. 약속 시간에 늦는 것은 예의가 아니다.
- 구조 분석: 주어(늦는 것은), 보어(예의가), 서술어(아니다)
- 표면적 의미: 약속 시간을 지키지 않는 행위는 예의에 어긋난다.
- 심층적 의미 (추론): 나는 시간 약속을 매우 중요하게 생각한다. (상대방이 늦었을 경우) 너의 행동에 대해 불쾌함을 느끼고 있다.

44. 아이들은 뛰어놀면서 크는 법이다.
- 구조 분석: 주어(아이들은), 서술어(크는 법이다)
- 표면적 의미: 아이들은 활발하게 노는 과정을 통해 성장한다.
- 심층적 의미 (추론): 아이가 다소 소란스럽게 굴거나 옷을 더럽히더라도 너그럽게 이해해야 한다. 아이의 자유로운 활동을 억압해서는 안 된다.

45. 세상에 공짜는 없다.
- 구조 분석: 주어(공짜는), 서술어(없다)
- 표면적 의미: 대가 없는 이득은 존재하지 않는다.
- 심층적 의미 (추론): 어떤 것을 얻기 위해서는 반드시 그에 상응하는 노력, 시간, 비용 등의 대가를 치러야 한다. 쉽게 얻으려는 태도를 경계해야 한다.

46. 첫인상이 항상 옳은 것은 아니다.
- 구조 분석: 주어(첫인상이), 보어('옳은' 것이) 서술어(아니다)

- 표면적 의미: 처음 만났을 때의 느낌이 그 사람의 전부가 아닐 수 있다.
- 심층적 의미 (추론): 사람이나 사물을 겉모습만 보고 성급하게 판단해서는 안 된다. 시간을 갖고 깊이 있게 알아가야 한다.

47. 과정이 좋아야 결과도 좋은 법이다.
- 구조 분석: 주어(과정이), 서술어(좋아야), 주어(결과도), 서술어(좋은 법이다)
- 표면적 의미: 좋은 결과를 얻으려면 그 과정 또한 올바르고 충실해야 한다.
- 심층적 의미 (추론): 편법이나 부정한 방법을 통해 얻은 결과는 진정한 성공이 아니다. 결과뿐만 아니라 과정의 정당성을 중시한다.

48. 사소한 습관이 인생을 바꾼다.
- 구조 분석: 주어(습관이), 목적어(인생을), 서술어(바꾼다)
- 표면적 의미: 작고 일상적인 습관이 삶 전체에 큰 영향을 미친다.
- 심층적 의미 (추론): 큰 변화를 위해서는 거창한 계획보다 작은 실천을 꾸준히 하는 것이 더 중요하다.

49. 그 문제는 내가 결정할 수 있는 범위를 넘어섰다.
- 구조 분석: 주어(문제는), 목적어(범위를), 서술어(넘어섰다)
- 표면적 의미: 그 사안은 나의 권한 밖의 일이다.
- 심층적 의미 (추론): 나에게 해결을 요구하지 말아달라. 더 높은 책임자나 다른 부서와 상의해야 한다.

50. 가장 좋은 해결책은 아닐 수도 있다.
- 구조 분석: 주어(생략-이것이), 보어(해결책은) 서술어(아닐 수도 있다)
- 표면적 의미: 이것이 최선의 방법이 아닐 가능성이 있다.
- 심층적 의미 (추론): 더 나은 대안이 있을 수 있으니 함께 찾아보자. 이 결정에 대해 온전히 책임지고 싶지 않다는 의도가 깔려 있을 수 있다.

51. 백 번 듣는 것보다 한 번 보는 것이 낫다.
- 구조 분석: 주어(보는 것이), 서술어(낫다)
- 표면적 의미: 여러 번 듣는 것보다 직접 한번 경험하는 것이 더 효과적이다.
- 심층적 의미 (추론): 간접적인 정보보다 직접적인 체험과 관찰이 더 중요함을 강조한다. 이론보다 실제를 중시하는 태도이다.

52. 모든 규칙에는 예외가 있기 마련이다.
- 구조 분석: 주어(예외가), 서술어(있기 마련이다)
- 표면적 의미: 어떠한 규칙이라도 예외적인 상황이 존재한다.
- 심층적 의미 (추론): 원리원칙만 너무 내세우지 말고, 상황에 따른 융통성이 필요함을 주장한다.

53. 그의 말은 앞뒤가 맞지 않는다.
- 구조 분석: 주어(말은), 서술어(맞지 않는다)
- 표면적 의미: 그의 이야기에 논리적 모순이 있다.
- 심층적 의미 (추론): 그의 주장은 신뢰하기 어렵다. 그가 무언가를 숨기거나 거짓말을 하고 있을 가능성이 있다.

54. 역사는 반복되는 경향이 있다.
- 구조 분석: 주어(역사는), 서술어('경향이' 있다)
- 표면적 의미: 과거에 일어났던 사건과 유사한 일이 현재나 미래에도 일어날 수 있다.
- 심층적 의미 (추론): 과거의 사례를 통해 현재를 이해하고 미래를 대비해야 한다. 과거의 실수를 되풀이하지 않도록 교훈을 얻어야 한다.

55. 정직이 최선의 정책이다.
- 구조 분석: 주어(정직이), 서술어(정책이다)
- 표면적 의미: 정직하게 행동하는 것이 가장 좋은 방법이다.
- 심층적 의미 (추론): 단기적으로는 손해를 보는 것처럼 보여도, 장기적으로는 정직함이 신뢰를 얻고 가장 큰 이익을 가져온다는 가치관을 드러낸다.

56. 결과만 보고 사람을 판단할 수는 없다.
- 구조 분석: 주어(생략-우리는), 목적어(결과만), 서술어(보고), 목적어(사람을), 서술어(판단할) 주어(수가), 서술어(없다) (이어진 문장과 관형절을 안은 문장으로 복잡한 구조입니다.)
- 표면적 의미: 나타난 결과만으로 그 사람을 평가해서는 안 된다.
- 심층적 의미 (추론): 결과에 이르기까지의 과정, 노력, 의도 등 보이지 않는 측면까지 고려해야 그 사람을 올바르게 이해할 수 있다.

57. 그 소문은 사실무근임이 밝혀졌다.
- 구조 분석: 주어(생략-소문은), 서술어(밝혀졌다)
- 표면적 의미: 떠돌던 소문이 사실이 아닌 것으로 확인되었다.
- 심층적 의미 (추론): 근거 없는 소문으로 인해 누군가 피해를 입었다. 확인되지 않은 정보는 함부로 믿거나 퍼뜨려서는 안 된다.

58. 그는 자기 분야에서 최고의 전문가로 꼽힌다.
- 구조 분석: 주어(그는), 서술어(꼽힌다)
- 표면적 의미: 그는 해당 분야에서 가장 뛰어난 사람으로 인정받는다.
- 심층적 의미 (추론): 그는 오랜 경험과 깊은 지식을 갖추고 있으며, 그의 의견은 높은 신뢰도를 가진다.

59. 다양성은 우리 사회를 더 건강하게 만든다.
- 구조 분석: 주어(다양성은), 목적어(사회를), 서술어(만든다)
- 표면적 의미: 다양한 생각과 문화가 공존하는 것이 사회 발전에 긍정적인 영향을 준다.
- 심층적 의미 (추론): 획일적인 가치를 강요하는 사회는 발전이 없다. 서로의 다름을 인정하고 존중하는 태도가 필요하다.

60. 아는 만큼 보이기 마련이다.
- 구조 분석: 주어(생략-사람은), 서술어(보이기 마련이다)
- 표면적 의미: 자신이 가진 지식의 범위 안에서만 세상을 이해할 수 있다.
- 심층적 의미 (추론): 더 넓고 깊게 세상을 이해하기 위해서는 끊임없이 배우고 지식을 넓혀야 한다. 편협한 시각을 경계해야 한다.

61. 밤새 기침하더니 결국 몸살이 났다.
- 구조 분석: 앞 절 주어(생략-그가)/서술어(기침하더니), 뒷절 주어(몸살이)/서술어(났다)
- 표면적 의미: 밤새 기침을 한 결과로 몸살 증세가 나타났다.
- 심층적 의미 (추론): 초기 감기 증상이 있을 때 제대로 쉬지 못해서 병이 악화되었다. 오늘은 무리한 활동을 할 수 없는 상태이다.

62. 갑자기 비가 와서 우산 없이 흠뻑 젖었다.
- 구조 분석: 주어(생략-나는), 서술어(젖었다)
- 표면적 의미: 예상치 못한 비 때문에 온몸이 비에 젖었다.
- 심층적 의미 (추론): 일기예보를 확인하지 않았다. 곤란하고 난처한 상황에 처했다.

63. 냉장고 문이 열려 있어서 아이스크림이 다 녹았다.
- 구조 분석: 주어(아이스크림이), 서술어(녹았다)
- 표면적 의미: 냉장고 문이 닫혀있지 않아 아이스크림이 녹았다.
- 심층적 의미 (추론): 누군가 냉장고 문을 제대로 닫지 않는 실수를 했다. 부주의함으로 인해 손실이 발생했다. 냉장고 문을 잘 닫으라고 혼내고 있다.

64. 선물을 받고 아이의 얼굴에 웃음꽃이 피었다.
- 구조 분석: 주어(웃음꽃이), 서술어(피었다)
- 표면적 의미: 아이가 선물을 받고 활짝 웃었다.
- 심층적 의미 (추론): 아이는 그 선물을 매우 마음에 들어 한다. 선물을 준 사람은 보람과 기쁨을 느낀다.

65. 그의 칭찬에 어색해서 고개를 숙였다.
- 구조 분석: 주어(생략-나는), 목적어(고개를), 서술어(숙였다)
- 표면적 의미: 칭찬을 듣고 쑥스러워서 고개를 아래로 내렸다.
- 심층적 의미 (추론): 나는 칭찬을 받는 것에 익숙하지 않다. 겸손함을 표현하고 있다.

66. 너무 서두르다가 중요한 것을 빠뜨렸다.
- 구조 분석: 주어(생략-내가), 목적어(것을), 서술어(빠뜨렸다)
- 표면적 의미: 급하게 일을 처리한 결과, 필수적인 요소를 누락했다.
- 심층적 의미 (추론): 신중함이 부족했다. 이로 인해 일을 처음부터 다시 해야 하는 번거로움이 생겼다.

67. 알람이 울리지 않아서 회사에 지각했다.
- 구조 분석: 주어(생략-나는), 서술어(지각했다)
- 표면적 의미: 알람 시계가 작동하지 않은 것이 지각의 원인이다.
- 심층적 의미 (추론): 나의 잘못이 아닌 외부 요인(기계 결함) 때문에 문제가 발생했음을 강조하고 싶다. (자신의 책임을 회피하려는 의도일 수 있음)

68. 그의 말 한마디에 모든 오해가 풀렸다.
- 구조 분석: 주어(오해가), 서술어(풀렸다)
- 표면적 의미: 그가 한 말이 얽혀 있던 오해를 모두 해소시켰다.
- 심층적 의미 (추론): 그동안 소통이 부족했다. 그는 문제 해결의 핵심적인 정보를 쥐고 있는 사람이었다.

69. 꾸준히 운동했더니 체력이 눈에 띄게 좋아졌다.
- 구조 분석: 주어(체력이), 서술어(좋아졌다)
- 표면적 의미: 규칙적인 운동의 결과로 체력이 향상되었다.
- 심층적 의미 (추론): 노력은 배신하지 않는다. 목표를 이루기 위해서는 꾸준함이 중요하다.

70. 사소한 말다툼이 결국 큰 싸움으로 번졌다.
- 구조 분석: 주어(말다툼이), 서술어(번졌다)
- 표면적 의미: 작은 언쟁이 격화되어 심각한 다툼이 되었다.
- 심층적 의미 (추론): 갈등의 초기에 감정적으로 대처하여 문제를 키웠다. 작은 문제라도 초기에 해결하는 것이 중요하다.

71. 길을 잃어 약속 장소에 늦고 말았다.
- 구조 분석: 주어(생략-나는), 서술어(늦고 말았다)
- 표면적 의미: 길을 찾지 못했기 때문에 약속 시간에 늦었다.
- 심층적 의미 (추론): 예상치 못한 변수로 인해 계획에 차질이 생겼다. 상대방에게 미안한 마음을 가지고 있다.

72. 가뭄이 계속되자 농부들의 시름이 깊어졌다.
- 구조 분석: 주어(시름이), 서술어(깊어졌다)
- 표면적 의미: 비가 오지 않는 날이 길어져 농부들의 걱정이 커졌다.
- 심층적 의미 (추론): 자연재해는 인간의 노력만으로는 해결할 수 없는 문제이다. 농부들의 생계가 위협받고 있다.

73. 그는 지갑을 잃어버려서 하루 종일 우울했다.
- 구조 분석: 주어(그는), 서술어(우울했다)
- 표면적 의미: 지갑을 분실한 사건 때문에 하루 동안 기분이 좋지 않았다.
- 심층적 의미 (추론): 지갑 속의 돈뿐만 아니라 신분증, 카드 등 중요한 것들을 잃어버려 상실감과 함께 처리해야 할 일들에 대한 막막함을 느끼고 있다.

74. 오랜 노력 끝에 그는 마침내 꿈을 이루었다.
- 구조 분석: 주어(그는), 목적어(꿈을), 서술어(이루었다)
- 표면적 의미: 오랜 시간 노력한 결과, 원하던 목표를 달성했다.
- 심층적 의미 (추론): 성공은 쉽게 얻어지는 것이 아니라 인내와 끈기가 필요함을 보여준다.

75. 차가 막혀서 중요한 회의에 참석하지 못했다.
- 구조 분석: 주어(생략-나는), 서술어(참석하지 못했다)
- 표면적 의미: 교통 체증 때문에 회의에 가지 못했다.
- 심층적 의미 (추론): 외부의 불가항력적인 상황 때문에 중요한 기회를 놓쳤다. 미리 대비하지 못한 자신에 대한 자책감도 있을 수 있다.

76. 사람들이 버린 쓰레기 때문에 강물이 오염되었다.
- 구조 분석: 주어(강물이), 서술어(오염되었다)
- 표면적 의미: 사람들이 쓰레기를 버린 결과, 강의 물이 더러워졌다.
- 심층적 의미 (추론): 개인의 무책임한 행동이 모여 공동체 전체에 해로운 결과를 가져온다. 환경 문제의 심각성을 보여준다.

77. 좋은 책을 읽고 삶의 지혜를 얻었다.
- 구조 분석: 주어(생략-나는), 목적어(지혜를), 서술어(얻었다)
- 표면적 의미: 독서를 통해 삶에 대한 깨달음을 얻었다.
- 심층적 의미 (추론): 책은 간접 경험을 통해 인간을 성장시키는 중요한 매개체이다.

78. 문을 세게 닫자 창문이 덩달아 흔들렸다.
- 구조 분석: 주어(창문이), 서술어(흔들렸다)
- 표면적 의미: 문을 닫을 때의 충격이 창문에까지 전달되었다.
- 심층적 의미 (추론): 하나의 행동이 예상치 못한 다른 결과에 영향을 미칠 수 있다. (화가 나서 문을 닫았다면) 자신의 감정적인 행동이 주변에 영향을 미치고 있음을 보여준다.

79. 그의 결정 덕분에 모두가 위기에서 벗어났다.
- 구조 분석: 주어(모두가), 서술어(벗어났다)
- 표면적 의미: 그의 결정이 어려운 상황을 해결하는 계기가 되었다.
- 심층적 의미 (추론): 위기 상황에서는 리더의 결단력이 매우 중요하다. 그는 현명하고 용기 있는 사람이다.

80. 밤늦게까지 공부했더니 아침에 일어나기 힘들다.
- 구조 분석: 주어(생략-나는), 서술어(힘들다)

- 표면적 의미: 늦은 시간까지 공부한 탓에 아침에 피곤하다.
- 심층적 의미 (추론): 무리한 활동은 다음 날의 컨디션에 영향을 미친다. 휴식의 중요성을 간과했다.

81. 그는 여우처럼 눈치가 빠르다.
- 구조 분석: 주어(그는), 서술어(빠르다)
- 표면적 의미: 그는 상황을 파악하는 능력이 매우 뛰어나다.
- 심층적 의미 (추론): 그는 자신의 이익을 잘 챙길 줄 아는 약삭빠른 사람이다. 그 사람 앞에서는 행동을 조심해야 한다.

82. 시간은 화살처럼 지나갔다.
- 구조 분석: 주어(시간은), 서술어(지나갔다)
- 표면적 의미: 시간이 매우 빠르게 흘러갔다.
- 심층적 의미 (추론): 즐거운 일에 몰두했거나, 너무 바빠서 시간 가는 줄 몰랐다. 지나간 시간에 대한 아쉬움이 담겨있다.

83. 그의 마음은 갈대와 같다.
- 구조 분석: 주어(마음은), 서술어(같다)
- 표면적 의미: 그의 마음이 쉽게 변한다.
- 심층적 의미 (추론): 그는 주관이 뚜렷하지 않고 외부 상황이나 다른 사람의 말에 쉽게 흔들린다. 그를 전적으로 신뢰하기는 어렵다.

84. 저수지처럼 깊은 눈을 가졌다.
- 구조 분석: 주어(생략-그는), 목적어(눈을), 서술어(가졌다)
- 표면적 의미: 눈빛이 매우 깊고 그윽하다.
- 심층적 의미 (추론): 많은 생각과 사연을 담고 있는 듯하다. 쉽게 속을 알 수 없는 신비로운 분위기를 풍긴다.

85. 쏟아진 물은 다시 담을 수 없다.
- 구조 분석: 주어(물은), 서술어('담을 수' 없다)
- 표면적 의미: 한번 엎지른 물은 원래대로 되돌릴 수 없다.
- 심층적 의미 (추론): 이미 벌어진 일이나 내뱉은 말은 되돌릴 수 없으니 항상 신중해야 한다. 후회해도 소용없다는 체념적 태도를 나타낸다.

86. 필요할 때만 나타나는 도깨비 같다.
- 구조 분석: 주어(생략-그는), 서술어(같다)
- 표면적 의미: 그는 예측 불가능하게 나타났다가 사라진다.
- 심층적 의미 (추론): 그는 평소에는 연락이 없다가, 자신이 아쉬울 때만 연락하는 이기적인 사람이다.

87. 거절당할까 봐 입이 얼어붙었다.
- 구조 분석: 주어(입이), 서술어(얼어붙었다)
- 표면적 의미: 거절에 대한 두려움 때문에 말을 할 수 없었다.
- 심층적 의미 (추론): 심리적인 긴장과 불안이 극에 달해 신체적인 반응으로 나타났다.

88. 그 소식은 가뭄의 단비와 같았다.
- 구조 분석: 주어(소식은), 서술어(같았다)
- 표면적 의미: 그 소식은 매우 간절하게 기다리던 것이었다.
- 심층적 의미 (추론): 오랫동안 어렵고 힘든 상황에 처해 있었다. 그 소식은 모든 문제를 해결해 줄 희망이다.

89. 그는 언제 터질지 모르는 시한폭탄 같은 존재다.
- 구조 분석: 주어(그는), 서술어(존재다)
- 표면적 의미: 그는 잠재적인 위험을 안고 있는 불안한 사람이다.
- 심층적 의미 (추론): 감정 기복이 심하거나, 예측 불가능한 돌발 행동을 할 가능성이 높다. 그와의 관계는 항상 긴장 상태에 있다.

90. 꼬리가 길면 밟히는 법이다.
- 구조 분석: 주어(생략-사람은), 서술어(밟히는 법이다)
- 표면적 의미: 꼬리가 지나치게 길면 결국 누군가에게 밟히게 된다.
- 심층적 의미 (추론): 나쁜 짓을 오랫동안 반복하면 결국에는 들키게 되어있다.

91. 바늘 가는 데 실 간다.
- 구조 분석: 주어(바늘이), 서술어(간다), 주어(실이), 서술어(간다)
- 표면적 의미: 바늘이 가는 곳에는 항상 실이 따라간다.
- 심층적 의미 (추론): 서로 매우 밀접한 관계에 있어 떨어질 수 없는 사이임을 비유한다.

92. 그의 계획은 뜬구름 잡는 소리처럼 들린다.
- 구조 분석: 주어(계획은), 서술어(들린다)
- 표면적 의미: 그의 계획이 비현실적으로 느껴진다.
- 심층적 의미 (추론): 계획이 구체적이지 않고 허황되어 실현 가능성이 낮다고 생각한다.

93. 그의 마음은 천근만근 무거웠다.
- 구조 분석: 주어(마음은), 서술어(무거웠다)
- 표면적 의미: 그의 마음이 매우 무거운 상태였다.
- 심층적 의미 (추론): 그는 깊은 슬픔, 죄책감, 걱정 등 심리적 고통으로 인해 짓눌려 있다.

94. 그의 목소리는 칼날처럼 날카로웠다.
- 구조 분석: 주어(목소리는), 서술어(날카로웠다)
- 표면적 의미: 그의 목소리가 매우 예리하고 차갑게 들렸다.
- 심층적 의미 (추론): 그는 매우 화가 나 있거나, 상대방을 강하게 비판하고 있다. 그의 말은 듣는 이에게 상처를 줄 수 있다.

95. 우물 안 개구리에게 바다를 설명할 수 없다.
- 구조 분석: 주어(생략-사람은), 목적어(바다를), 서술어('설명할 수' 없다)
- 표면적 의미: 좁은 우물에서만 살아온 개구리에게 넓은 바다를 이해시킬 수 없다.
- 심층적 의미 (추론): 자신이 경험한 좁은 세계에 갇혀 있는 사람에게는 더 넓은 세상의 이치를 이해시키기 어렵다. 견문이 좁은 사람과의 소통의 어려움을 말한다.

96. 그는 거북이처럼 느리지만 꾸준하다.
- 구조 분석: 주어(그는), 서술어(꾸준하다)
- 표면적 의미: 그는 행동은 느리지만, 멈추지 않고 계속한다.
- 심층적 의미 (추론): 당장의 속도는 중요하지 않다. 성실하고 끈기 있는 태도가 결국 목표를 이루게 할 것이라는 믿음을 보여준다.

97. 그의 거짓말에 양심의 가책을 느꼈다.
- 구조 분석: 주어(생략-나는), 목적어(가책을), 서술어(느꼈다)
- 표면적 의미: 거짓말을 한 것에 대해 마음의 고통을 느꼈다.
- 심층적 의미 (추론): '양심'을 의인화하여, 마치 그것이 나를 꾸짖는 것처럼 표현했다. 자신의 행동이 잘못되었음을 스스로 깊이 깨닫고 있다.

98. 그의 삶은 한 편의 드라마 같았다.
- 구조 분석: 주어(삶은), 서술어(같았다)
- 표면적 의미: 그의 인생이 드라마처럼 극적이었다.
- 심층적 의미 (추론): 그는 평범하지 않은 수많은 우여곡절과 특별한 사건들을 겪으며 살아왔다.

99. 세월 앞에서는 장사가 없다.
- 구조 분석: 주어(장사가), 서술어(없다)
- 표면적 의미: 아무리 힘이 센 사람이라도 시간의 흐름(늙음)을 이길 수는 없다.
- 심층적 의미 (추론): 시간이라는 거대한 힘 앞에서 인간은 유한하고 나약한 존재임을 인정하는 체념적 태도를 보여준다. 인생의 유한함을 느끼며 허무해 한다.

100. 그의 빈자리가 유난히 크게 느껴졌다.
- 구조 분석: 주어(빈자리가), 서술어(느껴졌다)
- 표면적 의미: 그가 없다는 사실이 평소보다 더 허전하게 다가왔다.
- 심층적 의미 (추론): 그의 존재가 나에게 얼마나 중요했는지를 그의 부재를 통해 역설적으로 깨닫고 있다. 그에 대한 그리움이 크다.

Ⅱ. 문단편

[69p 기본편]

문단 2
- 소주제: 사소한 습관이 인생을 바꾼다.
- 뒷받침: 예시(운동), 대조(쓰레기 투기), 상술(인생의 본질)
- 문단 구조: 두괄식

문단 3
- 소주제: 세상에 공짜는 없다. (모든 결과에는 원인과 대가가 따른다.)
- 뒷받침: 예시(노력과 성공, 과로와 피로, 고민과 결정), 비유(뜬구름 잡는 소리)
- 문단 구조: 양괄식

문단 4
- 소주제: 관계의 갈등은 사소한 소통의 문제에서 비롯된다.
- 뒷받침: 예시(약속 시간 문제), 상술(갈등 심화 과정), 비교(긍정적 소통 경험)
- 문단 구조: 미괄식 (구체적 사례들을 먼저 제시한 후 마지막 문장에서 '소통'의 양면성을 결론으로 제시)

문단 5
- 소주제: 건강한 관계를 위해서는 적절한 거리가 필요하다.
- 뒷받침: 상술(사생활 존중), 예시(강요하는 충고, 선 긋는 말), 비유(바늘과 실)
- 문단 구조: 두괄식

문단 6
- 소주제: 성공적인 결과를 위해서는 과정의 정당성이 반드시 필요하다.
- 뒷받침: 인용(격언), 예시(서두름의 실수), 비유(꼬리가 길면 밟힌다)
- 문단 구조: 두괄식

문단 7
- 소주제: 감정적인 대응은 상황을 악화시킬 뿐이다.
- 뒷받침: 예시(농담, 말다툼, 분노의 눈빛 등 여러 갈등 상황)
- 문단 구조: 두괄식

문단 8
- 소주제: 진정한 용기는 자신의 한계를 인정하는 데서 나온다.
- 뒷받침: 예시(지켜볼 수밖에 없는 상황, 권한 밖의 문제), 대조(무모함과 현명함), 인용(속담)
- 문단 구조: 두괄식

문단 9
- 소주제: 우리가 보는 세상은 객관적 실체라기보다, 각자의 마음이 투영된 모습이다.
- 뒷받침: 대조(맑은 날과 공허한 날의 인식 차이), 예시(허전함과 슬픔)
- 문단 구조: 미괄식

문단 10
- 소주제: 새로운 시작에는 언제나 설렘과

두려움이 공존한다.
- 뒷받침: 대조(자신감과 두려움, 다짐과 망설임)
- 문단 구조: 두괄식

문단 11
- 소주제: 공동체의 건강성은 다양성을 존중하는 태도에서 비롯된다.
- 뒷받침: 상술(획일성의 문제), 분석(다른 논리 이해, 규칙의 예외 인정), 비유(우물 안 개구리)
- 문단 구조: 두괄식

문단 12
- 소주제: 말 한마디의 무게를 알고 신중하게 소통해야 한다.
- 뒷받침: 비유(쏟아진 물), 예시(상처 주는 말, 분위기를 해치는 농담, 오해를 부르는 침묵)
- 문단 구조: 양괄식

문단 13
- 소주제: 책임감은 고통스럽지만 인간을 성숙하게 만드는 과정이다.
- 뒷받침: 비유(무거운 짐), 예시(긍정적 결과와 부정적 감정)
- 문단 구조: 미괄식

문단 14
- 소주제: 단편적인 모습만으로 타인을 판단하는 성급한 일반화의 오류를 경계해야 한다.
- 뒷받침: 예시(말의 모순, 어색한 행동), 상술(규칙의 예외, 진실의 일부)
- 문단 구조: 양괄식

문단 15
- 소주제: 통제 불가능한 현실을 받아들이는 수용의 지혜가 필요하다.
- 뒷받침: 예시(변하는 마음, 되돌릴 수 없는 일, 타인의 행동)
- 문단 구조: 두괄식

문단 16
- 소주제: 익숙함은 관계를 소홀하게 만들어 해로울 수 있다.
- 뒷받침: 예시(형식적 인사, 무례함에 대한 무감각)
- 문단 구조: 두괄식

문단 17
- 소주제: 때로는 포기하고 내려놓는 것이 현명한 해결책일 수 있다.
- 뒷받침: 예시(무력한 상황, 실패, 상실), 상술('포기'에 대한 재해석)
- 문단 구조: 미괄식

문단 18
- 소주제: 인간은 모두 불완전하므로 서로의 약점을 인정하고 수용해야 한다.
- 뒷받침: 예시(자신과 타인의 여러 불완전한 모습 나열)
- 문단 구조: 미괄식

문단 19
- 소주제: 겉모습만으로 사람의 내면을 판단해서는 안 된다.
- 뒷받침: 예시(거북이, 여우, 칼날 같은 목소리)와 그 이면에 대한 추론
- 문단 구조: 양괄식

문단 20
- 소주제: 진정한 행복은 일상의 사소한 순간들 속에 있다.
- 뒷받침: 예시(시험 해방감, 맑은 하늘, 물 한 잔, 친구와의 대화)
- 문단 구조: 양괄식

문단 21
- 소주제: 당장의 손해를 감수하더라도 정직을 선택해야 한다.
- 뒷받침: 분석(유혹 vs 결과), 인용(속담)
- 문단 구조: 양괄식 (첫 문장의 격언을 마지막 문장에서 구체적인 행동 촉구로 변주하여 강조하고 있다.)

문단 22
- 소주제: 타인에 대한 인정과 격려는 결국 자신에게도 긍정적인 영향을 미치는 선순환 구조를 만든다.
- 뒷받침: 대조(격려의 긍정적 효과 vs 무심한 말의 부정적 효과), 예시(선물 주는 사람의 행복)
- 문단 구조: 미괄식

문단 23
- 소주제: 새로운 도전에 따르는 망설임에도 불구하고, 시도 자체의 중요성을 인지해야 한다.
- 뒷받침: 분석(도전 앞에서의 내적 갈등 묘사), 상술(결과보다 중요한 시도의 가치)
- 문단 구조: 양괄식

문단 24
- 소주제: 시간의 절대적인 힘 앞에서 인간은 겸손해야 하며 현재에 충실해야 한다.
- 뒷받침: 비유(화살), 예시(드라마 같은 삶의 유한함), 인용(속담: 쏟아진 물, 세월 앞 장사 없다)
- 문단 구조: 양괄식

문단 25
- 소주제: 개인의 작은 무책임이 공동체 전체에 해를 끼친다.
- 뒷받침: 예시(환경오염, 사회적 신뢰 훼손)
- 문단 구조: 두괄식

문단 26
- 소주제: 진정한 이해는 이성적 판단이 아닌 정서적 공감에서 비롯된다.
- 뒷받침: 예시(친구의 슬픔을 함께하기, 농부의 고통을 상상하기)
- 문단 구조: 양괄식

문단 27
- 소주제: 용기와 무모함은 구별되어야 하며, 신중한 판단이 필요하다.
- 뒷받침: 분석(통념 비판), 예시(시한폭탄 같은 존재), 상술(용기와 지혜의 차이)
- 문단 구조: 양괄식

문단 28
- 소주제: 상실의 경험은 존재의 진정한 가치를 깨닫게 한다.
- 뒷받침: 예시(사람의 빈자리, 잃어버린 지갑, 무너진 탑)
- 문단 구조: 미괄식

문단 29
- 소주제: 지속적인 활동을 위해 의식적인 휴식은 필수적이다.
- 뒷받침: 예시(번아웃 신호, 과로의 결과), 상술(멈춤의 필요성)
- 문단 구조: 미괄식

문단 30
- 소주제: 건강한 관계를 위해 자신의 생각과 감정을 솔직하게 표현해야 한다.
- 뒷받침: 예시(갈등, 자기주장), 분석(침묵의 한계)
- 문단 구조: 미괄식

[82p 심화편 1]

문단 32
- 소주제: 현대 사회에서 객관적 정보에 접근하기 어려우므로 독자의 비판적 자세가 요구된다.
- 뒷받침: 예시(인공지능의 정보 왜곡, 언론의 주관성 개입)
- 문단 구조: 미괄식
- 심화 분석: 기술(AI)과 인간(언론인) 양쪽 모두 정보 왜곡의 원인이 될 수 있음을 균형 있게 지적한 뒤, 그에 대한 해결책으로 수용자인 '독자의 비판적 자세'를 촉구하는 논리적 흐름을 보여준다.

문단 33
- 소주제: 예술은 현실을 낯설게 반영하여 비판적 성찰을 유도한다.
- 뒷받침: 분석(영화의 속성), 예시(SF 장르의 '노붐'과 '인지적 낯섦' 개념)
- 문단 구조: 미괄식
- 심화 분석: '예술은 현실을 반영한다.'라는 일반적인 통념에서 한 걸음 더 나아가, '인지적 낯섦'이라는 핵심 개념을 통해 예술의 역설적이고 비판적인 기능을 효과적으로 설명하고 있다.

문단 34
- 소주제: 인간은 이상적 자아와 현실적 자아의 괴리를 깨달으며 고통스럽게 자기를 인식한다.
- 뒷받침: 서사(편지를 통해 이상적 자아를 발견하고, 현실의 한계에 부딪혀 냉소에 빠지는 과정)
- 문단 구조: 미괄식
- 심화 분석: 한 인물의 심리 변화를 서사 구조로 따라가며 '자기 인식'이라는 추상적인 주제를 매우 구체적이고 문학적으로 형상화하고 있다.

문단 35
- 소주제: 법의 역할은 시대적 요구에 따라 변화해왔다.
- 뒷받침: 분석(시간의 흐름에 따른 법 모델의 변천 과정: 자유주의적 → 사회복지국가적 → 절차주의적 모델)
- 문단 구조: 두괄식
- 심화 분석: 각 법 모델이 이전 모델의 한계를 보완하며 등장했다는 인과 관계를 명확히 제시하여, 법의 변화 과정을 체계적이고 논리적으로 설명하고 있다.

문단 36
- 소주제: 기술 발전은 인간에게 새로운 윤리적 책임을 요구한다.
- 뒷받침: 예시(AI 교통 시스템), 인용(칸트의 철학적 관점), 비유(1차 대전과 과학)

문단 구조: 두괄식
- 심화 분석: 구체적인 가상 사례(AI)에 권위 있는 철학적 이론(칸트)과 설득력 있는 역사적 비유(1차 대전)를 더하여 주장의 깊이와 신뢰도를 높이고 있다.

문단 37
- 소주제: 정보의 가치는 객관적 실체가 아니라 주체와의 관계 속에서 구성된다.
- 뒷받침: 분석('추상화 층위' 개념 설명), 예시(차량 구매), 인용(동양 철학적 관점)
- 문단 구조: 양괄식
- 심화 분석: 서양의 정보 이론(추상화 층위)과 동양 철학을 넘나들며 같은 주제를 입체적으로 조명함으로써 주장의 보편성과 설득력을 강화하고 있다.

문단 38
- 소주제: 국가적 위기는 피상적 개혁을 넘어 근본적인 사회 성찰로 이어진다.
- 뒷받침: 비교/대조(청일전쟁 후 중국 vs 을사늑약 후 조선의 사례)
- 문단 구조: 미괄식
- 심화 분석: 두 국가의 유사한 역사적 경험을 비교하는 방식을 통해, 개별 사례를 넘어선 일반적인 역사적 법칙성을 도출해내고 있다.

문단 39
- 소주제: 가상공간의 등장으로 인한 현대인의 정체성 혼란과 법적 쟁점.
- 뒷받침: 대조(인터넷 ID에 대한 찬반 논리), 예시(법원의 현실적 판결 기준)
- 문단 구조: 두괄식
- 심화 분석: 찬성론과 반대론을 균형 있게 제시하여 문제의 복잡성을 보여준 후, 현실적인 법원의 판단 기준을 소개하며 논의를 구체적으로 정리하고 있다.

문단 40
- 소주제: 인간의 인지적 한계가 역으로 기술 발전의 원리가 될 수 있다.

- 뒷받침: 예시(지각부호화 기술), 분석('차폐' 현상 설명)
- 문단 구조: 미괄식
- 심화 분석: 인간의 불완전성(제대로 듣지 못함)이 오히려 기술의 효율성을 높이는 계기가 된다는 역설적인 통찰을 보여주는 흥미로운 문단이다.

[87p 심화편 2]

문단 41
- 소주제: 효과적인 독서 전략은 수동적 수용이 아닌 능동적인 판단과 재분류 과정이다.
- 뒷받침: 분석(일반적 밑줄 긋기의 문제점), 상술(판단의 선행, 표시 체계 수립)
- 문단 구조: 두괄식
- 심화 분석: '밑줄 긋기'라는 구체적이고 일상적인 행위를 소재로 삼아, '능동적 독서'라는 추상적인 주제를 매우 설득력 있게 설명하고 있다. 통념(밑줄 긋기는 좋은 습관)에 대한 비판적 접근이 돋보인다.

문단 42
- 소주제: 새로운 기술의 등장은 기존의 사회 제도 및 윤리적 관점에 대한 재검토를 요구한다.
- 뒷받침: 예시(인터넷 ID의 법적 책임 문제, 인공지능의 도덕적 책임 문제)
- 문단 구조: 두괄식
- 심화 분석: 법(인터넷 ID)과 윤리(AI)라는 서로 다른 영역의 두 사례를 병렬적으로 제시하여, '신기술이 기존 질서에 가하는 도전'이라는 주제의 보편성을 효과적으로 보여주고 있다.

문단 43
- 소주제: 예술은 평범한 일상에서 비범한 가치를 발견하는 과정이다.
- 뒷받침: 서사(지게꾼 청년의 일화와 '휴지'가 '국보'가 되는 과정)
- 문단 구조: 미괄식
- 심화 분석: 한 편의 짧은 이야기(서사)를 통해 예술의 본질이라는 추상적인 주제를 감동적으로 형상화하고 있다. '휴지'와 '국보'의 극적인 대비가 주제를 선명하게 만든다.

문단 44
- 소주제: 물리적 상실감은 존재 전체를 지배하는 강박적 집착으로 이어진다.
- 뒷받침: 서사(배꼽을 잃은 주인공이 사회생활을 포기하고 배꼽에 대한 사념에만 몰두하는 과정)
- 문단 구조: 두괄식
- 심화 분석: '배꼽 상실'이라는 다소 비현실적인 설정을 통해, 상실이라는 인간의 보편적인 경험이 어떻게 한 개인의 내면을 잠식하고 파괴하는지를 극단적으로 보여주며 주제를 강렬하게 전달한다.

문단 45
- 소주제: 진정한 리더십은 개인의 희생을 감수하고 공동체의 안위를 우선하는 결단에서 나온다.
- 뒷받침: 인용(이화의 대사), 분석(대사에 담긴 결단과 희생정신), 예시(결정을 통해 위기를 극복한 이야기)
- 문단 구조: 두괄식
- 심화 분석: 고전 소설 속 인물의 말을 직접 인용하여 생생함을 더하고, 그 말에 담긴 의미를 분석한 뒤 일반적인 이야기와 연결하여 주장의 보편성을 확보하는 짜임새 있는 구조를 보여준다.

문단 46
- 소주제: 내면의 충만함을 통해 외부 조건의 제약을 극복할 수 있다.
- 뒷받침: 대조(작은 집이라는 물리적 공간 vs 천지를 수용하는 마음의 공간)
- 문단 구조: 미괄식
- 심화 분석: 물리적 공간의 '작음'과 마음의 '큼'이라는 대비를 통해 주제를 명확하게 부각하고 있다. 마지막의 설의적

표현("누가 알겠는가")은 독자에게 깊은 여운을 남긴다.

문단 47
- 소주제: 개인의 억울함에 대한 인식이 사회 구조적 모순에 대한 비판으로 확장될 때 사회 변화가 시작된다.
- 뒷받침: 예시('갑민가' 화자의 사례), 분석(개인적 한탄이 수취 제도 고발로 이어지는 과정)
- 문단 구조: 미괄식
- 심화 분석: 한 개인의 감정(한탄)이 어떻게 사회적, 정치적 의미를 획득하게 되는지를 논리적으로 설명하며, 문학 작품을 사회 변화의 동력이라는 거시적 관점에서 해석하고 있다.

문단 48
- 소주제: 인간은 구체적인 고통을 추상적인 사유의 대상으로 삼아 극복하려 한다.
- 뒷받침: 예시(배꼽 상실과 배꼽론), 분석(신체적 고통을 형이상학적 의미 부여로 대체하는 심리)
- 문단 구조: 미괄식
- 심화 분석: '심리적 방어기제'라는 전문적인 개념을 구체적인 문학 작품의 사례를 통해 매우 이해하기 쉽게 설명하고 있다. 구체적인 것(배꼽)과 추상적인 것(우주, 존재)의 연결이 흥미롭다.

문단 49
- 소주제: 이별은 대상을 떠나보냄으로써 오히려 그 대상을 자신의 내면으로 깊이 받아들이게 되는 역설적인 과정이다.
- 뒷받침: 서사/비유(배를 밀어내는 행위와 슬픔을 동일시하다가, 그 배가 내면으로 들어옴을 깨닫는 과정)
- 문단 구조: 양괄식
- 심화 분석: '밀어냄'과 '들어옴'이라는 반대 방향의 이미지를 통해 이별의 역설을 감각적이고 강렬하게 전달한다. 마지막 문장의 극적인 전환이 시적 여운을 남긴다.

문단 50
- 소주제: 한 사회의 법 모델은 시대적 요구를 반영하며 변화하고 공존한다.
- 뒷받침: 분석(근대 국가 법 모델의 한계 → 사회복지국가 법 모델의 등장)
- 문단 구조: 두괄식
- 심화 분석: 변증법적(정-반-합) 논리 구조를 사용하여 법 모델의 변천 과정을 체계적으로 설명하고 있다. 단순히 변화를 나열하는 것이 아니라, 각 모델이 이전 모델의 한계를 보완하며 등장했다는 인과 관계를 명확히 하고 있다.

문단 51
- 소주제: 개인의 정체성은 고정된 실체가 아니라 관계 속에서 유동적으로 형성된다.
- 뒷받침: 예시(현실과 가상공간을 넘나드는 정체성), 분석(자기표현의 연극적 속성)
- 문단 구조: 미괄식
- 심화 분석: 인터넷 ID, 익명성, 연극 등 다양한 현대적 개념을 활용하여 '정체성'이라는 철학적 주제를 현실감 있게 설명하고 있다.

문단 52
- 소주제: 새로운 에너지 기술의 성공적 상용화는 기술적 혁신만큼 경제적 현실성을 고려해야 한다.
- 뒷받침: 분석(수소 에너지의 기술적 단점 제시), 예시(MCH라는 대안 기술과 그 경제적 장점)
- 문단 구조: 두괄식 (문제점 제시 → 해결책 제시의 구조)
- 심화 분석: '문제-해결'이라는 명료한 구조를 통해 주장을 효과적으로 전달한다. 특히 '기존 인프라 활용'이라는 구체적인 근거를 통해 MCH 기술의 '현실성'을 강력하게 뒷받침하고 있다.

문단 53
- 소주제: 독서의 본질은 수동적 정보 습득이 아닌 능동적인 의미 구성 과정이다.
- 뒷받침: 예시(동형이의어의 의미를 확정하는 과정), 분석(문맥의 제약성과 독자의 판단)
- 문단 구조: 두괄식
- 심화 분석: '동형이의어'라는 구체적인 언어 현상을 통해, 독자의 머릿속에서 일어나는 복잡하고 능동적인 사고 과정을 명확하게 보여주고 있다.

문단 54
- 소주제: 기득권 세력은 개혁의 순수한 의도를 자신들의 이익에 맞춰 의도적으로 왜곡한다.
- 뒷받침: 예시(갑신정변의 개화 개념 왜곡, '김진옥전'의 모함)
- 문단 구조: 두괄식
- 심화 분석: 역사적 사실(갑신정변)과 문학 작품('김진옥전')이라는 서로 다른 성격의 근거를 함께 제시하여, 이러한 권력의 속성이 시대를 초월하는 보편적인 현상임을 암시하고 있다.

문단 55
- 소주제: 인간의 이성은 구체적이고 감각적인 경험을 통해 보편적 진리를 사유할 수 있다.
- 뒷받침: 예시(배를 미는 경험에서 이별의 속성을, 달래꽃에서 우주의 섭리를 깨닫는 상황)
- 문단 구조: 미괄식
- 심화 분석: 매우 구체적이고 감각적인 두 개의 문학적 이미지를 통해, '이성'과 '사유'라는 매우 추상적이고 철학적인 주제를 감성적으로 설득력 있게 전달하고 있다.

문단 56
- 소주제: 진정한 변화와 문제 해결은 외부 환경이 아닌 내면의 자각에서 시작된다.
- 뒷받침: 대조(외부적으로 문제가 없는 상황 vs 내면의 고통과 허전함)
- 문단 구조: 미괄식
- 심화 분석: 주인공의 외면적 상황과 내면 심리를 의도적으로 대비시켜, 문제의 진짜 원인이 어디에 있는지를 독자가 스스로 깨닫게 하는 구조를 취하고 있다.

문단 57
- 소주제: 기술과 도구의 효율성에 매몰되어 인간 존재의 가치를 잊어서는 안 된다.
- 뒷받침: 예시(수소 에너지 기술 논의, 성격 유형 검사)
- 문단 구조: 미괄식
- 심화 분석: 거대 기술 담론(에너지)과 개인적 유행(MBTI 등)이라는 전혀 다른 차원의 두 사례를 병치하여, '인간 소외'라는 주제가 사회 모든 영역에 퍼져있는 보편적인 문제임을 효과적으로 보여준다.

문단 58
- 소주제: 건강한 공동체는 강제적 규범(법)과 자율적 규범(윤리)의 조화를 통해 유지된다.
- 뒷받침: 분석(법의 긍정적 역할과 부정적 역할)
- 문단 구조: 양괄식
- 심화 분석: 법의 양면성, 즉 약자 보호라는 순기능과 자율성 침해라는 역기능을 균형 있게 서술한 뒤, '조화'와 '균형'이라는 해결책을 제시하는 변증법적 논리 전개가 돋보인다.

문단 59
- 소주제: 예술적 인식은 시간과 성찰을 통해 평범함 속에서 비범함을 발견하는 과정이다.
- 뒷받침: 서사(화자가 '창호지 편지'를 처음 봤을 때와 나중에 다시 봤을 때의 인

식 변화 과정)
- 문단 구조: 미괄식
- 심화 분석: 한 대상에 대한 인식의 변화 과정을 시간 순서에 따라 보여줌으로써, 예술적 가치가 대상 자체에 내재된 것이 아니라 대상을 바라보는 주체의 '인식'과 '성찰'을 통해 구성된다는 점을 설득력 있게 보여준다.

문단 60
- 소주제: 인간은 이상향(유토피아)을 동경하면서도 동시에 그 실현 불가능성을 인지하는 모순적 존재이다.
- 뒷받침: 분석(SF와 유토피아의 관계, 유토피아의 필연적 붕괴)
- 문단 구조: 두괄식
- 심화 분석: 인간의 모순적인 욕망(이상향에 대한 동경 vs 파괴)을 '유토피아'라는 문학적 소재를 통해 철학적으로 탐구하고 있다.

[96p 심화편 3]

문단 61
- 소주제: 한 시대의 지배적인 가치관은 언어와 제도에 반영된다.
- 뒷받침: 예시('개화'라는 단어의 의미, 학교 교훈의 제정 목적)
- 문단 구조: 양괄식 (첫 문장의 주장을 마지막 문장에서 '거울'이라는 비유를 통해 재진술하고 있다.)
- 심화 분석: 언어('개화')와 제도('교훈')라는 구체적인 두 사례를 통해, '시대정신'이라는 추상적인 개념이 현실에 어떻게 각인되는지를 명확하게 보여준다.

문단 62
- 소주제: 문제의 근본적인 해결책은 외부 환경이 아닌 내면의 성찰에 있다.
- 뒷받침: 예시(집중력 문제, 불면증 문제에 대한 내적 독백)
- 문단 구조: 미괄식

- 심화 분석: 원인과 결과가 뒤섞인 두 가지 유사한 상황을 제시함으로써, 문제의 원인을 외부로 돌리는 일반적인 태도의 한계를 보여주고 내적 성찰의 중요성을 효과적으로 설득하고 있다.

문단 63
- 소주제: 인간의 행위 이면에는 표면적 의미를 넘어서는 복합적인 동기가 존재한다.
- 뒷받침: 예시(유길준의 저술 행위, 시적 화자가 상대를 부르는 행위)
- 문단 구조: 두괄식
- 심화 분석: 사회적/역사적 행위(유길준)와 개인적/문학적 행위(시)를 나란히 분석하여, 행위의 이면을 읽어야 한다는 주제가 인간사의 보편적인 원리임을 보여주고 있다.

문단 64
- 소주제: 현대 기술은 자연의 원리를 모방하고 응용하여 발전한다.
- 뒷받침: 예시(수소 연료 전지와 물의 화학 반응, 지각부호화와 인간의 청각 원리)
- 문단 구조: 양괄식 (마지막 문장에서 '자연은 기술 교과서'라는 비유를 통해 주제를 집약적으로 제시한다.)
- 심화 분석: 화학(수소)과 물리/생물(청각)이라는 서로 다른 과학 분야의 사례를 들어, '자연 모방'이라는 기술 발전의 핵심 원리를 설득력 있게 증명하고 있다.

문단 65
- 소주제: 부재와 상실은 역설적으로 존재의 가치를 더욱 선명하게 깨닫게 한다.
- 뒷받침: 예시(물리적 거리를 둔 언니, 세상을 떠난 그의 빈자리)
- 문단 구조: 미괄식
- 심화 분석: 개인적 경험과 보편적 감정을 넘나들며, '부재'와 '상실'이라는 부정적 상황이 '존재의 가치'라는 긍정적 깨

달음으로 이어지는 과정의 역설을 효과적으로 보여준다.

문단 66
- 소주제: 진정한 소통은 일방적 전달이 아닌 상호적 이해와 자기 성찰의 과정이다.
- 뒷받침: 분석(민주주의와 공론장의 관계, 고백의 본질)
- 문단 구조: 두괄식
- 심화 분석: 사회적 차원의 소통(민주주의)과 개인적 차원의 소통(고백)을 연결하여, 소통의 상호적 본질이 모든 관계의 핵심임을 논리적으로 설득하고 있다.

문단 67
- 소주제: 낯선 경험은 기존의 익숙한 세계를 비판적으로 성찰하고 새로운 자아를 형성하게 한다.
- 뒷받침: 예시(SF의 낯설게 하기 효과, 처음으로 존중받는 경험)
- 문단 구조: 미괄식
- 심화 분석: 이론적 개념(SF)과 구체적인 문학적 사례(소설 속 청년)를 결합하여, '낯섦'이라는 경험이 개인과 세계의 관계를 어떻게 재정립하는지를 깊이 있게 보여준다.

문단 68
- 소주제: 인간은 설명할 수 없는 현실에 초월적인 의미를 부여하여 내면의 불안을 해소하려 한다.
- 뒷받침: 비교(배꼽 상실을 형이상학으로 풀어내는 현대 소설 vs 기이한 바위를 신화로 설명하는 고전 수필)
- 문단 구조: 두괄식
- 심화 분석: 시대를 초월한 두 문학 작품을 비교하며, 합리적으로 설명되지 않는 현상 앞에서 이야기를 만들어 안정을 찾으려는 인간의 보편적인 심리 기제를 통찰하고 있다.

문단 69
- 소주제: 건강한 공동체는 개인의 자유와 사회적 약자 보호라는 두 가치의 균형을 통해 유지된다.
- 뒷받침: 분석(계약 자유의 원칙과 그 한계, 법적 규제의 순기능과 역기능)
- 문단 구조: 미괄식
- 심화 분석: '자유'와 '보호'라는 대립적인 두 가치를 제시하고, 어느 한쪽으로 치우쳤을 때의 문제점을 각각 지적한 뒤 '균형'이라는 해결책을 제시하는 변증법적 논리 전개를 보여준다.

문단 70
- 소주제: 예술은 현실의 고통을 외면하지 않고 그것을 미적으로 승화시키는 힘을 가졌다.
- 뒷받침: 예시(이별의 상처를 시각적 이미지로, 삶의 비극을 해학적 웃음으로 표현)
- 문단 구조: 미괄식
- 심화 분석: 시각적 심상('흉터')과 청각적 심상('킥킥')을 활용한 두 가지 문학적 사례를 통해, 예술이 고통을 다루는 방식을 감각적으로 생생하게 보여주고 있다.

문단 71
- 소주제: 시대의 변화는 기존의 권위와 상징 체계를 해체한다.
- 뒷받침: 예시(근대 공권력과 봉건 신분 질서, 현대적 가치와 낡은 학교 교훈)
- 문단 구조: 두괄식
- 심화 분석: 사회 구조(신분 질서)와 문화(교훈)라는 서로 다른 차원의 사례를 통해, 시대 변화가 사회 전반에 걸쳐 기존의 권위를 어떻게 무력화시키는지를 보여준다.

문단 72
- 소주제: 기술의 발전은 인간의 신체적, 인지적 특성과 상호작용하며 그 방향이 결정된다.

- 뒷받침: 예시(인간의 청각 특성과 오디오 압축 기술, 단어 연상 경향과 정보 검색 기술)
- 문단 구조: 미괄식
- 심화 분석: 기술이 인간과 무관하게 독립적으로 발전하는 것이 아니라, 인간의 생물학적 특성이라는 '제약' 안에서 최적의 경로를 찾아 발전한다는 통찰을 보여준다.

문단 73
- 소주제: 형식이나 외양이라는 편견을 넘어서야 대상의 진정한 내면과 마주할 수 있다.
- 뒷받침: 서사(은행이라는 격식 있는 공간에 나타난 초라한 행색의 청년과, 그의 내면을 알아본 은행원의 이야기)
- 문단 구조: 미괄식
- 심화 분석: '은행', '초라한 행색', '씨'라는 호칭 등 상징적인 장치와 대비를 통해 '형식 vs 본질'이라는 주제를 한 편의 이야기로 감동적으로 전달하고 있다.

문단 74
- 소주제: 국가의 진정한 힘은 외적인 조건이 아닌 구성원들의 내적인 역량에 달려있다.
- 뒷받침: 분석(기술 < 정신적 자질, 정치 변혁 < 과학 정신)
- 문단 구조: 미괄식
- 심화 분석: '기술', '정치'와 같은 외적 요인과 '정신', '과학'과 같은 내적 요인을 대비시키고, 점층적으로 내적 요인의 중요성을 강조하며 주장을 강화하고 있다.

문단 75
- 소주제: 대의명분은 종종 개인의 욕망을 정당화하거나 은폐하는 수단으로 악용된다.
- 뒷받침: 예시(고전 소설 속 모함과 역사적 사건인 갑신정변의 왜곡)
- 문단 구조: 두괄식
- 심화 분석: 허구의 이야기(소설)와 실제 역사(갑신정변)를 나란히 제시함으로써, 권력의 속성과 명분 악용이 시대를 초월하는 보편적인 현상임을 설득력 있게 보여준다.

문단 76
- 소주제: 진정한 사과의 가치는 행위 자체가 아니라 그 안에 담긴 진심에 있다.
- 뒷받침: 분석('사과'라는 동형이의어의 중의성을 활용한 형식과 내용의 분리)
- 문단 구조: 두괄식
- 심화 분석: 언어의 중의성을 활용하여 독자의 흥미를 유발하고, 이를 통해 '형식'과 '진심'이라는 철학적 주제를 매우 독창적인 방식으로 풀어내고 있다.

문단 77
- 소주제: 눈에 보이는 현상 너머에 있는 본질적인 힘과 역사를 통찰해야 한다.
- 뒷받침: 대조(당연해 보이는 자연 현상 vs 그 이면의 보이지 않는 생명력과 역사)
- 문단 구조: 미괄식
- 심화 분석: '유자나무'와 '달래꽃'이라는 구체적이고 감성적인 자연물을 통해, '현상과 본질'이라는 추상적인 철학적 주제를 독자가 쉽게 이해하고 공감할 수 있도록 전달하고 있다.

문단 78
- 소주제: 인간의 삶은 이성적 의지보다 설명할 수 없는 감각적 이끌림에 의해 방향이 결정될 때가 있다.
- 뒷받침: 예시(바다로 이끄는 '경사감', 야행으로 이끄는 '달빛')
- 문단 구조: 미괄식
- 심화 분석: '경사감', '이끌림' 등 신비롭고 감각적인 시어를 통해, 합리성만으로는 설명할 수 없는 인간 존재의 깊은 측면을 문학적으로 탐구하고 있다.

문단 79
- 소주제: 공동체의 문제 해결은 영웅 한

사람이 아닌, 구성원 전체의 지지와 협조를 통해 가능하다.
- 뒷받침: 예시(영웅 이화의 등장과 백성들의 비협조), 분석(현대 공론장 이론과의 연결)
- 문단 구조: 미괄식
- 심화 분석: 고전 소설의 이야기를 현대 민주주의 이론과 연결하여, '영웅 서사'의 한계를 지적하고 '시민 참여'의 중요성이라는 현대적 가치를 이끌어내는 탁월한 해석을 보여준다.

문단 80
- 소주제: 인간은 자신이 만든 창조물(텍스트, 도구)과의 상호작용을 통해 자신의 정체성을 새롭게 정의하고 확장해 나간다.
- 뒷받침: 비교(편지 속 자아에 매료되는 문학적 인간 vs AI로 정보를 재구성하는 현대적 인간)
- 문단 구조: 양괄식
- 심화 분석: 아날로그 시대(편지)와 디지털 시대(AI)를 아우르는 두 사례를 비교하며, '인간과 창조물의 관계'라는 주제가 기술의 형태만 바뀔 뿐 본질적으로는 동일함을 통찰하고 있다.

Ⅲ. 글읽기편

[157p]

1.
정답: ②
해설: 본문의 1문단에서 인공지능을 활용하면 독자의 예상 범위를 넘어서는 정보가 포함된 자료를 얻을 수 있어 지식의 범위를 확장하는 데 효과적이라고 설명하고 있습니다. 따라서 인공지능이 생성하는 정보가 독자의 예상 범위 내로 제한된다는 설명은 글의 내용과 일치하지 않습니다.

2.
정답: ⑤
해설: [A] 부분에서는 인공지능이 학습한 정보에 문제가 없더라도, 정보를 추출하고 조합하는 과정에서 정보의 왜곡이 나타날 수 있다고 언급합니다. 이는 독자의 요구나 선호에 따라 일부 정보만 편중되게 발췌하는 등의 방식으로 나타날 수 있습니다. 따라서 사전에 학습한 정보가 사실이더라도 생성 과정에서 왜곡이 발생할 수 있다는 것을 알 수 있습니다.

3.
정답: ③
해설: <보기>에서 학생은 동양의 사례만 찾아보고 있는 것을 인지하고, "방향을 달리하여 다양한 지역과 시대의 체독 사례를 생성"했습니다. 이는 본문에서 언급된, 독자가 "한쪽으로 치우친 방향의 자료만 생성하게 하고 있는 것은 아닌지 지속적으로 점검해야 한다"는 내용에 해당합니다.

4.
정답: ②
해설: (가)에 따르면 크라카우어는 사회에서 불순하거나 위험하다고 간주되는 이념은 영화의 이면에 감추어진다고 보았습니다. 그는 그 예로 1920년대 독일 영화의 '밀실, 광인, 독재자' 이미지 이면에서 현실 도피 심리나 왕정복고를 바라는 정치적 이념을 읽어낼 수 있다고 설명했습니다. 따라서 ②는 크라카우어의 견해를 올바르게 이해한 것입니다.

5.
정답: ②
해설: (가)에서 제임슨은 서사가 사건을 회고적 방식, 즉 이미 완료된 과거처럼 서술함으로써 사회의 총체적인 조망을 가능하게 하는 것을 '역사화'라고 설명했습니다. SF의 서사 역시 미래를 이미 완료된 과거처럼 서술함으로써, 그 미래의 기반이 되는 '오늘날의 사회'를 총체적으로 이해하

게 할 수 있다는 의미로 추론할 수 있습니다.

6.
정답: ⑤
해설: [A]에서 수빈은 SF가 현실 너머의 이상적인 세계(유토피아)를 탐색하는 역할이 중요하다고 주장합니다. 반면, 제시된 입장은 SF 속 유토피아가 결국 붕괴하며, 이는 현실 문제의 해답이 현실 너머에는 존재하지 않음을 보여준다고 말합니다. 따라서 이 입장에서는 현실 너머에서 대안을 찾으려는 수빈의 생각이 유토피아의 한계를 고려하지 않은 것이므로 수정될 필요가 있다고 평가할 것입니다.

7.
정답: ⑤
해설: (나)의 3문단 마지막 부분에서 인지적 낯섦은 "감각적 충격을 통해 이성적 성찰에 도달하는" 체험이라고 설명되어 있습니다. 이는 감각적 충격이 이성적 성찰의 수단이나 과정임을 의미하지, 이성적 성찰에 '수반되는(따라 나오는)' 체험이라는 의미는 아닙니다.

8.
정답: ①
해설: (가)에서 크라카우어는 영화 표면에 드러난 이미지 자체와 그 이면에 감추어진 이념을 구분했습니다. <보기>에서 '지상'을 '콘크리트 건물의 잔해로 뒤덮인 공간'으로 묘사한 것은 영화 표면에 가시적으로 드러난 이미지에 대한 설명입니다. 그 이미지의 이면을 해석하여 사회를 이해한 결과가 아니므로 ①은 적절하지 않습니다.

9.
정답: ①
해설: ⓐ '둔다고'(기반을 두다): '행위의 준거점, 목표, 근거 따위를 설정하다'라는 의미입니다. ①의 '뜻을 어디에 두느냐'가 이와 같은 의미입니다.

ⓑ '두고'(거리를 두다): '세상이나 사람들과 밀접한 관계를 갖지 않고 얼마간 떨어져 있다'라는 의미입니다. ①의 '그와 두었던 거리'가 이와 같은 의미입니다.

10.
정답: ⑤
해설: 2문단에서 리프먼은 언론인의 전문화를 통해 객관적인 뉴스 전달이 가능하다고 보았다고 언급했지만, 그 전문화가 구체적으로 어떤 제도나 절차를 통해 이루어지는지에 대한 설명은 본문에 없습니다. 나머지 질문에 대한 답은 모두 본문에서 찾을 수 있습니다.

11.
정답: ④
해설: 2문단에서 듀이는 '파편화된 공중의 유기적인 결합'을 위해 언론이 '공적 담론의 장'을 이끌어야 한다고 주장했습니다. 3문단에서 로젠은 공공 저널리즘이 공중을 '공공 문제의 잠재적 참여자'로 간주하고 '공론장에 참여'하게 한다고 설명했습니다. 종합하면, '파편화된 공중의 유기적인 결합'은 흩어져 있던 공중이 공공 문제에 관심을 가지고 공론장에 모여 논의에 참여하는 상태를 의미하므로 ④가 가장 적절합니다.

12.
정답: ④
해설: 로젠은 언론 보도가 실제 문제 해결까지 담보하는 것은 아니지만, 공론장을 형성한 것만으로도 충분한 의의가 있다고 보았습니다. 따라서 [사례 2]에서 행사를 유치하지 못했더라도, 신문사가 인터뷰와 회의 등을 통해 공론장을 형성했으므로 로젠은 공공 저널리즘의 목적이 실현되었다고 평가할 것입니다. 반면 마이어는 신문사가 지역민 입장에 동화되어 주관성이 개입된 보도를 했으므로 목적이 실현되지 못했다고 평가할 것입니다. 두 학자의 평가가 다르므로 ④는 적절하지 않습니다.

13.
정답: ③
해설: ⓒ의 '분별할'은 '사물의 옳고 그름이나 좋고 나쁨을 가리어 판단하다'라는 의미입니다. '깨달을'은 '사물의 본질이나 이치를 생각하여 알게 되다'는 의미로, 문맥상 '고정 관념을 가려내다'는 의미의 '분별하다'와는 차이가 있습니다.

14.
정답: ③
해설: 2문단은 디지털 오디오 신호의 저장 방식을 설명하며 압축의 필요성을 제기할 뿐, 소리의 크기가 압축의 변수라고 언급하지 않았습니다. 오히려 압축 전에는 '모든 소리 크기에 균일한 개수의 비트가 할당된다'고 설명했습니다. 따라서 소리 크기와 청각 특성을 압축의 두 변수로 파악하고 읽는 것은 적절하지 않습니다.

15.
정답: ③
해설: 2문단에서 "한 파일 내의 오디오 신호에는 모든 소리 크기에 균일한 개수의 비트가 할당된다"고 명시적으로 설명하고 있습니다. 이는 압축하기 전 디지털 오디오 신호의 특징입니다.

16.
정답: ⑤
해설: 4문단에 따르면, 차폐 현상은 두 소리의 주파수가 가까울수록 쉽게 일어나며, 임계대역은 차폐가 일어날 수 있는 주파수 구간을 의미합니다. 따라서 어떤 소리가 차폐음의 임계대역을 벗어나면, 즉 주파수 차이가 임계대역의 폭보다 크면 차폐가 일어나지 않습니다.

17.
정답: ⑤
해설: 5문단에 따르면, '소리 크기와 차폐 문턱값의 차이가 큰 소리일수록' 비트를 많이 할당합니다.

소리 C: 소리 크기(63dB) - 차폐 문턱값(38dB) = 25
소리 D: 소리 크기(55dB) - 차폐 문턱값(6dB) = 49
D의 차이값(49)이 C의 차이값(25)보다 크므로, 압축 시 D에 더 많은 비트가 할당됩니다.

읽고 쓰는 문해력, 그리고
생각을 여는 기술

© 강병길, 2025.

발행일	2025년 12월 15일(초판 1쇄)
ISBN	979-11-995179-2-9 03800

지은이	강병길
펴낸이	진우성
펴낸곳	다산서림
주 소	01054 서울특별시 강북구 도봉로 369, 4F
등 록	2019년 10월 2일 / 제2025-000043호
전 화	010-9910-7545
이메일	dasan-book@daum.net

이 책은 저작권법에 의해 보호를 받는 저작물이므로 저작권자의 서면 동의가 없는 무단 전재 및 복제를 금합니다.